高等院校"金课"系列教材建设·人力资源管理专业

总主编 赵曙明

企业劳动关系管理

曹大友 张 弘 张 捷 主编

立体化资源

南京大学出版社

图书在版编目(CIP)数据

企业劳动关系管理 / 曹大友,张弘,张捷主编. ——
南京:南京大学出版社,2023.1
 ISBN 978-7-305-24237-3

Ⅰ. ①企… Ⅱ. ①曹… ②张… ③张… Ⅲ. ①企业—
劳动关系—管理—教材 Ⅳ. ①F272.92

中国版本图书馆 CIP 数据核字(2021)第 027722 号

出版发行	南京大学出版社
社　　址	南京市汉口路 22 号　　邮　编　210093
出 版 人	金鑫荣
书　　名	企业劳动关系管理
主　　编	曹大友　张　弘　张　捷
责任编辑	尤　佳　　　　编辑热线　025-83592315
照　　排	南京南琳图文制作有限公司
印　　刷	南京人民印刷厂有限责任公司
开　　本	787×1092　1/16　印张 16.75　字数 377 千
版　　次	2023 年 1 月第 1 版　2023 年 1 月第 1 次印刷
	ISBN 978-7-305-24237-3
定　　价	49.00 元

网址:http://www.njupco.com
官方微博:http://weibo.com/njupco
官方微信号:njupress
销售咨询热线:(025) 83594756

* 版权所有,侵权必究
* 凡购买南大版图书,如有印装质量问题,请与所购
　图书销售部门联系调换

高等院校"金课"系列教材建设·人力资源管理专业

编委会

主 任 委 员　赵曙明
副主任委员　刘　洪　李燕萍　龙立荣　刘善仕
　　　　　　唐宁玉　罗瑾琏
委　　　员　（按姓氏笔画排序）
　　　　　　王德才　龙立荣　刘　洪　刘　燕
　　　　　　刘善仕　刘嫦娥　孙甫丽　杜　娟
　　　　　　杜鹏程　李燕萍　杨　东　张　弘
　　　　　　张　捷　张正堂　张戌凡　陈志红
　　　　　　罗瑾琏　周路路　赵宜萱　赵曙明
　　　　　　秦伟平　贾建锋　唐宁玉　黄昱方
　　　　　　曹大友　蒋建武　蒋昀洁　蒋春燕
　　　　　　程德俊　潘燕萍　瞿皎姣

总　序

改革开放后,我国一些学者将西方人力资源管理理论和方法引进国内,率先在个别高校开设人力资源管理课程,如我1991年由美国学成回国后,在南京大学率先开设"人力资源管理与开发"课程。后来,一些高校开设人力资源管理专业培养专门人才,如1993年中国人民大学在全国首次开设人力资源管理专业招收本科生。在这些高校的带动下,我国高等院校人力资源管理专业教育经历了一个从无到有、从课程到专业、从单一性到综合性的发展过程,现在又呈现出从独立专业到学科方向的良好发展态势。从事人力资源管理问题研究的学者越来越多,人力资源管理已成为一个独立的、专门的研究领域。目前越来越多的高校开设了人力资源管理本科专业,不少高校还开设了人力资源管理学科方向的硕士、博士研究生专业,甚至建立了人力资源管理方向的博士后流动站,为国家经济建设和社会发展培养了一大批人力资源管理专门人才。

作为实践性很强的专业,人力资源管理专业的发展离不开国内企事业组织人力资源管理的持续变革与创新实践。1978年改革开放以来,中国经济快速发展,市场竞争日趋激烈,企业经营管理面临着日益复杂多变的环境,人力资源管理实践更是实现了从计划经济体制下的劳动人事管理向现代人力资源管理的巨大跨越,并依次经历了人力资源管理理念的导入、人力资源管理的探索、人力资源管理的系统深化以及近年来的人力资源管理创新时期,相应地,人力资源管理专业教育教学也顺势而变,进入了一个前所未有的变革时代。

回顾过去,才能更好地理解现在,展望未来。作为国内较早开展人力资源管理教学和研究的学者,我有幸亲历了整个过程。20世纪80年代初期,人力资源管理在美国兴起,并迅速成为美国管理研究的热点之一。然而在20世纪90年代初期的中国,无论是政府管理部门还是企业界,仍以为"人力资源管理"就是"人事管理",很多人甚至连"人力资源"这个词都没有听过。我当时就深切地感觉到,要改变这种状况,首要任务就是要系统地了解和研究发达国家在人力资源管理领域的理论、思想与方法。于是,我倾力撰写了《国际企业:人力资源管理》一书(1992年由南京大学出版社出版第一版,到2016年已出版到第五版),系统地介绍西方发达国家在该领域的研究成果和发展趋势,以使读者不仅能够概括了解西方人力资源管理的全貌,而且能够接触到学术研究的前沿,把握其发展规律。

人力资源管理在当时的我国还是新兴的研究领域,最大的困难在于如何构建具有中国特色的知识体系。于是从1993年开始,我的主要精力都集中在解决这一关键问题上。受国家自然科学基金科研项目资助,经过两年多的研究,我于1995年完成并出版了《中国企业人力资源管理》这部专著,从宏观的角度探讨了我国人力资源的配置机制和政策体系,从微观的角度分析了中国企业人力资源管理各环节的优势和劣势。自1995年起,我开始集中研究中国企业人力资源管理的模式选择,这是中国国有企业推行科学管理所面临的紧迫课题。到20世纪90年代末期,我着手进行"中国企业集团人力资源管理战略"等国家自然科学基金资助的课题的研究,力求从战略人力资源管理的视角,探索中国企业的战略人力资源管理模式。21世纪以来,我和我的研究团队又相继开展了"企业人力资源开发的理论基础与管理对策""转型经济下我国企业人力资源管理若干问题研究""中国企业雇佣关系模式与人力资源管理创新研究""基于创新导向的中国企业人力资源管理模式研究"等国家自然科学基金重点课题的研究,着手对中国情境下的人力资源管理理论与实践问题进行更加深入的研究和探讨,以期在中国的人力资源管理领域做出一些贡献。

回顾这些年来中国人力资源管理发展之路,给我最深刻的印象就是变化无处不在,人力资源管理的运作环境、管理职能和运行边界正日益复杂化、动态化和模糊化。首先,人力资源管理的环境发生了极大改变。经济全球化、信息网络化、知识社会化、人口城镇化、货币电子化等构成了这个时代的主要特征。每个人都身处移动互联网、大数据、云计算、物联网、人工智能之中,这些正在影响着我们的工作和生活方式,甚至取代了许多人赖以为生的岗位。这些变化对组织人力资源管理的能力提升提出了新的、更高的要求，例如，如何通过培训帮助员工尽快适应转岗等现实问题已迫在眉睫。

其次，组织结构和组织管理体系发生了变化。伴随着创新驱动发展带来的新业态、新组织、新技术的出现以及共享经济的兴起，企业组织从高度集权的金字塔式的组织结构，逐步地向扁平化、网络化、虚拟化、平台化的方向发展，中国一些企业开始学习和引进发达国家先进的人力资源管理理论并在实践中不断进行创新，如腾讯和阿里巴巴采用的三支柱模式、阿米巴经营模式等，均取得了明显成效。在这个过程中，一些企业还结合中国实际，将西方国家人力资源管理理论与中国企业管理实践相结合，创造性地提出具有中国特色的人力资源管理新模式、新方法，受到越来越多的关注，如华为的员工持股计划、海尔集团的"按单聚散、人单合一"模式、苏宁的事业经理人制度等。这些成功的案例启发我们，组织结构和组织管理体系的变化使得我们需要从战略高度上去设计新的人力资源管理理论框架和知识体系。

第三，员工的需求日益多元化。员工忠诚度一直是人力资源管理的重要命题之一。新的趋势是从过去强调员工的忠诚度转变到员工幸福感与员工忠诚度并重，强调工作、家庭、生活与学习的多重平衡。尤其是"90后""00后"等新生代员工现已成为职场的主力军，他们对待工作的态度、个性特点、需求特征均与以往代际的员工有所不同，他们更加关注工作、家庭和生活的平衡，更多地追求和强调幸福感，员工体验甚至已经成为吸引、保留、激发人才活力的新战略和新方向。在此背景下，组织如何留住这些新生代员工，要给他们什么样的发展空间，如何满足他们多样化的需求，不断提升他们的满意度和幸福感，就成为人力资源管理中迫切需要解决的现实问题。

第四，工作方式日益创新。在零工经济背景下，远程办公、移动工作、灵活用工、共享员工等取代了传统单一的雇佣方式。零工经济是由一组相互作用但又半自治的实体借助网络平台实现精准交易的生态化经济系统。传统上，雇佣关系是组织进行人力资源管理的逻辑前提，但零工经济下的多方参与实体之间并不存在可识别的直接雇主与雇员关系。网络平台一方面极力避免与零工建立雇佣关系，但另一方面又在工作时间、工作地点、工作效率、工作行为和产出等方面对零工行使控制权。那些在传统组织下频繁进行的人力资源管理活动已成为网络平台实现零工生态系统治理的手段,而当前对网络平台的人力资源管理实践模式及其运作机理还知之甚少。

第五,人力资源管理的外延和对象有所拓展。党的十九大提出要加快建设人力资源协同发展的产业体系,着重发展人力资源服务业。人力资源服务业作为第三产业服务业的分支,能满足组织对于成本管控和人才优化配置的需求,是一个令人瞩目的朝阳产业。过去人力资源管理的对象更多的是组织内的员工,而现在人力资源管理的外延在扩大,对象也变得多元化。此时,人力资源管理在职能边界、知识体系与内容构成等方面均与传统的基于组织内部的人力资源管理有很多区别。

上述五方面的变化需要我们重新思考人力资源管理教学的知识体系与理论框架。总体来看,人力资源管理专业建设取得了长足发展,但在人才培养目标、课程设置、知识体系、教材建设上却滞后于经济社会发展的时代需求。当前,传统商科走向了新商科,在以大数据、云计算、物联网、人工智能、区块链等新商业技术为支撑的商科专业发展背景下,人力资源管理专业人才的培养也面临着新的机遇和挑战。教育部发布的《关于加快建设高水平本科教育 全面提高人才培养能力的意见》中也特别指出,要注重新商科人才的培养。尤其是在一流专业建设和金课建设工作中,课程教材改革需要与时俱进,因为教材是专业建设的核心要素,直接影响人才培养质量。人力资源管理专业作为一门实践性、应用性很强的专业,教材建设必须紧紧把握时代发展趋势和潮流。

南京大学人力资源管理研究和教学团队一直非常重视人力资源管理专业教材编写和课程教学工作。从1991年起,我作为课程负责人开始在南京大学开设"人力资源管理"课程。2000年开始采用电子信息化教学手段和相应的教学方法。该课程后来成为南京大学重点建设课程,并于2003年入选第一批国家精品课程。多年来,我同时致力于人力资源管理专业师资的培养。作为教育部指定的人力资源管理课程师资培训基地,南京大学商学院已成功举办20届全国人力资源管理师资培训研讨会,全国几千名人力资源管理教师参加了培训。该研讨会现已成为我国人力资源管理学科领域参与专家人数众多、最具规模和最具影响力的师资研讨会,为推动我国高等院校人力资源本科专业教育以及MBA教育做出了应有贡献。为了给全国从事人力资源管理研究的学者搭建一个学术交流的平台,由南京大学商学院、华中科技大学和《管理学报》等联合发起的、由我任主席的中国人力资源管理论坛于2012年成功举办,至今已举办了8届,产生了良好的学术影响。

基于多年的科学研究、教学实践、师资培训、人才培养、同行交流等方面的经验,结合当前人力资源管理的发展变化趋势,我们精心梳理了人力资源管理专业相关教材的内容,出版了这套人力资源管理系列丛书。

本套丛书是南京大学出版社在教育部工商管理类专业教育指导委员会的支持下,邀请国内具有丰富人力资源管理教学经验的学者精心编写而成的,旨在为人力资源管理专业的师生提供一套专业、系统、前沿、理论与实践并重的人力资源管理系列教材,并为业界人士发现、分析和解决企业人力资源管理实践中遇到的问题提供分析方法和工具。

本套丛书共分十三册,包括:《人力资源管理总论》《人力资源战略与规划》《组织设计与工作分析》《员工招聘管理》《人力资源测评》《人力资源培训与开发》《员工职业生涯管理》《绩效管理与评估》《薪酬管理》《企业劳动关系管理》《创业企业人力资源管理》《国际企业:人力资源管理》《人力资源专业英语》等。本套丛书有以下五个特点:

(1) 注重体系完整性。本套丛书从人力资源管理战略的高度审视各个模块的相互联系,每个模块都有非常完整的知识体系设计,让读者能从企业经营管理的整体视角去理解人力资源管理各个模块的内容。

(2) 强调知识的前沿性。将当前外部环境的变革融入教学内容中,如新生代员工管理、大数据、共享经济、网络型组织结构、企业大学、疫情危机下的企业人力资源管理等知识点,在本套丛书中均有所体现。特别值得一提的是,在创新创业这一时代主旋律下,人力资源管理对创业企业的存续与发展产生日益重要的影响。本套丛书基于创业企业在人力资源管理中的特殊性,编写了《创业企业人力资源管理》一书,希望人力资源管理能够真正成为推动创业企业发展的核心要素。

(3) 注重知识的实用性。本套丛书有大量的实例及案例素材,分别以开篇案例、章后应用案例等形式体现。案例教学内容从知识点的讲解出发,通过案例说明知识点的具体适用范围,从而帮助学生透彻地掌握相关知识点。学生通过对案例的分析与解读,可以将这些知识点与未来工作情境相关联,培养学生发现问题、分析问题并解决问题的能力。

(4) 融入当前企业人力资源管理新实践。本套丛书吸收了当前企业人力资源管理中的新模式、新经验,如三支柱模式、阿米巴经营模式、华为的员工持股计划、海尔集团的"按单聚散、人单合一"模式、苏宁的事业经理人制度等,在本书中均有所体现。

(5) 用全球化的视野思考人力资源管理问题。本套丛书特别设计了《国际企业:人力资源管理》《人力资源专业英语》,希望借此引发读者对人力资源管理国际化的思考。中国企业家曹德旺先生的福耀玻璃在美国开工厂遇到的工会问题以及解决措施等内容,在书中均有所介绍。

总之,本套丛书力图在人力资源管理专业知识体系和内容结构上有所创新,使读者既能够把握人力资源管理专业完整的基础理论知识,同时还能够感受到专业学科发展前沿和未来发展趋势。付梓之际,衷心希望该丛书对我国人力资源管理专业人才的培养产生积极作用。

本套丛书的出版得到了南京大学出版社的大力支持！南京大学出版社社长金鑫荣教授在该套丛书建设研讨会上提出了宝贵建议,使我们受到很多启发；南京大学出版社高校教材中心蔡文彬主任对本套丛书的出版自始至终给予了很多关心和帮助；南京大学出版社责任编辑们对本套丛书进行了精心编校。在此向他们一并表示衷心感谢！

在本套丛书编写过程中,我们力求完美,但囿于能力,存在的问题和不足之处在所难免,敬请各位读者批评指正！

南京大学人文社会科学资深教授
商学院名誉院长
行知书院院长
博士生导师

2020 年 12 月

前　言

　　劳动关系是生产关系的重要组成部分,是最基本、最重要的社会关系之一。劳动关系是否和谐,事关广大职工和企业的切身利益,事关经济发展和社会和谐。在百年未有之大变局下,各种新兴力量已经深刻影响劳动关系,劳动关系原有的力量态势正在发生变化,原有的利益格局正在重塑,原有的规则体系面临多种新挑战,原有的互动方式和协调机制也在经历着根本性的冲击。这些影响和变化的一个直接后果就是劳动关系矛盾进入凸显期和多发期,劳动争议事件居高不下,形式多样。从微观主体角度看,劳动关系的变化必然影响人力资源管理的基础和环境,给管理者带来许多新课题、新问题和新难题。正确认识和把握劳动关系的变化和影响,应该是当代每个人力资源管理学生和学者不可缺少的知识和能力。

　　本教材以习近平新时代中国特色社会主义思想为指引,秉持"课程思政"理念,从三个方面构建了内容体系:第1—2章概括了劳动关系管理的基本知识和基础理论,是认识和理解企业劳动关系管理的基础和前提。第3—10章介绍了企业劳动关系管理的主要实践活动,是企业劳动关系管理的基本内容。其中,第3章主要讲述了劳动关系环境的构成要素和分析框架,重点介绍了当代美国、德国和中国的劳动关系一般环境状况;第4章主要介绍了工会的概念、国内外工会的组织体系和主要职能,讨论了工会与管理方之间的互动关系;第5章利用战略管理框架,分析了企业劳动关系的战略管理过程;第6章主要介绍了企业劳动合同制度及管理;第7章讨论了中国劳动关系的集体协商机制和集体合同制度;第8章讨论企业劳动规章制度及其对劳动关系的调整;第9章简要剖析了产业民主思想,讨论国内外企业的员工参与和民主管理;第10章主要介绍了劳动争议及其处理的主要方式;第11章以《中共中央国务院关于构建和谐劳动关系的意见》为基础,简要分析了构建和谐劳动关系的重要性和紧迫性,介绍了当今中国构建和谐劳动关系的总体框架和近些年的实践探索,并讨论了和谐劳动关系的评价问题。

　　与同类教材相比,本教材具有四个特色:一是紧贴企业管理实际,力争按照企业管理中的劳动关系问题来构建教材的内容体系。二是紧扣中国特色和谐劳动关系构建这一主线,不仅介绍了源自发达国家实践的劳动关系一般理论与知识,而且几乎在每章中都单独介绍和讨论了中国劳动关系的制度规定和实践做法,努力让教学内容更有"地气"。三是紧跟时代前沿,努力把当前理论研究和实践发展的前沿问题纳入教材内容。四是因应新时代学生自主学习需要,在教材主体内容之外,提供了多种形式的知识介绍、案例素材、延伸阅读材料以及多种题型的练习题等,方便学生进行自主学习,也有助于教师合理安排教学内容和教学重点,让学生在课程学习期间形成较为扎实完整的知识体系。

　　本教材适合高等院校人力资源管理、劳动关系、工商管理等专业的本科和研究生使用,也可作为培训机构的培训教材,供从事相关实际工作的人员使用。教学过程中,本课程教学时数可以控制在48学时左右,各章节的课时分布如下表所示:

章节	教学内容	知识讲授	实践训练
第1章	劳动关系导论	3	0
第2章	企业劳动关系的基础理论	4	0
第3章	企业劳动关系环境	2	1
第4章	工会与企业劳动关系	4	1
第5章	企业劳动关系战略	4	0
第6章	企业劳动合同管理	4	1
第7章	企业集体协商与集体合同	4	1
第8章	企业劳动规章制度	4	1
第9章	企业员工参与	3	1
第10章	企业劳动争议及处理	4	1
第11章	企业和谐劳动关系创建	4	1
总学时:48学时		40	8

  本教材由西南政法大学商学院劳动关系系的曹大友教授、张弘副教授和南京艺术学院的张捷教授共同完成,其中曹大友负责统筹,并编写了1—4章;张弘编写了5—8章;张捷编写了9—11章。本教材能编写出版,首先得力于赵曙明教授的倡议、筹划、指导和督促,其次还仰赖南京大学出版社的大力支持和有力组织。本书编写过程中,我们参阅了国内外专家学者的大量著作、论文以及相关机构的文件和相关报道,在此一并致谢。

  由于编者水平有限,书中难免有遗漏之处和不当之处,敬请广大读者和各位专家批评指正。

编者

2022年6月20日

目 录

第1章 劳动关系导论 ··· 1
    1.1 劳动关系概念 ··· 1
    1.2 劳动关系系统 ··· 7
    1.3 企业劳动关系管理 ·· 13

第2章 企业劳动关系基础理论 ··· 22
    2.1 劳动关系系统理论 ·· 22
    2.2 劳动关系策略选择理论 ·· 27
    2.3 员工—组织关系模式理论 ··· 32
    2.4 人性化雇佣关系理论 ··· 36

第3章 企业劳动关系环境 ·· 44
    3.1 劳动关系环境的一般分析框架 ··· 44
    3.2 企业劳动关系的影响因素 ··· 49
    3.3 当代中国劳动关系的一般环境 ··· 55

第4章 工会与企业劳动关系管理 ·· 68
    4.1 工会概论 ··· 68
    4.2 工会的组织与职能 ·· 75
    4.3 工会与管理方的关系 ··· 85

第5章 企业劳动关系战略管理 ·· 95
    5.1 企业劳动关系策略 ·· 95
    5.2 企业劳动关系管理策略的实施 ··· 101
    5.3 企业劳动关系与组织绩效 ··· 109

第6章 企业劳动合同管理 ·· 116
    6.1 劳动合同订立 ·· 116
    6.2 劳动合同变更 ·· 122
    6.3 劳动合同续订和终止 ··· 125

6.4　劳动合同解除 131
　　6.5　企业劳动合同管理 137

第7章　企业劳动关系集体协商 142
　　7.1　集体劳动关系概述 142
　　7.2　劳动关系集体协商 146
　　7.3　集体合同 150

第8章　企业劳动规章制度 156
　　8.1　企业劳动规章制度概述 156
　　8.2　企业劳动规章制度的制定 164
　　8.3　企业劳动规章制度的实施与评估 171

第9章　企业员工参与 181
　　9.1　产业民主思想 181
　　9.2　发达国家雇员参与与介入 187
　　9.3　中国企业的民主管理与职工参与 195

第10章　企业劳动争议及处理 203
　　10.1　企业劳动争议概述 203
　　10.2　企业劳动争议协商与调解 208
　　10.3　企业劳动争议仲裁与诉讼 215

第11章　企业和谐劳动关系创建 230
　　11.1　构建和谐劳动关系的重要性与紧迫性 230
　　11.2　构建和谐劳动关系的总体设计 234
　　11.3　和谐劳动关系企业的评价 245

第1章 劳动关系导论

学习目标

➢掌握劳动关系的核心概念；
➢正确认识和理解劳动关系的本质特征；
➢掌握劳动关系相关主体及其权利与义务；
➢正确认识和理解企业劳动关系管理的含义与特征。

1.1 劳动关系概念

本节案例

西贝拉压缩机有限公司的和谐劳动关系创建经验

西贝拉压缩机有限公司创建于1988年，是全球环保、节能、高效冰箱压缩机的专业研发制造企业。公司现有总资产50亿元，员工3 600人，年产销压缩机3 500万台，产品远销30多个国家60多家冰箱企业，被誉为"世界冰箱的心脏"，综合竞争力位居全球行业前列。公司先后荣获联合国"示范项目贡献奖"、全国五一劳动奖状、全国模范劳动关系和谐企业、全国就业先进企业、全国安全文化建设示范企业、全国"安康杯"竞赛优胜企业等荣誉。

多年来，公司秉承"对职工负责、对企业负责、对社会负责"经营宗旨，积极推进和谐劳动关系，有力地促进企业健康发展。公司推进和谐劳动关系的工作取得了显著进展，也得到了社会各界的广泛认可和好评。

一、主要领导重视，形成党政齐抓共管良好局面

和谐劳动关系是企业发展的基础，公司党政领导高度重视和谐劳动关系建设，制定了"强保障、促和谐"的和谐劳动关系创建规划，形成了党委领导、行政主导、工会参与，党政工组织齐抓共管的良好局面。公司党政工领导思想统一，认识到位，把创建活动列入重要工作日程，形成组织严密、富有活力的党群工作网络。广泛建立公司与职工的沟通交流平台，强化党员干部结对联系制度，及时深入基层走访了解职工动态，及时解决基层实际问题和困难,扎实推进创建劳动关系和谐企业活动。

二、开展"双爱"活动,建立和谐劳动关系协商机制

深入开展"企业关爱职工、职工热爱企业"活动。企业全面实施"六有"(劳动有合同;工资有增长;五险有保障;生产有安全;管理有民主;精神有关怀),与员工共享发展成果;职工自觉践行"六要"(工作要敬业;技能要提高;经营要关心;纪律要遵守;维权要理性;身心要健康。)与企业共建美好家园。每年开展全员劳动竞赛,近6年共完成职工经济技术创新成果3 277项,取得经济效益3.1亿多元,荣获嘉兴市"双爱"示范企业称号。深入开展工资集体协商工作,每年通过职代会确定年度增长目标并签订年度工资集体协议,建立了职工收入增长与企业效益增长相结合的长效机制。年均增长率达到6%以上,构建起企业与职工共同发展、共同成长、共享发展成果的和谐劳动关系。

三、创新职工教育管理,建设新时代产业工人队伍

大力弘扬工匠精神,打造知识型、技能型、创新型职工队伍。组织开展"工匠杯"技能大赛,开展各类岗位技能比武340项,8 721人次参加;开展各类技能培训476项,培训人数6 765人次;评聘技能人才546名,"浙江工匠""嘉兴市职业技能带头人""嘉兴市首席技师""嘉兴工匠"等一大批人才脱颖而出。每年召开职工代表大会,每季召开厂务公开会议,切实保障广大职工的知情权、参与权和监督权,获"全国厂务公开民主管理工作先进单位"称号。

四、建立职工关爱机制,充分调动职工积极性

深化"创美丽厂区、建快乐车间、做文明职工"专项行动,加强厂区景观、车间休息区、工作场所提升,被评为"五星级美丽工厂",获评国家首批"全国安全文化建设示范单位",连续16年荣获全国"安康杯"竞赛优胜企业。强化员工服务,提升食堂、宿舍、通勤车等软硬件设施,持续提高员工生活服务水平。为伤病住院职工构建起医保、职工温馨基金、互助医疗保障和困难补助四大医疗保障。实施"五必访"探望慰问伤、病、产、住院职工1 997人次,慰问支出61.9万元;"互助温馨基金"帮扶救助员工137人次,发放救助金52.5万元,市总"医疗互助保障"补助1 154人次,补助金额149.8万元。

五、加强企业文化建设,凝聚职工依靠职工办好企业

大力开展企业文化建设,深入开展社会主义核心价值观教育活动,积极倡导社会主义核心价值观和"责任、创新、超越"的企业核心价值观。深入推进学习型组织建设,积极开展道德讲堂建设,加强职业道德教育,增强职工责任意识。广泛开展职工文化活动,通过"集中+分散"相结合的活动机制,举办了"庆祝公司成立30周年"系列活动、"庆祝新中国成立70周年"系列活动等文化活动297项,9.48万人次参加,组织464名职工参加疗休养活动,进一步丰富职工文化生活,培育团队精神,增强集体荣誉感。

资料来源:中共嘉兴市委、嘉兴市人民政府网,2021年7月7日

1.1.1 劳动关系的定义

学习和研究劳动关系，基本的逻辑起点应该是准确认识和把握这个概念的内涵与外延。尽管我国的相关法律和政策文献并没有对"劳动关系"这个概念进行统一界定，但是，学者们的认识和理解却丰富多样，其中一些有代表性的观点如下：

史尚宽先生在《劳动法原论》中指出，"劳动关系谓以劳动给付为目的之受雇人与雇佣人之间的关系"。①

史探径先生在其著作《劳动法》中提出，劳动关系"是指职工劳动者与用人单位之间基于劳动合同义务所为的职业上的有偿劳动而发生的关系"。②

关怀先生在其主编的《劳动法学》教材中指出，劳动关系是"人们之间在运用劳动能力、实现劳动过程时发生的关系，这种社会关系与劳动有着直接的联系，劳动是这种关系的基础，也是它的实质"。③

劳动人事部劳动科学研究所和中国劳动法学研究会在其编著的《劳动法手册》中提出，劳动关系是"劳动者同劳动者的录用者之间在劳动过程中所发生的关系，是劳动法调整的对象。在我国，劳动关系表现为劳动者与录用劳动者的国家机关、企业、事业等单位行政之间的关系"。④

任扶善先生在《劳动经济与劳动法文集》中指出，劳动关系是"由于实现劳动过程而在劳动者与劳动使用者之间发生的关系"。⑤

上述"劳动关系"定义在一定程度上反映了中国学术界对劳动关系的认识过程，都具有特定的理论视角和时代特性。伴随着中国劳动关系学科的建立与发展，中国学者对劳动关系的界定更加全面深入并基本趋于一致。常凯教授在《劳动关系》中认为："劳动关系，通常是指生产关系中直接与劳动有关的那部分社会关系，或者说是指整个社会关系系统中与劳动过程直接相关的社会关系系统。具体地说，劳动关系是指劳动者与劳动力使用者以及相关组织为实现劳动过程所构成的社会经济关系。"⑥

认识和理解"劳动关系"这个概念，不仅要注意其概括和表述的全面性和准确性，更要注意把握其本质特征和外在边界。

首先，劳动关系是社会关系和生产关系的重要组成部分。社会关系是一个总体性的范畴，是许多个人的共同活动，涵盖了经济、政治、文化等不同领域、不同层次的关系，范围非常广泛。生产关系是生产借以实现的社会关系，是社会关系的基础和核心，因而也是社会关系最重要的组成部分。从生产关系角度看，劳动关系是在一定生产力水平上的劳动力与生产资料两种生产要素在工作场所结合而成的，其具体内容不仅体现了生产要素上

---

① 史尚宽.《劳动法原论》，台北：正大印书馆，1979年，第2页。
② 史探径.《劳动法》.北京：经济科学出版社，1990年，第44页。
③ 关怀.《劳动法学》，北京：群众出版社，1987年，第7页。
④ 劳动人事部劳动科学研究所中国劳动法学研究会编.《劳动法手册》.北京：经济管理出版社，1988年，第305页。
⑤ 任扶善.《劳动经济与劳动法文集》，北京：北京经济学院出版社，1989年，第162页。
⑥ 常凯.《劳动关系学》.北京：中国劳动社会保障出版社.2005年9月版，第9页。

的所有制关系、劳动力市场上的交易关系,同时也体现了生产过程中的隶属关系、监督关系和分配关系,这种关系本质上是建立在生产资料私有制基础上、反映生产关系核心本质的经济关系,并最终以阶级关系表现出来。①

其次,劳动关系是特定社会主体之间的关系。劳动关系主体,指的是劳动关系系统的构成元素,也是劳动关系系统运行的参加者。从社会生产过程看,劳动关系最基本的主体就是两种主要生产要素的所有者:一方是劳动者,即劳动力要素的所有者;另一方是雇主,即资本要素的所有者。两者在劳动力市场上通过交换形成了雇佣与被雇佣的关系。在双方互动过程中,劳动者为了增强对抗雇主方的力量,结成代表自身利益的组织即工会;雇主方在对抗工会行动过程中也走向联合,建立了代表雇主方利益的组织即雇主组织。尽管劳资双方的互动过程主要集中在工作场所,但两者之间的关系是社会关系的重要组成部分,对社会健康运行和有序发展有持久而深刻的影响,所以,政府是劳动关系系统中不可或缺的主体。在劳动关系运行过程中,政府可以通过立法、政策制定、监督、调解等多种方式直接影响劳动关系的运行。

再次,劳动关系的直接目标是实现劳动过程。劳动过程是马克思提出的一个政治经济学概念,指的是劳动者借助劳动资料使劳动对象发生预定变化并产生使用价值的过程。在资本主义制度下,劳动过程与价值形成过程统一于生产过程中,具有两个特点:其一,"工人在资本家的监督下劳动,他的劳动属于资本家";其二,"产品是资本家的所有物,而不是直接生产者工人的所有物"。② 作为生产关系的组成部分,劳动关系存续的直接目标和首要价值就是实现劳动者与劳动资料的结合并使劳动过程得以持续。在不同的所有制下,劳动过程的特征不同,劳动关系的性质和调整方式自然就不尽一致。

1.1.2 劳动关系相关术语

受历史发展、学科差异等因素的影响,不同国家、不同学者会使用不同术语来描述劳动关系。在相关文献中,常见的劳动关系术语有"劳资关系""产业关系""雇佣关系""员工关系""劳使关系"等。

劳资关系(labor capital relations;labor-management relations):按照《现代劳动关系辞典》,劳资关系指雇佣劳动者与资本所有者之间的关系。它是资本主义社会最本质的社会关系。劳资关系是在特定历史条件下产生的。一方面资本家占有生产资料,另一方面存在摆脱了人身依附关系但又除了自己的劳动力外一无所有的劳动者。在资本与劳动力的结合过程中,生产资料所有者资本家或所有者代理人,支配、控制劳动过程,无偿地占有由雇佣劳动者创造出来的全部剩余价值,劳动者则作为雇佣劳动者挣得相当于自己劳动力价值的工资。工资和利润之间存在着彼此消长的对立关系,资本主义制度下的劳资关系往往带有阶级对立的性质。③ 常凯教授在其著作中进一步指出,劳资关系一般指私有

---

① 蒋茜.马克思主义政治经济学如何分析劳资关系.《人文杂志》,2016年第11期。
② 马克思.《资本论》(第一卷).北京:人民出版社,1975年版.第210页。
③ 苑茜,周冰,沈士仓等主编:.《现代劳动关系辞典》.北京:中国劳动社会保障出版社.2000.第4-5页。

制企业中的劳动关系,所体现的是雇佣工人和雇主(企业主)的关系。这一关系既包括劳动者个人与雇主的关系,也包括工会与雇主或雇主团体的关系。① 从上面的内容不难看出,劳资关系与劳动关系两个术语的核心内容是基本一致的,略有不同的是,劳动关系这个术语不仅包含了劳资关系,而且还强调了社会劳动关系的意义,在外延上要更宽泛些,更能体现劳动关系的全貌。劳资关系这一术语在资本主义社会的早期阶段使用非常广泛,比较典型地反映了劳资之间的尖锐对立状况,但在第二次世界大战后,在主要资本主义国家,劳动关系的这种对立特征发生了明显变化,所以,这个术语的适用频率明显下降,即便如此,今天的许多劳动经济学的文献仍然在使用这个术语。

产业关系(industrial relations):产业关系是英美劳动关系文献中描述劳动关系使用得最为广泛的术语。就目前的文献看,这个术语最早出现在1885年。英国的布拉西勋爵(Lord Brassey)在当年的一次讲话中,使用了"产业关系"来表达雇主与工人的关系。② 但引起社会广泛关注这个术语的事件更有可能是1910年的美国洛杉矶时报大厦爆炸案。在该事件发生后,经美国塔夫脱总统提名,国会任命了一个名为"产业关系委员会"的调查团队。③ 在此之后不久,以"产业关系"命名的课程和研究机构相继诞生。产业关系作为一个相对独立的学科领域逐步形成。按照《布莱克韦尔人力资源管理学百科全书》的解释,产业关系主要指工人和雇主之间在工作场所和社会上的互动,进而导致与雇佣相关的各种结果。在美国,这个术语经常指狭义上的雇佣关系,即通过集体谈判来确定雇佣的条款和条件。按照美国知名劳动关系学者寇肯教授的观点,广义上的产业关系包括工作中的人的所有方面。④ 中国学者李琪也认为,所谓"产业",原是指一个国家的工业部门,特别是制造业,但不包括农业和畜牧业。随着社会经济结构的发展和变动,"产业"从工业发展到了服务业和政府的公共服务部门。所谓"关系",是指劳动者和他们的雇佣组织在工作地乃自整个社会中的相互作用。从广义上讲,产业关系就是雇佣关系,就是劳动力所有者(劳动者)与资本所有者(雇主)之间的关系;从狭义上讲,产业关系是集体雇佣关系,或者说是雇员集体与雇主之间发生的与劳动条件有关的关系。依据学者上述认识,我们可以认为,产业关系,在广义上,就是劳动关系;在狭义上,主要指集体劳动关系。

雇佣关系(employment relations):这是一个法学、管理学、经济学都广泛使用的术语。作为一个法律术语,在资本主义国家早期的法律中就有使用,例如,《法国民法典》规定,"雇佣,是指劳动与服务的租赁","劳动力的租赁是指,一方当事人承担义务,为他方完成某种事务并由他方向其支付经双方约定之报酬的契约"。⑤ 我国相关法律中,没有明确界定雇佣关系,但相关司法解释和司法实践认可了雇佣关系的存在。例如,《最高人民法院关于审理人身损害赔偿案件适用法律若干问题的解释》第九条规定,雇员在从事雇佣活

---

① 常凯.《劳权论——当代中国劳动关系的法律调整研究》.北京:中国劳动社会保障出版社,2003年.第70页。
② Morris, R. (1987). The early uses of the industrial relations concept. *Journal of Industrial Relations*, 29 (4), 532–538.
③ 李琪.产业关系溯源.《中国人力资源开发》.2018年,第35卷,第2期,第89—90页。
④ Peters. H. Lawrence etc.《布莱克韦尔人力资源管理学百科全书》(影印版).北京:对外经济贸易大学出版社,2000年5月.第163页。
⑤ 罗结珍译.《法国民法典》.北京:中国法制出版社1999年版,第388页。

动中致人损害的,雇主应当承担赔偿责任。此处所称的"从事雇佣活动",是指从事雇主授权或者指示范围的生产经营活动或者其他劳务活动。① 至于劳动关系与雇佣关系的关系,学术界主要有两种观点:一种把雇佣关系视为与劳动关系相互并列的一种社会关系;另一种则认为,雇佣关系包含了劳动关系,前者为一般的社会关系,后者为特殊的雇佣关系。国际劳工组织在相关文件中将其定义为:一名被称为"雇员"(经常被指称为"工人")的个人和一名"雇主"之间的关系,该"雇员"在一定条件下为"雇主"工作并获得报酬。② 这一定义显然持广义的视角,把劳动关系包含在其中了。值得注意的是,在经济学、管理学等其他学科领域,雇佣关系也是一个常见的术语,他们对这个术语的界定更多地集中在雇佣关系的过程和本质。例如,戈思帕尔和帕尔默认为,雇佣关系是一种雇员通过提供体力和脑力劳动来换取雇主所提供的报酬的经济、法律和政治关系。③ 巴纳德认为,雇佣关系是期望雇员的贡献与雇主提供的诱因之间的交换。④ 撇开学科之间关注焦点的差异,更值得注意的一个趋势是,相对于"产业关系"这个术语,"雇佣关系"这个术语可以更全面体现20世纪80年代以来国际劳动关系的一些新变化。常凯教授在《国际比较雇佣关系》一书的中文版序言中指出,在劳动关系的研究中,传统上都是以产业关系作为基本研究对象。但从20世纪80年代开始,随着新技术的出现、产业结构的变化以及经济全球化的发端,传统的产业关系研究已经不能涵盖非标准的劳动、跨国劳动力流动、超出传统产业的新的职场关系以及劳动关系的新的调整方式。这(指该书初次出版时使用的是产业关系,而在第六版,则改为雇佣关系)不仅仅是一个相近概念的替换,而且反映了国际劳动关系发展新的趋势。⑤

【知识链接1-1】

雇佣关系存在与否的界定指标

9. 就保护雇佣关系中的劳动者的国家政策而言,确定此种关系的存在,应主要以与劳动者从事劳务并获得酬报相关的事实作指导,而不论在各方当事人之间可能商定的任何契约性或其他性质的相反安排中的关系特点。

……

13. 成员国应考虑是否可在本国法律和法规中或者通过其他途径,界定雇佣关系存在的具体指标。这些指标可包括:

(a) 该工作是根据另一方的指令并在其控制下进行的;该工作涉及将该劳动者纳入企业的组织之中;该工作完全或主要是为另一人的利益履行的;该工作必须由该劳动者亲

---

① 《最高人民法院关于审理人身损害赔偿案件适用法律若干问题的解释》,法释【2003】20号。
② 国际劳工局:《雇佣关系》,报告(1),第95届国际劳工大会,2006年,日内瓦,第3页。
③ Gospel, H. Palmer, G. *British Industrial Relations* (2nd). London, Routlege, 1993.
④ 转引自孙彦玲、张丽华.雇佣关系研究述评:概念与测量.《首都经济贸易大学学报》2013年第1期,第95页。
⑤ 常凯等.《国际比较雇佣关系——国家规制与全球变革》(第六版).北京:中国劳动社会保障出版社,2016年11月,第2页。

自完成;该工作是在下达工作的一方指定或同意的特定工作时间内或工作场所完成的;该工作有一定的持续时间并有某种连续性;该工作要求劳动者随叫随到;该工作要求下达工作的一方提供工具、物料和机器等事实;

(b) 定期向劳动者支付报酬;这种报酬构成劳动者唯一或主要收入来源这一事实;以食物、住房或交通便利等实物形式付酬;对每周休息和每年的节假日等权利的承认;下达工作的一方支付劳动者为履行工作所作的差旅费用;或劳动者没有财务风险。

资料来源:摘自国际劳工大会第198号建议书《关于雇佣关系的建议书》

员工关系(Employee Relations):这是一个典型的人力资源管理概念,也是人力资源管理和劳动关系共同关注的领域。美国知名的人力资源管理学者认为,所谓员工关系,指的是与雇佣相关的各种组织理念和组织政策的执行实践。① 程延园教授认为,员工关系是指管理方与员工及员工团体之间产生的,由双方利益引起的,表现为合作、冲突、力量和权利关系的总和,并受到一定社会中经济、技术、政策、法律制度和社会文化背景的影响。尽管员工关系的定义并不完全一致,但主流的观点还是认为,员工关系是一个比较宽泛的概念,除了包含工作场所的劳动关系的内容外,还涉及领导与成员的关系,不同员工群体之间的关系,以及员工与员工之间的关系等内容。劳动关系也难以完全被包容在员工关系中,尤其是产业层面的劳动关系以及社会劳动关系等内容,与员工关系还是存在根本性区别。

劳使关系(Labor-management relations):这是日本人创造的一个日式汉字术语。尽管这个术语的英文翻译与上面提到的"劳资关系"一致,但在日本语境中,劳使关系的含义更接近"产业关系",主要是邓洛普所指的产业社会中功能性的工人与使用者的关系,是经营者与工人以及政府机构之间相互作用的复合体。劳使关系包括"个别劳使关系(雇主—雇员关系)"和"集体劳使关系",其中基干部分是后者,即经营者及经营者团体与工会的关系。②

1.2 劳动关系系统

本节案例

邓某与A公司:是承揽服务关系还是劳动关系?

邓某经朋友介绍自2020年2月24日起至2020年4月21日期间一直在A公司的分拨中心从事货物装卸工作。邓某进入分拨中心工作时,在该公司人事工作人员引导下在

---

① Cascio, W. F. Managing Human Rsources. New York: McGraw-Hill, Inc. 1995, P. 495.
② 高桥洸等.《日本劳务管理史:劳使关系》.北京:经济科学出版社,2005年4月.

手机上通过"登记注册身份信息"软件和"薪发放"软件在线完成了个体工商户注册申请信息提交,并与某优活公司在线签订了《承揽服务协议》,约定某优活公司将其装卸业务外包给邓某注册的个体工商户(某产业园区咨询服务部)。A公司对分拨中心的所有装卸工人进行了分组,每天由A公司的管理人员对邓某等装卸工人进行安全培训、考勤及完成装卸任务情况的记录,某中铁公司依据工作量计算报酬并以表格形式上传到"薪发放"APP进行公示。某优活公司依据"薪发放"APP的表格数据向装卸工人发放劳动报酬,转款信息备注载明:发放人:某优活公司,业务类型:承揽费。

2020年4月21日,邓某在装卸货物时从货车上摔下受伤并被送往医院治疗,直至2020年5月18日出院。此后,邓某向开发区劳动仲裁委申请劳动仲裁,请求确认邓某与A公司存在劳动关系。开发区劳动仲裁委于2020年8月26日开具逾期未受理证明。邓某据此向法院提起诉讼。

开发区法院审理认为,本案中,邓某虽然注册了个体工商户并与某优活公司签订了承揽服务协议,但是邓某一直是在A公司从事货物装卸工作,其日常工作由A公司管理人员直接安排,并由A公司管理人员对其出勤情况进行考勤,每天对其进行安全教育培训,其装卸工作完成情况以及对应薪酬情况都是A公司管理人员在进行统计、公示,由此说明邓某在工作中实际是直接受A公司的劳动管理和安排,并接受A公司规章制度约束,双方据此形成管理与被管理关系。根据《劳动和社会保障部关于确立劳动关系有关事项的通知》(劳社部发[2005]12号)第一条规定,邓某与A公司之间存在事实上的劳动关系。

随着互联网平台迅猛发展,许多新型用工模式逐渐涌现。许多用人单位开始采取让劳动者注册"个体工商户"等市场主体再与本单位或者合作单位签订承揽协议的形式掩盖其作为用人单位的实质用工身份,为人民法院认定劳动关系的司法实践带来了新挑战。但是不管用工模式如何变化,劳动关系的实质特征在于劳动关系中劳动者对用人单位具有依附性、隶属性。认定劳动关系,仍应将"劳动者在人格上、经济上和组织上对用人单位的依附程度"作为判定劳动关系的重要标准,应当重点审查用人单位是否将劳动者纳入员工管理的范围,并参照原劳动和社会保障部《关于确立劳动关系有关事项的通知》(劳社部发[2005]12号)第一条的规定进行认定。

资料来源:成都法院劳动争议十大典型案例(2020年度),澎湃新闻网,2021年5月2日

在宏观层面上,一个国家的劳动关系,是其经济社会系统的一个子系统。构成这个子系统的主体主要包括工人及其代表组织——工会、雇主及雇主组织以及政府。劳资政三方主体在系统内外因素构成的特定情境中,基于一定的理念和规则进行互动,共同演绎出劳动关系运行轨迹和发展历程。认识和理解劳动关系,首先要了解劳动关系系统的相关主体及其运行过程。

1.2.1 劳动关系系统的主体

劳动关系的第一方主体是工人和工会。"工人"(worker)这个主体在不同国家的法律和政策中有不同的称谓。在英国、美国等国家,一般使用"雇员"(employee)这个术语来

代表"工人"这个主体。例如,美国的《国家劳资关系法案》(1935)将"雇员"定位为:"任何受雇人员,而且不限于一个特定雇主的受雇人员,除非本法另有明文规定。它包括由于任何当前的劳资争议或任何不公正劳工行为停止工作而且尚未找到其他经常性的、基本相同的职业的任何人;但是,它不包括受雇作为农业劳工的任何人,或在任何家庭或个人家中从事家务的任何人,或被其父母或配偶雇佣的任何人,不包括具有独立承包人地位的任何人或被雇为监管人员的任何人,不包括受历次修订的《铁路劳工法》管辖的雇主所雇佣的任何人,也不包括不属于本法规定的雇主雇佣的任何人"。在《中华人民共和国劳动法》中,"工人"这个主体的称谓是"劳动者",该法第 2 条规定:"在中华人民共和国境内的企业、个体经济组织(以下统称"用人单位")和与之形成劳动关系的劳动者,适用本法。"尽管各国对"工人"这个主体的定义和表述不尽相同,但一般而言,劳动关系中的"工人"主体,应该具有如下特征:1) 工人与企业等组织之间存在雇佣与被雇佣的关系;2) 工人在雇主或管理方的监督下从事劳动;3) 工人因为劳动付出而获得工资性补偿。

知识链接 1-4

"产业工人"和"职工"的概念演变

在我国,随着手工业社会主义改造的胜利结束,个体手工业工人大多数已被纳入集体企业中,成为产业工人的一部分。产业工人逐渐失去了自己的概念针对性,成为工人阶级的同义语。但是,改革开放后,我国的所有制结构发生了巨大变化:一方面,私营和外资经济的兴起,吸纳了大量的社会就业,这些就业于非公有制企业的打工者已成为产业工人的重要组成部分;另一方面,个体经济的兴起意味着个体户也可以通过自己的劳动收入为生。因而,为了与这些自雇型个体劳动者相区别,现代产业工人便可被归结为从事集体劳动和以工资收入为生活来源的工人。全总党组书记、副主席、书记处第一书记李玉赋就学习贯彻《新时期产业工人队伍建设改革方案》答记者问时给产业工人下了一个定义:"产业工人是指在现代工厂、矿山、交通运输等企业中从事集体生产劳动,以工资收入为生活来源的工人。"

《现代汉语词典》把职工解释为职员和工人。其中职员指的是,机关、企业、学校、团体里担任行政或业务工作的人员。这一解释与1950 年的《工会法》基本吻合,当时使用的主要是工人和职员,而没有使用职工一词。但在中国共产党的早期活动中,"职工"一词就已开始经常出现,比如邓中夏就著有《中国职工运动简史》、中国共产党第六次全国代表大会形成了《职工运动决议案》等等。在法律文件上,1992 年的《工会法》开始大量使用"职工"一词。也就是说,虽然职工是职员和工人的合称,但在更多情况下,它与工人、劳工等词义相近、相似或相同。

自新中国成立后,也就是劳动人民成为国家的主人后,"职工"二字便开始含有"国家职工"之意,"工人"也就成为那个时代特有的成分界定符号,即根据个人在一定时间内主要生活来源的性质划定其阶级归属。如1948 年在解放区召开的第六次劳动大会上通过的《中华全国总工会章程》第四条对会员资格规定为"凡在各种企业及机关学校中工作,以劳动收入为主要生活来源并依法取得职工成分之体力劳动者与脑力劳动者"。1950年的《工会法》和1953年的《工会章程》对会员资格不再强调职工成分,但把"以劳动收入为主要生活来源"改为"以工资收入为主要生活来源"。

通过"以工资收入为主要生活来源"来界定职工,是为了与农民等小生产者区分开来。在当时的社会结构中,即便是经过合作化运动后的农民,其获取主要生活来源的途径并不是以"工资"形式取得的。以劳动关系或者说以市场契约来界定职工概念,是改革开放后的产物,与国家逐渐把用工自主权下放给企业等用人单位密切相关。1994年7月《劳动法》颁布,同年劳动部又发布《关于全面实行劳动合同制的通知》,这些为企业全面推行合同制用工提供了法理依据。随着国有企业劳动合同制的普遍实施,各类组织劳动关系市场契约化发展趋向明显,劳动关系逐渐由国家对劳动者的行政隶属命令、服从型向契约化、社会化的市场雇佣关系转变。

从劳动用工制度的角度看,过去工人作为国家职工,就业由国家统一安排,如1955年,全国第二次劳动局长会议规定:企业招用工人和工人技术学校招收学生,必须通过劳动部门进行。而现在工人则主要是在市场上自主择业。"我国劳动制度的改革改变了计划经济体制下以行政手段配置劳动力资源、一次就业定终身的体制弊端,淡化了劳动关系中的政治因素,打破了身份制,实行了契约制,其中形成了劳动力供给和需求双方相互自由选择的市场配置机制。"就业渠道也不再限于国营(国有)企业,逐渐主要集中在私营和外资企业。因而所谓"职工"是指通过在劳动力市场上与用人单位签订劳动合同以建立契约型劳动关系(事业单位因其特殊性与劳动者建立的是聘用关系)的体力劳动者和脑力劳动者,就是说"职工"二字意味着劳动者的个人归属从身份(成分)逐渐走向契约(合同)。工人与作为用人单位的企业签订劳动合同,意为明确职工和企业之间建立的是市场契约关系,劳动者不再作为国家职工而只是企业职工,其劳动付出是为企业服务而不是为国家工作。"在单位制企业中,企业是基层国家政权,工人则是国家职工,国家为职工提供终身就业保障和广泛的社会经济权利,于是工人阶级与国家直接地结合在一起。"因此,"职工"二字的政治意味逐渐减弱,越来越靠近"雇员"的意思,逐渐成了与企业负责人也即"雇主"相对应的概念。"中国的产权制度改革,使得劳动者由计划经济的'主人翁'转变为市场经济的'雇佣劳动者',而按生产要素分配更使得劳动者在社会财富分配中处于社会底部。"

资料来源:摘自闫永飞.《论"工人阶级""产业工人""职工"概念的历史演变》.《工会理论研究》2020.5

工会是工人利益的代表组织。英国著名学者韦伯夫妇曾指出:"我们将工会理解为一种工资收入者的组织,这个组织的目的是为了保持或者改善这些人自己的劳动条件"。[①]英国的《工会与劳资关系(综合)法》将工会定义为:"一个永久性的或临时性的组织,这一组织包括了一种类别或者多种类别的全部或者大部分工人,这个组织的基本目标包括规

---

① Sidney Webb and Beatrice Webb. *The History of Trade Unionism*. London: Longmans. 2004. P. 45–46.

定工人与雇主或者雇主组织之间的关系。"《中华人民共和国工会法》规定:"工会是职工自愿结合的工人阶级的群众组织。工会组织和教育职工依照宪法和法律的规定行使民主权利,发挥国家主人翁的作用,通过各种途径和形式,参与管理国家事务、管理经济和文化事业、管理社会事务;协助人民政府开展工作,维护工人阶级领导的、以工农联盟为基础的人民民主专政的社会主义国家政权。"尽管各个国家对工会内涵和本质得界定不完全一致,工会的形成发展历史、组织制度也大相径庭,但总体而言,较之于其他组织,工会具有鲜明的群众性、经济性、阶级性和政治性等性质,其基本目标是要维护和提高会员的权益。围绕性质和目标,工会一般要代表会员与雇主进行交涉;要代表会员与雇主或雇主组织进行集体谈判或集体协商;代表会员参与政治活动或政治过程;努力为会员提供职业保障;努力为会员提供服务或福利。

劳动关系的第二方主体是雇主和雇主组织。"雇主",英语翻译为 employer,既可体现为自然人,也可指法人,一般含义指雇佣雇员进行有目的的、有组织的生产或提供服务,并向雇员支付报酬的人。与"工人"这个主体一样,各个国家法律对雇主主体的规范并不完全一致。例如,加拿大《劳动法》将"雇主"定义为:任何雇佣一个或者一个以上雇员的人,以及加拿大产业关系委员会认为可以通过集体谈判来规范他人所提供服务的非独立承包商。中国的劳动法规对"雇主"主体的称谓是"用人单位",主要包括企业、个体经济组织以及民办非企业单位等。尽管各个国家对"雇主"的规定不尽一致,但一般而言,雇主具有如下特征:1) 雇佣他人进行生产或提供服务;2) 对劳动过程进行监督与管理;3) 负责为受雇人员从事劳动提供生产工具、原材料、生产条件等;4) 负责为受雇人员提供劳动报酬。在工业化早期,雇主基本上指工场或工场的所有者及其代表,随着工业革命的完成和现代公司制企业的发展,企业所有权与经营权逐步分离,所有者已经不再直接参与企业日常经营管理,雇主职能的实际履行者演变为管理者,所以在劳动关系中,"雇主"一方通常指的是企业的管理方。法律通常限制或禁止高级管理人员组织和加入工会组织。

雇主组织是雇主利益的代表,一般指以雇主为成员,以规范雇主与雇员及其工会关系为主要使命的组织。雇主组织最早出现在18世纪中晚期,是雇主们应对当时企业外部环境变化而做出的一种反应,到19世纪中叶,现代意义上的雇主组织陆续出现,主要行动是抵制工会的行动。从类型看,雇主组织有两类:一类是以协调劳动关系为主要使命的雇主组织;另一类是兼顾商业活动和劳动关系协调的雇主组织。雇主的基本职能包括:代表会员反映雇主的观点和意见;参与或指导雇主进行集体谈判;建立和参与劳动纠纷的处理;为雇主提供劳动关系方面的协助或建议。

劳动关系的第三方主体是政府。这里的政府一般指广义的政府,包含了行使国家权力的所有机关,如立法机构、行政机构、司法机构等。政府本不是劳资关系的直接主体,其介入劳动关系,与各个国家的政治制度、执政党的执政思想以及劳动关系的影响有关。以英国为例,在工业化早期,英国政府一直奉行"自由放任"的原则,基本不直接干预劳资双方的劳动关系,直到19世纪中叶后,由于劳动关系产生广泛社会影响,英国政府才通过立法、政策等方式干预劳动关系的运行。进入20世纪后,各国政府都深深介入劳动关系,成为影响劳动关系的重要主体。一般认为,政府在劳动关系形成和运行中发挥着如下方面的作用:制定劳动政策;建立和完善劳动力市场;维持和提高劳动条件;协调劳动关系。

1.2.2 劳动关系系统的运行

劳动关系系统的运行过程就是劳动关系主体在特定的环境中依照一定规则相互影响、相互作用的过程。观察分析劳动关系运行的环境,认识和健全劳动关系运行规则,推进劳动关系系统稳定和谐发展,是劳动关系发展的主题,也是劳动管理理论研究的基本任务和目标。

认识劳动关系运行,首先要分析和了解劳动关系的环境。所谓环境,一般指处于系统边界之外但又与系统之间存在物质、能量和信息交换的所有事物。作为经济社会系统中的一个子系统,劳动关系的运行不可避免地受到社会中政治系统、经济系统、社会系统以及技术系统诸多要素和状态的影响和制约。美国学者桑德沃在《劳动关系:过程与结果》一书中构建了一个比较全面的劳动关系环境分析框架,在他看来,影响劳动关系过程的环境因素主要包括三个层面的因素,具体有:1) 外部环境因素:主要指工作场所之外但又对工作场所劳动关系及其管理产生影响的各种社会经济因素,具体包括经济因素、技术因素、政治和法律因素、思想意识因素等;2) 工作场所因素:主要包括工作场所的技术、预算和市场力量、工作场所的管理、所有制和企业观念;3) 个人因素:主要包括劳动关系相关主体的经济、安全和保障需要、社会化、人际交往以及权力的需要、公平和平等的需要、个体的价值观和信仰等。不少学者和研究机构认为,认识和理解当代劳动关系的运行与发展,要特别注意劳动关系环境的一些新变化,主要有:国际化、自由化和全球化的趋势;中产阶级的兴起及个性化的产品与服务需求;科技发展及其对产业结构的影响;政治民主化与法律规制的缓和。

劳动关系运行的基本依据是劳动关系的规则网络。劳动关系的规则网络涉及法律规制、权力规则、传统以及道德伦理等方面,其中,法律规制是影响制约劳动关系运行最基本、最普遍的规则。劳动法律规制可以划分为程序规制和实体规则。劳动法律规制的程序规则,指的是劳资双方在长期博弈过程中形成的、经由权力机构、立法机构认可且符合传统和伦理道德规范的、规范劳动关系处理程序和方法的规则体系。在劳动关系运行过程中,一个国家的劳动法律规则的程序规则主要包括个别劳动关系处理规则、集体劳动关系处理规则以及劳动争议处理规则等。劳动法律规制的实体规则,主要指由法律规定和认可的、规定劳动关系主体各方权利义务关系的规则,基本内容涉及劳动者权利的规定,按照权利主体不同,可以划分为劳动者个人权利的规定和劳动者集体权利的规定。

劳动关系运行的结果就是劳动关系状态或形态。劳动关系状态可以视为以合作和冲突为两端的一条线束,一个国家、一个地区、一个组织的劳动关系状态总是这条线束中的某个点,是合作与冲突的结合。劳动关系的合作与冲突是一对矛盾体,劳动关系环境的变化、劳动关系主体策略的调整以及劳动关系运行规则的改变都会对劳动关系状态产生影响,会导致劳动关系的合作与冲突发生变化。

1.3 企业劳动关系管理

本节案例

疫情期间裁员，员工要求赔偿

胡某原是某汽车销售公司驻青岛的销售人员，2016年入职，原合同期满后又续签了三年的固定期限劳动合同，至2022年9月12日止。2020年3月，胡某因疫情被隔离在家，其间收到了公司发来的部门裁撤公告及解约通知。当年5月公司关停了胡某工作相关账户并邮寄劳动合同解约证明书。

胡某向劳动人事争议仲裁委员会申诉，要求公司支付经济补偿标准两倍的赔偿金、合同期内未休年假工资、尚未支付的两个月差旅补贴等约12.6万元。后该仲裁委员会裁决公司支付赔偿金、差旅补贴等约4.4万元。胡某不服，向法院提起诉讼。

在法院审理过程中，公司称，其与胡某解除劳动关系是基于经济性裁员的合法解除，已提前30日通知胡某，胡某无权要求支付赔偿金；每月的差旅补贴是对差旅费的报销，不属于薪资；同时因疫情影响公司复工推迟，推迟复工期的休假可先折抵胡某的未休假天数等。法院审理认为，该公司裁员前未向工会或全体职工说明情况、听取意见，也未向劳动行政部门报告，其解除程序有误。同时，公司在胡某隔离期间与其解除劳动合同，违反了当地《关于积极应对新型冠状病毒感染肺炎疫情切实做好劳动关系工作的通知》，属违法解除，应当支付违法解除赔偿金。

另外，双方有争议的差旅费补贴依据《财政部关于企业加强职工福利费财务管理的通知》，应纳入职工工资总额；该公司所辩称的疫情期间原告的休假抵扣年假，因未与职工协商一致，不予采纳。

最终法院判决公司支付胡某违法解除劳动合同赔偿金、2019和2020年未休假工资及差旅补贴共9万余元。

法院提醒经营者，经济性裁员是劳动合同法保护困难企业通过裁员的方式自救的法律规定，在疫情期间及其后，企业往往会采取此类措施。但企业在经济性裁员时，应当注意严格遵照法律法规的规定，对于裁员的具体人数、民主程序、报备流程、裁员时间等均应严格执行，否则可能构成违法解除劳动关系。

资料来源：每日经济新闻网，2022年2月22日

1.3.1 企业劳动关系管理的含义

按照社会经济系统的构成，劳动关系可以划分为宏观层面的社会劳动关系和微观层面的企业劳动关系。企业劳动关系主要是劳动者与雇主（或用人单位）之间的个别劳动关

系。如果企业依照国家法律法规建立了工会组织，那么，企业劳动关系就应既包含个别劳动关系，也涉及工会与雇主（或用人单位）或雇主组织之间的集体劳动关系。

管理是一种组织活动。按照美国知名管理学者斯蒂芬·罗宾斯的观点，管理就是一个协调工作活动的过程，以便能够有效率和有效果地同别人一起或者通过别人实现组织目标。管理的职能一般包括计划、组织、领导和控制。依此定义企业劳动关系管理，其含义应该是指企业组织围绕其战略及目标对劳动关系建立和运行过程进行管理的活动与过程。

认识和理解企业劳动关系管理，首先要把握其目标定位。作为一种职能性管理活动，其直接目标是保证企业劳动关系建立与运行的规范、稳定和和谐。具体而言，具体目标至少应该包括如下方面：(1) 企业劳动关系的建立与运行符合国家、地方的相关法律、规章和政策规定，不存在违法违规的行为；(2) 企业内部劳动关系的建立与运行有明确的理念、制度和程序为依据，是规范有序的，而不是杂乱无章的。(3) 企业劳动关系总体稳定，人员流动和劳动关系变化维持在合理区间。(4) 企业劳动关系总体和谐，劳动争议频次低并能得到合法合理的处理，员工生产效率和满意度保持在较高水平。在具体目标之上，企业劳动关系管理还应有间接目标。间接目标是直接目标实现的结果和影响，主要体现为：(1) 雇主品牌的忠诚度和知名度不断提升；(2) 企业组织内部的劳动关系氛围良好；(3) 员工的劳动效率和价值创造不断提高；(4) 员工的组织承诺、满意度以及幸福感保持在较高水平。无论是劳动关系管理直接目标还是间接目标，最终都将支撑和转化为企业劳动关系管理的最终目标。与其他经营管理活动一样，企业劳动关系管理的最终目标都表现为企业使命、宗旨和战略目标的实现。尽管各个企业在不同阶段都有不同的使命和战略目标，但最终目标一般会体现在如下方面：(1) 反映企业经营状况的主要财务指标；(2) 企业履行社会责任状况；(3) 企业核心能力状况；(4) 企业的韧性与柔性状况。企业劳动关系管理的实践表明，只有明确了劳动关系管理的目标体系及其具体要求，才能在管理实践中找到努力的方向和工作的指针，才有保持各种劳动关系管理活动和举措的一致性和协调性。

认识和理解企业劳动关系管理，还要注意全面把握劳动关系管理的主体与对象特征。企业劳动关系管理的基本主体是企业管理方。从这个意义上看，企业劳动关系管理一般是广义上的企业人力资源管理的组成部分。企业管理方和工会组织的互动关系会直接而深远地影响企业劳动关系的运行。企业劳动关系管理的对象是企业劳动关系。从类别而言，企业劳动关系既包含个别劳动关系也包含集体劳动关系；从过程而言，企业劳动关系涉及建立、运行、变更、解除、终止等不同行为。不同类别劳动关系有不同的依据，个别劳动关系主要基于劳动合同和心理契约，而集体劳动关系则主要基于集体劳动合同。劳动关系建立与运行中的不同行为则有不同的法规和政策规范。劳动关系的这些类别差异、行为差异以及依据差异使得劳动关系管理的对象变得异常复杂多变。

认识和理解企业劳动关系管理，也要注意把握企业劳动关系管理的总体框架和内容体系。尽管不同企业、甚至同一企业在不同时期的劳动关系管理内容都不尽相同，但是，一般而言，一个企业的劳动关系管理至少应该包含如下几个方面的内容：(1) 企业劳动关系的战略管理,涉及劳动关系环境分析、目标定位、策略选择及实施等内容;(2)企业规章制度管理,涉及企业劳动规章制度的制定、执行以及合规性审查等内容,是企业劳动关系运行的制度框架;(3)企业劳动关系管理实务,涉及企业劳动合同管理、集体协商(谈判)与集体合同、员工参与等内容,是企业劳动关系活动的主体。(4)企业劳动争议及其处理,涉及劳动争议的类型及劳动争议微观处理机制。(5)企业和谐劳动关系的创建,涉及企业和谐劳动关系创建目标、体制机制、一般性举措以及成效评价等内容。

1.3.2 企业劳动关系管理与人力资源管理

一般认为,人力资源管理是指组织通过各种政策、制度和管理实践,以吸引、保留、激励和开发员工,调动员工积极性,充分发挥员工潜能,进而促进组织目标实现的管理活动的总和。[①] 企业人力资源管理的主要职能包括:(1)预测、分析和计划;(2)人员需求计划制定;(3)组织人力资源所需的配置;(4)评估员工行为;(5)薪酬计划;(6)工作环境改善;(7)建立和维护有效的员工关系。劳动关系管理是企业建立和维护员工关系的主要内容,是人力资源管理的重要职能活动。

作为人力资源管理的重要组成部分,企业劳动关系管理与人力资源管理有密切的联系。(1)两者有共同历史渊源。无论劳动关系还是人力资源管理,都是人类在进入资本主义社会以后探索解决产业发展过程中的"劳工问题"的产物。(2)两者有共同的理念。人力资源管理和劳动关系管理都拒绝劳动力是商品的观念,都把人视为一种资源,一种特殊的生产要素,都尊重人性,都认可人的社会性特征。(3)两者都聚焦于工作场所中人的管理问题。

企业劳动关系管理在诸多方面也与人力资源管理有差异。主要表现在:(1)两者的目标不尽一致。人力资源管理活动的主要目标是追求效率。而企业劳动关系管理除了强调效率目标外,还同时追求公平和发言权目标。多重目标的平衡正是企业劳动关系管理实践的最大难题。(2)两者涉及的主体也不尽相同。人力资源管理主体就是企业管理方,其政策、制度、活动的基本出发点就是要实现管理方的目标。而在企业劳动关系管理实践中,除了管理方这个主体外,还会涉及劳动者和工会。主体之间有不完全相同的利益和目标,所以,协调各个主体的关系成为企业劳动关系管理的重要内容。(3)两者的成效评价标准不同。对于人力资源管理活动,基本的评价标准是效率和效益,是价值创造与增加,而评价企业劳动关系管理的标准则不能仅仅是效率和效益的大小,还要考虑劳动关系的稳定与和谐程度。

【知识链接1-5】

国际劳工组织的体面劳动议程

体面劳动的概念是由国际劳工组织的三方合作伙伴——政府、雇主组织和工人组织

---

① 董克用、李超平主编.《人力资源管理概论》(第五版).北京:中国人民大学出版社,2019年7月,第17页。

共同提出的。国际劳工组织根据这一概念来确定其工作的主要优先领域,并为适应二十一世纪的需要使其工作方法更加现代化。这一概念的提出是基于这样一个共识,即劳动是获得个人尊严、实现家庭稳定、促进社区平安、向人民宣扬民主政治、推动经济增长从而提供更多富有成效的就业岗位和促进企业发展的根本源泉。

当今世界在体面劳动中存在许多"赤字",这些"赤字"表现为很多形式:失业和不充分就业、工作岗位的质量和生产力低下、工作不安全、收入无保障,正当权利被剥夺以及性别不平等。这些问题在流动工人这一群体当中表现尤为突出,他们更容易受到剥削,缺乏代表来反映他们的利益和心声,他们因生病、伤残和年龄老化而致使收入减少时也不能得到适当的保障。

体面劳动的总体目标就是在国家和地方层面上使人民的生活发生积极的改变。为此,国际劳工组织与三方伙伴共同合作制定了体面劳动国别计划,为实现体面劳动提供支持。这些国别计划根据各国发展框架来确立优先工作领域和目标,围绕着(体面劳动议程中的)四项战略目标实施有效的项目,从而解决重大体面劳动赤字问题。

国际劳工组织提出了体面劳动议程,将通过落实以下四个战略目标,并将性别平等目标贯穿其中,来将体面劳动议程付诸实际:

——创造就业:经济体要能为投资、创业、技能发展、创造工作岗位和维护可持续生计提供各种机会;

——保障工作中的权利:承认和尊重工人的各项权利。所有工人,特别是处于弱势地位的或贫困的工人,需要有代表权和参与权,并且要有良好的法律来维护而不是违背他们的利益;

——扩大社会保护:通过确保男性和女性拥有良好的工作条件来促进社会融合和提高生产力,良好的工作条件包括工作安全有保证、允许有充分的业余时间和休息、重视家庭和社会价值、在失去收入或收入减少时提供适当的补偿,以及享有适当的医疗保障;

——推进社会对话与矛盾化解:贫困人群理解谈判的必要性,也懂得对话是和平解决问题的方式。在强有力且独立的工人组织和雇主组织的参与之下,社会对话是提高生产力、避免工作中的争议以及建设凝聚型社会的核心所在。

资料来源:国际劳工组织:关于体面劳动,有改动

本章小结

劳动关系是社会关系和生产关系的重要组成部分,一般是指劳动者和劳动力使用者以及其他相关组织为实现劳动过程而形成的社会经济关系。劳资关系、产业关系、雇佣关系、员工关系等概念与劳动关系基本相似,又有一些细微的差异,在使用这些术语时要注意区分和把握。

认识和理解劳动关系,首先要了解劳动关系系统的主体,主要包括工人以及代表工人

的工会、雇主以及雇主的代表雇主组织以及政府。三方五个主体在特定的劳动关系环境下互动,生成了劳动关系的基本规则,同时也形成了不同的劳动关系形态。企业劳动关系是劳动关系系统的重要促成部分,既存在劳动者个人与用人单位之间的个别劳动关系,也包括工会与雇主和雇主组织之间的集体劳动关系。企业劳动关系管理主要指围绕战略目标对劳动关系建立和运行过程所实施的管理活动与过程。企业劳动关系管理,尽管是企业人力资源管理的重要组成部分,但其在目标追求、行为主体以及成效标准等方面与其他人力资源管理活动有明显的差异。

延伸阅读

安增科、内曼贾·柏柏尔.《劳动关系的未来:学科的终结?》《贵州社会科学》2015年第10期。

练习题

一、思考题

1. 请谈谈你对劳动关系概念的认识与理解。
2. 请说明劳动关系、劳资关系、产业关系、雇佣关系之间的区别与联系。
3. 请简要说明劳动关系系统的构成与运行。
4. 请比较分析劳动关系与人力资源管理的区别与联系。

二、团队研讨题

请将学生分成多个小组,每个小组选择一个发达资本主义国家,各自收集20世纪80年代以来这些国家的劳动关系转型发展的材料,然后讨论当代发达资本主义国家劳动关系的新趋势、新特点。

三、案例分析题

北京企业构建和谐劳动关系的成功探索

为落实党的十九大和十九届四中全会精神,近日,北京市协调劳动关系三方委员会召开构建和谐劳动关系经验交流会,对2016—2018年度北京市构建和谐劳动关系195个先进单位和100个先进个人进行表彰,同时发布了一些企业构建和谐劳动关系的典型案例,介绍了这些企业构建和谐劳动关系的经验和有益探索,为不同类型的企业和地区提供构建和谐劳动关系的示范模板和可借鉴经验。

一、北京牡丹电子集团坚持和谐发展理念实现产业成功转型

牡丹集团,曾是全国电视机行业的龙头。但是,面对产业升级发展、市场激烈竞争和城市功能定位调整等形势,牡丹集团一度面临破产,下属9家劣势企业的破产退出,几千名职工面临下岗。这其中,许多人为牡丹贡献了一辈子,有的是一家两代好几口人,企业

经营难上加难。

针对这种困难,牡丹集团不等不靠、主动作为,坚持和谐发展理念,通过党建引领、文化筑基、发展赋能来构建和谐稳定的劳动关系,解决了发展为了谁、依靠谁和发展成果归宿问题,凝聚起劳资双方力量,实现了从一个传统电视机制造企业到一个现代科技信息服务企业的成功转型。

以党建引领和谐劳动关系构建,解决企业发展为了谁的问题。通过党委领导、工会落实、职工参与的方式,研究企业发展战略和重大事项,使企业发展同职工利益在战略层面统一起来,党组织成为职工的"主心骨"。成立企业调解委员会,配备心理咨询师,请老同志参与调解,把纠纷处理变成"家务事",让职工体验到了"娘家人"的温暖。设立"稳定资金",坚持"有说法、讲公平、给出路"9字方针,解决了转型过程中941名职工的分流安置问题,在改革大变局中没有硬性裁员一个人,让职工有了"定心丸",没有发生一起劳动纠纷和维稳事件。

以和谐文化筑牢和谐劳动关系基础,解决了企业发展依靠谁的问题。制定《牡丹宪章》《牡丹宪法》,积极营造"风清气正、简单和谐、感恩尊重、充满活力"的企业文化。坚持"历史不是包袱而是资源",充分发挥老同志作用。"徐康兴"职工创新工作室,参与制定和修改数字电视检测技术等国家和行业标准共25项,主导制定2项国家标准,填补1项国内空白。坚持"人力资源不在消耗而在创造",按照营业收入的1.5%确定培训费,成立青年人才成长基金,充分发挥人才创新创造的作用。坚持"资源有限、智慧无限",开展"双增双节"劳动竞赛活动,使"创新创造价值"成为全体职工的共同信念和追求。一个智能电表的小发明就为企业带来过上百万的成本降低。

以权益保障体现和谐劳动关系成果,解决了企业发展成果归宿问题。坚持"创新创业共享共赢"的理念,切实维护职工的经济权益、政治权益、文化权益、社会权益,营造了一个和谐稳定的劳动关系环境。坚持"不签合同就不上岗",把签订劳动合同作为保证职工合法权益的基本手段。坚持不让一个职工掉队,通过加大职工培训力度、内部消化,把大量的制造业工人变成了牡丹园区合格的物业管理者和高质量的服务业专家。坚持"无论高管层还是普通员工在人格上都必须被一视同仁"的理念,对企业发展做出过特殊贡献的同志,对在牡丹集团奉献半生、光荣退休的同志,一律授予"牡丹劳动勋章"。

二、联想(北京)有限公司以人为本同发展不忘初心共和谐

联想(北京)有限公司是全球领先的智能设备及企业IT解决方案提供商,在世界500强排行榜中排名第212位,现有员工5 000余人。

作为一家在信息产业内多元化发展的大型企业和富有创新性的国际化科技公司,在三十余年的成长历程中,联想始终遵循"构建和谐劳动关系、企业员工共同发展"的理念,将构建和谐劳动关系列为企业的核心业务,注重健全制度、强化民主管理、履行主体责任,不忘初心、共筑和谐,保障和促进了企业的发展壮大,多次荣获市、区构建和谐劳动关系先进单位称号。

健全规章制度——筑和谐之基。严格依据国家劳动法律法规制定各项规章制度,按民主程序进行公布,并积极征询员工的意见和反馈。每2年一次邀请外部律师对各项制度进行审计,并通过共享服务中心、新员工培训、员工手册、内部主页等多种方式公示和宣讲,让员工及各级管理人员及时了解。依法建立企业薪酬体系,为员工提供具有市场竞争力的薪酬和福利待遇。作为北京市第一家企业年金政策的享受单位,联想在公司实行企业年金制度,工作90天以上的正式员工均有权利选择加入公司的企业年金计划。在为每一名员工缴纳社会保险的基础上,还为员工购买了补充商业医疗、人身意外保险、寿险等,为员工子女购买了补充商业医疗保险,保证员工老有所养,病有所医。同时,还根据公司业务特点,报批综合计算工时工作制和不定时工作制等工时制度,制定人性化的弹性考勤制度和休假制度,鼓励和提倡员工按时享受年休假。

注重民主管理——固和谐之效。在企业内部设立"HR热线"以及员工论坛,保证所有员工都可以及时提出意见建议,并通过多种方式实现员工与公司管理层的零距离沟通和交流。创建自己的培训网站以及微信小程序"联想乐成长",定期安排培训,开展系列座谈会,进一步畅通员工与企业的沟通渠道。设立专门的员工职业健康与安全部门,针对中国员工的工作特点、环境、条件,制定出相关标准并持续提升,并为生产部门的新员工进行岗前安全培训。向员工及家属提供"员工帮助计划",促进员工及家属的身心健康。

履行企业责任——聚和谐之力。建立企业工会组织,通过集体协商机制,签署集体劳动合同,定期举办多姿多彩的文体活动,丰富员工生活。公司实行以"岗位"为主,充分考虑"胜任力"和"业绩"等因素的定薪原则,制定合理的岗位薪酬制度。提供完善的激励政策,通过各种形式进行奖励,例如每年一评的联想50杰、总裁特别奖励,以及部门特别奖、专利奖、知识分享奖等多种形式。

三、宏源餐饮公司心里始终装着职工依靠职工办企业

北京宏源餐饮管理有限公司创立于2004年,经过15年的发展,已成为拥有多个品牌、多家分店的综合性餐饮企业,现有员工800多名。

作为一家餐饮企业,宏源餐饮自创立以来,一贯遵循"对职工负责"的理念,着力构建和谐稳定的劳动关系,依靠职工办企业、发展企业,做到了"领导心中有员工、员工心中有企业",经济效益稳步上升,不但得到广大顾客的好评,也得到了社会的充分认可,先后荣获东城区、北京市、国家"和谐劳动关系先进单位""全国厂务公开民主管理示范单位""北京市非公有制经济组织党建示范单位""先进党组织""青年文明号""北京市餐饮业经营规范示范店"等荣誉称号。

强化民主管理,保障职工权益。公司自觉把全心全意依靠职工办企业的方针引入到经营活动中,紧密依靠党支部、工会和广大职工,找准企业与职工利益的最佳结合点。工资制度的出台和最终确定,都要认真听取各方面的声音,征得全体职工的同意,在双方协商一致的情况下,签订工资集体协议,建立并不断强化了企业与职工的工资共决机制,明确了岗位工资结构、加班费基数、最低工资标准、工资增长幅度,先后增加了工龄工资、奖励年假和旅游基金,调整年度全勤奖、岗位晋级工资增长幅度,对主管级以下员工给予年终奖金等。同时,涉及员工切身利益相关的规章制度也被列入协商议题。比如,通过协商建立了"通岗"制度,员工掌握的岗位技能越多,享受到的通岗补贴也就越多。目前,有的员工已经顺利通过了10个岗位的认定,每月可享受到1 200元的通岗补贴。再如,通过

协商,上调了加班费,增加了借调、交通、住房补助。

想方设法创造条件,助力职工成长。积极响应区工会关于推送农民工上大学的政策,第一时间把这个好消息告诉了员工,帮助符合条件的员工报名。为了保证大家的学习时间,要求各分店务必安排好员工的上课学习时间,调整班次,给上大学的员工充分的学习时间。为了鼓励大家学习,公司还设立了"宏源奖学金"来奖励优秀的宏源大学生。目前,已有50多名员工取得了大专学历,20多名员工还在继续学习中。

处处体现关心关爱,做职工的贴心人。公司自成立以来就坚持每月为员工过生日、为员工家属邮寄生日贺卡,每年都会组织年度优秀员工外出疗、休养,每年还要组织春节团拜会,并根据员工意愿开展团队拓展活动,增强团队活力。公司董事长马龙,被员工叫作"马叔"! 用他的话说,员工们自发地称他"马叔",让他感到员工就是亲人,他有责任让他们在宏源实现自我价值和自我发展。

四、爱博诺德公司用机制保障权益以和谐集聚人才

爱博诺德(北京)医疗科技有限公司,是中组部"千人计划"特聘专家创办的民营科技企业。公司以研发生产自主创新的白内障人工晶状体为起点,目标是开发全系列眼科医疗产品,是国内眼科医疗领域的创新引领企业。

作为一家科技创新企业,公司充分认识到人才对公司发展的重要意义,始终高度重视构建和谐劳动关系工作,不断创新完善权益保障、人才管理、薪酬激励等机制,以文化促和谐,以和谐聚人才,形成了企业和职工共同发展、利益共享的双赢格局。

建强制度、构筑平台,以和谐凝聚人才、培养人才。公司坚持"以人为本"的管理理念,突出"尊重人才、培养人才、服务人才",不断完善人才管理机制,建立了晋职晋级、双通道发展、岗位轮换等职业发展通道。公司设立企业博士后科研工作站,鼓励青年人才牵头申报各类科研课题;设立专利奖项支持员工的发明创造,通过人才引进政策解决青年科技人才的户口、子女入学等后顾之忧。同时,建立市级解江冰劳模创新工作室,由15位研发工程师、高级技工组成团队,研制眼科医疗创新产品,申请专利科研成果,并重点培养出王婴和甄彦杰两位徒弟。截至目前,公司已申请专利96项,获得授权44项,公司科研团队获得2016年度北京科学技术奖二等奖。

实施多层次奖励保障机制,践行共享发展成果承诺。实施多层次奖励保障机制,坚持通过股权激励、年终绩效奖金和特别贡献奖等多种形式,让全体员工共同分享公司发展的成果。公司每年都要调整工资,并突出向基层员工倾斜的导向,同时为表现优秀和突出的员工增加工龄奖励工资,还根据上年的经营成果和员工个人贡献来分配奖金。此外,公司为员工以及长期服务员工的家属购买补充医疗和意外伤害保险,还积极争取昌平区人才公租房等住房资源,改善无住房职工的生活条件。

充分发挥党工团作用,促和谐、谋福利、保权益。公司党组织健全,由副总经理任党支部书记,支部在党、团员中建立微信群,及时传达和学习党的方针政策,并通过员工QQ群和内部刊物,传播正风正气正能量,加强同事间的思想交流,增强团队凝聚力和归属感。每年安排专项经费,设立读书角和休息区,补充购置图书,让员工在工余时间学习知识、陶冶情操。公司工会体系完善,职工代表由各部门推选产生,职工代表大会积极参与企业决策,作用明显。设立劳资关系调解和监督团,积极参与劳动纠纷调解,有效化解各类矛盾问题。

五、顺义科技创新产业功能区"三全"模式创和谐凝心聚力促发展

北京顺义科技创新产业功能区(中关村科技园区顺义园),是北京科技成果转化和产业化的主要承接地,是顺义区创新型产业集群发展的主要平台,规划面积13.32平方公里,现有实体企业560家,职工6万人。

考虑到园区位于郊区,围绕科技型企业聚集、非公企业众多等特点,特别是针对科技型中小企业劳动关系运行不够稳定、劳动关系风险易发多发的特点,园区始终坚持和谐共赢的理念,以打造一体化的管理模式为主线,以和谐劳动关系创建活动为抓手,全主体联动、全过程监管、全方位服务,改革和创新劳动关系基层治理体系,保障了园区劳动关系的和谐稳定,促进了园区企业的高质量发展。

全主体联动,凝聚构建和谐劳动关系的合力。通过"三个强化",强化党建引领,通过领导包联、下派党建指导员等形式,全程跟踪指导非公企业党建工作,加强劳动用工法律法规的培训和考核,培育合法用工理念。强化机制保障,建立了园区管委会、工会和企业代表组成的协调劳动关系三方机制,向企业延伸下沉,在59家企业建立了劳动关系协调组织。在招商过程中既将劳动关系和谐稳定作为园区优势推介,又作为入园评价指标。强化文化凝心,打造品牌文艺活动,组织"弘扬工匠精神、展示岗位才能"专项技能竞赛,营造"尊重劳动、尊重知识、尊重人才"的浓厚氛围。

全过程监管,保持构建和谐劳动关系的定力。通过源头教育预防,严把企业入口关,企业入园前,园区将合法用工、解决就业等指标与投资强度、产出效率、创新能力一同量化、评价、管理,严把入口关;入园后劳动监察员第一时间上门服务,一企一档,精确掌握、动态监管用人单位信息档案。通过事前监测预警,建立劳动关系形势分析制度和矛盾隐患定期排查通报制度,聚焦建筑施工企业拖欠工资、企业疏解退出等重点,早发现、早报告、早控制、早解决。通过事中调解处置,加大劳动保障监察执法力度,建立园区劳动争议调解中心,设立服务热线,指定专人进行专项跟踪服务。5年来,共化解争议纠纷116起,没有发生过重大劳动关系群体性、突发性事件。通过事后督查回访,针对劳动关系争议问题和职工的来信来访,件件有回音、事事有落实并定期回访。

全方位服务,激发构建和谐劳动关系的活力。为入园企业提供绿色通道和一站式服务;整合优惠政策,在招商时第一时间推送给企业。推进和谐劳动关系创建活动,吸引92家企业参与创建,打造吸引企业入驻的金名片。成立职业介绍所和劳务服务中心,问需求、送政策、解难题、保创新,为企业提供人才落户、子女入学、公租房申请等贴心周到的服务。深化以职代会为基本形式的民主管理制度,全面推进工资集体协商,全过程跟踪、全流程指导,实现了集体合同和集体协商的全覆盖。

资料来源:北京市首次发布构建和谐劳动关系十大典型案例,搜狐网,2019年11月15日

讨论问题

1. 企业党组织在企业构建和谐劳动关系进程中可以发挥怎样的作用?
2. 北京企业的做法可以为其他地区构建和谐劳动关系提供哪些经验和启示?

第 2 章　企业劳动关系基础理论

学习目标

➢掌握邓洛普的劳动关系系统论思想；
➢掌握寇肯的劳动关系策略选择理论；
➢掌握巴德的人性化雇佣关系理论；
➢掌握徐淑英的员工—组织关系理论。

2.1　劳动关系系统理论

本节案例

淮安电商园工会：维护 69 名员工权益助力企业复产

　　日前，淮安电商园工会成功调解一起因劳动合同引发的群体性纠纷，维护了 69 名员工合法权益，帮助企业恢复正常生产。

　　3 月 27 日，某集团为降低成本，启动管理新模式，将属某快递公司分拨业务进行外包，在没有征求工人意见的情况下，要求员工与外包公司签订劳动合同，引发员工强烈不满。外包公司还强行进场，与员工发生冲突，导致 69 名员工停工，并堵住公司大门讨要说法。

　　淮安电商园工会接到员工求助后，工会负责人立即赶赴现场，安抚职工情绪，积极与电商园领导沟通，请求淮安区政府相关部门前来共同调解。由于现场职工情绪激动、人员众多，电商园工会提议职工选出 7 名代表参加由淮安区政府相关部门和工会领导、企业行政方代表"四方"参加的劳动争议调解会议。

　　调解中，电商园工会向双方宣讲政策、解读法律，向双方发放《职工劳动权益知识 100 问》，使之更详细了解相关劳动法规，并指出：公司员工合法权益受到侵害，要学会理性维权，切勿采取堵门等过激行为，避免做出违法之事；未经合法解聘程序，公司就要求职工与外包公司另签协议，并让外包公司强行进场，既违反了《劳动合同法》相关规定，又严重侵犯了职工的权利。

经过调解小组耐心细致的释法明理，双方均认识到自己的欠妥之处。企业职工方和行政方进行了充分的民主协商，最终一致达成和解协议，69名员工中同意解除与某公司劳动关系的，经与企业方签订协议书，依法给予经济补偿。职工愿意留在该公司的，重新签订相关协议。

资料来源：《江苏工人报》，2020年4月13日

这则案例是企业劳动争议的一个缩影。透过事件的发生和解决过程不难发现，企业劳动关系是一个相对独立的子系统，外部环境的变化以及企业经营管理决策会影响劳企之间关系的变化，因双方利益和诉求不一，这些变化往往呈现出冲突状态，并影响到企业的正常运行甚至社会的稳定。在这种情形下，相关主体会在沟通和协商中调整目标和策略，在互动中形成新的规则，让劳动关系系统恢复平衡。围绕劳动关系的运行和调整，学术界从不同角度进行过深入全面的研究，形成了既相互联系又不尽一致的劳动关系理论成果，为劳动关系运行实践提供了理论指导。学习和实践企业劳动关系管理，必须首先掌握劳动关系主要理论的核心思想。

回顾近代以来的学术发展和思想演变历程，劳动关系理论的发展可以追溯到亚当·斯密的研究。他关于劳动分工和工人协会的思想迄今仍然对劳动关系问题有很强的解释力。在19世纪中期，英国社会中的"劳工问题"成为社会问题并引起各方关注后，劳动关系理论逐步确立起来。其中，具有代表性的主要有卡尔·马克思的劳资关系和劳工运动理论、悉尼·韦伯和碧翠斯·韦伯夫妇的产业民主理论、马克斯·韦伯的工业资本主义理论以及约翰·康芒斯的集体行动逻辑等。在第二次世界大战后，发达国家学者对劳动关系的理论研究在前人的基础上进入到系统化阶段，其中，代表性的理论主要有劳动关系系统论、劳动关系策略选择理论、人性化雇佣关系理论以及雇佣关系模式理论等。

2.1.1 背景

自英国工业革命开始以来，欧洲、北美以及亚洲的日本等地区和国家相继进入工业社会。第二次世界大战结束后，亚洲、非洲、拉丁美洲的一些殖民地也相继实现民族独立，开启了工业化进程。与工业社会相伴而生的是产业关系的形成与发展。尽管这些国家的政治制度和体制大相径庭，但都形成了管理者阶层和工人阶级，他们的地位差异及其互动关系成为工业社会中的一对主要矛盾，任何国家和政府在推进经济社会发展的过程中都不可忽视这对矛盾的发展和影响。

产业关系实践的发展也催生了早期的产业关系理论研究。最早的学术著作主要涉及工人组织和行业协会的历史以及政府的角色等问题。其后，一些关于发达国家之间产业关系的比较研究论著陆续问世，产业关系理论发展走入一个新阶段。第二次世界大战结束后，随着发展中国家民族独立和工业化进程的推进，关于这些新兴国家产业关系状况的理论成果也逐步丰富起来。尽管前人的这些研究都很重要，也很有价值，但这个领域的总体状况是"像大山一般的劳动关系事实堆积在被人忽视的平原上……，大量的产业关系实践没有被开发利用，或者只有部分被偶然开发利用"。劳动关系的理论发展严重滞后于劳

动关系实践。

劳动关系系统理论正是在这种实践和学术背景下由美国哈佛大学教授邓洛普(John T. Dunlop)发现和提出的。邓洛普教授1914年诞生于美国加利福尼亚,1935年毕业于加州大学,1936—1937年在斯坦福大学任教,1938年转至哈佛大学执教,主要研究领域为劳动力市场、工资制度以及产业组织。1943年到1945年期间,他暂时中断了教师生涯,服务于美国全国战时劳工委员会。其后,又回到哈佛大学继续担任教学工作,1950年获聘经济学教授。1975—1976年期间,他受聘担任美国劳工部部长。劳动关系系统理论源自邓洛普教授于20世纪50年代承担的福特基金校际合作项目"经济发展中的劳工问题研究"。在这一项目的研究过程中,邓洛普一反常态,没有把研究重点放在某个特殊的产业关系领域或某个国家的产业关系问题上,而是集中在工业社会中产业关系的一般行为上,目的在于提供一个产业关系的一般理论,为后人深入研究和探寻产业关系的具体问题或国别特征奠定基础。这一项目的研究成果集中体现在邓洛普教授1958年出版的《产业关系系统》一书中。

2.1.2 主要理论观点

邓洛普在《产业关系系统》一书开篇就指出,工业社会,有别于原始社会和农业社会,尽管其政治形态各不相同,但都创造了工人和管理者两个泾渭分明的利益群体。工人和管理者及其各自的组织之间的关系成为工业社会中的一种正式安排。社会系统分析方法既然可以用来分析经济行为,同样也可以用来分析产业关系行为。在邓洛普看来,产业关系系统可以像经济系统一样,被视为工业社会的一个子系统。一个产业关系系统由特定主体、特定背景、凝聚产业关系系统的意识形态以及支配工作场所和共同体中各个主体行为的系列规则所构成。产业关系系统有别于经济系统,两者有重合之处,也有不同的范围。产业关系系统不是经济系统的组成部分而是工业社会中一个相对独立的子系统。诚如经济系统有独立的假设前提、抽象概念和研究方法,产业关系系统同样也有其独立的假设前提、抽象概念和分析方法。

邓洛普认为,产业关系系统的主体包括:等级不同的管理者及其履行监督指挥职能的代表;等级不同的工人及其代理人;涉及工人、企业及其关系的具体政府机构。

在邓洛普看来,在产业关系系统中,这些主体总是在特定情境中相互影响,相互作用。尽管影响产业关系系统的环境因素很多,但从影响主体之间互动规则制定的角度看,主要包含三类:1) 工作场所和工作共同体的技术特征;2) 影响市场主体的产品和要素市场特征或者预算约束状况;3) 在更大范围中的社会权力分配。

在影响产业系统的环境因素中,工作场所的技术特征对产业关系系统有深远的影响,关系着管理者和工人的组织形式、管理者监督指挥过程中呈现的各种问题、所需要劳动力的各种特征、制定公共规制的潜在可能性等。不同的工作场所如航空公司、煤矿、钢铁厂等,往往会有不尽相同的产业关系系统,其技术特征所产生的影响也明显有别。在实践中,工作场所的技术特征主要体现为所提供的产品和服务的类型、劳动力的规模、生产活动的集中度、雇佣周期、工作群体的稳定性、工作场所与生活区域的距离、与客户的联系、产品或服务对公民健康安全或社区发展的影响、资金的管理、事故发展的可能性、劳动力的教育程度及技能水平以及雇佣女工或儿童的可能性等。产业关系系统的差异，在一定程度上取决于环境的差异性。在不同的国家和社会中，相似的技术环境往往引导产业关系的各方主体制定或实施相同的规则。

产业关系系统的第二个主要环境因素是市场或财务的约束。这个因素表面上主要影响管理者的行为，但实际上对产业关系各方主体而言，这都是一个约束因素。在实践中，这一因素可能表现为特定的产品市场，也可能体现为一个企业所面对的预算约束，或者两者同时存在。产品市场和预算约束在产业关系系统的规则形成中具有决定性的作用，对工作场所的技术及其他特征也有间接影响。各方主体共同构建的产业关系系统在一定程度上要从属和适应其所面对的独特市场和预算约束状况。

权力分配是产业关系系统的第三个方面的环境因素。这一因素不是指产业关系系统内部的权力分配，而是指产业关系系统之外的权力分配。这种权力分配，在一定程度上就是工业社会中的一个相对独立的子系统。一般而言，外部社会的权力分配不会直接决定产业关系系统各方主体之间的互动，但是它会影响到产业关系系统的内部结构。其中，最值得关注的是政府主体在产业关系系统中的功能和作用。政府主体功能和作用的发挥在很大程度上要受制于外部社会的权力分布。在国家层面，诸如西班牙、埃及、瑞典、以前的苏联等国家的产业关系系统明显有别，个中原因主要就在于系统之外的社会权力分布差异；而在产业关系系统内部，下层次的产业关系系统特征可能会受到上一层次产业关系系统的权力分布的影响。外部权力分布对于一个特定的产业关系系统而言是一个给定的环境因素，它会直接影响产业关系系统的运行。

邓洛普提出的产业关系系统理论的第三个内容是规则的确立。在他看来，在一个特定环境中，产业关系的主体会为特定的工作场所和工作共同体制定各种规则，建立规则网络。这些规则既包括规则建立的程序，也包括各种实体性规则，还包括决定规则适用的特定程序。这是产业关系系统的关注焦点，也是产业关系系统的输出。当产业关系系统的环境发生变化或者产业关系系统中各个主体的力量发生改变，产业关系系统的规则也会发生相应的变化。在一个动态社会环境中，无论是规则本身还是规则的实施，都会时常受到检讨和调整。

规则的制定和执行存在多种多样的可能性程序，理性的情形主要有：1) 管理方拥有很大的自由决定权限，基本不受到其他两类主体的明显限制；2) 政府机构拥有明显的主导权，基本没有管理方和工人的决策参与；3) 工人及其组织在规则固化过程中扮演了主导角色；4) 管理方和工人在没有政府的公开参与下自行设定了产业关系的规则；5) 工人、管理者和政府三类主体在规则制定和执行中同时扮演着重要的角色。在治理工作场所和工作共同体的规则制定和执行中，具体的程序和权力角色是产业关系系统的关键而核心的特征，是区分产业关系系统的主要标志。

除了影响规则制定和执行的各种程序外，一个产业关系系统会产生大量的实体性规则，主要有：1) 涉及各种形式的报酬方面的规则；2) 涉及工人职责和绩效的规则以及与没有达成目标相关的纪律性规则；3) 明确工人权利和义务的各种规则，特别是涉及新进员工和被解雇员工的权利与义务。尽管在不同的产业关系系统,这些实体性规则的具体内容大相径庭,但在一定程度上都是所在产业关系系统的技术特征和市场环境所导致的。

在产业关系实践中,产业关系系统规则的表现形式千差万别,主要有:1)管理方的规章制度和政策;2)与工人相关的法律;3)政府机构颁布的规章、敕令、决定、授权以及命令等;4)管理方和工人的特定代表机构所制定的各种规则或作出的决定;5)集体谈判协议;6)工作场所和工作共同体的某些惯例和传统。在特定的产业关系系统中,这些规则可能是书面的,也可能是非书面的。无论规则的形式和内容如何不同,但任何产业关系系统都会制定影响工作场所和工作共同体的各种规则以及制定这些规则的各种程序。

邓洛普产业关系系统理论的第四个内容是产业关系系统的意识形态。这里的意识形态是指各方主体共同秉持的、且能促使她们连接和整合为一体的观念和信仰。这些观念和信仰明确了各类主体在产业关系系统中的角色和地位,同时也让各类主体各守其责共同发挥作用。一般而言,产业关系系统各方主体都有各自的意识形态,但一个稳定的产业关系系统都会有一套一致的或相容的意识形态或哲学。如果缺少这些共同的意识形态,产业关系系统中的各方主体就会失去合法性,进而导致系统的不稳定,进而使系统失去继续存在的理由。一个产业关系系统的意识形态可以有别于所在工业社会的意识形态,但最好能够保持一致,或至少是相互包容的。

2.1.3　主要理论贡献与后续发展

邓洛普产业关系系统理论的形成和提出应该是产业关系理论发展历程中的一个里程碑。首先,这个理论为产业关系实践的认识和理解提供了一种新的思维方式。它的系列思想有助于人们更清晰地理解工人—管理者—政府三方之间的互动关系;所提出的各种概念有助于将各种产业关系实践整合成新的理论范畴;有关工作场所和工作共同体的各种规则成为产业关系探讨和解释的新焦点。其次,这个理论形成的分析框架开辟了产业关系研究的新视野。它将学者们的注意力从原有的劳资合作和冲突中解放出来,引导人们关注特定产业关系环境中的更基础性的产业关系规则制定与执行问题;它让学者们不再盯住集体谈判,朝着构建产业关系一般理论方向不断努力;产业关系系统理论的分析框架,不仅可以用以分析不同制度的国家层面的产业关系特征,而且也可以深入讨论一个国家内部各个部门和行业的产业关系实践。产业关系系统这个概念的提出为系统而全面地讨论产业关系开辟了一个新的起点。

产业关系系统理论提出后,在得到学术界和实践界广泛关注和使用的同时,也受到了多个方面的批评。有的学者认为,邓洛普的这个理论,可以用来描述产业关系,但难以用来解释具体的产业关系问题,理论指导功能有限;还有学者指出,这个理论明确了产业关系系统的四个构成部分,但对四个构成部分的相互作用机理缺乏深入分析和说明。这个理论总体是一个静态描述分析的框架,难以解释产业关系动态发展的过程和特征。

任何一个理论都不可能是尽善尽美的,有不足之处才有继续探索的空间。在邓洛普的产业关系系统理论发表后,英美等国的学者沿着这一思路开展了深入研究。在20世纪60年代,美国学者克雷格(Albert Craig)从投入—产出角度对产业关系系统进行了新的阐释;后来加拿大学者安德森(John Anderson)也按此思路进行了研究。他们提出的克雷格—安德森模型丰富了产业关系系统的环境因素;将程序性规则视为系统的转换过程,而将实体性规则视为系统的产出;形成了从投入到主体、从主体到系统转换到系统产出的动态过程。20世纪70年代,史蒂芬•伍德(Wood,Stephen)发表了"作为产业关系学基础的产业关系系统的概念"一文,他首先认为,要理解产业关系系统,关键问题是要理清产业关系系统的中心到底是规则输出还是规则制定。在他看来,产业关系系统的规则可以分成两类:一类是产业关系系统输出的规则,这类规则主要包括实体性规则和一些解释和实施实体性规则的程序性规则,主要功能是规制主体在生产系统中的行为;另一类是用来规范产业关系系统内在行为的规则,主要是程序性规则。在产业关系系统目标定位上,伍德认为,目标不能仅仅定位为保持产业关系系统的基本生存和稳定,而应该是维持生产系统基本运行所需要的秩序。到20世纪80年,寇肯等人提出的策略选择理论,把产业关系系统的探索推进到一个新的发展阶段。

2.2 劳动关系策略选择理论

 **本节案例**

疫情期间,"共享员工"火了

受新冠肺炎疫情影响,王轩工作的云海肴餐厅门店仍然处在歇业状态。然而"待业"不久,他就收到公司通知,可以通过自愿报名"共享员工"临时调往盒马鲜生工作。

"目前的疫情对于餐饮业的冲击很大,餐饮企业需要负担起房屋租金、人员用工等成本;而对线上零售企业而言,由于线上订单激增,他们当前面临较大的用工需求。"云南云海肴餐饮管理有限公司品牌价值成长中心总监陈娜说,盒马提出向暂时歇业的餐饮企业"借调"待岗员工的想法,并与云海肴等餐厅迅速达成一致。"共享员工"的合作成为国内企业应对疫情进行积极自救的一次创新之举。

前两年,沃尔玛、京东7FRESH、永辉等多家零售企业也陆续发布"员工共享"计划,向临时歇业的餐饮、酒店、影院等企业员工发出邀请,以期抱团取暖,共克时艰。

员工如何"共享"? 一些用工需求大的企业与输出企业及其员工协商一致,签订三方协议借调员工支持生产;还有一些企业则委托第三方劳务公司签订协议。"共享员工"薪资待遇多数以时薪、计件方式结算。据万孚生物、盒马等企业介绍,调剂借用期间员工的工资由借用单位承担并由原企业发放,按实际工作时间结算报酬,社保关系没有改变。

"共享员工"模式也十分灵活,原企业复工即可返岗。人力资源和社会保障部表示,"共享用工"不改变原用人单位和劳动者之间的劳动关系,原用人单位应保障劳动者的工资报酬、社会保险等权益。原用人单位不得以营利为目的借出员工。原用人单位和借调单位均不得以"共享用工"之名,进行违法劳务派遣,或诱导劳动者注册为个体工商户以规避用工责任。

资料来源：《员工也能借？疫情期间，"共享员工"火了》，澎湃新闻2022年6月2日

2.2.1 背景

到20世纪80年代，美国劳动关系出现了系列新的变化。这些变化首先体现在劳动关系模式呈现多元化发展趋势。一方面，30年代罗斯福新政时期确立的、以集体谈判为核心的传统劳动关系模式依然存在。尽管私营部门被工会组织的工人人数总体下降到12%左右，但在汽车、钢铁、宇航、公共设施等行业中，许多公司仍然有很高的工会组织率。这些公司的管理者正在努力通过施加压力、艰苦的谈判和合作式的参与来维持和改变他们与工会的关系。另一方面，传统的集体谈判覆盖面和吸引力在不断缩减，在造纸、服装、电子通信等行业中，除了管理者—工会的伙伴关系更加广泛深入发展外，这些行业的企业越来越多地使用和依靠灵活员工，越来越多的管理者反对工会，越来越多地采取低工资战略来增强竞争优势，原来基于集体谈判构建起来的工会—管理方关系逐步转向参与式管理模式。围绕这种多元化发展趋势，美国劳动关系学界在20世纪80年代初期出现了一次大争论，争论的焦点问题就是：劳动关系领域的这些新变化，到底是针对1981—1983年经济衰退的一次临时性调整还是劳动关系系统的基础性变革。麻省理工学院的寇肯教授(Thomas A. Kochan)等人认为，尽管还难以预测美国劳动关系的新模式，但可以肯定的是，美国劳动关系系统正处于一个强劲的转型时期。

进一步深入观察第二次世界大战后美国劳动关系的变化还发现，在集体谈判制度日趋成熟的同时，无工会产业关系系统也悄然发展起来：初期的进程安静而缓慢，到20世纪70年代后就变得明显而快捷。导致这一变化的主要原因是产业竞争环境变化、美国管理者根深蒂固的工会价值观以及企业成本条件和竞争策略的改变。在这种无工会的产业关系系统中，最大的变化就是作为工会替代机制的人力资源管理系统逐步发展起来。根据世界大型企业联合会(the Conference Board，又翻译为"经济咨商局")1983年的调查报告，在无工会公司，产业关系专员的权力和影响都明显弱于人力资源管理专业人员；直线经理在人力资源管理和产业关系问题上扮演着更加积极的角色；高层经理人员对公司人力资源管理和产业关系问题更加关注，投入程度也更高。那些愿意而且能够推进创新的企业经理人员和人力资源管理者获得了权力，在自己的公司中创造并发展起来了一套完整的人力资源管理和产业关系管理体系。

面对美国劳动关系的系列变化以及学术界的争论，托马斯·寇肯、哈瑞·卡兹(Harry C. Katz)和罗伯特·麦克西(Robert B. McKersie)三位学者从1981年开始围绕转型中的美国产业关系这一主题开展了深入研究。在他们看来，尽管邓洛普的产业关系系统理论建立了一个解释框架，可以观察和分析产业关系的变化，但是，"这个系统框架强调稳定性以及在关心各自角色的参与者中拥有一致意见，但很显然，这很难解释产业关系的动态方面。如果我们想解释产业关系实践在当前的变革，就必须理解这种特征"。[①] 在他

[①] 托马斯·寇肯等.《美国产业关系的转型》.北京：中国劳动社会保障出版社，2008年8月，第3页。

们看来,20世纪80年代产业关系发生的变革,实际是长期以来的环境变化和组织策略选择的结果。他们在系统描述和解释美国产业关系变化的同时,建立了从策略选择视角动态分析产业关系变化过程的产业关系策略选择理论框架,并集中体现在他们这一研究项目的最终成果《美国产业关系的转型》一书中,把劳动关系理论发展引入到一个新的发展阶段。

2.2.2 主要观点

寇肯等提出的产业关系策略选择理论框架源自传统的产业关系系统理论和关于企业战略、结构和决策制定的理论文献。这个理论框架的具体构成如图2-1所示:

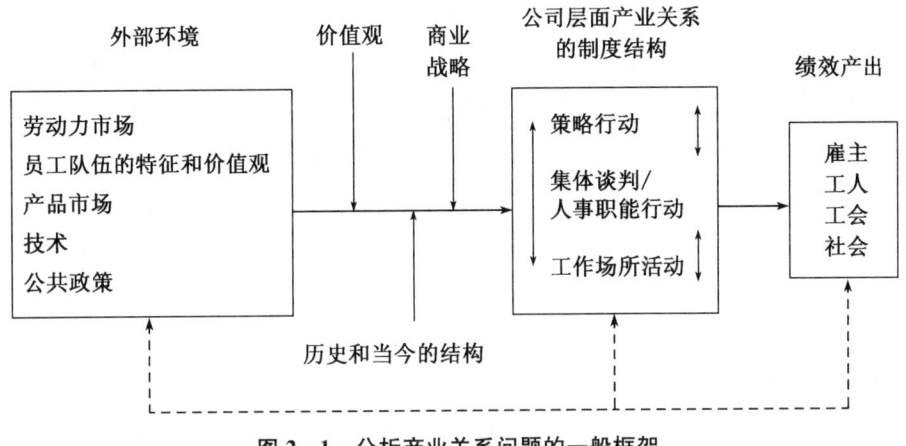

图2-1 分析产业关系问题的一般框架

资料来源:托马斯·寇肯等.《美国产业关系的转型》.北京:中国劳动社会保障出版社,2008年8月.第6页.

与产业关系系统理论一样,他们仍然从产业关系外部环境因素着眼开始产业关系过程分析。影响产业关系的外部环境因素主要包括劳动力市场状况、劳工队伍的特征与价值观、产品市场的特征、技术水平以及公共政策等。环境因素给产业关系系统带来的变革压力尽管十分重要,甚至可能是决定产业关系变革的起点,但这些因素的压力并不能决定产业关系的成果。

他们认为,工人、工会、雇主和政府的选择和判断影响着产业关系的内容和结构,在解析产业关系过程时,应该把商业策略和价值观等因素纳入分析框架中。在他们看来,外部环境的变化导致雇主对业务竞争策略进行调整。在进行调整时,所选择的方案一方面要与关键决策者思想中根深蒂固的价值观、信仰和哲学保持一致,另一方面也要考虑历史和现实的制度结构的制约,此前组织的决策、当前公司内外部的权力分配都会在此过程中产生影响。除了关注战略因素的影响外,管理者对待工会的价值观也是一个强有力的影响因素。他们指出,要理解20世纪60年代以来美国产业关系的变化,就必须理解美国管理者理念系统中根深蒂固的拒绝工会的理念。60年代中期以前的流行观点认为,美国管理者已经适应了集体谈判并且接受工会作为雇佣关系合法的和长期的参与者。管理者对工会的敌视已经成为过去。事实上,这种适应仅仅是临时的,这种容忍也仅仅体现在产业关系专家和非关键的业务管理者身上。管理方的这些表面容忍和接受仅仅是一种现实的或者策略性的适应举措。在真正核心的管理者的信念中,他们始终相信,工会是社会民主结构必不可少的一个部分,但我的公司不需要也不接受它们。

寇肯等人进一步认为,产业关系过程和产出是由环境压力和组织响应的持续互动决定的。产业关系各方的策略和政策并不会因环境变化而随时调整,一般只有在巨大的环境压力出现后才会出现变革。环境因素的变化和产业关系各方的响应交互作用,共同决定着产业关系系统的周期性或结构性变革。20世纪80年代美国产业关系的状况正是美国产业各方面对外部劳动市场和产品市场的变化而做出的不同反应和对策所致,一方面雇主方通过减少对工会主义的攻击而适应了这种变化,另一方面,工会和政府方则仍然坚持罗斯福新政时期所确立的集体谈判制度,对外部环境变化充耳不闻。

寇肯等人在解析产业关系过程时,依然注意到约翰·康芒斯(John R. Commons)所提出的制度结构的重要性。他们与前人一样相信,在解释产业关系过程和产出时,仅仅关注经济和其他环境力量的影响是不够的,过去很长时间建立起来的模式、法律、习俗和结构在产业关系系统中发挥着独特的作用。然而,过去的劳动关系学术论著一般把这种制度结构特征当作是一个随机力量的"黑匣子",要么不予考虑,要么仅仅把它当作影响选择的约束条件。如果不解开这个"黑匣子",就难以真正发现决定产业关系变化的关键变量或制度力量。不仅如此,先前的学者受新政时期确立的集体谈判制度的影响,将制度结构因素主要集中在集体谈判制度中的谈判结构、规制、规则或习俗等方面,到20世纪80年代,产业关系实践发展已经表明,仅仅将制度结构及力量集中在集体谈判制度已经过于狭隘,必须拓宽视野,从更宽广的角度来分析产业关系制度结构的影响。基于这些认识和变化,寇肯等人提出了三级制度结构框架,可以更全面地解释产业关系变化过程中的交互影响,其具体内容构成如表2-1所示:

表2-1 产业关系活动的三个层级

层次	雇主	工会	政府
长期战略和政策制定	商业战略 投资策略 人力资源战略	政治策略 代表策略 组织策略	宏观经济和社会政策
集体谈判和人事政策	人事战略 谈判策略	集体谈判策略	劳动法律和监督
工作场所和个人/组织关系	管理风格 工人参与 岗位设计和 工作组织	契约管理 工人参与 岗位设计和 工作组织	劳工标准 工人参与 个人权利

资料来源:托马斯·寇肯等.《美国产业关系的转型》.北京:中国劳动社会保障出版社,2008年8月.第10页。

寇肯等人认为,这个新的制度结构代表着一个更宽广的舞台,工会、雇主和政府各方拥有专业技术的产业关系人员在这个舞台上交互影响,相互作用,他们所从事的产业关系活动可以划分为三个层级,分别是:① 最高层级:进行战略决策制定;② 中间层级或职能层级:进行集体谈判或制定人事政策;③ 基层或工作场所层级:指实施政策并影响工人、监督者和工会代表的日常工作。

在这个新的制度结构框架中,中间层级的活动是产业关系人员最传统的活动领域,他们主要从事集体谈判和关注人事政策文件,政府方则主要发展和执行规制产业关系的关键公共政策。按照美国劳资关系法案制定者的初衷,雇佣结果主要在这个层级由管理者和劳动者就雇佣期限和雇佣条件的谈判所决定。最高层级的活动主要体现为战略决策以及重大政策制定,例如,雇主方的商业战略、投资策略以及人力资源管理战略选择;工会方对政策策略、代表策略和组织策略的考虑;政府方对宏观经济和社会政策的制定和实施等。在欧洲国家的产业关系实践中,最高层级的活动已经成为产业关系过程的核心,而在美国,这个层级的活动正在成为前沿实践。最低层级的活动主要包括工作场所的产业关系活动以及组织内部的个人与组织关系状况,其策略选择议题涉及组织与岗位设计、工作规则制定、员工与领导关系以及个人在工作场所权利的相关公共政策等。这些活动一般不会进入集体谈判或人事政策的视野,但一般是企业日常劳资关系管理的重要内容,且受到上两个层次活动结果的影响和约束。从美国产业关系的实践看,20 世纪 70 年代以来,工作场所层级的产业关系活动出现两个新的趋势:其一是新形式的劳资合作和旨在解决问题的雇员参与呈现快速增长态势;其二,管理者在工作组织中的谈判和人力资源分配方面的弹性举措越来越多。

2.2.3 理论贡献及发展

寇肯等人的《美国产业关系的转型》一书深入系统地解析了 20 世纪 80 年代美国产业关系的状态和特征,并基于自身建构的产业关系策略选择框架,预测了美国产业关系转型发展的基本趋势。他们认为,在 20 世纪 80 年代,美国工会方仍然只重视集体谈判,忽视工人参与;而企业在人力资源管理思想、政策的指引下更多关注自身的成本,忽视了工人的福利,这种状况导致了美国产业关系运行和发展的危机。面对这种情况,他们提出要推进美国产业关系转型。转型的具体路径取决于产业关系各方在战略决策层级、中间层级以及工作场所层级上的战略选择。这些看法一方面为认识和理解 20 世纪 60 年代以来美国产业关系的变化提供了指引,另一方面也让人们拓宽了实践视野,引导人们更加全面地分析和思考产业关系实践的变化。

寇肯等人在《美国产业关系的转型》一书中提出的产业关系策略选择框架具有重要的理论意义,是对邓洛普劳动关系系统理论的继承、发展和创新。具体而言,这种发展和创新体现在如下方面:① 在邓洛普劳动关系系统理论提出的三个方面环境因素基础上,注意到其他环境因素对产业关系的影响,丰富了学术界对产业关系环境构成的认识和理解。② 在分析环境因素对产业关系产生影响的过程中,寇肯等人一方面承认了环境因素的关键作用,另一方面又特别注意到环境因素与产业关系各方主体的响应行为之间的交互作用才是推动产业关系发展变化的根本原因。他们在对产业关系各方主体响应行为的分析中,特别注意到战略选择与价值观的作用。这一理论发现对理解环境因素影响产业关系的过程提供了有力的理论支撑。③ 寇肯等人提出的三级制度结构框架突破了学术界长期以来对产业关系系统内部互动过程的忽视,打开了产业关系系统这个"黑瞎子",为人们深入剖析产业关系的变化过程提供了理论支撑。从学术发展角度看,寇肯等人分析提出的策略选择理论引导人们对劳动关系系统的认识和理解从静态走向动态,实现了产业关系理论发展的又一次飞跃。

不容否认,一个理论在描述、解释和预测方面总有其局限性。寇肯等人提出的产业关系策略选择理论,尽管打开了产业关系系统内部相互作用过程这个"黑瞎子",实现从静态到动态的转变,但是,在其著作中,他们对三个主体相互作用过程的分析比较薄弱,对政府主体及其策略和价值观对产业关系变化的影响还阐述不够,在一定程度上影响到这个理论的适用性和解释力。后续的理论研究可以在此方面进行进一步深入的探索。

2.3 员工—组织关系模式理论

本节案例

员工就是企业的第一生产力

武汉高德红外股份有限公司(以下简称为"高德红外")创立于1999年,是专业从事红外探测器芯片、红外热成像产品、综合光电系统及完整武器系统科研生产的民营上市公司。高德红外工业园位于"中国光谷",占地200余亩,员工4 000余名,已建成全球唯一覆盖从底层红外核心器件到十几个分系统直至顶层完整武器系统全产业链的军民两用产品研制基地。

高德红外经过21年的发展,取得了不错的成绩,离不开广大员工的辛勤付出。作为一家坚持自主研发的高科技企业,公司坚信,员工就是企业的第一生产力,企业因员工的努力而壮大,员工因企业的发展而成长,彼此相互促进,密不可分。公司董事长获评"全国关爱员工优秀民营企业家",在表彰会上给与会嘉宾分享了如下几点经验:

一、关心员工职业发展,给员工提供干事创业的平台。公司高度重视人才培养,设有"高德学院",一方面加强对员工的岗位培训,帮助员工提升个人技能;另一方面帮助员工规划职业发展路径,为员工提供广阔的职业上升空间和舞台。公司高速发展需要大量人才,优先从内部选拔人才的机制,大大提升了员工干事创业的积极性。去年公司有13名员工晋升中层管理干部,占中层干部的8.4%;有52名员工晋升为基层管理干部,占基层管理干部总数的23%。去年,湖北省妇联和省科技厅联合开展"楚风成才计划——女性科技创新人才"评选活动,公司查迎弟获"湖北省百名优秀女性科技创新人才"称号,还有4名女工程师获"湖北省女性科技创新人才"称号。在公司的大力培养下,去年高级工程师职称评审中,公司有11人晋升正高,69人晋升副高,实现了个人与企业共同成长。

二、关心员工身心健康,让员工感受到家一般的温暖。公司在园区设有足球场、篮球场、羽毛球馆和健身器材,员工可以在工作之余进行各项运动,既锻炼了身体,又增进了友谊,还增强了团队凝聚力,公司团体项目多次在光谷企业运动会上名列前茅。公司始终把安全生产摆在首位,多年来未出现安全生产事故,公司设有保健室和AED急救设备,并邀请武汉市红十字会为员工开展初级救护员培训,保障广大员工生命安全。疫情期间,公司还安排了心理咨询课程,缓解员工因疫情带来的精神压力。公司积极发挥工会、团委的作用,每个月集中为当月过生日的员工举办生日会;联合其他优秀企事业单位,为单身员工举办联谊活动,使广大员工感受到公司的关怀和温暖,增强了员工对公司的认同感、归属感和忠诚度。

三、关心员工思想进步,引导优秀员工积极向党组织靠拢。公司党委一向注重加强党员队伍建设与作用发挥,积极引导党员在重点项目攻关、核心技术研发中勇于担当作为,做到平常时候看得出来、关键时刻站得出来、危急关头豁得出来。疫情之初,党委下发《致高德红外全体共产党员的一封信》,迅速组建由78名党员组成的"党员突击队",以最硬朗作风、最顽强精神奋力完成紧急生产任务,为抗击疫情做出了应有的贡献。公司实施"三优先"选人用人标准,即招聘员工党员优先、重要岗位党员优先、评优晋级党员优先。2018年至今,260余名员工提交入党申请书,累计发展党员120人,党员队伍持续壮大,目前公司有党员650名,占到员工总数20%。疫情期间,制造部姜波、售后部郑红军深入医院、机场、火车站等人员密集场所进行红外测温设备安装调试,因表现突出而"火线入党",起到了表率作用,在公司形成了创先争优的良好氛围。

黄董事长在发言最后指出,我们正处在一个伟大的时代,伟大的时代成就伟大的企业,企业发展要融入国家发展战略大局,员工个人发展要融入企业的长远发展,这样才能实现员工和企业双赢。

资料来源:黄立.员工就是企业的第一生产力.中华全国工商业联合会网站,2021年2月8日

2.3.1 背景

20世纪80年代以来,伴随着国际竞争加剧和科学技术的快速发展,越来越多的美国企业对组织结构进行调整和变革:有的企业大规模削减管理和专业化的职位;有的企业积极尝试组织结构扁平化改革;有的企业在内部推行外包服务;有的企业则探索构建新的产业结构、管理结构和员工治理体系,总体的趋势是让组织变得更加简约、快速和灵活。著名管理学者奥斯特曼(Osterman,P)观察认为,这可能是自大萧条时期以来从未有过的一种变化。这些现象的背后,蕴含着企业和员工关系的系列新变化。在此之前,企业对员工做出了很多投资和承诺,形成了企业与员工之间的长期合作关系,而到90年代,员工一方面被要求更加关心企业,更加努力把工作做好,另一方面又不能再指望企业给他们提供足够的保障,不少原来在保护员工利益方面做得很好的企业已经难以为继,不得不进行裁员。

关于员工与组织的关系，学术界已经有不少理论成果。早在20世纪30年代末期，著名的管理学者巴纳德(C. I Barnard)就提出了诱因—贡献理论，他认为，员工和组织的关系本质上是企业对其雇员的投入和雇员对企业的贡献之间的交换关系。构成组织力量的人的努力和贡献是由诱因引起的。自我保存和自我满足的利己动机是支配的力量。组织只有满足这些动机才能存在。不管个人的来历和义务，要使他协作，就必须向他提供诱因。① 沿着这一思路，马奇(J March)等学者后来进一步指出，员工与组织的关系是员工与组织在社会、经济、心理等方面所建立起来的正式或非正式的关联。尽管这些学者对员工与组织之间关系的本质和特征都提出了独到的看法，但都没有对实践中的员工与组织关系进行系统描述，也没有形成完整而可行的分析框架，用以推进理论和实践的发展。面对80年来以来美国企业组织结构和雇佣关系的变化，知名的华裔美籍学者徐淑英(Anne S. Tsui)与其几位同事和学生一起，在国家科学基金的资助下，从90年代初开始对员工与组织关系进行研究，提出了员工—组织关系的四种模式并验证了不同模式下的组织绩效差异。代表性成果《如何组织员工—组织关系：对员工的投入能带来回报吗?》于1997年发表于《美国管理学会学报》并被评为年度最佳论文，成为雇佣关系理论研究的标志性文章。

2.3.2　主要观点

徐淑英等人从雇主视角探讨员工—组织关系。她们曾提出员工—组织关系战略，其内涵主要包含两个方面，其一是雇主期望员工对组织做出何种贡献；其二是雇主会提供哪些诱因去促使员工做出这些贡献。她们之所以选择雇主视角并这样界定员工—组织关系，一方面原因是90年代以来雇佣关系的变化主要体现在雇主行为方面，另一方面原因是雇佣合同中的大部分条款主要是由雇主所决定的。她们研究的理论基础主要是社会交换理论，这个理论尽管观点不尽一致，但都相信，从交换关系出发可以深入了解和解析社会过程的实质。在她们看来，雇佣关系是雇主与雇员之间的正式与非正式的，经济的、文化的和心理上的联系。在理论构建过程中，她们选择了古德曼(P. S. Goodman)的系统均衡理论，将研究重点集中到组织内部员工与组织之间存在的各种交换的均衡程度。

她们依据诱因—贡献理论，提出了处理雇佣关系的四种模式，具体如表2-2所示。其中，准交易契约模式和相互投资型模式为均衡性的员工—组织关系。在准交易契约模式下，雇主给予员工短期的纯经济诱因，同时也准确界定员工为雇主做出的贡献。雇佣双方特定的行为都按照一定的标准得以相应的补偿，双方并不期望有其他的贡献或奖励，也不追求维持长期关系。股票经纪公司与股票代理人之间的关系就是典型案例。这种类型的雇佣关系之所以被认为是均衡的，并不是因为双方交换物的经济价值是相等的，而是指双方的交易内容都十分明确固定，而且各自坚持短期行为。另一种均衡型的员工—组织关系模式是相互投入型。在这种模式下，雇主和员工之间基于社会交换理论，构建了一种相互长期投资的关系，双方各自的投资内容在合同中并没有得到明确的规定。通常的情

---

① C. I. 巴纳德.《经理人员的职能》.北京：中国社会科学出版社，1997年，第110页。

况是：雇主给予员工的激励手段超出了短期货币报酬，延伸到员工福利、生涯发展等诸多方面；而员工需要回报的贡献也超出了原定的工作范围或规定的工作任务，而且被要求主动维护公司利益、主动学习公司发展需要的特殊技能等。他们都相信，各自超出合同或契约约定的投入都是一种长期投资，总能在适当时候得到适当的回报。

表2-2 诱因—贡献模型下的员工—组织关系分类

提供的诱因 \ 期待的贡献	低/窄	高/宽
低/窄	准交易契约型	投资不足型
高/宽	过度投资型	相互投入型

资料来源：Tsui, A. S. etc. (1995) Choice of Employee-Organization Relationship: Influence of External and Internal Organizational Factors. In G. R. Ferris (eds), *Research in Personnel Human Resource Management*, Vol. 13:117-151. Greenwich, CT: JAI Press.

徐淑英等人还提出了两种非均衡的员工—组织关系模式，分别是投资不足型模式和过度投资型模式。在投资不足型模式下，员工承担的职责宽泛而且没有明确界定，而雇主却给予员工短期性的货币回报，不愿意在员工培训、学习和职业发展等方面进行长期性投资。与此相反的另一种情况就是过度投资型模式，在这种模式下，员工的工作范围、责任十分明确，界定清楚，而雇主给予员工的回报却是十分宽泛，不仅会给予员工货币性报酬，而且在员工福利、培训发展以及学习成长等方面进行长期性投资。

在80年代以来日趋激烈的竞争环境下，一些美国企业在实践中转而采取非均衡型模式，雇主一方面希望员工能成为适应性强的多面手，另一方面又尽可能减少投入，增强自己可以随时决定员工去留的权力。徐淑英等人通过实证研究，进一步讨论了不同雇佣模式下雇主的行为模式对员工绩效和工作态度的影响。她们发现，如果雇主与员工建立形成长期雇佣关系，则员工在工作绩效和员工态度方面都会有所提高，如果雇主进一步要求员工在本职工作外更多关注集体或公司的整体绩效，则员工在上述两个方面都会达到最佳水平。在准交易契约型和投资不足型关系模式下，雇主在雇佣问题上自由度较高，但员工的绩效水平下降。企业要想长期保持生命力，就应该回到相互投资型的员工—组织关系模式。

2.3.3 理论贡献及发展

徐淑英等人站在雇主角度对员工—组织关系的研究为企业劳动关系管理理论研究和实践发展都开辟了一个新的视角。她们基于社会交换理论，在巴纳德、马奇等学者提出的诱因—贡献模型基础上，构建了员工—组织关系模式的类型框架，为全面描述和概括企业层面的雇佣关系状况和特征提供了基本的分析工具。她们实证研究雇佣关系模式选择与员工绩效和态度关系问题所获得的成果为企业及雇主在管理实践中选择适当的雇主策略提供了理论指导。她们在研究中对相关概念的操作性定义及测量方式为劳动关系管理的实证研究提供了基本的指针。

尽管如此，站在企业劳动关系理论和实践发展角度看，徐淑英等人研究的局限性也十分明显。首先，她们研究所关注的雇佣关系，忽视了劳资关系中的不平等性、从属性等特征，与一般意义上的劳动关系存在着明显差异。用该理论来描述和解释企业劳动关系的治理与管理可能产生较大偏差。其次，该理论虽然注意到雇佣关系模式的差异性和多样性，但没有解释这种差异性的影响因素及其作用过程。第三，该理论虽然实证发现相互投资型模式更有助于员工绩效和工作态度改善，但其选用的样本来自美国企业，在不同民族文化背景下，这一观点是否依然成立还值得进一步深入讨论。

在徐淑英等人提出员工—组织关系模式的理论框架后，徐淑英本人以及其他国家和地区从事组织与人力资源管理的学者沿此思路开展了进一步的探索和研究。在21世纪初期，她与王端旭、张一驰、马力等学者针对中国企业的雇佣关系进行了系列情景化研究，拓展了她们此前提出的员工—组织关系理论的适用范围。其他学者如肖（Shaw,J）、霍姆（Hom,P）等人也参与到该问题的对话中。此外，贾良定等学者还在该理论框架基础上进一步讨论了不同雇佣关系模式下员工创新行为的差异。总体而言，经过持续不断的丰富和发展，员工—组织关系模式的理论已经成为企业劳动关系管理理论研究和实践选择的重要解释工具。

2.4　人性化雇佣关系理论

本节案例

贵州顺丰公司的"双爱双评"活动

贵州顺丰速运有限公司是顺丰集团旗下全资子公司，成立于2008年8月，目前已在全省建立200个自营网点。公司工会自2011年成立以来，在公司党组织和上级工会领导下，坚持以"三化"建设为抓手，着力维护职工合法权益、促进企业和谐发展，不断创新深化新时期"双爱双评"活动。

一、加强组织规范化，夯实"双爱双评"活动基础

2019年2月1日，习近平总书记在北京看望慰问基层干部群众，称赞"快递小哥"像勤劳的小蜜蜂，这让职工感到无比的自豪和鼓舞，也让他们对工作充满信心。围绕不断增强贵州顺丰这支"小蜜蜂"队伍的向心力、凝聚力和创造力，推动企业健康发展这一目标，公司按照"党工共建，强基固本"的思路，积极推进公司工会组织规范化建设，为推进"双爱双评"活动提供强有力保障。

一是党工共建，强化阵地建设。公司坚持把企业党的建设和工会建设紧密结合，通过党建带动工建、工建服务党建，形成了党工共建聚合力、谋发展的良好格局。特别是加大经费投入，先后建设党员活动室、网点职工小家、文体中心、休息室、文化角等活动阵地项目50个，切实做到了"办公有地点、会议有场所、活动有场地"。

二是健全组织，强化队伍建设。公司针对公司网点分布广、人员数量多、个体差异大的实际，坚持把工会组织建在点上、建在职工身边，搭建了由公司工会、19个工会分会、200个工会小组构成的组织架构，实现了组织建设全覆盖、5 365名职工全部加入工会。同时，严格执行《工会基层组织选举工作条例》，通过民主程序选举产生相应的工会委员会、经费审查委员会、女职工委员会，通过专题学习、集中培训、信息交流等多种方式加强工会干部业务培训，确保工会组织建立以后，真正转起来、活起来，发挥应有作用。

二、落实机制常态化，畅通"双爱双评"活动渠道

公司坚持从实际出发，不断健全完善职工参与企业民主管理和表达利益诉求的常态化机制，努力畅通"双爱双评"活动深入开展渠道。

一是建立健全以职代会为基本形式的企业民主管理制度。公司每年定期召开职代会，并在每次职代会前，广泛征集职工代表提案和合理化建议，切实保障职工群众的知情权、参与权、表达权、监督权。尤其是在公司系列经营管理方案制定过程中，严格落实未经职代会审议通过的方案不出台、不实施的原则，增强公司重大决策的民主性、科学性。比如，公司通过职代会先后审议通过《人力资源管理细则》《薪酬分配方案》《奖励与处罚管理规定》《安全生产管理制度》等10余个企业规章制度，并积极开展工资集体协商、签订集体合同，保证了职工工资福利的制度性增长，充分调动了职工的积极性和参与热情。

二是建立健全职工利益诉求表达机制。先后建立职工关怀热线、"我有话说"网上窗口、工会会员代表反馈、工会定期走访谈心摸排4个线上线下沟通平台，及时听取一线职工的意见建议，了解职工的困难，为职工提供了制度咨询、心理疏导、投诉建议等通道。2020年，公司通过平台受理员工诉求反映125起，解决125起，问题答复率100%，职工满意率达96%。

三、注重服务特色化，增强"双爱双评"活动实效

公司着眼一线快递职工工作量大、劳动强度高的实际，坚持把满足职工需求放在首位，努力做职工心声的"倾听者"、情感的"知心伴"、诉求的"代言人"，通过开展"送暖""解难""提质"3项特色服务，不断丰富"双爱双评"活动内涵，提升职工的获得感、幸福感和安全感。

一是打造品牌项目"送暖"。公司积极协调集团公司，按照会员补贴22元/人的标准增加活动经费，常年开展"四送"（新春送福、夏送清凉、金秋助学、冬送温暖）品牌慰问活动，把公司的关怀和工会的关爱传递到每位职工。特别是去年新冠肺炎疫情发生以来，公司围绕确保抗疫物流通畅这一中心任务，做实关怀慰问工作，组织动员职工坚守岗位不缺位，积极投身疫情防控大局。去年共筹集100万元慰问资金和价值130万元的防疫物资，开展慰问活动57场，慰问抗疫一线职工12 069人次，为贵州自去年2月17日以来一直无本土新增确诊病例、取得抗击疫情重大战略成果做出了积极贡献。

二是实施关爱行动"解难"。定期梳理完善困难职工档案，实施"四必访"制度，即对职工遭遇急难愁盼问题时必访、亲人去世时必访、重病住院时必访、家庭发生重大矛盾纠纷时必访。同时，以新入职、低收入职工为重点对象，投入经费200余万元，先后开展美团、饿了么点餐优惠、免费健康体检、购买重疾团购险、建设职工宿舍等项目，帮助职工解决医、食、住等方面的困难。企业工会自成立以来,已先后走访1 325名职工家庭,送去了企业和工会的关怀。

三是开展配套活动"提质"。公司充分运用网络新媒体,以"顺丰梦·劳动美"为主题,组织职工开展网络文化艺术节,展示了顺丰职工的精神风貌。针对快递企业大量男职工婚配难的问题,公司自主研发"丰缘会"APP,分片区成立4个单身交友俱乐部,定期举办联谊交友活动,动态吸引200多名单身职工踊跃参加,帮助他们更好地融入公司、融入社会。

"双爱双评"活动的深入开展,有力促进了企业和职工之间的关系和谐,推动了企业的持续健康发展。企业关爱职工、职工热爱企业,既是顺丰公司的应尽之责,也是顺丰工会的追求所在。

资料来源:刘娟.《加强企业工会"三化"建设,推动"双爱双评"活动持续深入发展》。中华全国工商业联合会网站,2021年2月8日。有改动。

2.4.1 背景

雇佣关系目标问题是一个尚未解决的基本问题。在现代社会中,雇佣关系是一种最基本、最重要的社会关系,其状态和特征决定着经济的运行和个人生活的质量,也影响到社会民主的实现程度和对基本人权的尊重与维护。清晰定义雇佣关系的目标是雇佣关系建立和运行的前提,更是雇佣关系作用和功能发挥的关键。一方面,经济的繁荣需要雇佣关系创造生产力,但经济效益不能被视为雇佣关系的唯一指针;另一方面,工作涉及对个人生命和尊严的尊重,要求参与者在工作过程中获得公平待遇;此外,从社会民主和个人尊严角度看,雇员在生产过程和工作组织中既要服从雇主的监督指挥,也要拥有发言权和参与权。雇佣关系的基本目标应该包含效率、公平和发言权。这三个基本目标在雇佣关系建立和运用过程中既可能相辅相成,发挥一致性作用,也可能相互矛盾,发生冲突。无论是实践发展还是公共政策选择,都需要有一个指导性的理论框架。

21世纪经济社会发展的系列新趋势让雇佣关系目标平衡问题显得更加重要而紧迫。信息技术的快速发展和运用正在改变社会工作和生活方式。全球化给现有的雇佣标准带来越来越大的压力。人口的变化为组织带来了多样性、工作生活平衡等系列新问题。原有的工作安全性受到巨大挑战。雇佣灵活性、报酬灵活性、功能灵活性以及程序灵活性正在成为雇佣关系的新趋势。很多国家在雇佣关系发展过程中探索形成的对市场力量进行适度限制和平衡的制度被削弱。面对这种趋势,联合国在《人类发展报告》(1999)中呼吁,"在新的世纪里,全球化所面临的挑战并不是要组织全球市场的扩张,而是寻求加强管制的规则和制度。在地方、国家和全球范围内,不仅要保持全球市场和竞争的优势,还要为人、社区和环境资源提供足够的空间,以确保全球化能够服务于人,而不只是经济利益"。

源于资本主义社会"劳工问题"而发展起来的劳动关系研究在雇佣关系目标平衡问题已经形成一些重要的思想观点。早期的劳动关系学者韦伯夫妇在论及消费与生产决策时强调,一方面要考虑消费者,另一方面要考虑生产者,以及相比两者更重要的国家,工人的福利是国家利益的组成部分。康芒斯曾明确指出,我们需要的是"劳资平衡",而不是一方支配另一方。美国麻省理工学院的寇肯教授认为,劳资关系理论、研究和政策制定必须考虑小到工人和雇主、大到社会等各方目标之间的关系,并找到适当的方法,在可行和平等的基础上使各方利益达到平衡。[①] 美国明尼苏达大学卡尔森管理学院劳工关系教授巴德(John W. Budd)基于前人的这些思想和观点开启了他对雇佣关系目标的进一步探索,并在《人性化的雇佣关系》一书中全面阐释了的理论和看法。

2.4.2 主要观点

巴德认为,分析雇佣关系,首先应该探讨雇佣关系目标。雇佣关系的目标包括效率、公平和发言权。效率是对稀缺资源进行有效利用的一般经济标准。公平是针对人的尊严、人的生命的神圣不可侵犯性以及自由的一套平等雇佣标准,它不仅包含经济回报的平等,而且包括雇佣政策上的平等。发言权是指在决策中提出见解的能力,它既包括在免受不公平解雇和申诉程序保护下的言论自由,也包括对决策制定的直接和间接参与。效率和公平是工具性标准,发言权则是一种内在的标准。发言权一方面可能会提高效率,发挥工具性标准的作用,另一方面,包含在发言权中的参与权是民主思想和人性尊严思想的体现,因而应该视为与效率和公平同等重要的雇佣关系目标。受其他学者研究的启示,巴德使用了一个三角形,用以反映雇佣关系过程中效率、公平和发言权三个目标的不同组合,具体如图 2-2 所示:

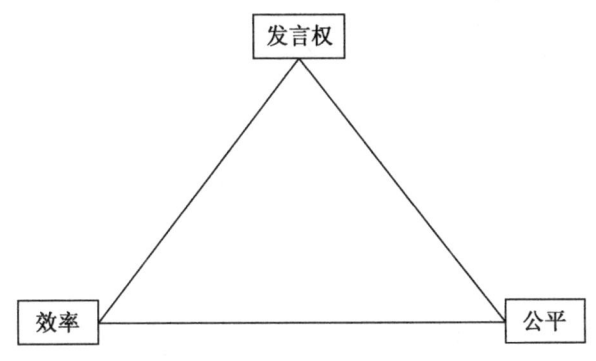

图 2-2 雇佣关系目标三角形

资料来源:约翰·W·巴德.《人性化的雇佣关系》.北京大学出版社 2007 年 6 月.第 44 页。

巴德进一步指出,效率目标、公平目标和发言权目标既可能相互补充,又可能相互矛盾。例如,平等的工资结构和以资历为依据的提升或临时性裁员政策就可能降低管理的灵活性和效率。各个目标之间的矛盾本质上是财产权和劳动权的矛盾,这些矛盾是雇佣关系研究的重要组成部分。巴德认为,财产利益和劳动利益应该保持平衡。雇佣关系也应该在效率和公平与发言权之间实现平衡。三个目标之间的平衡程度应该是评价雇佣结果、雇佣实践和雇佣制度的基本依据。

---

① Thomas A. Kochan. Collective Bargaining and Industrial Relations: From Theory to Policy and Practice. Homewood, ILL.: Irwin. P43.

巴德认为，分析了解雇佣结果的产生过程是探究雇佣关系目标决定因素的基础，为此，他在前人研究成果基础上构建提出了"雇佣结果的决定因素"的概念模型。在这个模型中，雇佣结果被定义为雇员和雇主之间在雇佣关系的社会政治、策略、功能及工作场所等各个层次相互作用的产物。劳资之间的相互作用既受到环境的制约，也受到效率、公平和发言权这三个目标的制约，还受到人的决策（包括道德规范）的制约。环境因素主要包括法律、经济、技术、政治、社会、商业和制度等7个方面。人的决策因素包括认知、动机、个性、感觉和道德规范等5个方面。劳资之间的相互作用过程，既体现在社会政治层面，也体现在策略、功能和工作场所层面。模型中提出的实现雇佣关系目标的策略可以被理解为与个人的基本道德观念体系和其他的个人需要、要求和特点相一致的个人选择。

巴德还认为，基于效率、公平和发言权平衡的雇佣关系才是人性化的雇佣关系。这种雇佣关系是符合人权标准的、能够创造生产力的、有效的雇佣关系。国际劳工组织倡导的"体面劳动"正是人性化雇佣关系的实质。人性化的雇佣关系对于进一步实现人性化市场或者利用经济市场服务于人类需要而言，是一个重要的元素。

2.4.3 理论贡献及发展

巴德提出的人性化的雇佣关系理论明确了雇佣关系的三个目标，即效率、公平和发言权，并强调，人性化的雇佣关系应该平衡效率、公平和发言权目标。这一思想丰富和发展了雇佣关系理论体系，也为雇佣关系实践发展提供了一个更加明晰的指针。尤其值得重视的是，他把发言权作为与效率、公平等同的雇佣关系目标，并将其视为雇佣关系的内在标准，为社会民主、人的尊严在雇佣关系实践中得以真正实现奠定了理论基础。

巴德在研究中基于前人的研究构建了雇佣关系目标三角形和雇佣结果决定因素模型。这两个分析工具，一方面为理论研究和实践发展中科学评判和决定雇佣关系目标提供了方便，另一方面也发展了邓洛普和寇肯等人理论框架，为雇佣关系过程的理论解释提供了一个更为完整、全面的框架。

巴德对雇佣关系的研究还创新了前人的研究视角。他一反前人通常聚焦于雇佣关系过程的做法，转而强调问题导向，将研究的焦点集中在雇佣关系目标、雇佣关系发展方案选择等关键问题上，为后续的雇佣关系研究和实践创造了一个新的视角。

作为雇佣关系理论发展进程的一次创新，巴德的人性化雇佣关系理论在推动和促进雇佣关系理论和实践发展的同时，也为后续的创新提出了诸多启示和任务。具体的方向主要包含如下方面：① 人性化雇佣关系的基础是效率、公平和发言权三个目标平衡。虽然巴德提出了雇佣关系目标平衡的三角形模型，但是，到底如何才算平衡以及平衡的程度差异并没有得到深入讨论，后续的研究可以沿着这个方向做进一步的探索。② 巴德提出的雇佣结果决定因素模型丰富发展了邓洛普和寇肯等观点，但是，这个模型中，雇佣结果到底是什么并没有得到清晰的说明，环境因素、人的因素以及雇佣关系目标的影响和作用过程也没有得到具体的解析。③ 巴德提出了人性化的雇佣关系，这一概念在巴德的著作中尚未得到清晰的界定和详细的描述，在新的发展趋势下，人性化雇佣关系如何实现也值得深入的探讨。

本章小结

企业劳动关系管理实践,离不开劳动关系理论的支撑和指导。邓洛普提出的劳动关系系统理论,把劳动关系视为工业社会一个相对独立的子系统,明晰了系统主体,注意到环境因素的影响,强调了系统主体在不同的意识形态下互动并产生系列规则的过程。这一理论建立的系统框架为人们从整体上认知劳动关系过程提供了基本的参考。沿着这种理论思路,寇肯等学者建立了劳动关系策略选择理论,他们从策略选择过程的角度,打开了劳动关系系统的"黑箱",让人们可以清晰地发现和解释工会、政府和雇主的各自劳动关系策略形成过程。年轻一代的学者巴德提出了人性化的雇佣关系理论,明确了劳动关系主体追求效率、公平和发言权平衡的目标并据此提出了雇佣结果的选择因素模型。组织理论学者徐淑英从巴纳德、马奇等学者对雇佣关系的理论观点出发,基于实证研究,构建了员工—组织关系模型,为企业劳动关系管理开辟了一个新的理论视角。

延伸阅读

《为更加美好的未来而工作》,国际劳工组织网站:https://www.ilo.org.

练习题

一、思考题

1. 按照邓洛普的劳动关系系统理论,影响劳动关系的环境因素有哪些?
2. 请谈谈你对邓洛普劳动关系系统理论中"规则"的认识与理解。
3. 请简要说明寇肯等人提出的劳动关系策略选择理论的主要思想。
4. 按照巴德的人性化雇佣关系理论,你是如何理解雇佣关系的一般目标的?
5. 请简要说明徐淑英员工—组织关系模型。

二、讨论题

某企业经理说,自己一向奉行人性化管理,对员工的工作业绩要求仅仅处于同行业的中等水平,从不主张员工加班,还每年投入不少资金组织员工开展培训,在规章制度执行方面并不严厉,希望员工把公司当作一个家庭一样,热爱它并长期为公司奉献。然而,员工的回报却让他很尴尬,不少员工因为公司管理不严厉,就变得十分懒散;一些接受过公司培训的员工,很快就离开公司去谋求更高薪水的职位。类似情形让这位经理很苦恼,甚至不知道今后该如何来管理这家企业。请用相关理论来解释这种现象并为这位经理提出一些管理改进建议。

三、案例分析题

外卖骑手成为高危职业

近期,一篇在网络上快速流行起来的文章《外卖骑手,困在系统里》称,在外卖系统的算法与数据驱动下,外卖骑手配送时间被缩短,而若超过了系统设置的配送时间,便意味着差评、收入降低,甚至被淘汰。一系列相关数据引发了"外卖骑手已成高危职业"的讨论。2017年上半年,上海市公安局交警总队数据显示,在上海,平均每2.5天就有1名外卖骑手伤亡。2018年9月,广州交警查处外卖骑手交通违法近2 000宗。

放弃安全追求速度的背后是外卖行业对"时效"的紧迫感。据了解,外卖平台对下单后送达时间会有一个规定,一般在3公里内,大多是半小时到45分钟左右。平台也推出了保证时效的产品,消费者可以在下单的同时购买。而购买了这一产品的用户,在骑手配送"超时"10分钟以上将能获得一定的赔偿。而系统对外卖骑手"超时"的处罚也有所不同,但总而言之会影响到外卖骑手的收入。

"即使平台能放宽时效,也许我们自己也不想慢下来。"一位外卖骑手表示。对于一名外卖骑手来说,一天送12单和一天送10单在月底收入上的差别还是非常明显的。但是他也明确表示,自己想多接单和平台压缩时效是两回事:"现在时效已经越来越短了,希望平台也能给点空间。"

平台的回应

针对骑手送餐时间,饿了么宣布尽快发布新功能:在结算付款的时候增加一个"我愿意多等5分钟/10分钟"的小按钮。使用了这个功能的用户,能得到平台的诸如红包类的回馈。此外,饿了么会对历史信用好、服务好的优秀蓝骑士,提供鼓励机制,即使个别订单超时,骑手也不用承担责任。"系统是死的,人是活的。将心比心,饿了么在保障订单准时的基础上,希望做得更好一点。"可能外卖的系统并不完美,但是饿了么从"电梯报备"到"5分钟按钮",是想和用户努力共建平台规则的。

而美团方面则在网友以及媒体持续一天的隔空喊话下发布声明。"大家对外卖小哥、平台系统的关注、意见和建议我们都收到了。没做好就是没做好,没有借口,系统的问题,终究需要系统背后的人来解决,我们责无旁贷。"美团外卖表示,会更好优化系统:给骑手留出8分钟弹性时间,留给骑手等候延迟的电梯,在路口放慢一点速度;恶劣天气下,系统会延长骑手的配送时间,甚至停止接单;同时升级骑手申诉功能,对于因恶劣天气、意外事件等特殊情况下的超时、投诉,核实后,将不会影响骑手考核及收入。美团外卖还将改进骑手奖励模式,从送单奖励转向综合考虑合理单量区间及安全指标的奖励,让骑手在保障安全的同时,获得更实际的回报。同时,在特殊送餐地区铺设智能取餐柜,让骑手最后一公里的配送更便捷。美团表示,会通过定期召开骑手座谈会、设立产品体验官等方式听取各方建设性意见,以更好优化调度、导航、申诉等策略。

各方的声音

网友:在饿了么微博下,对于平台的最新回应,网友发表了多种意见。赞同的表示这一做法非常有爱,并且建议其他平台跟进。有网友称,大部分消费者对外卖时效的要求也非常高,平台让"不太着急"的消费者多等 5 分钟换取平台权益,更合理。也有网友认为,给顾客"谅解按钮"不如平台方直接多为骑手预留一段时间,或规划更合理的送餐时效规则。也有人认为,外卖行业竞争激烈,给他多 5 分钟,他不会用来开慢点走慢点、遵守一下交通规则,只会用来再多接一单。

业内人士:某市消保委负责人表示,"你拿外卖骑手的过错,他的违规,他的撞人,他的闯红灯,让消费者去承担下来,这显然是有违基本逻辑的。"

分析人士:客观来说,外卖骑手超速、闯红灯、逆行等成了老大难问题,并不仅是平台放宽配送时效的要求就能得到解决的,毕竟外卖骑手还有多接单、多赚钱的诉求。而外卖骑手所属的网约配送员是今年 2 月 25 日刚刚确立的新职业,纳入国家职业分类目录。新职业的发布意味着将逐步建立统一规范。在此之前,似乎需要头部企业为这一行业的规范做出更多努力。另有分析人士认为,对大企业来说,商业有时是责任和利益的平衡,以及如何倾斜的选择。两大平台对此做出一定的表态,至少表明其认识到了问题。具体如何解决,还是需要平台和社会的多方协作。

(资料来源:张鑫.《外卖骑手成高危职业?两外卖平台:设弹性时间》,《北京青年报》,2020 年 9 月 10 日)

讨论问题

1. 请分析外卖平台、骑手、消费者的关系。
2. 外卖骑手的工作安全应该如何保护?

四、课外实践题

让学生组成团队,分别选择一家企业,对管理者进行访谈,分析和解析企业是如何在效率、公平和发言权方面实现平衡的?

第 3 章　企业劳动关系环境

- 了解劳动关系环境的含义与分类；
- 掌握劳动关系一般环境的构成要素；
- 掌握劳动关系内部环境的构成因素；
- 掌握劳动关系环境的辨别框架；
- 了解中国劳动关系的一般环境特征。

3.1　劳动关系环境的一般分析框架

工资"云"协商带给职工好"薪"情

2020年清明前夕，在陕西凌硕信息技术有限公司施工现场，职工刘鑫拿着工资条说："公司不仅能够在疫情期间安全复工，还给我们涨了工资，工会这件事真是办到了咱职工的心坎上。"

这件办到心坎上的事，指的是西安市莲湖区北院门街道总工会开展的工资集体协商。连日来，北院门街道总工会借助线上软件，为辖区各级工会组织和职工提供平台进行"云"见面，开展"云"协商，为复工职工继续提供有力的权益保障。

立足工会职能的精准施策

早在3月5日，北院门街道总工会就下发了《关于开展2020年集体协商要约行动的通知》，引导职工和企业通过民主协商，采取调整薪酬、轮岗轮休、调整工时等方式稳企业、稳就业、促发展，维护劳动关系和谐稳定。

"这份协议让职工吃下了'定心丸'，也给企业注入了'强心剂'。"日前，西安泰祥物业管理有限责任公司2020年度工资集体协商踏"云"而来，公司工会主席刘利民如此评价这份工资专项集体合同。

这是北院门街道非常时期首场工资集体"云协商"，最终商定企业不减员、不减薪、不减福利待遇、增加疫情补贴。

疫情时期,职工劳动权益需要"非常守护"。陕西明堂环卫股份有限公司,从业职工人数超过3000人。受疫情影响,企业劳动关系面临方方面面的问题:延迟复工期间职工工资如何发放?疫情严重地区职工不能及时复工、职工患新冠肺炎如何处理……

3月26日,陕西明堂环卫股份有限公司工会主席韩正朝向企业行政方提出协商要约,公司行业当即应约,迅速启动协商程序,通过在线方式完成了工资集体协商合同草案的意见征求和公司职工代表大会。3月28日,《陕西明堂环卫股份有限公司新冠疫情防控期间工资集体协商协议书》正式签订,疫情期间工资福利待遇均按照陕西省人力资源和社会保障厅近日印发的《关于妥善处理新型冠状病毒感染的肺炎疫情防控期间劳动关系问题的通知》执行,解决了疫情期间劳资双方共同关心的劳动用工问题,促进了劳动关系和谐稳定。

陕西莫高葡萄酒销售有限公司工会启动工资集体协商:因疫情不可抗力因素而未能按时上班的员工,公司一律发放基本工资并享受相关劳动保险等福利政策。职工吃下了"定心丸"。

企业把职工冷暖记在心上,职工把企业发展扛在肩上。工会主导的集体协商要约行动,把职工和企业的心连在了一起。

共度"寒冬"才能共迎春光

受疫情影响,辖区一家饭店处于停业状态,没有营业收入,职工工资支付面临困境。辖区各个饭店管理层更为担心的是人心散了、队伍乱了。在此情况下,各个饭店行政方主动提出了协商要约,希望和职工达成共识。

协商中,关于非常时期职工薪酬发放方案集中在两个方面:一是饭店员工实行轮岗轮休;二是对于受疫情影响未及时返工或自愿休假的员工,饭店按当地最低工资标准发放工资。原以为这一方案会引发一场激烈的讨论,出乎管理方意料之外的是,仅仅用了10分钟,《公司疫情期间工资集体协商协议书》就在线上获得了表决通过。广大职工通过协商表达共同意见:以实际行动与企业同舟共济,共克时艰。

此外,北院门街道总工会还引导职工合理预期工资福利增长趋势,围绕双方普遍关心的、涉及职工切身利益的劳动关系相关事项,开展应急、应事、一事一议的灵活协商,突出集体协商效能,做到"真协商、真签约、真履行",助力企业健康持续发展。

为确保集体协商取得实效,北院门街道总工会将建立以职工参与率、知晓率、满意率和企业认可率为导向的集体协商质效评估体系,做好集体协商质效评估工作,探索特殊时期推进集体协商提质增效的新路径,让集体协商成为企业与职工凝心聚力发展、共商共建共享的有效载体。

资料来源:《陕西工人报》,2020-04-10

2020年初,新冠疫情突如其来,给世界各国的经济社会运行和人民工作生活带来巨大冲击,劳动关系的稳定性、持续性受到巨大挑战。在上述案例中,面对环境突变,中国陕西省西安市一个街道总工会探索线上集体协商,创新了集体协商形式和过程,收到了疫情防控背景下企业和员工相互理解、共克时艰的双赢效果。从这则案例不难发现,企业劳动关系是一个开放的系统,外部环境的变化会随时影响劳动关系主体之间的互动并生成新的劳动关系规则。要认识和理解企业劳动关系的运行与管理,必须首先了解劳动关系的环境因素及其影响过程。

3.1.1 劳动关系环境的分类

世界上的任何事物都不是孤立和封闭存在的,而是处于一定的环境中与周围其他事物相互联系,相互作用,劳动关系自不例外。劳动关系的存在和发展,不仅是其内部矛盾运动作用的结果,同样也受到其他外部条件的影响和制约。一般来讲,人们把能够对劳动关系系统产生直接或间接影响的各种因素,通称为劳动关系的环境。按照系统论的观点,劳动关系的环境赋予了劳动关系系统存在的意义。要全面理解劳动关系,就必须将它置放于特定环境之中,并且只有当劳动关系系统与其所处环境之间保持协调时,才能维持整个系统的稳定和正常运转。[①] 因此,将环境因素纳入劳动关系研究,是认识和理解劳动关系运行过程及结果的关键,也是研究当前劳动关系的重要视角。

依据不同的标准,劳动关系的环境可以被划分成不同的类别,例如,按照环境的稳定与否,可以划分为静态环境和动态环境;按照环境与劳动关系的关系,可以划分为直接环境和间接环境,有时也将直接环境称作具体环境,间接环境称作一般环境;按照环境的内容,可以划分为物理环境和非物理环境等。

西方国家劳动关系研究者很早就将环境特征引入劳动关系的理论研究。一些经典劳动关系著作对劳动关系环境的内涵和类别做了较为详细的阐述。被誉为"劳动关系之父"的美国学者邓洛普(Dunlop)在其劳动关系系统理论中认为,劳动关系是社会系统中的一个子系统,由主体、环境、意识形态、规则网络四个部分构成。其中"环境"规定着系统内主体的互动,大致分为三类:工作场所和工作团体的技术条件;市场或预算的制约;主体权力的分配和地位。此外,邓洛普有时也把广义的意识形态(劳动关系的文化特质)理解为第四个环境,即传统价值观、人种、语言教育制度、劳动态度等。[②] 美国学者寇肯(T. A. kochan)等人在其劳动关系策略选择理论中,关注了外部环境的变化与劳动关系行为主体的对应,并指出劳动关系的变化是环境压力与组织战略的产物。他们认为,劳动关系的外部环境因素包括劳动市场、劳动力的特性及价值、产品市场、技术、公共政策等。[③] 桑德沃(Marcus H. Sandver)在《劳动关系:过程与结果》一书中,对影响劳动关系及其运行的各项环境因素进行了归纳总结,认为劳动关系环境应该包括:(1) 外部环境因素:经济因素、技术因素、政治和法律因素、思想意识因素。(2) 工作场所因素:工作场所的技术、预算和市场力量、工作场所的管理、所有制和企业的思想。(3) 个人因素:经济、安全和保障

[①] 师海玲,范燕宁.社会生态系统理论阐释下的人类行为与社会环境——2004年查尔斯·扎斯特罗关于人类行为与社会环境的新探讨[J].首都师范大学学报(社会科学版),2005(04):94—97.

[②] John T. Dunlop. Industrial Relations System. Revised Edition. Harvard Business School Press. 1993. 48.

[③] Thomas A. Kochan, Harry C. Katz and Robert B. Mckersie. The Transformation of American Industrial Relatios(1986). 2nded. ILR Press. 1994. 14.

需求;社会化、交往和权力需求;公平和平等需求;价值观和信仰。①

依照系统论的思想,社会关系系统是由许多相互联系、相互影响的子系统所组成的、要达到特定目标的开放系统。该系统不仅要不断地与系统之外的环境进行交流,还需不断调整内部各个子系统之间的关系,以实现整个系统的协调发展和稳定运行。劳动关系系统作为社会关系系统中的一个子系统,不可避免地会与政治关系系统、经济关系系统等其他的子系统发生关系,同时还要受到系统内部的雇主子系统、雇员子系统等因素的影响。基于此,劳动关系环境可以根据系统边界,划分成外部环境和内部环境两个方面,具体如图3-1所示。

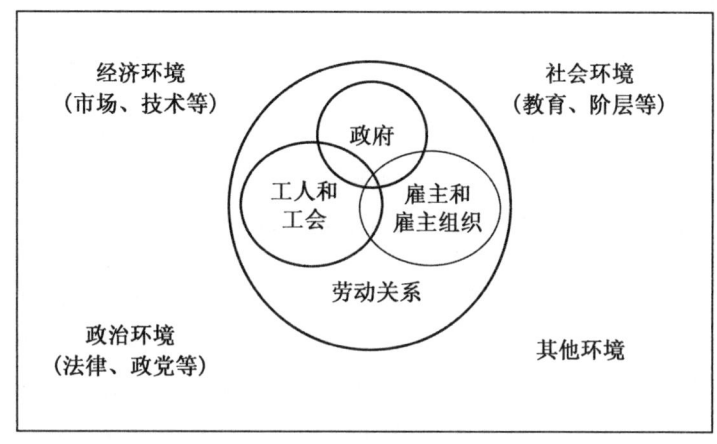

图3-1 劳动关系的环境

在劳动关系环境中,外部环境是指劳动关系系统边界之外的能够对劳动关系造成直接或间接影响的各种条件和因素,包括一国的社会结构、经济体制、政治体制、法律制度、经济发展状况、技术发展水平、社会文化以及价值观念等。与此相对的,内部环境则是指劳动关系系统内,对劳动关系有影响的各种因素的总和,包括组织发展战略、组织结构、人员状况、生命周期、管理方式、规章制度、工会、组织文化以及组织变革等。劳动关系的外部环境以及内部环境以复杂、交错以及多变的方式,相互联系,相互作用,共同形成一种合力,影响着劳动关系的运行和结果。

3.1.2 企业劳动关系环境的辨析框架

企业劳动关系环境的构成要素具有多样性、交叉性和复杂性,是由有多种因素构成的,因此对环境的分析和评价就显得非常有必要,只有对环境状况做出正确的辨析,企业才能相应地实施具有针对性的劳动关系管理措施,保障企业劳动关系的和谐稳定运转。

对企业劳动关系的认识和评价,主要可以从两个方面去考虑:一是环境的复杂性,也就是说需要企业去辨认地对企业劳动关系产生影响的因素的数量是多还是少,以及这些

---

① M. H. Sandver. LaborRelations:Process and Outcomes. Boston,Little,Brown and Company. 1987. 26-34.

因素在不同时期的相似程度是低还是高;二是环境的可控性,主要是指企业需要辨认能否对这些影响企业劳动关系的因素进行控制,能控制的可能性是高还是低。如果将这两个要素中的一个看作横轴,一个看作纵轴,就可以得到一个四象限分析架构,如图3-2:

	数量少	数量多
可控性强	高可控性环境 ◆ 影响因素的数量较少 ◆ 影响因素的相似程度较高 ◆ 影响因素的可控性较强	中高可控性环境 ◆ 影响因素的数量较多 ◆ 影响因素的相似程度较低 ◆ 影响因素的可控性较强
可控性弱	中低可控性环境 ◆ 影响因素的数量较少 ◆ 影响因素的相似程度较高 ◆ 影响因素的可控性较弱	低可控性环境 ◆ 影响因素的数量较多 ◆ 影响因素的相似程度较低 ◆ 影响因素的可控性较弱

（纵轴：环境的可控性；横轴：环境的复杂性）

图3-2 劳动关系环境辨析框架

遵循这种思路进行分析,企业劳动关系环境的辨认就会出现四种情况。第一种是高可控性环境,即影响劳动关系的环境因素数量较少,各因素之间的相似程度较高,企业能够直接对这些因素进行控制,这是最为简单也最容易把握的一种情况,在这种环境中,企业对劳动关系的管理难度也是最低的,完全可以根据以往的惯例或者借鉴相应的优秀经验对症下药。第二种是中高可控性环境,影响劳动关系的环境因素数量较多而且相似程度也较低,但企业仍然能够直接控制这些因素,对于这种环境,由于影响因素受企业控制的程度较大,主要是数量多且性质不一致,所以企业关键是要确认哪些因素在起决定性作用,只要能够找出这些影响因素,企业也可以做出较确定的决策。第三种是中低可控性的环境,在这种环境下企业的劳动关系管理难度要大于第二种,虽然影响企业劳动关系的环境因素在数量上较少且相似程度较高,但是企业难以对这些因素进行控制,因此需要对这些因素进行全面的分析和判断,并预测这些不可控因素的后续变化,思考怎样去把握这些因素带来的机遇和威胁。第四种是低可控性的环境,也是企业最难以应对的一种情况,影响企业劳动关系的因素不仅数量多而且性质各异,同时企业不能控制或者只能在一定程度上间接控制这些因素,这样就不仅需要企业对影响的因素进行重要程度的排序,还要对它们进行全面分析和预测,因此企业的管理难度是很大的,往往要做出新的方案或者整体的改变去迎合新环境。

3.2 企业劳动关系的影响因素

本节案例

430万美国就业人口"失踪":他们究竟去了哪里?

眼下,劳动力短缺正日益成为美国经济以及各行各业的一个新常态。在这背后,很可能预示着美国劳动力结构已经发生了重大改变,同时企业也将不得不通过提高工资、调整商业模式乃至投资自动化,以适应这一新趋势。

据美国当地媒体统计,目前距离疫情暴发已经一年半有余,但美国仍有约430万"消失"的就业人口不见踪影。这是假设就业参与率——16岁或以上总人口中有工作或正在找工作的比例,恢复到2020年2月63.3%的水平下所统计出来的劳动力增幅。截止到今年9月,美国最新的就业参与率为61.6%。

目前,美国雇主正努力填补1000多万个职位空缺,以满足不断飙升的消费者需求。然而,在制造业、零售业、贸易、运输和公用事业等行业,员工的辞职率却反而正达到或接近历史最高水平。各人口群体和职业领域的就业参与率普遍下降,女性、没有大学学位人群以及酒店、餐馆和儿童看护等低收入服务行业的就业参与率,降幅尤其迅猛。

一些经济学家担心,不断恶化的劳动力短缺可能正演变为长期性的趋势变化,而这种变化一旦发生就不会轻易逆转。本月接受《华尔街日报》调查的52名经济学家中,有22人预测就业参与率永远也不会再回到疫情前的水平。

在历史上,当经济衰退发生后,消费者通常会不愿消费,企业会不愿雇人,但下岗工人往往会渴望找到一份工作。但这一次,消费者支出强劲,雇主招聘需求旺盛,工人却不愿意或因为种种原因无法回到工作岗位上。一些企业不得不就此做出调整,接受员工短缺的现状,并制定相应的长期应对计划。

劳动力减少的前景可能会让不少大型企业雇主更难在接下来的假日季实现雄心勃勃的招聘目标。亚马逊和沃尔玛在近期均曾宣布计划在未来几个月招聘超过30万名员工,而联合包裹和联邦快递也已表示希望招聘近20万名包裹处理人员和其他员工。

企业无奈:纷纷被迫调整商业模式

随着美国就业市场的现状暂时依然难有大的改观,不少企业雇主们正在调整他们的商业模式以适应劳动力短缺的现实。一些餐馆正在缩短营业时间或天数,其他则在悄悄削减了所提供的服务。

从全美范围来看,9月份餐馆和酒吧的就业人数比2020年2月减少了93.05万,降幅为7.6%;在2020年2月至2021年8月期间,餐馆和酒吧就业人口的时薪上涨了12.7%。与此同时,部分通胀正转嫁到消费者身上:9月份餐厅用餐费比2020年2月上涨了7.3%。

在康涅狄格州华盛顿小镇经营一家咖啡馆的 Maggie Colangelo 表示,在新冠疫情期间,她的 10 名员工不得不延长工作时间很长,同时还要兼顾多个岗位。该咖啡馆目前已经缩短了工作时间,周日和周一不营业,因为 Colangelo 在招聘市场上找不到新员工。过去一年,她将普通员工的时薪提高了约 1.5 美元,至每小时 14.50 美元,但她表示,她已无法再承受更高的工资,工资上涨已导致其菜单价格攀升。

Colangelo 指出:"许多离开这个行业的员工可能已不会再回来。我认为在餐饮业,这将是一种新常态。"

劳动力短缺同样也在改变着酒店的运营方式。旗下拥有凯悦(Hyatt)和万豪(marriott)等知名品牌酒店的 Host Hotels & Resorts Inc. 就已开始讨论取消自助热早餐,以及对餐饮服务进行其他改革,同时只在客人要求下才每日打扫房间,而不是自动提供打扫服务。希尔顿全球控股(Hilton Worldwide Holdings Inc.)也表示,将在客人登记入住前全面打扫房间,然后在他们入住的第五天进行一次打扫,并只为有要求的客人提供日常清洁服务。

与疫情前一个月相比,今年 8 月份酒店雇佣的员工人数减少了约 29 万人,降幅为 17%,8 月份酒店员工的平均时薪为 20.83 美元,较疫情前增长了 13.3%。

在供应短缺的情况下,越来越多的企业也开始积极寻求那些可以节省劳动力的技术,比如零售商的自助结账台和餐馆点餐用的平板电脑。穆迪分析(Moody's Analytics)对美国商务部数据的分析显示,在截至今年 6 月的一年中,企业对信息处理设备的投资增长了 16%,而过去 10 年的平均年增长率仅为 4%。

劳动力短缺引发的另一趋势是现有员工的加班时长激增。根据美国劳工部的数据,上个月制造业员工平均每周加班时长为 4.2 小时,高于去年 4 月的 2.8 小时。虽然一些员工会对额外的加班费感到欣喜,但许多人显然仍会对过度工作心生怨怼。

就目前而言,劳动力短缺的新常态对现有员工来说大多是好事,但从长远来看,不少人的境况可能会更糟。据代表酒店的工会组织 Unite Here 称,酒店如果调整运营方式,减少对劳动力的需求,将最终导致裁员,而这些工作岗位传统上更多由黑人和西班牙裔女性构成。

目前,美联储基本上已经敲定了在未来两个月启动 Taper 的计划,市场甚至预期美联储在明年 9 月就有望开始加息。然而对于美联储而言,想要在疫情后真正实现就业最大化的目标,或许依然任重而道远。而一旦紧缩步伐迈得过大,很可能令本就未完全走出疫情阴霾的就业市场,再度陷入风雨飘摇之中。

资料来源:和讯网 2021 年 10 月 18 日

3.2.1 影响企业劳动关系的外部环境因素

在不同类型的组织,劳动关系的影响因素及其作用方式会有所差异。较之于其他类组织,企业组织的市场化程度更高,竞争性和盈利性压力更直接,环境因素对劳动关系的影响会更显著。影响企业劳动关系建立和运行的外部主要环境因素主要包含如下方面:

1. 经济因素

影响企业劳动关系的经济环境因素主要包括经济制度、经济体制、经济发展状况、劳动力市场状况以及技术变革等。

(1) 经济制度和经济体制

以所有制为核心的经济制度和以社会资源配置方式为具体体现的经济体制组成了一个国家的社会经济形态。[①] 在不同的社会经济形态下,劳动关系也是不同的。经济制度是人类社会发展到一定阶段的生产关系的总和,一国的经济制度定格了劳动关系的基调。[②] 所有制结构作为经济制度的核心,它的性质决定了劳动关系的性质。公有制、私有制以及混合所有制是所有制的几种基本形式,在不同类型的所有制下,劳动关系具有不同的性质。[③]

国家经济运行的具体方式被称为经济体制,集中体现为社会资源的配置方式。经济体制主要有两种形式:一种是计划经济体制;另一种是市场经济体制。两种体制下的资源配置方式是完全不同的,使得劳动关系的调整方式也不一样。在计划经济体制下,资源的配置是通过政府有计划的直接调配来实现的,企业基本上没有什么决定权和控制权,完全按照政府指令行事。但在市场经济体制下,市场是资源配置的主体,价格杠杆发挥着重要的调节作用,企业拥有相对独立的自主权,政府只是在宏观上进行调控,并不直接干预企业的决策,相应的,劳动关系建立和运行的基本特征就是市场化。

(2) 经济发展状况和劳动力市场状况

经济发展状况以及劳动市场状况主要是通过改变劳资双方主体力量的对比来影响企业劳动关系的调整。[④] 如果经济处于繁荣阶段,能够持续快速发展,则劳动力市场需求旺盛,员工的力量就会更强,管理方会做出更多的让步,因而劳资关系有利于劳方。相反,经济处于低谷阶段,管理方让步的空间很小,员工的力量往往相对较弱,在谈判和冲突中可能处于不利的地位,劳资关系就更有利于资方。劳动力供求状况对企业劳动关系的影响主要表现在三个方面:一是劳动力数量;二是劳动力质量;三是劳动力市场的结构。按照市场规律,供大于求有利于资方,供小于求有利于劳方。当存在劳动供求结构性失衡,即同时存在总体或部分劳动力供给过剩与某些行业劳动需求得不到满足时,劳动力市场对劳动关系的影响则需要针对相关行业和劳动供需特征进行具体分析。通常来讲,这两种经济因素的变化往往会首先影响员工的工资福利、就业、工作转换以及工人运动和工会的发展,进而影响劳动关系调整的规则和方式。

(3) 技术变革

技术是影响企业劳动关系的动力因素。早在亚当·斯密和卡尔·马克思的时代,经

---

① 洪银兴主编.现代经济学(第三版)[M].南京:江苏人民出版社,2001.24.
② 安奉钧,申建国,张慧芳,邢明强.企业劳动关系:环境因素、分析框架与战略路径[J].中国劳动,2016(20):42-48.
③ 常凯主编.劳动关系·劳动者·劳权—当代中国的劳动问题[M].北京:中国劳动出版社,1995.6-7.
④ 常凯主编.劳动关系学[M].北京:中国劳动和社会保障出版社,2005.

济学家就认识到技术对人力的替代作用。马克思用"资本有机构成"概念阐述了技术进步导致生产率提高和劳资关系变化的问题。技术进步的具体作用取决于技术体系的构成和资方对技术的利用方式。[①] 具体而言,技术因素包括产品生产的工序和方式,以及采用这些工序和方式所必需的资本密集的程度(人均资本投资量)、产品和工序是否容易受到新技术的影响、工作是否复杂以及是否需要高水平的知识和技能等。如果企业的产品易受新技术影响(比如智能手机)或者企业是资本密集型的(比如飞机制造),那么员工不服从管理会给管理方带来更多的成本,因而员工的岗位力量就会增强。相反,在那些不易受新技术影响(比如手工编织业)或者劳动密集型行业(比如食品加工业),员工的岗位力量就相对较弱。此外,技术环境的变化也会改变劳动力市场上不同技术种类工人的供求状况。如果某种技术种类的工人恰巧是管理方所急需的,那么,此类工人在劳动关系中就占有较大优势。

【知识链接3-1】

资本的有机构成

资本的有机构成由资本技术构成决定并且反映资本技术构成变化的资本价值构成。资本的构成具有双重的意义:从价值来看,资本的构成,是由不变资本和可变资本的比率,即由生产资料的价值和劳动力的价值的比率来决定的;从在生产过程中发挥作用的物质方面来看,资本的构成,是由生产资料的数量和使用这些生产资料所必需的劳动力的数量之间比率来决定的。马克思把前一种构成称作资本价值构成,把后一种构成称资本技术构成。两者之间有着密切的相互关系,为了表示这种关系,马克思把由资本技术构成决定并且反映技术构成变化的资本价值构成,叫作资本有机构成。用公式表示,即 c:v。例如某个资本家,拥有资本8 000元,其中不变资本和可变资本各占一半,资本有机构成就是4 000c:4 000v,等于1:1。如果不变资本增加到24 000元,可变资本增加到6 000元,资本有机构成就变为24 000c:6 000v,等于4:1。

资本有机构成在不同的生产部门、不同的企业是不同的,在同一时代的不同国家或在同一国家的不同经济时代,也是不可能相同的。把一个生产部门内各企业的资本有机构成加以平均,就得出这个生产部门的总资本的平均构成。把一切生产部门的平均构成再加以平均,就得出一个国家的社会资本的平均构成。通常谈到资本有机构成,如果没有指明哪个特定的生产部门,一般是指社会资本的平均构成。资本有机构成变动与否,对工人阶级的命运有重大影响,假设资本有机构成不变,不变资本与可变资本之间的比率也就保持不变。在其他条件不变情况下,如果社会总资本增加了,可变资本显然要按照社会总资本增长的比例而增长。也就是说,社会的工资总额要按照社会总资本增长的比例而增长。

资料来源:汝信等,中国工人阶级大百科.北京:中国国际广播出版社,1992年4月。

---

① John W. Budd and Brian P. McCall,"The Grocery Stores Wage Distribution: A Semi-Parametric Analysis of the Role of Retailing and Labor Market Institutions",Industrial and Labor Relations Review,2001,P484-501.

2. 政治因素

政治环境是影响企业劳动关系的另一个重要的外部环境因素,主要涉及一国的政治体制、政府的治理方式以及方针政策等。

（1）政治体制

不同的政体及政治上的集权与分权体制差异会导致不同的政治制度和政治文化,进而影响企业劳动关系的政治天平。[6]具体而言,对应于民主化的政治体制,劳动关系的性质更具有民主化倾向;对应于集权化的政治体制,劳动关系的性质则更具有集中化倾向。如利益协调型的劳动关系通常是建立在政治民主尤其是产业民主基础之上的;而利益一体型的劳动关系一般是以是以雇主或企业管理者为中心建立起来的。同时,政治体制下的政治制度和政府系统也影响着劳资关系。在民主体制下,劳方和资方的合作可通过工人参与的机制来实现,而在一个专制的政治系统中,劳动关系往往孕育着劳资冲突和社会动乱。

（2）政府的治理方式和方针政策

与政治体制相比,政府的管理方式和方针政策的作用方式相对更为直接,能够直接影响甚至决定企业劳动关系的很多活动。由于政府不仅是国家政权的行使者,还是劳动关系的协调者,因此政府对企业的管理方式直接决定了企业进行劳动关系管理的空间。如果政府对企业控制过严,就会削弱企业的自主权,使得企业劳动关系管理的活动空间较小,反之企业就会拥有较大的自主权,使得劳动关系管理空间相对较宽阔。

政府的方针政策是政府治理的具体途径,包括货币政策和财政政策、就业政策、教育和培训的政策以及其他政策。在诸多政策因素中,就业政策对于劳动力市场以及就业组织中的劳动关系的影响最为直接。它往往通过供求状况的调整来改变双方劳动力市场的力量,以经济激励和惩罚措施来改变双方在就业组织内部的关系的力量。货币政策和财政政策也会通过宏观经济环境来影响各种营利组织的劳动关系。另外,这两种政策还可以通过影响资本的价格,改变资本和劳动的价格比率来影响企业的雇佣政策和企业的劳动关系。教育和培训政策主要作用于人力资本投资的供求,影响着劳动力的素质和技术水平,从而改变不同种类的劳动力市场供求和企业的资本/劳动比重。因此,教育和培训政策对于劳动关系具有更加长期性的影响。

3. 法律因素

法律是对个人或者组织的行为规范及其相互关系所做的一种规定,它通常是由国家立法机关通过法定的程序制定,并以国家政权的力量作为后盾来强制实行的。法律一经颁布实施,个人和组织都必须遵守。此外,由国家其他机关制定具有法律效力的法规、规定、制度、条例等也能起到强制性行为约束的作用。所以,一国的法律规制实际上是为劳动关系双方相互作用提供了比较稳定的规则框架。现在有关劳动关系的法律规制不仅注重对不良劳动关系行为的制约,也强调对良性劳动关系建设的引导。例如,国家关于员工最低工资以及劳动安全卫生保护的规定,对工会的承认以及对集体合同制度的规范等。

企业作为社会组织的一种重要存在形式,它在日常的经营活动中也必须遵守国家有关的法律法规。劳动者作为社会群体的重要组成部分,也同样受到国家法律法规的约束。因此,法律对企业劳动关系的影响主要就体现在它的规范和约束作用上。但需要强调的是,法律的这种约束和规制只是一种下限,也就是说企业在进行劳动关系管理时绝对不能低于这些标准,但在标准之上,法律是不会进行干涉的。

4. 社会文化因素

社会文化因素是企业劳动关系形成和发展的外部软环境。这里的社会文化指的是狭义上的精神层面的文化,主要指人们的观念形态,包括价值观念、伦理道德、风俗习惯、宗教信仰等。对于整个社会而言,文化具有重要的社会整合和社会导向作用,它内在地影响着人们的思维方式和行动方式,而且这种影响具有相对的持久性,在短期内不会发生改变。

社会文化环境对企业劳动关系的影响主要表现在两个方面:首先,一定的劳动关系是在一定的观念、态度和相关价值判断等社会文化背景基础上形成的。其次,社会文化环境对劳动关系还会产生一些具体而深入的影响。一般而言,广义上的文化价值和意识形态会形成劳动关系主体对工作以及对从属性、依赖性和其他关系的态度。

在不同的社会文化背景下,企业劳动关系管理的模式也有明显差异。例如,如果一个国家的社会文化重视工会的重要性和积极作用,那么,工会的建立与发展就相对更快,工会的密度也会不断提高,其对劳动关系的影响也更加显著。社会文化对劳动关系的影响总体而言是潜在、不易察觉的,它主要是通过社会舆论和媒介来产生影响,对于违反社会文化规则的个人和组织,虽然惩罚不像法律那样具有强制性,但其作用却不可低估。

3.2.2 影响企业劳动关系的内部环境因素

与外部环境因素相对应,企业劳动关系的内部环境因素一般处于劳动关系系统的界限和范围之内,因此,企业能够直接地控制和影响它们,他们对企业劳动关系管理的影响也是最直接的。和外部环境一样,企业劳动关系管理的内部环境也包括很多具体因素,例如,企业发展战略、公司治理结构与组织结构、企业文化等。

1. 企业发展战略

企业的发展战略包含了劳动关系管理的内容,并决定着劳动关系管理的基本方向和目标。企业不同的战略选择会形成不同的劳动关系管理方式:成本领先战略很可能通过劳动力成本最小化来追求效率目标,劳动关系管理趋向于集权式,企业与员工的关系更多依赖劳动契约来维系;而差异化战略由于强调产品开发和创新活动,因此,需要增加员工的自主性和自由度,企业往往奉行Y理论或Z理论,实行参与式劳动关系管理策略,企业与员工关系的维系,既会重视劳动合同,同时也会十分重视心理契约作用的发挥。①

---

① [美]约翰 W. 巴德,于桂兰等译,劳动关系:寻求平衡,机械工业出版社,2013年,第28-38页和第141-172页。

2. 公司治理结构与组织结构

公司治理结构和组织结构不同,会为劳动关系营造不同的企业制度环境。员工的薪酬水平、绩效管理、集体劳动合同、劳动纠纷的解决、工会的运行等都受到公司治理结构和组织结构特征的影响。企业的组织制度与工作流程一定程度上决定了企业劳动关系的模式、和谐程度以及劳动者之间关系的紧密度。譬如,严厉的作息制度和工作纪律容易导致劳资关系的对抗或僵化;相反,具有较高弹性的管理制度可能更有助于形成劳资双方的合作关系。

3. 企业文化

企业价值观、企业精神、企业伦理道德等企业文化因素制约着员工对企业的认可度和忠诚度,进而直接影响着企业劳动关系的建立和运行。理论和实践都表明,企业文化调整着劳动关系变化的基调,民主参与式的企业文化能增强企业与员工之间的联系,让员工更加理解和认可企业,提高员工的归属感,推动和谐的劳动关系的形成,而具有高权力距离特征的企业则难以形成和产生具有实质意义的工会组织,企业与员工关系相对疏远,更容易产生难以调和的劳资矛盾和劳资纠纷。

除了以上介绍的因素外,影响企业劳动关系的内部环境因素还有很多,例如,企业的领导行为、企业人力资源管理模式、企业的效益状况等。在思考和分析特定企业或行业的劳动关系时,应该结合具体情况,纳入进行深入讨论。

3.3 当代中国劳动关系的一般环境

本节案例

机器人智能化,会让工厂人员失业吗?

开年之初,广东省东莞市政府发布的1号文件就关注了"大力发展机器人智能装备产业"。按照计划,到2018年年底,东莞市八成工业企业将实现"机器换人";到2020年,将达到每万名员工使用机器人台数超过120台。

事实上,在全国不少地方,"机器换人"已成趋势。这会带来什么影响?对中国制造是好是坏?

企业拥抱"机器人"

在许多地方,机器人都开始发挥越来越重要的作用。

在江苏昆山,富士康工厂自2010年以来大量投入自动化智能生产线。有统计显示,在2013年至2015年间,其工人数量减少近一半;在广州、武汉的美的工厂,美的家用空调用工人数已经从2011年的5万人减少到2015年的2.8万人,未来将只保留三成工人。

事实上，这股潮流从几年前就开始了。《广东省工业转型升级攻坚战三年行动计划（2015—2017）》提出，3年内广东将推动1950家规模以上工业企业开展"机器换人"计划。2014年，东莞出台多项措施推动机器换人和智能装备产业发展。而早在2012年，浙江省经济工作会议就提出，加快推进产业转型升级，全面推进"机器换人"。

不少地方政府投入财政资金支持这一转型过程。在浙江一些地方，专项补助最高可达投入额的12%；在广东佛山，"机器换人"专项资金以4种方式帮企业解决资金难题；在广东东莞，自2014年起连续3年，每年投入2亿元专项资金。

机器不会弱化人

机器换人，会弱化人的作用吗？会让人失业吗？从目前的状况来看，答案是否定的。

"机器人可以解决劳动力短缺问题，更有标准化、精细化、效率高等优点，为东莞制造提供新的优势，提高产品竞争力。"广东省一名人大代表说，广东制造一方面面临劳动力短缺的问题，另一方面面临技术质量上的发展缓慢。从这两方面讲，"机器人"都对制造业有显著提升。

而在东莞，该市针对1年多来申报"机器换人"的1200个企业项目分析后发现，有75%的企业工人就业是持平或者增长的，减少的占20%左右，对工人就业并没有特别大的危害，甚至个别企业工人数量还有所增加。正如该市人力资源局副局长所言，近几年东莞劳动力实际上是在逐步减少，招工难和招工贵的现象在东莞也一直存在。

"整个劳动力正在发生结构变化"。工业和信息化部装备工业司机械处处长认为，机器换人会减少对简单劳动的需求，但同时，机器人操作、维护、设计、生产等岗位则扩大了劳动力需求。

推动制造业变革

从"人"到"机器"，对制造业带来的变革显而易见。

以东莞为例，该市副市长介绍说，自2014年9月东莞在全国率先启动"机器换人"计划开始，到去年底，东莞企业申报"机器换人"项目总数达到1262个，总投资超过100亿元，预计可以减少用工7.1万人，单位产品成本下降10%，劳动效率平均提高60%。

"目前中国的机器人数量还是太少"。贺宇介绍说，目前世界上使用机器人的平均水平是每万名工人使用机器人60台，韩国则达到每万名工人使用机器人400多台，"中国目前的水平是30~40台，远远低于世界平均水平"。

值得担忧的是，目前在国内工厂车间进行智能自动化作业的工业机器人大多来自德国、日本等国的企业。对此，工信部信息化和软件服务司副司长认为，当务之急是在短时间内，尽快培育出能够超越跨国公司的国内顶尖企业。

在业内人士看来，随着中国经济进入转型升级的关键阶段，"机器换人"成为推动新一轮技术改造，提高传统产业优势的重要抓手。"过去主要依靠人力、资本、土地和环境投入等要素驱动，今后我们要转向创新要驱动力。"东莞市委书记这样表示。

资料来源：搜狐网，2018年11月26日

中国是世界上最大的发展中国家，也是典型的转型经济国家。新中国建立以后，中国实行高度集中的计划经济体制。在这种体制下，工人、工厂与国家的利益高度一致，劳动

用工实行统分统配,收入分配和福利待遇都按国家统一政策确定。这个时期的劳动关系基本上是一种纯粹的劳动行政关系。1978年中国开始实行改革开放以来,随着经济体制改革的深入推进,劳动关系经过艰难探索后,逐步发生了四个方面的变化:其一是建立了多样化的劳动关系;其二是实现了劳动关系运行的市场化;其三是逐步明晰了劳动关系双方的利益关系;其四是实现了劳动关系调整的法制化。2006年以来,特别是党的十八大以来,中国经济、政治、法律以及社会等方面都发生了系列巨大变化,劳动关系正在进入一个新的发展阶段。

1. 经济环境

理解当代中国的劳动关系,首先要深刻准确认识中国的经济制度。中国的社会主义基本经济制度主要包含三个方面的内涵:其一是所有制。中国坚持公有制为主体、多种所有制经济共同发展,既毫不动摇地巩固和发展公有制经济,也毫不动摇地鼓励、支持和引导非公有制经济的发展。其二是分配制度。中国坚持按劳分配为主体、多种分配方式并存的基本方针。坚持多劳多得,着重保护劳动所得,增加劳动者特别是一线劳动者劳动报酬,提高劳动报酬在初次分配中的比重。与此同时,中国努力健全劳动、资本、土地、知识、技能、管理、数据等生产要素由市场评价贡献、按贡献决定报酬的机制。其三是经济体制。中国坚持社会主义市场经济体制,既充分发挥市场在资源配置中的决定性作用,也着力更好发挥政府作用。中国经济制度的这些内涵和特征决定了未来中国劳动关系的社会主义性质,也决定了未来中国劳动关系的基本特征。

影响当代中国劳动关系的经济环境因素是经济发展目标和方针。改革开放以后,中国对社会主义现代化建设提出了"三步走"的战略目标。经过40多年的努力,中国已经提前实现了解决人民温饱问题、人生生活总体上达到小康水平的目标,正在朝着第三个战略目标即建成社会主义现代化国家的目标而努力奋进。在此进程中,中国经济已经由高速增长阶段转向高质量阶段,正处在转变发展方式、优化经济结构、转换增长动力的攻关期。未来中国经济发展的基本方略是坚持社会主义市场经济改革方向,贯彻新发展理念,以供给侧结构性改革为主线,推动经济发展质量变革、效率变革和动力变革,提高全要素生产率,着力加快建设实体经济、科技创新、现代金融、人力资源协同发展的产业体系,着力构建市场机制有效、微观主体有活力、宏观调控有度的经济体制,不断增强经济创新力和竞争力,推动经济持续健康发展。中国经济发展新的战略目标和方针给劳动关系未来发展提出了新的挑战和新的任务,也为劳动关系的未来运行和调整指明了方向和重点。

认识和思考当代中国的劳动关系,还必须密切注意中国劳动力市场的变化。新中国的劳动力市场发育于改革开放以后,并快速成为配置劳动力资源的基本途径。随着农村联产承包责任改革和城市经济体制改革的快速推进,劳动力从生产效率较低的第一产业,转移到了生产效率较高的第二、第三产业,推动了经济的高速增长和城镇化进程,也改变了中国的资源禀赋。经过40多年发展历程,中国的劳动力市场中二元经济的体制特征尚未完全消除,建立全国统一开放的劳动力市场目标仍在探索之中,劳动力流动影响区域经济不平衡发展的状况仍然没有得到根本改变,中国劳动力市场的建设还任重道远。从未来发展看,劳动年龄人口减少、劳动参与率下降、劳动密集型产业竞争优势减弱等因素会成为未来中国劳动力市场发展关注的焦点。置身其中的劳动关系正在面临系列新的挑战。

2. 法律环境

改革开放以来,中国积极推进劳动立法,并逐步建立起符合经济体制转轨要求的、以《劳动法》为主体的有关劳动合同、集体合同、工资分配、工时休假、劳动争议处理等相配套的一系列法律法规;建立了劳动合同和集体合同制度、劳动标准体系、劳动争议处理体制和劳动保障等制度,在全国各地逐步形成了多层次的三方协商机制;并且形成了由国家立法、部门法规、单行法规和地方立法组成的层次不同较为系统的立法体系。尤其是《劳动合同法》《劳动就业促进法》《劳动争议调解仲裁法》的相继出台,更为经济社会的发展提供了良好的法律环境,对规范劳动关系、保护劳动者和企业的合法权益、促进经济社会发展发挥了重要作用。总体来看,我国劳动关系的调整已逐步纳入法制化轨道,但对于复杂多变的具体劳动情况而言,当前的法律规制还存在着许多立法和司法上的不足,例如,高层次立法较少、低层次的行政规章较多,权威不足,内容也不尽合理,执行和监督不到位,劳资纠纷频发,企业违反劳动法规的现象仍然广泛存在。

3. 政治环境

影响当代中国劳动关系的首要政治环境因素是党和国家关于劳动关系的方针政策。中国是中国共产党领导的人民民主专政的社会主义国家,这决定了劳动者与用人单位双方根本利益是一致的,其间矛盾属于人民内部矛盾,劳动关系的性质是社会主义性质。党和政府始终高度重视劳动关系建设,把劳动关系治理作为不同历史时期社会治理的重要组成部分。在中国共产党十六届六中全会上,中央明确提出要发展和谐劳动关系。2012年党的十八大以来,中央更是高度重视劳动关系建设,2015年3月出台了《中共中央国务院关于构建和谐劳动关系的意见》,为新时代劳动关系建设确立总纲和顶层设计。在这一文件中,中央明确指出,劳动关系是否和谐,事关广大职工和企业的切身利益,事关经济发展和社会和谐。在新的历史条件下,努力构建中国特色和谐劳动关系,是加强和创新社会管理、保障和改善民生的重要内容;是建设社会主义和谐社会的重要基础;是经济持续健康发展的重要保证;是增强党的执政基础、巩固党的执政地位的必然要求。要求各级党委和政府要从夺取中国特色社会主义新胜利的全局和战略高度,把构建和谐劳动关系当作一项紧迫任务扎实抓好。国家人力资源和社会保障事业"十四五"规划提出,未来的构建和谐劳动关系工作的总体目标:创新和完善构建中国特色和谐劳动关系体制机制,维护劳动者权益,促进企业健康发展;坚持劳动关系系统治理、依法治理、源头治理和综合治理,构建规范有序、公正合理、合作共赢、和谐稳定的劳动关系。重点任务和举措主要包括:健全劳动关系协调机制,完善劳动人事争议调解仲裁体制机制,提升劳动保障检查执法效能,加强农民工服务保障工作。

认识和理解当代中国劳动关系,还要密切关注中国工会和雇主组织的行动。中国工会是中国共产党领导的职工自愿结合的工人阶级群众组织,是党联系职工群众的桥梁和纽带,是国家政权的重要社会支柱,是会员和职工利益的代表。《工会法》明确规定,工会的基本职责就是要维护职工合法权益。中国工会"十七大"报告指出,未来五年,工会要切实维护职工合法权益,推动构建和谐劳动关系。要扎扎实实解决好职工群众最困难最忧虑最急迫的实际问题,使改革发展成果更多更公平惠及职工群众。近期颁布的《中国工运事业"十四五"规划》提出,要加大劳动法律法规源头参与力度;推动完善构建和谐关系制度机制;推进工会工作法治化建设;健全落实"五个坚决"要求的长效机制,明确了全国工会在构建和谐劳动关系工作上的重点任务和主要目标。中国企业联合会是由企业、企业家和企业团体自愿结成的联合组织,是中国在国际雇主组织中的代表,其重要职责就是维护企业、企业家的合法权益,代表企业、企业家协调劳动关系。在2021年国家协调劳动关系三方会议上,中国企业联合会领导表示,作为企业代表组织,今后要在人社部领导下,与总工会、工商联密切配合,共同做好协调劳动关系各项工作。

4. 社会环境

在影响当代中国劳动关系发展的社会环境因素中,首先值得关注的是中国人口构成的变化。根据第七次全国人口普查结果,2020年中国人口总量为14.1亿多,较之于2010年,增加了7 205万,增幅为5.38%,这表明,中国人口总量仍然在保持增长态势,但增速已经明显下降。2020年,我国16~59岁劳动年龄人口为8.8亿,比2010年减少了4 000多万,劳动年龄人口占总人口的比例也在下降。尽管中国仍然有丰富的劳动力资源,但劳动力资源的总量呈现出下降趋势。在人口素质方面,2020年,我国每10万人中,具有大学(指大专及以上)文化程度的人从2010年的8 930人上升到15 467人,15岁及以上人口中文盲率明显下降,人口受教育程度持续改善,人力资本不断得到提升。从人口流动和城镇化水平看,2020年,流动人口规模近3.8亿,比2010年增加了1.5亿,常住人口城镇化率达到63.89%,比2010年提高了14个多百分点。在人口性别构成方面,2020年全国总人口性别比为105.07,比2010年下降了0.13个百分点,初步达到了人口性别结构优化的目标。从发展趋势看,我国人口总量即将达到峰值,人口负增长为期不远;人口红利已经进入尾声,人口老龄化在逐步加速;随着健康中国、科教兴国战略的深入实施,人口质量在快速提升。中国人口的这些特征和趋势,将给未来的劳动用工和劳动关系发展带来深远的影响。

【知识链接3-3】

第七次全国人口普查主要数据

(一)人口总量。全国人口[注:全国人口是指我国大陆31个省、自治区、直辖市和现役军人的人口,不包括居住在31个省、自治区、直辖市的港澳台居民和外籍人员。]共141 178万人,与2010年(第六次全国人口普查数据,下同)的133 972万人相比,增加

7206万人,增长5.38%,年平均增长率为0.53%,比2000年到2010年的年平均增长率0.57%下降0.04个百分点。数据表明,我国人口10年来继续保持低速增长态势。

(二)户别人口。全国共有家庭户49 416万户,家庭户人口为129 281万人;集体户2 853万户,集体户人口为11 897万人。平均每个家庭户的人口为2.62人,比2010年的3.10人减少0.48人。家庭户规模继续缩小,主要是受我国人口流动日趋频繁和住房条件改善、年轻人婚后独立居住等因素的影响。

(三)人口地区分布。东部地区人口占39.93%,中部地区占25.83%,西部地区占27.12%,东北地区占6.98%。与2010年相比,东部地区人口所占比重上升2.15个百分点,中部地区下降0.79个百分点,西部地区上升0.22个百分点,东北地区下降1.20个百分点。人口向经济发达区域、城市群进一步集聚。

(四)性别构成。男性人口为72 334万人,占51.24%;女性人口为68 844万人,占48.76%。总人口性别比(以女性为100,男性对女性的比例)为105.07,与2010年基本持平,略有降低。出生人口性别比为111.3,较2010年下降6.8。我国人口的性别结构持续改善。

(五)年龄构成。0~14岁人口为25 338万人,占17.95%;15~59岁人口为89 438万人,占63.35%;60岁及以上人口为26 402万人,占18.70%(其中,65岁及以上人口为19 064万人,占13.50%)。与2010年相比,0~14岁、15~59岁、60岁及以上人口的比重分别上升1.35个百分点、下降6.79个百分点、上升5.44个百分点。我国少儿人口比重回升,生育政策调整取得了积极成效。同时,人口老龄化程度进一步加深,未来一段时期将持续面临人口长期均衡发展的压力。

(六)受教育程度人口。具有大学文化程度的人口为21 836万人。与2010年相比,每10万人中具有大学文化程度的由8 930人上升为15 467人,15岁及以上人口的平均受教育年限由9.08年提高至9.91年,文盲率由4.08%下降为2.67%。受教育状况的持续改善反映了10年来我国大力发展高等教育以及扫除青壮年文盲等措施取得了积极成效,人口素质不断提高。

(七)城乡人口。居住在城镇的人口为90 199万人,占63.89%;居住在乡村的人口为50 979万人,占36.11%。与2010年相比,城镇人口增加23 642万人,乡村人口减少16 436万人,城镇人口比重上升14.21个百分点。随着我国新型工业化、信息化和农业现代化的深入发展和农业转移人口市民化政策落实落地,10年来我国新型城镇化进程稳步推进,城镇化建设取得了历史性成就。

(八)流动人口。人户分离人口为49 276万人,其中,市辖区内人户分离人口为11 694万人,流动人口为37 582万人,其中,跨省流动人口为12 484万人。与2010年相比,人户分离人口增长88.52%,市辖区内人户分离人口增长192.66%,流动人口增长69.73%。我国经济社会持续发展,为人口的迁移流动创造了条件,人口流动趋势更加明显,流动人口规模进一步扩大。

(九)民族人口。汉族人口为128 631万人,占91.11%;各少数民族人口为12 547万人,占8.89%。与2010年相比,汉族人口增长4.93%,各少数民族人口增长10.26%,少数民族人口比重上升0.40个百分点。民族人口稳步增长,充分体现了在中国共产党领导下,我国各民族全面发展进步的面貌。

资料来源:中国新闻网,2021年5月11日

另一个值得关注的社会环境因素是新生代员工的价值观特征。目前,20世纪80年代、90年代乃至2000年后出生的人已经进入职场,有的已经成为所在组织的骨干或管理者。他们与老一代员工有明显不同的价值观,并呈现出不同的行为特征。有学者研究发现,新生代员工注重自我感受,思想独立且个性张扬,喜欢富有新鲜感且多样性的工作,追求工作与生活的平衡,凭着自己的工作兴趣,在工作中获取充实感和自我成就感。当生活成本和竞争压力日趋加重,薪酬福利和工资待遇同样是新生代员工择业和跳槽的重要影响因素,但是,他们对这方面的短期期望值相对理性,更看重企业的品牌和知名度、行业风险,期望将来获得更好的职业发展空间、工作经验和社会网络。他们既以自我为导向、尊重内心世界,又能相对理性地面对职场环境、着眼于个人长远发展。他们更看重人际的公平和民主、平等,渴望得到尊重理解,获取领导重视,拥有舒心的工作氛围,但是,他们张扬自由的个性往往缺乏企业的忠诚度和自律性。他们喜欢新鲜感,对于新事物、新知识有较强的接受能力,注重网络信息获取,具有典型的网络化特征,这造就了新生代员工易有新颖独到的想法构思和创新的思路,具备较强的创造力和想象力。[①]

【知识链接3-4】

新生代员工的职场趋势

中智咨询发布的《2021年新生代员工职场趋势报告》(以下简称"报告")将职场年轻一代(90后、95后、00后)形容为"新生代员工",并指出,新生代员工具有价值观独立、崇尚自由、兴趣广泛、可塑性强等特点。

报告显示,入职1年以内,超八成新生代员工仅经历过1份工作,而入职3~5年时,经历两份以上工作的新生代员工占比过半。在工作5年以上的群体中,近七成新生代员工表示自己经历过2份及以上的工作。整体来看,新生代人员平均2~3年更换一次工作,频繁跳槽的仅为少数人员。此外,入职5年内新生代员工的主动离职率在20%上下浮动。入职2~3年的新生代员工主动离职率出现明显上升,达到5年内的最高水平。报告认为,企业在入职2~3年期间应做好保留措施,预防关键、核心人员流失。

从不同性质的企业来看,国企新生代员工的离职率明显低于民企和外企,五年平均为15.8%。民企新生代员工在入职1年以内的离职率最高,达26%,而后随入职年限的增加而趋于降低。外企新生代员工在入职2~3年出现了一个离职高峰,主动离职率达到29%。报告指出,外企新生代员工的培养周期长、晋升节奏慢、调薪幅度较低,是导致外企

[①] 李燕萍、侯烜方.新生代员工工作价值观结构及其对工作行为的影响机理.《经济管理》2012年第5期。

新生代员工在入职2~3年后离职高发的因素。

从不同行业来看,高科技/互联网行业新生代员工的主动离职率在入职5年内稳步提升至24%,增长趋势与入职年限呈正比。制造业和销售贸易/消费品行业出现同步趋势,即新生代员工主动离职率呈降低趋势,但在入职2~3年期间均出现一定程度的反弹。而销售贸易/消费品行业的新生代员工主动离职率在入职3年内均保持较高水平,这体现出该行业人员高流动性的特点。

报告显示,近七成企业有针对新生代员工的专项培养计划,其中超3/4的企业选择对全体新生代员工进行培养。另有三成以上企业有针对高潜力人员、管培生的专项培养计划。从培养新生代员工的具体方式来看,入职培训几乎是企业必选的培训方式之一。报告显示,近七成企业会选择导师制,为新生代员工匹配有经验的老员工带教。不同行业之间的培训方式各有特点,如在高科技/互联网、销售贸易/消费品行业中,超3/4的企业选择线上学习。而在制造企业中,选择轮岗制、继续教育培训的比例高于其他行业,这是由于制造企业的岗位更加偏向实操。值得一提的是,不同代际的员工对培训方式的偏好也有所不同。报告显示,90后新生代员工青睐多元的培训方式,以现阶段较为成熟、高效的培训类型为主,包括导师制、轮岗制、线上学习课程以及外部机构培训等,分别占比53%、42%、42%、32%。相比于90后,95后新生代员工更期望内部分享会,这可能是因为95后员工偏好自由轻松、互动交流的工作方式。

报告显示,民企新生代员工的晋升节奏明显快于国企和外企,高科技/互联网企业的晋升周期短,而制造企业的晋升周期较长。其中,有2/3的民营企业表示新生代员工会在入职2年内得到晋升,晋升速度相对较快。从典型行业来看晋升周期,高科技/互联网行业的晋升节奏最快,65%的企业表示其新生代员工将会在入职2年内得到晋升。制造业新生代员工首次得到晋升的时间段集中于入职2~3年,晋升节奏相对缓慢。整体来看,新生代员工首次得到晋升的周期集中在入职1~3年之间。

资料来源:《新生代员工平均2~3年更换一次工作,入职1年民企离职率最高》.界面新闻网,2021年11月29日

此外,社会组织在劳动关系治理与管理中的作用也是影响当代中国劳动关系的重要因素。劳动关系协调是我国社会治理的重要领域。中央在构建和谐劳动关系的顶层设计文件中也强调社会协同和社会力量的参与。这里的社会组织,主要指的是社会团体、基金会、民办非企业单位、民间组织等。2000年以来,参与劳动关系协调的社会组织不断增多,方式也越来越多样。例如,和谐劳动关系促进会就是专业提供劳动关系服务的机构;再如,许多人力资源咨询机构、律师事务所等组织通过政府购买服务参与到劳动关系治理实践中。尽管目前参与劳动关系协调的社会组织还十分有限,方式、渠道也比较单一,但随着社会组织在协调劳动关系中的功能定位逐步明确,再加上政府的积极培育和引导,中国的社会组织将会在未来劳动关系发展中扮演越来越重要的角色。

本章小结

理解和分析企业劳动关系,首先要关注劳动关系环境因素及其变化。所谓劳动关系环境,通常是指对劳动关系系统产生直接或间接影响的各种因素的总和。依据不同的标准,劳动关系环境有多种分类方式。企业劳动关系管理的环境一般可以划分为外部环境和内部环境。外部环境,又通常称为一般环境,一般由经济因素、政治因素、法律因素和社会文化因素等构成;内部环境通常涉及企业发展战略、公司治理结构与组织结构、企业文化等方面的因素。依据环境的可控性和复杂性,劳动关系环境可以划分为高可控性、中高可控性、中低可控性和低可控性四种类型。

认识当今中国劳动关系的一般环境,要深刻认识中国的经济制度、发展目标和方针,要密切注意中国劳动力市场的变化;要关注中国劳动法治的进程和面临的主要问题;要深刻理解党和国家关于劳动关系的方针政策,密切关注中国工会和雇主组织的行动;要高度重视中国人口构成的变化,重视新生代员工的价值观和工作行为特征,此外,还要注意中国社会组织在协调劳动关系中的作用。

延伸阅读

《启动数字经济新引擎:15种新业态新模式创造中国发展新机遇》,新华社,2020年7月16日。

练习题

一、思考题
1. 请简要谈谈分析和识别劳动关系环境的意义和作用。
2. 依据影响因素的复杂性和可控性,劳动关系环境有哪些类型,各自特点是什么?
3. 劳动关系的一般环境包含哪些主要因素?
4. 如何分析企业内部因素对企业劳动关系的影响?
5. 请结合中国国情,分析当代中国劳动关系一般环境的影响因素。

二、讨论题
数字技术快速发展并正在深刻影响中国每个人的工作和生活,也正在改变企业的存续基础。请收集和分析数字技术及其影响的相关资料,讨论分析数字技术广泛运用对企业劳动关系的影响。

三、案例分析题

S钢铁公司劳动合同变更及人力资源管理变革

一、公司简介

S钢铁股份有限公司(以下简称"S钢铁公司"),成立于1997年,原为C市一家国有企业集团的核心子公司。S钢铁公司成立后,先后在香港联交所和上海证交所上市,逐步发展成为我国最大的中厚钢板生产商之一。

2007年5月,S钢铁公司启动环保搬迁,由C市主城区整体搬迁至100余公里外的T县,搬迁总投资达367亿元,到2013年5月,搬迁全部结束。尽管搬迁后的规划布局、工艺流程、技术装备和环保运行指标,以及资源配置、环境建设、循环经济发展等都得到全面提升,但外部经营环境已经发生了显著变化。国际金融危机引致全球宏观经济增长持续低迷,全国钢铁行业产能明显过剩,这些新的外部环境特征,加上内部产品结构不合理、对未来市场需求误判等问题,S钢铁公司经营效益持续下滑,到2015年、2016年,公司连续两年陷入巨额亏损,遭到上海证券交易所发出的退市风险警告。至2016年底,S钢铁公司资产负债率达到了100.29%,资不抵债,面临破产。根据某权威资产评估公司的评估,如果进入破产清算,在其财产均能够按评估价值变现的理想情况下,普通债权受偿率也仅为16.64%。且该公司是全国有影响力的大型工业企业,8 000多名职工会因破产而失去现有工作。综合考虑破产可能引发的社会动荡及民生问题,C市中级人民法院受理了S钢铁公司债权人东顺公司的申请,于2017年3月依法作出《民事裁定书》,对S钢铁公司进行司法重整,并指定S钢铁清算组担任管理人,具体负责制定提出重整计划并在2017年年底前予以实施。

经过成功的司法重整,S钢铁公司的法人主体资格继续存续,证券市场主体资格不变,但企业性质由国有控股企业转变为混合所有制企业,原控股方C市钢铁(集团)有限责任公司及其背后的实际控制人C市国资委失去控股地位,由国内著名的钢铁产业基金及C市产业发展基金新组建的T钢铁公司受让了23%的股份,成为第一大股东。重整后S钢铁公司引入了新的管理团队,在新的经营计划的指引下进入到新的发展阶段。2018年第一季度,S钢铁公司钢材产量就达到149万吨,净利润达到3.5亿,销售净利润率达到6.8%,较往年有大幅度提升。2019年,S钢铁公司产销量均超额完成预定目标,实现营业收入235亿,净利润9.26亿。

二、重整后的组织与人力资源管理变革

司法重整是S钢铁公司走向新生的起点。按照重整计划以及新管理团队的分析结果,重整后的S钢铁公司的经营思路是:以深耕C市市场为战略支点,在基本维持800万吨产能情况下,以"满产、满销、低成本"为核心战略,对产品结构、产线配置、工艺流程进行优化,纠正与优势市场的错配,弥补竞争力差距,同时谋求在目标区域市场上产品组合的差异性优势,按照"止血、造血、升级"的步骤分阶段实施,逐步从根本上重塑S钢铁的产业竞争力,实现凤凰涅槃,浴火重生。要推行新的经营战略,一系列组织与人力资源管理的变革必不可少。

重整后的 S 钢铁公司在组织与人力资源给管理方面面临的首要问题是变更与职工的劳动合同。在重整之前,S 钢铁公司有 7 000 多名职工,所有职工都与公司签订了劳动合同。尽管按照《中华人民共和国劳动合同法》第 33 条规定,用人单位变更名称、法定代表人、主要负责人或投资人等事项,不影响劳动合同的履行,但是,原劳动合同中涉及的部分规章制度、薪酬制度、岗位管理规定主要是依据原母公司 C 钢铁集团的有关制度制定的,已经与重整后的公司治理和管理不相适应,必须依法依规进行调整和变更,重新明确公司与职工的权利义务关系,规范劳动关系管理。不仅如此,新的公司决策层还认为,S 钢铁公司要真正走出困境,还必须提高职工队伍的素质,引入竞争机制,实行能者上、庸者下的做法;要制定新的薪酬制度,用岗位绩效工资制度代替原来的岗位技能工资制度。要将这次劳动合同变更与人事制度改革有机结合起来,整体考虑,同时推进。

按照公司决策层的要求和思路,S 钢铁公司人力资源部于 2019 年 2 月启动了劳动合同变更及人力资源管理变革专项工作。为了增强这项工作的科学性,公司引入了一家知名的咨询公司进行方案设计。该咨询公司在人力资源部的协助下,围绕公司战略的实施,进行了业务流程梳理、岗位说明书的编制以及新的工资制度的设计。新编制的《S 钢铁公司岗位说明书》和《S 钢铁公司员工收入分配改革方案》由人力资源部上报公司,经总经理办公会通过后予以公布实施。同时,人力资源部还拟定了《劳动合同变更协议书》和《岗位聘用书》,以此作为与员工协商的基础文件。S 钢铁公司此次劳动合同变更及人力资源管理变革的核心内容主要有:

(一)关于劳动合同变更:由于经过重整后 S 钢铁公司与原母公司已经没有资产关系和管理关系,公司与员工的劳动合同须进行相应的变更。变更的内容涉及适用的管理制度、工作内容与工作地点、劳动报酬与福利待遇等方面。公司拟定了《劳动合同变更协议书》(征求意见稿),具体说明了变更的内容。凡是同意该协议书的公司员工,公司都与之签订正式的《劳动合同变更协议》;对于不认同该变更协议的员工,公司视为双方在劳动合同变更上协商不一致,将依法与其解除劳动合同。

(二)关于竞争上岗:为了优化员工队伍,增强内部活力,公司将在劳动合同变更结束后立即启动全员竞争上岗。竞争岗位包括除公司领导层外的所有岗位;每个岗位的需求人数和资格条件以公司公布的岗位说明书为准;竞争上岗过程分三步进行:第一步:由公司领导层组成评审团队,决定公司各个部门领导、各分厂领导以及各个子公司和分公司领导;第二步:由分管领导和各个二级单位(部门)领导组成评审团队,决定各个部门科室负责人、各个子公司(分公司)二级部门负责人以及各个分厂的作业线负责人;第三步:由各个二级单位负责人及所属部室(科室、作业线)负责人组成评审团队,决定拟聘的各类员工。具体操作方案由公司人力资源部负责拟定,经批准后公布实施。

(三)关于岗位聘用书的签订:在竞争上岗完成后,所有获聘员工都要与公司签订《岗位聘用书》,聘期三年。所在岗位的《岗位说明书》及员工与公司签订的《岗位聘用书》均作为劳动合同附件。对于未能获聘的员工,凡是愿意离开公司的,可以与公司协商解除劳动合同;凡是愿意继续留在公司的,一年内公司资助其参与技能培训,资助经费 10 000 元/人,一年后,公司将提供至少 500 个岗位供其再次竞争上岗。如果仍然不能获聘,公司将与其解除劳动合同。

（四）关于收入分配改革：岗位聘用结束后，公司将出台并实行新的收入分配方案。这次收入分配改革的基本思路是：变原来的岗位技能工资制度为岗位绩效工资制度。S钢铁公司员工的原工资结构是基本工资＋津补贴（轮班津贴、高温补贴、伙食补贴）＋奖金＋福利（五险一金），基本工资主要依据员工的职务等级或技能等级并综合考虑工龄长短确定。基本工资和津补贴两项一般占员工年度应发工资的80%，奖金一般占20%，每年年底进行一次考核，考核结果只影响奖金的分配。这次收入分配改革的核心是要打破身份、年资，建立岗位绩效工资制度。改革后的工资结构将变成岗位工资＋绩效工资＋奖金＋津补贴＋福利，其中，岗位工资经过岗位评价后分成5等，大约占该岗位应发工资的30%；绩效工资分成团体绩效和个人绩效，与绩效考核结果挂钩，大约占所在岗位收入的40%；奖金分配与年终考核挂钩，实行上不封顶，下不保底。公司将根据经营目标达成情况决定工资总额涨幅。

三、劳企双方的诉求

（一）企业方的诉求

重整后的S钢铁公司着力推进劳动合同变更和人力资源管理变革，是公司新领导班子锐意改革的一次重大行动，更是公司实施新竞争战略，真正实现涅槃重生的必由之路。公司在这次改革中期望实现的目标主要有：

1. 绝大多数员工同意并签署《劳动合同变更协议书》和《岗位聘用书》。

2. 按照公司的方案顺利推进全员竞争上岗，实现能者上，庸者下，让企业增强竞争力和活力。

3. 按照公司思路完成收入分配改革，逐步健全内部的激励与约束机制。

（二）劳动者和工会方的诉求

由于劳动合同变更和人力资源管理变革涉及员工切身利益，所以，改革方案公布后，S钢铁公司的员工反响非常大。据不完全统计，有超过一半的员工通过各种社交媒体表达了自己的不满。反应最激烈的是公司的老员工，在一次座谈会上，不少老员工认为，公司新的管理层实际是通过劳动合同变更和岗位竞聘，间接迫使老员工离职。个别员工甚至做出了比较极端的反应。在某车间，一名作业班长在按要求组织班组员工学习这些改革方案时，一名员工因该班长态度生硬而与其发生肢体冲突，尽管在场的其他员工及时劝离了双方，但此后很长段时间，这个班组的工作氛围都非常紧张。一些年轻职工也对公司的做法持怀疑态度，对公司的前景也表现出悲观的看法。

面对这种情况，公司工会组织进行了三次不同员工代表参加的座谈会，同时也进行了简要的问卷调查，发现了员工对这次劳动合同变更和人力资源管理变革的一些共同诉求：

1. 反对《劳动合同变更协议书》第四条第一款"关于劳动合同变更的补充约定"内容。希望公司按照相关法律规定，在岗位调整和工作地点变化问题上，严格遵循协商一致的原则，不能让员工单方面承受企业经营管理变革的成本。对于不接受《劳动合同变更协议书》并同意解除劳动合同的职工，给予N+2的经济补偿金，以承认其过去对公司的付出和贡献。

2. 反对公司利用竞争上岗进行间接的大规模裁员。建议调整岗位职数,确保每个员工都有上岗的机会。

3. 建议公司修改调整岗位工资和绩效工资的比例,将普通职工和基层管理人员岗位工资占比提升到60%,将中层管理人员的岗位工资占比提升到50%,以保证员工工资收入的稳定性。

S钢铁公司的工会在员工中有较高的信任度,重整前,工会代表员工多次与公司管理层进行集体协商并签订集体合同。对于这次劳动合同变更和人力资源管理变革,公司工会在调查和了解到员工的这些反应和诉求后,决定启动与管理方的集体协商,在支持公司重整后的改革发展的同时,也坚决维护员工的切身利益。

讨论问题

1. S钢铁公司为什么要实施劳动合同变更和人力资源管理变革?

2. 假如你是公司负责人,在参与集体协商过程中,你会接受劳动者和工会的诉求吗?为什么?

第4章 工会与企业劳动关系管理

学习目标

- 了解工会的产生背景和发展历程；
- 掌握工会的一般特征；
- 准确把握工会的职能和行动方式；
- 正确认识和把握工会与管理方的关系。

4.1 工会概论

本节案例

中华海员工业联合总会

海员工会的前身——海员互保组织的建立

为了组织一个互助互救、同舟共济的团体，保障海员自身利益，海员们早就成立过三合会等组织，但这些带有行业帮会式的组织，大都为帮会头目所控制利用，不能真正地为海员群体谋福利。

1. 联义社的成立

1913年"二次革命"失败后，孙中山流亡日本。为联络和组织国内外革命党人继续进行革命活动，命令在日本东洋汽船株式会社（Toyo Kisen Kabushiki Kaisha）"地洋丸"（Taiyo Maru）轮船上的中国海员黄本、黄森、林来等组织侨海联义会。后改名为联义社，联络团结各地的华侨、华籍海员入社，并进行一些为同盟会运送弹药、输送人员、传递消息等革命活动。后来到香港也组织成立联义社。当时在香港的中国海员，大多数是联义社的社员，来往太平洋和东南亚各航线的轮船也都组织了联义分社。

2. 海员公益社的成立

1914年9月，"俄国皇后"号（Empress of Russia）邮轮上一位名叫麦成的海员工人染病，船到日本神户港时被送上岸留医。但当他病愈出院后要求回船工作时，被公司以其身体衰弱为由拒绝，只得流落异国行乞街头，幸得一位华侨收留。不久，"俄国皇后"号（Empress of Russia）邮轮又途经神户，麦成向船长要求复职，船上中国海员也向船长求情，船长才答应了麦成的要求。麦成事件使海员们深切感受到必须建立一个团体，互助互救，生活才有保障。同年底，"俄国皇后"号邮轮航至温哥华时，海员吴渭池等在船上组织召开了中国海员大会，到会海员200人。吴渭池报告了麦成的遭遇，建议在船上建立福利组织，得到大多数海员的赞成。会上随即拟定章程，通过了成立"海员公益社"的决议。

章程规定每个社员每航次缴纳社费1元；凡社员在航行中遭遇意外的疾苦，大家要互救互助。如有人途中重病入院，由公益社拨给30元保障生活，其他津贴则酌情而定。公益社成立不久，该轮海员刘达潮又领导大家建立了民声社，开展船上戏剧活动。公益社的开办和船上戏剧活动的开展，使"俄国皇后"号（Empress of Russia）上海员的生活和思想感情发生明显变化。海员们越来越关切自己的命运，越来越多地谈论国家大事和前途等问题。"俄国皇后"号（Empress of Russia）邮轮的创举，立即获得昌兴轮船公司属下9艘货船的同行热烈响应。

1916年，由9艘邮轮组成的"海员公益社"宣告成立。同年，昌兴公司属下的各货船派出代表，向香港华民政务司提出办理社团注册等备案手续。可是，港英当局以社团组织法例中无如此形式组织为借口，拒绝公益社的注册。海员们为使公益社组织处于合法地位，改以"海员慈善会"的团体名称向当局登记注册。香港海员最早的合法组织"海员慈善会"便告正式成立。会址设立于香港中环干诺道中30号2楼，陈炳生被推选为会长。慈善会的诞生，深得处于水深火热中的香港海员的拥护和支持，在很短的时间内，发展会员达3 000多人。就这样，中国海员走上了探索保障自身权益的道路，并逐渐发展壮大，成为之后中国历史进程中一支重要的力量。

中华海员工业联合总会

公益社和慈善会等对加强海员的团结和提高海员的觉悟起了积极作用，但这些组织较松散，缺少带领海员争取正当权益、与资本家的剥削压迫进行斗争的能力。

时值第一次世界大战结束，世界航运竞争加剧。大小包工头盘剥有增无减，海员工资微薄，而物价不断上涨，香港1920年的物价为战前的两倍。香港海员还受到失业的威胁，失业者达2万余人。香港海员长期遭受大小包工头的剥削，对包工头特别痛恨。当时，香港共有30多家轮船公司，大多采取包工制，只有昌兴公司历来是自行雇工，但要工人"联保"，即互相保证不私逃外国，如有逃跑者，联保人要被罚款，一般情况下海员们宁愿互相"联保"，也不要包工头的中间盘剥。

海员们感到，慈善会虽然能够为海员办事，但毕竟不是工人自己的工会组织，不能适应斗争形势发展的需要，纷纷要求成立一个能真正维护自己权益的工会。

1920年11月，孙中山从上海回广州重建军政府，乘坐的是昌兴公司的"俄国皇后"号（Empress of Russia）。有感于海员对革命贡献以及深受民族压迫和剥削，他在船上对海员作演讲，鼓励海员参加革命，组织工会，还亲笔题写"博爱"两字送给海员。

1920年12月1日，孙中山在广州恢复军政府，并自任内政部长。香港海员中的积极分子林伟民、翟汉奇、邝达生、何盖民、苏兆征、冯永垣等人利用当时广东的有利形势，积极活动,组织工会。

1920年12月初,以中华海员慈善会名义召集各馆口代表开会,商讨组织工会。出席代表60多人,多数代表提议将中华海员慈善会改组为海员工会,但考虑到港英当局不准许工人组织社团以及先前中华海员慈善会立案的曲折过程,决定不将慈善会改组为海员工会,而由到会代表发起,直接组织工会。到会60多人,代表陶义阁、义庆阁、和美阁、松庆阁、琼海阁、庆宋山房、乐雅山房等130多间行船馆签名作为发起人。会上,即席选出林伟民等17人作为筹备委员(都是慈善会的成员),决定由各行船馆暂借出20元作为经费,租房作为筹备处。最后,会议选举林伟民(乐雅山房代表)、罗贵生(广义和代表)、翟汉奇(致中和代表)、冯永垣(群义阁代表)、邝达生(义和阁代表)、陈炳生(满提高轮代表)、陈一擎(满提高轮代表)、谭华泽(叙义阁代表)、麦兴等人为常务筹备委员会。不久,即租得香港中环德辅道中137号3楼为筹备处办公地点,1920年12月,宣布成立海员工会筹备会。

筹备会成立后,开始积极动员海员加入工会。一些海员因受过大包工头或办馆恐吓,对加入工会持观望态度。为此,筹备会决定各筹备委员分头赴行船馆及各轮船,以谈心、讲故事、讲道理等多种形式,向广大海员作宣传鼓动工作。经过5个月的努力,征得会员2000多人后,筹备委员会就成立海员工会并要求港英当局批准立案。但是,港英当局以未有批准成立工会的先例,不予同意。为了海员正当的要求能得到实现、工人权益能得到保障,在1921年初,香港海员又进一步酝酿成立工会。适值当时香港总督司徒拔(Reginald Edward Stubbs)是英国工党党员,政治上有改良倾向,允许海员工人成立工会。香港海员工人利用这一机会聘请律师延布律顿到伦敦备案,并向香港华民政务司申请注册获批准。

1921年3月5日,海员工会筹备会召开干事会进行选举。当时,未有采用代表大会制,而以干事会议为最高权力机关(凡积极支持工会、吸收会员最多的船,可选出代表为工会干事),由干事会议再选出仅限于香港的委员。陈炳生被选为会长,蔡文修为副会长,翟汉奇为司理,罗贵生为司库,林伟民、邝达生为交际,冯永垣为调查,共计7名委员。委员和部分干事组成干事部负责常务工作。关于海员工会的名称,当时有过激烈的争论,有的主张仿照欧美国家海员工会的形式,按照不同的工种,分别成立工会,例如美国的海员,按水手、伙夫、机工等分别组织工会。后来大家一致同意将工会定名为"中华海员工业联合总会",既表示海员工人的联合,又表示它是产业性的。

1921年4月6日,中华海员工业联合总会正式宣布成立。孙中山派议员王斧军为代表前来祝贺。

中华海员工业联合总会是中国海员工人的第一个工会组织,也是中国最早的产业工会组织之一。它的成立是中国现代产业工人运动的崛起的先声,直接推动了中国第一次工人运动高潮的形成。

资料来源:《百年历史:百年海员历史》.中华全国总工会

4.1.1 工会的定义与特征

工会,英文为 Trade Union,顾名思义,就是某个行业或工种的人联合起来形成的组织。在 17 世纪的英国,一些行业的工匠们联合起来,保护他们的利益,抵制来自雇主的侵害或者来自外地同行的竞争。这就是早期工会的基本特征。随着劳工运动的发展和劳动关系学科的兴起,工会成为多个学科共同关注和讨论的热点话题。

英国著名的社会活动家韦伯夫妇是早期工会研究的代表性学者。在他们看来,工会是工资收入者的组织,目的是为了保持或改善这些人自己的劳动条件。他们后来又进一步强调,工会应该是一种永久性的组织,并不是为了某种目的而结成的临时性组合。

英国在 1992 年《工会与劳工关系(巩固)法案》规定,工会组织,无论是永久性的还是临时性的,都必须具备如下条件:(1) 其成员全部或者大部分属于一种或多种劳工;(2) 该组织的主要目的包括调整上述类型劳工与雇主及雇主协会之间的关系。

美国《国家劳资关系法案》使用的术语不是"工会",而是"劳工组织"(Labor Organization),其定义为:雇员加入的任何类型的任何组织,或机构,或雇员代表委员会,或计划,其存在的全部或部分目的在于就各种申诉、劳资争议、工资、工资率、工时、工作条件等问题同雇主进行交涉。

马克思主义者对工会有非常深刻的认识,他们更强调工会的社会政治作用。恩格斯指出,工会使工人阶级作为一个阶级组织起来。而这是非常重要的一点,因为这是无产阶级的真正的阶级组织。列宁指出,工会是无产阶级在阶级范围的最广泛的组织。

中国人民大学常凯教授在其《劳动关系学》一书中认为,工会是市场经济条件下,雇员为改善劳动和生活条件而在特定工作场所自主设立的组织。

综合上述不尽一致的看法,我们以为,工会是市场经济中劳动者为保护自身权益而自愿结成的一种组织。尽管各个国家工会发展的历史进程不同,各国关于工会的法律规定也不一致,但一般而言,工会组织应该有如下特征:

首先,工会因劳资冲突而产生。工业革命时,数量众多的农业劳动者离开他们赖以生存的土地进入城市。工人阶级在经济活动人口中占比增大。资本主义生产的目的就是为了获取更多剩余价值。资本家为了获取剩余价值,通过增加工作时间、增加劳动强度、降低工资等方式节约成本,提高利润。工人为了维持或改善自己的工资及工作环境,联合在一起对抗强有力的雇主,导致工会组织的产生。

其次,工会以维持会员利益为首要职能。工会成立的直接目的,就是为了实现一定的经济利益。如果工会不以维护会员利益为首要职能,工人加入工会不能改变自身相对于雇主方的弱势地位,工人就不会选择加入工会。

再次,工会以集体谈判或集体协商为基本手段。早期的工人运动中,工会力量尚且不足,许多国家都制定了与结社相关的法律,禁止组建工会和集体谈判。工会迫不得已采取罢工、罢市或捣毁机器等暴力行为与雇主对抗,雇主也可能采取闭厂等方式打压工会运动,最终造成双方的人身伤害或经济损失。随着工会力量的增强,各国逐渐认可了工会的合法性,工会的行动方式也由激进转向稳健。集体谈判成了工会最基本也最有效的手段。

工会通过与雇主或雇主组织进行集体谈判，就工资、劳动条件等达成协议。

最后，工会由雇员自愿结合而成并代表会员意志。雇员有权依法组织工会，企业不得阻挠或者限制职工组织工会。是否加入工会由雇员自愿决定，不得强迫雇员加入或不加入工会，也不得强迫雇员退出或不退出工会。

4.1.2 工会的历史演变

1. 英美工会的建立与发展

工会的历史缘起于英国。中世纪，英国社会中存在一些行会。中世纪行会的成员往往是某区域内从事同一行业的所有匠师。这些匠师拥有自己的作坊、生产工具、少量帮工或学徒。帮工和学徒经过一段时间可以另立门户，成为新的行会会员。中世纪的行会是否是工会的起源有很大争议。行会制度中，雇主与帮工是师徒关系而非阶级关系，二者之间利益冲突也与今天的劳资冲突明显有别。

【知识链接4-1】

行　会

在封建社会，随着城市的兴起和手工业生产的繁荣，为了保护同行手工业者的利益不受外人的侵犯，为了阻止外来手工业者的竞争和限制本地同行业的手工业者之间的竞争，欧洲一些城市手工业者建立起一种组织叫行会。作为手工业者的同业组织，行会是在反对封建领主和城市贵族压迫剥削斗争中产生的，也是在生产力底下市场狭小的条件下，出于排斥竞争目的而组织的。行会严格规定从生产到销售的各个环节。它既是生产组织，又是军事组织、宗教组织和互助组织，也是具有严格封建等级制度的封建组织。12世纪以前，行会在争取城市独立、保护脆弱的城市手工业、保存与发展手工技术和生产经验等方面起积极作用。随着生产发展，市场扩大，行会就越来越阻碍生产力的发展。14世纪起，西欧的行会开始解体。

资料来源：百度百科 https://baike.baidu.com/item/

工业革命后，工业化国家的民众日益分为资产阶级和无产阶级。儿童、妇女、农村劳动力等进入工厂，社会上出现大量永久性劳工。低廉的报酬与恶劣的工作环境迫使工人们联合起来与雇主斗争，工会应运而生。

18世纪以来，因为技术进步带来的产业发展，使得行会制度等传统制度分崩离析。一些技术工匠为了在飞速变化的工业环境中保持自己的地位和待遇，率先组织起了工会。此时的工会是少数技术工匠的组织，并不吸纳一般劳动者。这种早期工会在继承中世纪行会传统的同时，通过与雇主进行集体谈判以维持或提高自身的待遇、改善工作环境。

1799年，英国通过了《结社法》，禁止工人组建工会、进行集体谈判。1799年《结社法》

是英国历史上第一个适用于所有行业的结社法案。它的适用范围不再仅仅局限于某一特定行业。同时,《结社法》删除了由治安法官厘定工人工资的规定,试图建立由劳资双方自由协商、解决劳资争议的机制。然而,由于雇主与工人在社会地位、经济条件上的不平等,单个的工人根本无法与雇主抗衡,自由协商也无从谈起。

到了19世纪初期,第一批把不同行业的工人联合起来的工会组织成立了。如1818年在曼彻斯特建立的总工会(the General Union of Trades),也称慈善协会(the Philanthr-opic Society)。后一名称是为了在工会仍然处于非法地位的情况下隐藏组织真实目的而使用的。

1824年,在英国一些激进自由主义者的推动下,英国议会废除了禁止工人结社的法案。这些自由主义者认为,在雇主与雇工完全自由的情况下,他们不会产生劳资争端。现实的情况是,在禁止工人结社的法案被全部废除后,英国各地出现了工人组织工会的热潮。于是在1825年,英国议会再次颁布了《结社法》。1825年《结社法》限制了工会的权力,仅允许工会进行关于工资和工作条件的谈判。尽管如此,1825年《结社法》仍在一定程度上承认了工会的存在。19世纪20年代到30年代,许多行业都建立起了自己的工会。此前秘密成立的工会也开始公开化。

1829年,约翰·多赫蒂(John Doherty)领导棉纺工人成立了英国第一个全国性的总工会,即联合王国工厂纺纱工总工会(the National Union of Cotton-spinners)。1830年,在多赫蒂的领导下,跨行业工会英国全国劳工保护协会(the National Association for the Protection of Labour)成立。尽管这两个工会的存在时间都没超过两年,但仍然是工会运动的一个重大进展。

1833年,在空想社会主义者罗伯特·欧文(Robert Owen)的主持下,各工会、合作社的代表在伦敦举行了讨论合并问题的会议。1834年2月,全国各业统一工会(the Grand National Consolidated Trades Union)在伦敦成立。该工会成立后发展迅速,会员众多,吸纳了从欧文主义者到革命者的一系列社会主义者,并成功领导了托尔普德尔蒙难案后的抗议运动。但该组织仅存活了10个月便宣布解体。

英国宪章运动失败后,工会运动成了工人运动的主要形式。19世纪50年代以来,越来越多的永久性工会成立,它们拥有更充足的资源,但往往不那么激进。在这一时期出现的"新模式工会"(New Model Unions)斗争策略变得保守。"新模式工会"只吸纳技术工人。它们倾向于通过与雇主协商达成协议,尽量较少与雇主对抗。"新模式工会"组织严密,有专职工会干部从事工会工作。它标志着英国近代工会制度的成型。

1867年,英国成立皇家委员会调查工会运动。在"新模式工会"领导人的积极影响下,该委员会承认了拥有开明领导的工会对于社会有建设性作用。1871年,英国通过了《工会法》,赋予工会合法地位,保障工会资产不受侵犯。

这一时期,其他工业化国家的工会也得到发展。1794年建立于费城的鞋匠联合会被认为是美国第一个工会。到19世纪初期,美国许多城市的熟练工人都效仿鞋匠联合会建立了工会组织。19世纪中后期,随着美国工业大发展,就业人员缺乏,工人收入增加,工联主义思想盛行。1869年,费城的服装裁剪工成立了劳动骑士团,同时吸纳雇主和雇员参与,呼吁通过仲裁与和平协商解决劳资矛盾。1886年,为了为工人争取更多权益,美国劳工联合会(The American Federation of Labor)在巴尔的摩成立,简称劳联(AFL),劳联是一个全国性的行业工会联合。1935年,为更好地团结工人对抗雇主,矿工工会主席刘易斯提议按照生产行业组建产业工会,遭到劳联的否决。刘易斯宣布退出劳联后,于1938年建立了产业工会联合会(Congress of Industrial Organizations),简称产联(CIO)。1955年12月,劳联和产联宣布合并,美国最大的工会组织劳联—产联(AFL-CLO)正式成立,美国的工会运动在此时达到了顶峰。

2. 中国工会的产生与发展

工人阶级是工会诞生的社会基础和阶级基础。中国近代工人阶级出现于19世纪中后期,是随着鸦片战争后,外国、官办、民族资本主义工业工厂的创建而产生的。

(1) 萌芽阶段(19世纪中叶到1927年)

鸦片战争以后,中国工人自发掀起的反对外国殖民主义和封建主义统治、剥削的斗争不断发生。1851年成立的广州打包工人联合会,是中国最早的具有工会性质的组织。该组织曾经举行反对英、法等国侵略中国的罢工斗争。但在清朝地方政府镇压下被勒令解散。19世纪下半叶,甲午战争结束,马关条约订立以后,以日本商人为首的外国商人大量涌入中国创办工业,民族资本主义工业也有了发展。中国工人阶级开始发展壮大。早期中国工人联合的主要形式是行帮,带有慈善互助功能。[①]

中国近代工会的出现始于辛亥革命。辛亥革命发生后,许多"工人党"诞生,它们陆续推动成立各种工人联合。如中华工党推动上海制造局工人成立"上海制造工人同盟会",孙中山领导的同盟会在广州成立"广州机器研究公会"。1921年1月,孙中山领导的广东政府明令废除一切禁止、限制劳工团结的法规。1922年2月24日,广州政府国务会议通过《工会条例》,规定16岁以上的劳动者可组织工会,工会为法人[②]

1921年7月,中国共产党正式成立,《中国共产党第一个决议》将成立产业工会作为党的基本任务。1921年8月11日,中国劳动组合书记部在上海成立,这是中国共产党早期公开领导工会运动的领导机关。1922年5月,中国劳动组合书记部在广州召开第一次全国劳动大会,提出了争取8小时工作制、罢工援助、打倒军阀、打倒帝国主义等目标口号。这次大会标志着中国工人阶级开始走向团结统一,推动了全国范围内的罢工高潮,各地工会组织也因此取得了进一步的发展。1922年7月23日,武汉工团联合会成立,这是中国历史上第一个地方总工会。1923年2月1日,京汉铁路总工会宣告成立,其领导的京汉铁路大罢工,将第一次全国工人运动推向了高潮。1925年5月,第二次全国劳动大会在广州召开。本次大会宣告了中华全国总工会的成立,建立了全国工会的领导机关。[③]

---

① 史探径.中国工会的历史、现状及有关问题探讨.《环球法律评论》2002年第2期,第162页。
② 史探径.中国工会的历史、现状及有关问题探讨.《环球法律评论》2002年第2期,第163页。
③ 李琪编著.《产业关系概论》.中国劳动社会保障出版社2008年7月第88-89页。

(2) 探索阶段(1927年到1951年)

1927年,国民党反动派先后发动四一二政变、七一五反革命政变,大革命宣告失败。国民党当局组织御用工会,颁布种种法令打压工人运动。中国共产党在此期间先后在各地建立革命根据地,并随之建立过许多工会,如闽西总工会、川陕苏区总工会、中国解放区职工联合会筹备会等。1931年11月,中华苏维埃第一次全国代表大会在瑞金召开,会议通过了《中华苏维埃共和国劳动法》,这是中国历史上第一部真正以保障工人利益和工会权利为目的的劳动法令。

1948年8月,第六次全国劳动大会在哈尔滨召开,中华全国总工会得以恢复。1950年6月29日,中央人民政府颁布了《中华人民共和国工会法》,规定了工资劳动者均有组织工会的权利、中华全国总工会是工会最高领导机关、企业工会有参加生产管理和劳资协商或缔结集体合同的权利、基层单位行政或资方应按月拨缴工会经费等重要内容。①

(3) 停滞阶段(1951年到1976年)

文化大革命发动后,中华全国总工会停止工作。各地方工会和基层工会被"工代会"取代。1974年以后,各地恢复工会组织,但并未开展正常工作。②

(4) 发展阶段(1976年以后)

1978年10月、1983年10月、1988年10月,先后在背景举行了中国工会第九、十、十一次全国代表大会。工会工作重新回到正轨。1992年扩充了1950年《中华人民共和国工会法》的内容,新增工会有参与权,工会具有法人资格,工会有权参加劳动争议处理,工会应协助处理停工怠工事件等内容。

2001年10月27日,第九届全国人大常委会通过了关于修正工会法的决定。修改后的工会法突出规定"维护职工合法权益是工会的基本职责";强调加强对职工参加和组织工会权利以及工会干部的保护力度;增加"法律责任"一章。这不仅维护了工会法的权威性和严肃性,而且大大增强了实施中的可操作性。③

4.2 工会的组织与职能

本节案例

湖北大力推进"小三级"工会建设

湖北省总工会进一步夯实乡镇(街道)—村(社区)—企业"小三级"工会组织架构,延伸工作触角,努力实现对小微企业职工、灵活就业人员、农民工等群体的有效覆盖。继续

---

① 史探径.中国工会的历史、现状及有关问题探讨.《环球法律评论》2002年第2期,第164-165页。
② 常凯主编:《中国工运史辞典》,劳动人事出版社1990年版,第422-444页。
③ 史探径.中国工会的历史、现状及有关问题探讨.《环球法律评论》2002年第2期,第166-167页。

把非公企业建会作为夯实工会基层工作的重要着力点,重点突破物流企业、互联网企业、家政服务企业、劳务企业建会,带动相关行业或领域内小微企业依法建会。

扩大覆盖面的同时,深入做好维权服务。打造一批各具特色的"货车司机之家""户外爱心驿站"等实体阵地,吸引货车司机、快递员等八大群体入会;在中小微企业集中的地方,推动建立区域性、行业性职工(代表)大会制度,指导各类企业通过民主程序和集体协商,采取调整薪酬、轮岗轮休、缩短工时等方式稳定职工就业岗位,着力构建和谐劳动关系。充分发挥服务企业职工"最后一公里"的独特优势,当好"店小二",实行"点对点"服务,把协助落实"三免六减半"等援企惠企政策和实施工会扶持结合起来,积极服务企业尤其是中小微企业复工达产。

目前,湖北全省1 289个乡镇(街道)、143个开发区(工业园区)全部建立健全工会组织,省总工会安排专项资金4 832.8万元、各级工会配套资金,全部直接补助到乡镇(街道)工会和省级以上开发区(工业园区)工会。同时,全省新增非公企业工会组织3 250家,具备建会条件的100人以上非公企业基本实现全覆盖,货车司机等群体所在企业建会2 600多家,发展会员近30万人。

资料来源:《工人日报》,2020年11月10日

4.2.1 工会的组织体系

受工会发展历史传统以及国情影响,不同国家工会的组织体系不尽一致。这里主要介绍美国和中国两个国家工会的组织体系。

1. 美国工会的组织体系

与工会会员有密切联系的首先是地方工会。地方工会,在产业工会中,代表着一个工作场所的许多工人;在同业工会中,代表着不同场所中从事同一职业的许多工人;在地方工会联合会中,则代表着不同产业内、不同工作场所中从事不同职业的许多工人。在地方工会管辖范围内的一些工作场所,设立有一个或多个工会干事,他们或者是选举产生,或者是被指定,扮演着工会会员与地方工会之间联络员的角色,最重要的工作就是处理各自工作场所内的投诉。地方工会经过选举,产生主席和执行委员会成员,负责地方工会的管理工作。有的地方工会除执行委员会外,还设立有谈判委员会和申诉委员会。这些管理机构具体负责吸收会员、开展集体谈判、处理投诉,一些地方工会还会组织参加当地的一些政治活动。包括工会干事在内的地方工会领导,可以是全职的,也可能是兼职的,具体取决于该地方工会规模和工作的复杂程度。值得注意的是,有的地方工会本身就是一个独立组织,其上没有国家级工会;更多的情况是,地方工会是国家级工会的一个组成部分。

美国工会组织的另一个层级就是国家级工会。美国有大约100个国家级工会,规模比较大的有卡车工人工会、食品与贸易工人工会、全国教育联合会等。这些规模较大的工会,工会会员一般都超过100万。其下辖的地方工会也往往数量惊人,例如,全国教育联合会就有14 000多个地方工会,食品与贸易工人联合会也有950个地方工会。值得注意的是,一些国家级工会被称为"国际工会",主要原因是因为这些全国性工会在其他国家设

立有地方工会。

国家级工会通常具有如下职能:组织新成员;提供调研与培训;游说立法者;给予罢工津贴;监督集体谈判过程等。在与较大企业进行集体谈判时,国家级工会还可能是直接的谈判者;在与中小企业进行集体谈判时,谈判的具体工作由地方工会承担,但国家级工会一般会派遣一名代表提供支持和建议。尽管地方工会是工会联系、服务会员的主渠道,但权力和权威一般都集中在国家级工会,它们对地方工会授权,并对地方工作的决策有最终批准权。

国家级工会一般都有自己的章程(宪章),用以规范内部组织体系和权责划分。一般而言,宪章是由会员代表在全国性会议上制定。国家级工会的最高权力机构通常是全国代表大会。全国代表大会每年或每两年举行一次,代表通过选举产生,代表的数量取决于地方工会会员数量。全国代表大会的角色主要体现为:工会宪章的制定或修改主体;全国性工会的立法主体;工会政策的决策主体;工会官员的任用主体;地方工会交流沟通平台。在全国性工会的代表大会上,常见的议题主要有:1) 内部管理:主要涉及工会会费、财政事项、工会负责人的权力行使等;2) 集体谈判:具体涉及现有集体协议的存在的问题、未来集体谈判的人员安排、谈判优先事项、谈判战略选择等;3) 公共政策:通常涉及劳动法律改革、通货膨胀、利率等宏观经济情况及其影响。国家级工会一般设立有执行委员会,让其负责处理两次大会之间工会的日常工作。执行委员会的成员,有的由会员选举产生,有的则由地方工会选举而来,他们的权力以及与工会主席的关系一般在工会宪章中予以明确。一般而言,工会主席在执行委员会的批准下履行工作,负责处理工会的日常事务,实施执行委员会制定的各项政策,拥有人民工作人员、管理地方工会的权力。国家级工会一般按照部门、分部和地区来组织。部门一般包括:组织部门、集体谈判部门、研究部门、教育或培训部门以及政府事务部门。除了这些职能性部门外,国家级工会一般在比较重要的行业或职业设立有分部、分会或区域性办事处,主要职责是在相关区域内承担协调和联络的工作,直接服务于多个地方工会。国家级工会的专业工作人员有两种类型:一种是通过任命或选举产生的工作人员,主要担任国际工会代表、职员代表、工会代表等职衔,他们通常不在总部上班,而是在各地帮助地方工会进行集体谈判、合同管理和组织工会等工作。另一类专业人员是在工会总部从事技术性、专业化的职能性工作,他们通常是产业卫生专家、医生、经济学家、律师、会计等,这些人员很多是通过招聘而来的。

与其他发达国家相似,美国也有全国性工会联盟。在1995年到2005年之间,美国主要的全国性工会联盟是美国劳工联盟—产业组织联合会(即 AFL-CIO,以下简称为劳联—产联)。2005年后,由于劳联—产联在工会改革没有取得一致意见,七个工会退出劳联—产联,组建了一个新的工会联盟,即:变革致胜联盟(the Change to Win Federation),改变了美国工会的版图。这里主要介绍美国劳联—产联的组织体系。

美国劳联—产联更类似于"联合国",它不是全国性工会的上级机构,而是一个协调、服务全国性工会的组织。成员工会可以自愿选择加入或退出;一旦加入,就要将工会经费的部分转交劳联—产联,用以维持联盟的运行;联盟不能强迫成员工会遵守其规定。劳联—产联的主要职能包括:1) 在国会和政府部门面前代表成员工会;2) 在国际上代表美国劳动者,与其他国家工会进行联系、交流;3)在社会服务、政治教育、游说活动等方面发挥协调作用;4)在全国范围内帮助协调工会吸引雇员加入;5)调解和解决全国性工会之间的争议。劳联—产联主要是一个支持性组织,主要工作集中在游说、研究、教育以及总体协调和引导,具体的工会组建、集体谈判以及争议解决等工作,主要还是由成员工会在负责。

美国劳联—产联的最高权力机构是代表大会。代表大会每两年举行一次,主要工作是制定政策、计划和做出决定。每家成员工会都有权派遣代表参加代表大会,代表的数量取决于成员工会付费会员的数量。两次代表大会之间的联盟管理由执行委员会负责。执行委员会包括主席、财务主管以及52位副主席,每年至少召开三次会议,主要职责是处理联盟的法律事务、工会腐败、新工会的宪章审核以及成员工会的申诉等。在执行委员会会议间隔期间,执行委员会的主席,也就是首席执行官,拥有领导和管理联盟工作人员的权力,财务主管则负责处理联盟财政事务。为了更好地管理联盟事务,执行委员会设立了11个规划部门,主要包括:民权、人权与女权部门、公司事务与集体谈判部门、现场动员部门、国际事务部门、立法部门、组织部门、协会部门、政治部门、公共事务部门、公共政策部门以及安全与健康部门等。为了适应并服务于同业工会和产业的发展,劳联—产业还成立了七个同业和产业部门,分别是建筑产业部、食品和相关服务部、海上贸易部、金属贸易部、专业雇员部、运输服务贸易部以及工会标识和服务贸易部。这些部门在联盟中主要代表相关同业工会或产业工会的利益。在全国各地,美国劳联—产业已经成立了51个州联合会和近千个地方劳工委员会,用以促进和改善各个州的劳工权益状况,其活动方式主要是:支持亲近劳工政治领袖的政治活动;立法游说活动;组织非工会雇员的活动等。联盟成员工会分布在所在州的地方工会都可以派遣代表加入联盟的州联合会。

2. 中国工会的组织体系

中国工会是在工人阶级反抗外国侵略、对抗资本家的剥削过程中逐步发展起来的。中国工会萌芽于19世纪中叶,诞生在20世纪初期。1921年8月,中国共产党在上海成立了领导工人运动的总机关——中国劳动组合书记部,1922年5月,中国劳动组合书记部发起并在广州召开了第一次全国劳动大会,通过了《全国总工会组织原则》,1925年5月,在广州举行的第二次全国劳动大会,通过了《中华全国总工会总章》,成立了中华全国总工会。

按照中国工会章程,中国工会是中国共产党领导的职工自愿结合的工人阶级群众组织,是党联系职工群众的桥梁和纽带,是国家政权的重要社会支柱,是会员和职工利益的代表。中国工会以宪法为根本活动准则,坚持自觉接受中国共产党的领导,承担团结引导职工群众听党话、跟党走的政治责任,以维护职工合法权益、竭诚服务职工群众为基本职责,巩固和扩大党执政的阶级基础和群众基础。中国境内的企业、事业单位、机关和其他社会组织中,以工资收入为主要生活来源或者与用人单位建立劳动关系的体力劳动者和脑力劳动者,不分民族、种族、性别、职业、宗教信仰、教育程度,承认工会章程,都可以自愿申请并经工会基层委员会批准后成为工会会员。

中国工会实行产业和地方相结合的组织领导原则。同一企业、事业单位、机关和其他社会组织中的会员,组织在一个工会基层组织中;同一行业或者性质相近的几个行业,根据需要建立全国的或者地方的产业工会组织;省、自治区、直辖市,设区的市和自治州,县(旗)、自治县、不设区的市建立地方总工会。地方总工会是当地地方工会组织和产业工会地方组织的领导机关。除少数行政管理体制实行垂直管理的产业,其产业工会实行产业工会和地方工会双重领导,以产业工会领导为主外,其他产业工会均实行以地方工会领导为主,同时接受上级产业工会领导的体制。全国建立统一的中华全国总工会。中华全国总工会是各级地方总工会和各产业工会全国组织的领导机关。截止到2018年工会十七大,中国工会成立产业工会组织7个,分别是:中国教科文卫体工会、中国能源化学地质工会、中国国防邮电工会、中国农林水利气象工会、中国海员建设工会、中国机械冶金建材工会和中国财贸轻纺烟草工会;在全国31个省、直辖市、自治区以及新疆生产建设兵团建立省级总工会32个;建立基层工会组织280.9万个,覆盖岗位655.1万个,有工会会员3.0亿。

依照《中华人民共和国工会法》,企业、事业单位、机关有会员二十五人以上的,应当建立基层工会委员会;不足二十五人的,可以单独建立基层工会委员会,也可以由两个以上单位的会员联合建立基层工会委员会,也可以选举组织员一人,组织会员开展活动。基层工会组织的会员大会或者会员代表大会,每年至少召开一次。基层工会委员会、常务委员会、副主席、主席及经费审查委员会经选举产生并报上一级工会批准。依照中国工会章程,基层工会委员会的基本任务有:

(一)执行会员大会或者会员代表大会的决议和上级工会的决定,主持基层工会的日常工作。

(二)代表和组织职工依照法律规定,通过职工代表大会、厂务公开和其他形式,参加本单位民主管理和民主监督,在公司制企业落实职工董事、职工监事制度。企业、事业单位工会委员会是职工代表大会工作机构,负责职工代表大会的日常工作,检查、督促职工代表大会决议的执行。

(三)参与协调劳动关系和调解劳动争议,与企业、事业单位行政方面建立协商制度,协商解决涉及职工切身利益问题。帮助和指导职工与企业、事业单位行政方面签订和履行劳动合同,代表职工与企业、事业单位行政方面签订集体合同或者其他专项协议,并监督执行。

(四)组织职工开展劳动和技能竞赛、合理化建议、技能培训、技术革新和技术协作等活动,培育工匠人才,总结推广先进经验。做好劳动模范和先进生产(工作)者的评选、表彰、培养和管理服务工作。

(五)加强对职工的政治引领和思想教育,开展法治宣传教育,重视人文关怀和心理疏导,鼓励支持职工学习文化科学技术和管理知识,开展健康的文化体育活动。推进企业文化职工文化建设,办好工会文化、教育、体育事业。

(六)监督有关法律、法规的贯彻执行。协助和督促行政方面做好工资、安全生产、职业病防治和社会保险等方面的工作,推动落实职工福利待遇。办好职工集体福利事业,改善职工生活,对困难职工开展帮扶。依法参与生产安全事故和职业病危害事故的调查处理。

(七)维护女职工的特殊利益,同歧视、虐待、摧残、迫害女职工的现象作斗争。

(八)搞好工会组织建设,健全民主制度和民主生活。建立和发展工会积极分子队伍。做好会员的发展、接收、教育和会籍管理工作。加强职工之家建设。

(九)收好、管好、用好工会经费,管理好工会资产和工会的企业、事业。

中国工会在省、自治区、直辖市,设区的市和自治州,县(旗)、自治县、不设区的市建立地方总工会,具备条件的县和城市的区,可以在乡镇、街道建立总工会。地区工会代表大会每五年举行一次,负责选举同级总工会主席、副主席、常务委员会委员、委员会委员以及经费审查委员会委员,并报上一级总工会批准。地方工会委员会在代表大会闭会其间,负责执行上级工会决定和同级工会代表大会的决议,领导本地区的工会工作。《中华人民共和国工会法》和《中国工会章程》虽然没有具体规定地方总工会的职责,但各级总工会都在其网站中明确了自己的职责。

【知识链接4-2】

江苏省总工会主要职责

江苏省总工会是江苏各级地方工会、产业工会的领导机关,受中共江苏省委和全国总工会领导。主要职责是:

(一)根据党的基本理论、基本路线、基本纲领和工运方针,围绕党和国家工作大局,贯彻执行省委、全国总工会的工作方针,指导全省工会工作。

(二)贯彻江苏省工会代表大会确定的方针、任务,依照法律和中国工会章程,履行工会维护的基本职责,组织开展工会各项工作。

(三)对有关职工合法权益的重大问题进行调查研究,向党和政府以及全国总工会反映职工的思想、愿望和要求,提出意见和建议;参与涉及职工切身利益的政策、措施、制度和有关法规、规章草案的拟定;参与职工重大伤亡事故的调查处理;维护女职工的特殊权益。

(四)指导工会理论政策研究;制订工会的各项组织制度和民主制度,研究指导工会的自身改革和建设;指导开展以职工代表大会为基本制度的民主选举、民主决策、民主管理和民主监督工作,推动建立平等协商、集体合同制度和监督保证机制的工作;提高职工的思想道德和科学文化技术素质。

(五)协助省辖市党委和省有关厅、局、公司党组(党委)管理省辖市总工会和省级产业(厅、局、公司)工会的领导干部;监督、检查省总工会机关和直属单位党员干部党风廉政建设情况;研究制定工会干部的管理制度和培训规划,负责全省县以上工会和大型企事业单位工会领导干部的培训工作。

(六)协助政府有关部门检查企事业单位的安全生产工作,指导职工生活、社会保障等方面的工作;组织和指导职工开展合理化建议、技术创新、技术协作活动。

（七）协助省政府做好全国劳模、省级劳模、先进生产（工作）者的推荐、评选工作；负责五一劳动奖章、奖状获得者的推荐、评选工作；负责劳模和五一劳动奖章、奖状获得者的管理工作。

（八）负责全省工会经费和工会资产的管理、审查、审计工作；研究制定工会组织兴办职工劳动福利事业的有关制度和规定，并进行指导、协调。

（九）负责省工会系统的对外交流，发展同台、港、澳工会的联系，指导和加强国际海员俱乐部的建设。

（十）承担省委、省政府及全国总工会交办的其他事项。

资料来源：江苏省总工会网站 http://jsgh.jsghfw.com

中华全国总工会根据需要设置产业工会全国委员会。委员会的建立，或者按照联合制、代表制原则组成，或者由产业工会全国代表大会选举产生，任期五年。产业工会全国代表大会或者按照联合制、代表制原则组成的产业工会全国委员会选举产生产业工会全国委员会委员或产业工会全国委员会常务委员会委员。产业工会全国委员会常务委员会一般由主席、副主席和常务委员若干人组成，主要职责一般是对所在行业或产业的行业工会工作进行宏观指导。

中华全国总工会是各级地方总工会和各产业工会全国组织的领导机关，每五年举行一次全国代表大会，并选举产生中华全国总工会执行委员会，负责在闭会期间贯彻执行全国代表大会的决议。执行委员会全体会议选举主席、副主席以及主席团委员，组成执委会主席团，负责在闭会期间履行执委会的职权。主席团下设书记处，负责主持中华全国总工会的日常工作。

【知识链接4-3】

中华全国总工会的主要职责

（一）根据党的基本理论、基本路线、基本纲领和工运方针，围绕党和国家工作大局，贯彻执行中国工会全国代表大会和执委会议确定的方针、任务和作出的决议。

（二）依照法律和《中国工会章程》，组织和指导各级工会坚定不移地贯彻落实党的全心全意依靠工人阶级的根本指导方针，进一步突出和履行维护职能。

（三）对有关职工合法权益的重大问题进行调查研究，向党中央和国务院反映职工群众的思想、愿望和要求，提出意见和建议；参与涉及职工切身利益的政策、措施、制度和法律、法规草案的拟定；参与职工重大伤亡事故的调查处理。

（四）负责工会理论政策研究，研究制定工会的组织制度和民主制度，监督检查《中国工会章程》的贯彻执行；研究指导工会自身改革和建设；指导各级工会组织开展以职工代表大会为基本制度的民主选举、民主决策、民主管理和民主监督工作，推动建立平等协商、集体合同制度和监督保证机制的工作。

（五）协助省、自治区、直辖市党委管理省级总工会领导干部，协助中央国家机关有关部委（局）管理全国产业工会的领导干部；监督、检查全国总工会机关和直属单位党员干部党风廉政建设情况；研究制定工会干部的管理制度和培训规划，负责市以上工会和大型企事业单位工会领导干部的培训工作。

（六）协助党中央、国务院做好全国劳模的推荐、评选工作，负责全国劳模的管理工作；负责全国"五一"劳动奖章、奖状获得者的评选表彰和管理工作。

（七）负责工会经费和工会资产的管理、审查、审计工作；研究制定工会兴办职工劳动福利事业的有关制度和规定；负责对工会兴办职工劳动福利事业的指导、协调工作。

（八）负责工会国际联络工作，发展同各国工会的友好关系；负责与香港、澳门特别行政区和台湾地区工会的交流工作。

（九）承担党中央、国务院交办的其他事项。

资料来源：中华全国总工会网 https://www.acftu.org

4.2.2 工会的职能

1. 西方发达国家的工会职能

受工会发展历史以及所在国家政治制度的影响，西方发达国家工会职能不尽一致。在不同历史时期，工会所发挥出来的职能有一定差异，不同的理论流派对工会职能的认识也有明显区别。

从历史发展视角看，早期的工会主要通过多种形式的工会运动来维护工人的工作待遇。18世纪70年代，英国首先兴起工业革命，大机器工业逐渐取代工场手工业。在这一时期，劳资矛盾比较尖锐。资本家为了榨取更多的剩余价值，通过延长工作时间、降低工资、削减福利待遇等方式节约成本，获取更多的利益。工人的生存状况十分艰苦，工人运动此起彼伏。恩格斯根据这一时期的情况将工会的职能归纳为三个方面：首先是为工会会员争取工资待遇。工会作为一种社会力量，集体地和雇主进行谈判，要求提高工资，并努力让各种职业之间的工资水平保持大体一致。如果雇主拒绝合作，工会就会动员工人进行罢工。其次，工会还利用限制招收学徒、反对采用新的技术或工具等方式来维持工人的工资待遇水平。此外，工会还会用一定的资金来帮助失业工人。马克思和恩格斯除了认识到工会争取和维护会员工资待遇这一基本职能外，还注意到了工会的政治职能。恩格斯在《10小时工作制问题》中提道：他们（工人）的地位要得到任何可靠的改善，不能够依靠别人，而应当亲自争取，首先应当采取的办法是夺取政权。[①] 到了19世纪末20世纪初，劳资力量对比的变化，各国工会组织都逐步得到法律的认可。以韦伯夫妇为代表的产业民主理论主张将代议制民主原则扩大到产业范围中，注重通过工会与雇主集体谈判等产业民主形式改善工人劳动条件、缓解劳资冲突。以康芒斯等学者为代表的制度学派则

---

① 马克思恩格斯全集，第7卷，人民出版社，1959，第274页。

承认市场经济本身存在较大缺陷,强调制度、法律等非市场因素是影响社会经济的重要因素,可以采取立法、谈判等途径代替工人及工会组织通过暴力、罢工等激进手段获取经济利益。工会的基本职能就是要通过集体谈判形成有利于工人的契约。到20世纪七八十年代,西方发达国家陷入滞涨困境,新自由主义思潮成为西方主流意识形态。在这种思潮的影响下,西方国家的工会运动大多陷入低潮,工会密度不断降低。工会为了增强对工人的吸引力,提出了"战略工联主义"等主张,认为工会应在为职工争取合法权益的同时,关注企业经营状况以及社会经济的发展状况。

从相关理论流派的观点看,主流经济学派把工会视为劳动力市场的垄断者,认为工会的存在,限制了劳动力的供应,影响了自由市场竞争作用的发挥。工会利用垄断,提高工资水平,会扭曲经济系统的雇佣和产出水平。人力资源管理学派认为,劳工问题产生的根源在于企业的管理不善,有效的解决办法应该是改进管理。对企业而言,工会是不必要的"第三者",它的出现,造成了劳资双方之间的对立,限制了劳资双方的合作。产业关系学派认为,劳工问题源于企业和工人之间谈判力量不对等。单个工人较之于雇主而言,在集体谈判中明显力量弱小,长此以往,社会状况会日趋恶化。解决这个问题的方式就是建立工会,让工人在集体谈判中的力量能够不断增强。批判性产业关系学派认为,劳工问题的根源主要在于某个特定的群体或阶级对社会制度和生产工具的控制,解决的方式是从根本上重构资本主义制度。一个强大、有战斗力的工会可以让工人觉醒,可以让工人在工作场所获得更大的控制权,是推翻资本主义、建立工人管理型社会的革命工具。归结起来,四个学派对工会职能的看法如表4-1所示:

表4-1 不同理论流派对工会职能的看法

理论派别	对工会的看法
主流经济学派	工会是限制其他人的利益去满足一小部分人利益的组织,应该被限制。
人力资源管理学派	工会增加了企业内部非建设性的冲突,没有存在的必要。
产业关系学派	在资本主义社会,工会可以增强工人对抗企业的谈判力,有助于实现效率、公平和话语权的平衡,其存在和发展十分重要。
批判性产业关系学派	工会是帮助劳动者对抗资本家并保护工人的重要武器,是十分重要的,工会的发展还不充分,未来应该进一步着力于社会政治变革。

资料来源:约翰·巴德.《劳动关系:寻求平衡》.中国工人出版社,2020年7月版,第39页。

纵观中外相关学术成果,在西方发达国家,工会的主要职能有如下几个方面:

1)代表职能。主要指工会作为会员的代表,通过收集工人意见诉求、参与社会治理和组织内部管理、与雇主方进行沟通协商等方式,为工人争取或维护劳动权益。在渠道上,工会有机会参与国家和地方政府的法律、政策制定;参与组织内部管理规则的制定;参与管理决策;参与劳动纠纷的处理等。在形式上,既有一些定期的机制,如参与管理委员会的会议;也有许多不定期的会议或交流,例如收集反映工人的某方面劳动权益诉求等。在劳资合作的总体趋势下,一些西方企业组建了专门委员会,用以监督和管理内部的职业安全卫生,减少工人的不满,提高产品质量。在国家层面上,政府组建了由雇主和工人代表参加的机构,如职业培训委员会、工业培训委员会、经济发展委员会等。在这些机构中,劳动者方的代表都来自工会,工会也努力利用这些机制来充分表达劳动者的各种意见和利益诉求。

2) 谈判职能。这是西方发达国家工会的核心职能,主要指工会代表工人与雇主或雇主组织进行集体谈判,商谈工资、工作时间以及其他雇佣条件等事宜,用以维护或提升工人的工资水平和雇佣条件。随着集体谈判的广泛开展,其作用已经超越了参与谈判的工会及其会员,同时也影响到其他工会以及政府的决策。例如,实力较强工会的工资谈判结果会成为众多实力弱小工会工资诉求的重要参照,也间接影响到政府关于就业、收入分配、税收等方面的政策制定。

3) 保障职能。主要指工会利用参与政策制定、集体谈判等方式,为工人提供职业保障、技能发展等方面保护。在劳动关系发展的早期,西方国家的工会主要采取划分职业界限、提供技能培训等方式,重点保护技术工人的职业安全。随着技术变革步伐加快,工会的保障职能显得日趋重要。一些发达国家工会在集体谈判中,接受了不提高工资甚至适度降低工资的条件,用以换得雇主方不裁减工人的承诺。在参与公司重大决策过程中,一些工会为了让雇主方不裁减工人,同意配合企业实施灵活工作时间或工作岗位调整计划。

4) 政治职能。主要指工会作为工人代表,参与一些政治活动。在发达国家,工会作为一种社会组织,参与政治活动,既是增进工人权益的需要,更是工会生存发展的需要。最为常见的方式是工会作为一种"压力团体"或"利益集团",他们主动表达工人的愿望与观点,用以影响国家或地方政府的法律制定。在英国等一些国家,工会还会与政党结盟,支持政党获得执政地位,以便获取对工会发展更为有利的政策。

5) 服务职能。指工会为会员个人提供一些福利或服务,用以吸引和留住工会会员。这是工会从萌芽至今都一直保留的一项职能。有学者统计显示,在1895到1904年期间,100个英国工会的总开支中,有86%的支出用于为会员提供福利。到20世纪80年代以后,工会服务会员的种类和手段已经有明显变化,它们根据会员需要,更加注重为会员提供诸如保险、分期付款、个人贷款、法律援助、休闲场地设施、就业信息提供等方面的服务和帮助。

2. 中国工会的职能

《中华人民共和国工会法》第六条提道:"维护职工合法权益是工会的基本职责。工会在维护全国人民总体利益的同时,代表和维护职工的合法权益。工会通过平等协商和集体合同制度,协调劳动关系,维护企业职工劳动权益。工会依照法律规定通过职工代表大会或者其他形式,组织职工参与本单位的民主决策、民主管理和民主监督。工会必须密切联系职工,听取和反映职工的意见和要求,关心职工的生活,帮助职工解决困难,全心全意为职工服务。"总的来说,中国工会主要有四项基本职能。

1) 维护职能。维护职工合法权益是工会的基本职责。工会就是因工人群众自愿联合起来维护自身利益而诞生的。在劳资矛盾中,职工一方处于弱势地位,他们的利益很容易被忽视或受到损害。为此,职工群众建立、加入工会组织,以更好地与用人单位进行谈判、协商。维护职工合法权益既是工会的基本职能,也是工会存在的基础。职工通过工会维护自身合法利益,使劳资力量对比趋于平衡,能够有效缓和劳资矛盾,为构建和谐劳动关系打下基础。

2) 建设职能。工会要从工人阶级的长远利益出发,动员和组织广大职工积极参与到各项改革与建设活动中,努力完成经济和社会发展任务,最终促进经济的发展和生产力的提高。

3) 参与职能。工会代表和组织职工参与国家和社会事务管理,参与企业民主管理,实施民主监督。在基层,工会通过职工代表大会等形式,组织职工参与到本单位的民主管理和民主监督中。这既是工会维护职工利益的重要渠道,同时,对于发展社会主义民主建设也起到了重要的推动作用。

4) 教育职能。在劳动力市场中,劳动者的地位、利益很大程度上取决于劳动者素质。要在市场竞争中有效维护自己的合法利益,就需要劳动者不断学习,提升个人素质。工会要教育职工不断提高思想道德、专业技术及科学文化素质,为职工学习提供帮助,努力建设有理想、有道德、有文化、有纪律的职工队伍。

4.3 工会与管理方的关系

本节案例

贵州磷化集团工会打造"兄弟班组"助力企业融合发展

"我觉得他们的安全生产经验很不错,回去后我带着我们班组的组员学习了好几天,我们还彼此约定,定期互派组员开展交流学习。"9月13日,贵州磷化集团天福化工氨醇醚车间化工三班班组长杨才华说。今年3月他和10多名同事一起,走进贵州磷化集团开阳化工厂,与该厂合成运行部二班班组职工一起上了隐患排查的"班组大讲堂",给他们留下了深刻的印象,直呼"受益匪浅"。

贵州磷化工产业起步早,是全国最早的三大磷化工基地(开阳、襄阳、昆阳)之一。依托丰富磷矿资源,磷化工已成为该省经济发展的重要支柱产业。2019年6月,在贵州省委、省政府决策部署下,原贵州开磷控股(集团)有限责任公司与瓮福(集团)有限责任公司完成整合重组,贵州磷化集团正式揭牌成立。两年来,贵州磷化集团在体制机制改革、组织机构调整、管理制度重建、主辅资产分离等方面持续改革,如何能真正催化"两磷"深度融合,团结带领数万职工在企业新发展格局中建功立业,成为磷化集团工会重点调研课题。

2021年,经过多方调研,贵州磷化集团工会决定在全集团下属企业的成建制班组中开展"兄弟班组"结对帮扶活动,以期让两家企业的优秀班组团队互相学习其先进的班组建设经验,增强班组建设的凝聚力和长效力,实现班组建设共建、共享、共赢。

在学习交流方式上,省磷化集团工会采取相互学、请进来及走出去三种模式。首先组织班组长代表实地交流学习,从班组层面情感上推动"两磷"深度融合,工作上通过互学互比激发班组活力。要求"兄弟班组"班组长必须每季度开展一次班组长交流活动。同时,内请、外请师资,分步分项分片组织系列培训或针对性培训;加大与行业兄弟单位或跨行业班组建设工作突出企业的交流,适时选派优秀班组长代表实地进行学习观摩,回单位就所学所得进行分享、传递。

贵州磷化集团开展的班组共建内容丰富、形式多样,搭建起互动交流、班组大讲堂、创新创效、对标竞赛等平台,从班组安全、管理、创新到成员的个人思想品德修养、业务技能等方面,进行全方位比对赶。

"虽然都是磷化巨头,以前大家从来没去过彼此的企业参观学习过,现在开阔了眼界,当我看到自己班组在管理上的差距时,我觉得肩上的担子更重了。"贵州开磷机电装备工程有限责任公司机安二班班组长王厅说。今年7月底,他所在班组参加了全集团的班组安全建设成果评选活动,在与14家兄弟班组做了评比后,他便萌生了想去瓮福学习班组团队管理的想法。"我们是施工单位,班组流动性比较大,异地管理是个难题,这是我下一步要提升的方向。但是我们也有自己的亮点,也期待兄弟班组前来考察。"他笑着说道。

在打造"兄弟班组"同时,贵州磷化集团工会要求各"兄弟班组"通过发挥"传帮带"作用,采取"以老带新"、签订师徒合同等方法,开展"一帮一""一带一"的方式,将具有的专业理论知识、技术专长、实际操作技能较强的技术能手与新员工结为师徒,毫不保留地传授给徒弟,使学习更具有针对性。从而形成新老同志互帮互学、取长补短、相互促进的良好局面,更为班组青工铺就了成才之路。截止目前,贵州磷化集团所下属企业共签约"兄弟班组"13家,覆盖职工1000余名。

资料来源:工人日报2020年9月13日

4.3.1 西方国家工会与管理方的互动模式

在西方国家,管理方与工会的互动模式,可以根据劳资矛盾的激烈程度划分为对抗、休战与合作三个类型。

1. 对抗

在对抗模式下,管理方与工会完全视彼此为敌人。双方之间难以谈判、协调,而是倾向于采取罢工、闭厂等激烈对抗行动。

亚当·斯密在《国富论》中提道:工人渴望得到的工资是越多越好,而雇主则希望支付给工人的工资越少越好。前者倾向于联合起来,以期提高劳动工资;而后者倾向于联合起来,则是为了降低劳动工资。[①] 在工业革命早期,资本家为了榨取剩余价值,对工人进行无情地压榨和剥削。资本主义各国都发生过工人破坏机器和厂房的事件。但这些事件往往是孤立的、偶然的,很难取得成功。工人们逐渐认识到单个工人是难以对抗雇主的,他们开始寻求联合,进行大规模、有组织和计划的罢工活动。早期的工会在各国都受到法律

---

① 亚当·斯密:《国富论》,唐日松等译,华夏出版社,2005年,第51页。

层面的打压,组建工会、集体谈判等行为被认定为非法。工人们的诉求得不到和平途径解决,往往被迫诉诸暴力,采取罢工、罢市、破坏机器、烧毁工厂等行动。而雇主们则不断要求执法机构严格执行法律,对抗工人的联合。同时一些雇主组成雇主协会,一方面建立"防御基金",用于弥补受罢工影响的雇主的利益损失,资助其长期对抗;另一方面发动协会成员集体关厂,导致工人大规模失业,工会资金短缺,被迫解体。这一互动模式在工会发展初期十分常见,如今已不再是主流。

【知识链接4-4】

普雷斯顿的雇主协会

位于兰开郡的普雷斯顿是英国棉纺织业重镇,劳资关系一直以来比较紧张。1836年底,"普雷斯顿纺纱厂主协会"在曼彻斯特等地雇主协会的资金支持下,通过集体"关厂"挫败了由"兰开郡纺纱工工会"发动的罢工。从1853年9月到1854年4月,为了争取10%的加薪,普雷斯顿爆发了长达7个月的大罢工,并在棉纺织业聚集的梅德兰地区形成连锁反应。

早在罢工发生前的1853年3月,长期处于休眠状态的"普雷斯顿纺纱厂主协会"就已经被重新激活,积极应对可能发生的罢工活动。1853年7月,兰开郡的350位棉纺织业雇主齐聚曼彻斯特,决定在各地雇主协会的基础上成立"雇主协会中央联合会"。罢工发生后,资本家雇主们联合一致的威力立刻显示出来。1853年10月15日,普雷斯顿雇主协会宣布下属的36家工厂全部关厂歇业,其他地方的雇主协会纷纷响应。到1853年10月底,仅兰开郡便有183座棉纺织工厂关闭,47 000名工人失业。集体关厂导致从各地流入普雷斯顿工会的捐款迅速枯竭。

如同全国各地的工会捐款支持普雷斯顿罢工工人一样,全国各地的棉纺织业雇主也通过捐款弥补普雷斯顿雇主协会集体关厂的损失。1854年1月2日,由于"雇主协会中央联合会"认为普雷斯顿的罢工"与本地区全行业的利益攸关",因此决议向各会员征收每周发放工资总额的5%作为"棉纺厂主与制造业主防御基金",委任专职秘书管理防御基金并向普雷斯顿的雇主发放补偿金。这种财力支持坚定了资本家雇主们对抗工人罢工的决心和能力。1854年4月30日,普雷斯顿工会宣布罢工失败。

资料来源:尹建龙."英国工业化时期的雇主结社行为与劳资冲突",《世界历史》.2014年03期.第52-62页。

2. 休战

休战模式下,管理者和工会都有意忍让,希望能够将劳资冲突控制在一定范围内,尽量避免公开对抗的情况。集体谈判是休战模式下管理者与工会最常见的一种互动。

英国"新模式工会"的出现,使工会运动由激烈向稳健转变。随着"新模式工会"在各行各业迅速推广,工联主义兴起。工联主义主张社会和谐,反对工人进行任何形式的政治斗争。工会将斗争重点转移到向立法机构施加积极影响上,尽量避免发动罢工及采取其他暴力行为。这使得当时的雇主改变了对工会的态度。同时,在19世纪中期,随着工业化进程的推进,企业规模逐渐扩大,公开对抗导致的利润损失也随之变大。稳定的生产才能为雇主带来更多利益。在这些因素的影响下,管理方被迫同意与工会合作,开展集体谈判,避免相互公开对抗。正如恩格斯所指出的:"企业规模愈大,雇佣的工人愈多,每次同工人发生冲突时所遭受的损失和困难也就愈多。因此,工厂主们,尤其是大的工厂主们,就渐渐感染了一种新的精神。他们学会了避免不必要的纠纷,默认工联的存在和力量,最后甚至把罢工——发生得适时的罢工——看作是实现他们自己的目的的有效手段。过去带头同工人阶级作斗争的最大的工厂主们,现在却首先起来鼓吹和平和协调了。他们这样做是有很充分的理由的。"①

休战是目前管理方与工会最常见的互动模式。以日本为例,自1955年起,日本各大工会每年春季都会组成"春斗共斗委员会",以集体谈判的形式进行以提高工人工资为目的的"春斗"。"春斗"经过多年发展,其作用和效果十分明显。"春斗"实现了提高工人工资的目的;同时,由于其实行等额提高工资的方式,且无论企业内是否建立工会,都要按照"春斗"的标准提高工资,对缩小日本工人阶级贫富差距起到了一定作用;每年一次的"春斗"也避免了劳资矛盾不断积累,对协调劳资关系起到了重要作用。

休战模式不代表管理方与工会完全放弃对抗。在休战模式下,尽管管理方与工会都倾向于通过集体谈判达成协议,但工会也可能组织警告性罢工。警告性罢工开始于集体谈判期间,由于时间往往较短,一般不需要征询工会成员意见,也不必支付罢工补助。它是工会向管理方表明工会有能力组织更长时间罢工的一个方式,以此向管理方施压。②

3. 合作

合作模式下的管理方与工会不但相互信任、尊重,且双方都愿意相互协助以解决管理方与工会共同面对的问题。管理方愿意让工会参与到企业的经营活动中,而工会则鼓励成员提高劳动生产率。双方共同解决生产过程中遇到的问题,不断提高企业经营效率。

给员工提供教育与培训是管理方与工会合作的一种重要形式。对于工会而言,通过教育与培训提高劳动者素质,既能提升劳动者在劳动力市场中的竞争能力,也能加强劳动者维护自身合法权益的意识和能力。对于管理方而言,高素质的劳动力队伍能够更好推动企业发展、保障生产稳定。

对于一些行业工会或企业内工会而言,它们对于所在行业或企业的技术、生产流程、市场需求等情况都非常熟悉。工会代表进入企业管理层、实施员工持股计划等做法,让工会可以有更多的机会参与到企业管理中,帮助企业制定和实施对双方都有利的一些决策。

---

① 恩格斯,《英国工人阶级状况》,1892年德文第二版序言。
② 沃尔夫冈·多伊普勒著,王建斌、章晓宇译:《德国集体工资谈判制度》,社会科学文献出版社,2014,第73页。

4.3.2 西方国家工会的行动方式

西方国家对于工会的行动方式,最经典的划分即"韦布五分法",将工会行动方式分为互保互助、集体谈判、劳动立法、直接行动和政治行动五个部分。

1. 互保互助

工会通过互保(mutual insurance)和互助(mutual aid)的方式向成员提供各种福利。工会在早期阶段就有许多以互助会的形式存在。互助会在其成员因疾病、衰老或其他意外而失去经济来源时提供一定的救助。例如,日本工人的互助保险组织全劳济,其共济项目包括综合医疗、交通灾害、集体人寿等各个方面。

2. 集体谈判

国际劳动组织在《促进集体谈判公约》第二条中将集体谈判定义为:适用于一个雇主、一些雇主或一个或数个雇主组织为一方同一个或数个工人组织为另一方之间就以下目的所进行的所有谈判:1)确定劳动和就业条件;2)解决雇主和工人间的关系;3)解决雇主或其组织同一个或数个工人组织之间的关系。集体谈判是工会为成员争取经济利益最直接的方式,同时也是劳资冲突转化的有效渠道。

3. 劳动立法

一方面,工会可以通过向立法机构施加积极影响,以求制定、颁布有利于工会的法律法规;另一方面,工会还会负责监督已颁布施行的相关法律法规的执行。1871年,英国颁布了世界上第一部《工会法》,其中就有"新模式工会"领导人积极游说英国议会的功劳。

4. 直接行动

在西方发达国家,工会的直接行动包括罢工、罢市、捣毁机器等。当集体谈判等方式不能发挥维护工人利益的作用时,工会可能就会采取直接行动。直接行动最易损害现有的劳动关系,造成经济损失。从国家利益的角度考虑,和谐劳动关系更有利于经济发展,劳资双方应该尽量避免过激的劳资冲突。

5. 政治行动

工会兴起的原因主要是经济性因素,如维护或提高自身的工资水平、工作条件等,但劳资冲突最终必然会涉及法律的制定或修改。工会早期发展过程中,工会的政治行动主要是向政府、立法机构施加影响,促使保护劳动者、有利于工会的条例或法律得以颁布施行。但工人阶级在立法机构中没有自己的代表,法律很难体现工人阶级的意志。因此,建立政党或者加入代表工人利益的政党成为工会的又一政治行动。例如,英国两大主要执政党之一的工党,初期即是由工会组织、费边社、独立工党和社会主义同盟共同组成,只有集体党员而无个人党员。

【知识链接 4-5】

工会维护自身权利的斗争

首先是 1866 年设菲尔德发生工会会员与非工会会员之间的冲突,会员对"工贼"施暴,还用炸药炸毁了一个非会员的房屋。冲突引致社会舆论对工会不利,议会遂指派皇家委员会对工会活动进行调查。工会害怕调查结果会导致对工会进行全面的压制,于是被迫卷入政治活动,参加到委员会的调查取证工作中去。1867 年,蒸汽机制造工协会一个地方分会的司库侵吞公积金 24 英镑,工会向法院起诉,要求按 1855 年的《互助会法》给予法律保护,追回赃款,但被法庭驳回。通过这件事,工会意识到它尚不具备完全的法律地位,因此制定保护工会的法律就至关重要了——这件事,史称"霍恩比起诉克罗斯案"。

同时,工会还注意到,当时规范劳资关系的一个法律——《主仆法》也对工人十分不利,该法规定劳资双方都必须遵守劳动合同,但资方若违约,只按民事法审理并最多向工人赔偿损失;劳方若违约,则要按刑事法审理并可以被判刑。1867 年议会对《主仆法》进行修订,其中虽改正了某些最不合理的内容,却仍然对工人一方不利。此外,有关工伤事故的法律也使工人十分不满,因为雇主可以很容易就规避对事故的责任。这些都促使工会开始重视法律问题,制定保护工会的法律成了工会的当务之急。

第二次议会改革后相当一部分工人阶级获得选举权,这就使两大政党都必须正视工人的要求。1871 年,自由党制定两项法律,其中一项确认工会有合法地位,且其资金受法律保护;但另一项——《刑法修正案》,则认定胁迫他人、阻止他人工作、设立罢工纠察线等行为是违法,可以按刑法处置。这使工会的罢工行动事实上不可能进行,因此剥夺了工会最有力的斗争手段,遭到工人的普遍反对。1874 年大选自由党失利,在很大程度上就归因于工人选民的反对。

资料来源:钱承旦、许洁明,《英国通史》,上海社会科学院出版社,2002 年第 1 版,第 283 页

4.3.3 西方国家工会的作用

从西方发达国家工会实践看,工会在企业管理中通过扮演不同的角色,发挥着重要的作用。

1. 领导集体行动

在一些西方国家,工人采取集体行动必须通过工会,否则就是非法的。如德国,集体谈判一般是在工会与雇主协会之间进行的。德国禁止工人自发组织罢工,罢工行动必须由工会组织。此外,丹麦等一些国家的劳动关系立法中没有关于集体合同的扩展机制,工人只有加入工会才能避免不被集体合同覆盖的风险。

2. 协调劳资关系

尽管工会在集体谈判破裂后可以组织罢工、罢市等直接行动,但无论罢工、罢市等行为最终能否达成工会期望的目的,都将在一定程度上损害劳资关系,且会影响经济发展。因此工会也更倾向于协调劳资关系,积极促进职工与企业和平对话。以瑞典为例,1938年,在瑞典社会民主党的支持下,瑞典工人工会联合会(LO)和雇主联合会(SAF)签订了"萨尔茨耶巴登协议",主张以集体谈判的方式与雇主组织展开对话,成为瑞典调节和处理劳资纠纷的基本原则。瑞典工会不仅维护了工人的合法权益,而且也愿意与管理方开展积极合作,共同促进劳动力市场稳定有序运行。

3. 监督企业履行社会责任

企业社会责任最早由奥利弗·谢尔顿(Oliver Sheldon)在其著作《管理的哲学》中提出,指企业在创造利润、对股东承担法律责任的同时,还要承担对员工、消费者、社区等利益相关者的责任,包括遵守商业道德、保障生产安全、参与社区建设、保护劳动者的合法权益、节约资源等。工会保护工人权益的基本职能与企业社会责任关注员工权益不谋而合。工会不仅代表工人与企业进行协商、谈判,同样也对企业履行社会责任进行监督。

4. 扶持员工发展

一些在维护工人权益、保障工人福利等工作做得相对成熟的欧盟国家,工会的工作重点已经开始向工人的职业发展需求转移。这些国家的工会在为工人提供直接或间接的培训服务时,也与企业协商为工人提供更多的学习机会。欧盟在《工作场所的职业发展》报告中就肯定了工会在为工人提供职业生涯咨询、指导及扶持职工发展方面给起到了重要作用。[①]

5. 参与法规制定

工会通过不同形式促使立法机构和政府颁布与工会、劳动者关系密切的法律法规和政策。德国工会会在立法机构制定一些劳资相关的法规时提出立法草案,力争表达工会的主张。而法国和瑞典工会则选择游说立法机关,施加积极影响,促使其完善劳工立法。

4.3.4　中国工会的角色与作用

中国工会的独特性质决定了中国工会在企业经营管理中与管理方有不同的关系特征,也决定了中国工会的特殊角色和作用。依照中国的《工会法》和《中国工会章程》,中国工会是中国共产党领导的职工自愿结合的工人阶级群众组织,是党联系职工群众的桥梁纽带,是国家政权的重要社会支柱,是职工利益的代表者和维护者。在劳动关系实践中,中国工会既要站在职工群众的立场为职工说话办事,维护好职工的各项权益,又要站在改

---

① Career development at work:[M]. Office for Official Publications of the European Communities, 2008.

革开放发展稳定的大局，采取多种方式引导职工的思想和行为，促进企业的持续健康发展；既要在宏观层面上代表职工群众参与法律和政策的制定，从制度源头确保职工权益的实现和保障，促进和增强劳动关系的整体稳定和谐，又要在微观层面把握和宣传劳动关系的方针政策，平衡劳资之间的不同利益诉求，解决劳动关系中的突出问题，促进企事业单位劳动关系的稳定运行。在与管理方的互动过程中，中国工会的主要角色和作用具体体现在如下方面：

1. 作为职工利益的代表者，中国工会要在各个层次的劳动关系工作格局中发挥桥梁纽带作用。在各个层次的劳动关系工作格局中，工会都是职工利益的代表者，具有密切联系群众的特点和优势，一方面可以广泛深入了解职工群众的利益诉求，发现涉及职工群众切身利益的重要问题，另一方面，可以利用劳动关系工作体制和机制，联通与党委、政府的反映沟通渠道，发挥在党委、人大、政协等组织中的角色作用，让职工群众的利益诉求和重大问题得以及时通达和解决。

2. 作为职工利益维护者，中国工会要在职工权益实现过程中发挥主体性作用。维护职工群众的合法权益是中国工会的基本职责，是工会劳动关系工作的根本出发点和落脚点。工会要依法维护职工群众的平等就业权、劳动报酬权、休息休假权、劳动安全卫生保护权、社会保险权、职业技能培训权等基本权益，要主动关注一线制动、农民工、困难职工在工作和生活中遇到的实际问题，突出权益维护重点，提高权益维护的针对性和实效性。要在企业转变生产方式、实施战略变革、改制重组等关键时刻，充分了解职工的诉求和困难，主动发声，依法维护职工的权益，让广大职工分享改革发展的成果。

3. 作为劳动关系的协调者，中国工会要在协调劳动关系、解决劳动关系矛盾中发挥推动和促进作用。劳动关系集体协商是社会主义市场经济体制下协调劳动关系的重要机制。工会要推动集体协商制度的建立健全，要把集体协商制度作为维护职工权益、平衡劳资双方利益的重要手段，要加强职工参与、职工监督，依法推进企业集体协商，不断提升集体协商的质量和效果。工会要通过积极宣传，教育引导、帮助指导职工签订劳动合同，要加大对劳动合同双方执行劳动合同的检查监督，协助企业和劳动行政部门建立和完善劳动合同管理制度。工会要充分利用劳动关系三方协商机制，推动三方就劳动关系状况、发展趋势以及劳动关系方面带有全局性、倾向性的重大问题进行协商。面对劳动关系矛盾，工会要推动建立健全劳动关系矛盾协商调解机制，要努力把矛盾化解在企业，化解在基层；要结合实际健全法律服务体系，为职工提供更高质量、更加有效的法律服务和援助。

4. 作为劳动关系相关制度和氛围的建设者，工会要在企业民主管理制度建设和和谐劳动关系氛围营造中发挥主导作用。工会要推动建立以职工代表大会制度为基本形式的企业民主管理制度；要主动推进厂务公开制度化、规范化，不断提升厂务公开的效果；要确实落实职工董事、职工监事制度，充分发挥职工董监事的作用；要加强法律政策宣传，引导广大职工树立正确的世界观、人生观和价值观；加强对职工特别是新生代职工的人文关怀，有针对地做好思想引导和心理疏导工作；要着力推进企业文体娱乐设施建设，丰富职工精神文化生活，努力成为职工共同的精神家园。

本章小结

工会是市场经济条件下劳动者为维护自身权益而自愿结成的一种组织,它因劳资冲突而产生,以维护会员利益为首要职能,以集体谈判或协商为基本手段,以代表和维护会员利益为基本立足点。工会源于英国,在 19 世纪初期产生,19 世纪末期到 20 世纪初先后在发达国家获得法律认可。中国工会萌芽于 19 世纪末期 20 世纪初期,经历了独特的发展历程。受发展历史、政治制度的影响,不同国家工会有不同的组织体系,也肩负着不同的职能。在劳动关系运行与发展实践中,发达国家工会与管理方存在对抗、休战和合作三种互动模式,行动的主要方式包括互保互助、集体谈判、劳动立法、直接行动和政治行动等。受中国工会的性质和特征的制约,中国工会在企业运行与发展过程中,扮演着职工利益代表者、职工利益维护者、劳动关系协调者和民主管理制度和劳动关系氛围的建设者等角色,在劳动关系运行与协调的全过程发挥着不可替代的重要作用。

延伸阅读

《关于维护新业态劳动者劳动保障权益的意见》,中华全国总工会网站 2021 年 7 月 28 日。

练习题

一、思考题

1. 什么是工会?请谈谈你对工会特征的认识与理解;
2. 请简要说明英国工会的发展历程和特征;
3. 请简要说明中国工会产生的过程和特征;
4. 请简要说明美国工会的组织体系和主要职能;
5. 请分析阐述中国工会的组织体系和主要职能;
6. 请分析说明西方发达国家工会的行动方式;
7. 请分析论述中国工会的角色与作用。

二、团队研讨题

将学生划分成若干个学习小组,围绕新业态劳动者工会建设进展、挑战和促进举措,课下广泛收集资料,进行小组研究讨论,在课堂进行交流发言。

三、案例分析题

徐工重型工会为职工打造"创新加油站"

"项目选题很好,但是创新点应用太窄,可以把这个点延伸一下""这个项目虽然选对了,但没有找到解决问题的最优方法,一会儿我们到生产现场去看一下"……近日,徐工有限徐州重型机械有限公司工会邀请公司不同工作领域的8位"金助手"指导员,以"8对1"的形式,对16个拟申报2021年度江苏省职工十大科技创新成果、十大先进操作法、十大发明专利认定的项目参与职工逐一进行指导。

自2019年12月25日起,徐工重型工会以满足职工需求、破解难点痛点为出发点,专门成立职工"创新加油站",通过实施设立"知识"加油站、"补助"加油站和"分享"加油站等"加油三步走"举措,为职工开展创新工作提供有力支撑。

设立"知识"加油站,即成立"金助手"专家指导团队,由公司工会聘请公司技术体系、工艺部门、品控部门等方面的8位专家作为"金助手",帮助职工解决创新攻关、专利申报等方面的难题,增强职工的创新意识和创新能力。工会每年针对专家指导项目的完成情况和项目获奖情况给予相应的五彩积分奖励,积分可用于在徐工重型电商平台上兑换商品。自指导团队成立以来,累计指导一线职工完成创新项目346项,实现降本2 618余万元,指导完成专利申报材料8篇,其中9项获市级及以上创新荣誉。

设立"补助"加油站,即设立创新创效补助资金。资金短缺是职工创新路上的又一难题。公司工会为此设立了创新创效补助资金,对经过考评组和专家组双重审核通过后的项目,按照项目的难度和项目的价值量、推广性等因素进行评定,给予项目补助金额。

今年1月份,总装分厂调试技能工艺师李戈向公司工会提交了《总装分厂中小吨位线性化调试项目》补助金申请表。通过专家组评审、工会主席复审后,李戈获得1万元的项目实施资金。在公司支持下,项目3月份即完成结项,预计项目年创收益达400多万元。

设立"分享"加油站,即开展创新"回头看"项目工程。公司工会发动创新骨干将以往好的创新项目制作成"回头看"教学短视频,通过公司的智慧工会平台、微信公众号、抖音等载体进行分享,激发职工的创新热情和灵感。一直热爱钻研的职工车少波看到其中一段有关技术创新的视频后,一下子来了灵感,随后自主完成《一种转向节及独立悬架》项目。项目技术不仅获得公司一等奖,还获得江苏省十大发明专利。

公司总经理介绍说,"创新加油站"赢得了职工高度认可,大家纷纷主动投身企业创新创效工作,未来公司将继续加大对职工创新的扶持力度。

资料来源:中工网,2021年4月22日

讨论题目

1. 请分析说明徐工重型工会为职工打造"创新加油站"的意义。
2. 如果你是一家企业工会负责人,徐工重型工会的做法对你有什么启示?

第5章 企业劳动关系战略管理

学习目标

➢ 了解企业劳动关系战略的基本概念；
➢ 掌握企业劳动关系战略的主要类型；
➢ 了解企业实施劳动关系管理策略的思路；
➢ 了解企业劳动劳动关系与组织绩效的关系。

5.1 企业劳动关系策略

本节案例

数字经济时代新职业发展与新型劳动关系

新职业与灵活用工具有双向互动关系。一方面，灵活用工需求现阶段聚焦在以互联网为代表的行业中，互联网、制造业、零售业成为灵活用工需求最大的头部行业，互联网行业发展促进了数字技术进步，从而也会催生更多新职业。另一方面，新职业产生将加速劳动力市场中灵活用工模式朝着多元化方向发展，以更好地满足企业多元化用工需求。在灵活用工形态下，传统科层组织和标准化雇佣关系下劳动者与用人单位之间相对稳定的关系难以维系，无论是劳动者的工作方式、内容、时间、场所、薪酬福利，还是劳动资料的提供方式和劳动过程的监督方式，与传统劳动关系相比都更加趋于弹性化、灵活化和数字化。专家认为，未来企业用工模式会呈现劳动关系＋劳务关系＋经济关系＋民事关系＋非全日制＋派遣＋外包等多元化趋势，企业采取多元化用工模式既是一种改变，又是一种自救。灵活多元化用工方式通过集合碎片化时间和任务，极大降低了新业态新商业模式用工门槛，可以帮助企业实现资源灵活配置、降低运营成本、规避经营风险。马尔卡希在《零工经济》一书中关于全职员工与临时工的讨论中提到，对于雇主来说，全职员工与临时工成本差异巨大，如果考虑到纳税、保险和福利等额外成本，全职员工成本预计比临时工高30%～40%。腾讯微信生态就业也显示出用工模式转变态势，从稳定的"公司＋雇员"的正规用工模式逐渐向"平台＋自由职业者"模式转变，从而使得"供给方"和"需求方"按需聚集、快捷匹配、按劳取酬。如微信公众号撰稿人或小程序开发者,他们不再具有稳定的工作地点,很多人也同时具有多项兼职,成为"斜杠青年"。随着新职业进一步发布,灵活用工服务人员的数量也将呈现爆发式增长,这会加速改变企业传统用工方式,促使劳动力市场用工模式更加灵活便捷。

新技术、新产业、新业态赋能新职业蓬勃发展,为更多劳动者创造了大量灵活就业机会,打开了就业新空间。与传统劳动关系不同,灵活就业的工作时间、工作场所、劳动报酬支付方式灵活多样,同时可以建立多个劳动关系,导致从业者对用人单位的从属性明显变弱。具体来看,与标准就业相比,非全日制、临时性、弹性工作等灵活雇佣方式降低了从业者人格从属性;灵活就业者的个体独立性更强,灵活性更大,从而使得组织从属性更弱;灵活就业者能力的提升以及劳动报酬支付方式的多样化使得从业者经济从属性弱化。新职业的产生,促使灵活就业盛行发展,不仅打破了时间和地域限制,而且拉动了重点人群就业。从业者的人格从属性、组织从属性、经济从属性弱化促使新职业急需构建新型劳动关系。

第一,新职业打破了时间和地域限制。数字经济催生的新职业具有鲜明的数字化特点,借助在线会议、远程办公软件、数字化生产工具等数字技术打破了工作时间和地域限制,使从业者可以利用零散时间和远程办公等方式开展工作。随着数字经济的快速发展,新职业的发展动能和增长空间更加强劲,新职业对时间、地域的依赖性加速减弱,使得只要具备网络基础设施的地方,便能开展业务活动,比如网络直播、电子商务等,从而优化了区域就业结构。中国信息通信研究院发布的《2021年数字化就业新职业新岗位研究报告》显示,2020年微信生态衍生的就业机会达到3 684万个,同比增长24.4%。其中微信小程序的开发、产品、运营等工作机会超过780万个,同比增长45.6%。2020年初新上线的微信视频号在视频拍摄、直播带货等方面产生了334万个就业机会。由于视频号主播、自媒体撰稿人、小程序开发者等能在二三线城市服务全国12亿微信生态的用户,因而越来越多的劳动者无须局限于人才供需不平衡的一线城市和发达地区,这对于优化地区人才结构起到了良好的改善作用。未来,随着人工智能、区块链、云计算、大数据、物联网等数字技术的发展,数字技术除了会影响求职者的时间和地域选择外,还能影响办公环境,让移动办公变得更加高效便捷,使人们足不出户就可实现更为自由的开放式办公。工作时间的灵活性、工作地点的随意性,加速了传统劳动关系的变革。在传统生产过程中,劳动者只需提供劳动力,在固定工作地点工作即可,而数字技术赋能下的新型生产过程,劳动者随时随地可自带生产资料,如滴滴司机的自有车、直播带货的手机电脑等,使得劳动者与用人单位之间传统稳定的劳动关系变得更加灵活多样。

第二,新职业拉动了重点人群就业。新职业促使就业生态逐渐呈现年轻化、产业链条延长、线上价值带动线下就业等特点,为大学生、退役军人、农民工、家庭主妇、残障人士等重点群体提供了大量灵活就业机会。这些岗位普遍存在三方面特征:一是就业门槛低,对学历和工作经验要求少;二是时间和空间限制少,可以满足从业者工作生活平衡需求;三是从业者与平台普遍签订劳动协议而不是劳动合同,传统雇佣模式被打破。以腾讯微信生态为例,微信生态不断催生新工种,且具有上手快、易学习等特点,通过多年来的生态建设,就业门槛不断降低,高效地带动了重点人群就业。腾讯发布的《2019—2020 微信就业影响力报告》显示,年轻人、大学本科生是微信就业的主力军,从年龄分布来看,16～29 岁群体占 55.8%;从学历分布来看,普通本科学历占 55.0%;从性别分布来看,女性就业比例高达 47.5%。借助互联网技术,越来越多的女性群体获得了就业机会,以网约车行业为代表的互联网等数字技术帮助女性灵活就业者突破了工作障碍,跨越性别鸿沟,在获得高收入的同时增强了独立生活能力。同时,这种就业模式的劳动本身从属性不像标准就业那样严格,劳动时间自主性更强,更能满足工作生活平衡,加速了"她时代"到来。此外,新职业在扶贫方面发挥了重要作用。网络直播带货的兴起,为越来越多的农产品打开了销路。与传统销售模式不同,当下电商平台为小农户和大市场有效连接搭建了桥梁,一部手机、一根自拍杆成为贫困地区小农户脱贫致富的"新工具"。外卖骑手作为"互联网＋服务业"的关键环节,创造了大量灵活就业机会,不仅帮助许多贫困地区人口在城市实现快速就业,而且有效增加了该群体的收入水平,成为稳定脱贫的重要途径。美团研究院发布的《2019 年及 2020 年疫情期间美团骑手就业报告》显示,在美团平台就业的骑手中,建档立卡贫困人口有 25.7 万人,占骑手总量的 6.4%,其中有 25.3 万人已经实现脱贫,脱贫比例高达 98.4%。在消除绝对贫困之后的"后扶贫时代",社会分工日益深化催生的大量新职业将继续为催生灵活就业岗位、扶贫创收并保障社会公平发挥重要作用。

根据上述材料,你如何认识数字时代的劳动关系管理的新趋势和新特点?

资料来源:http://www.scicat.cn/ll/20211225/121177_2.html

5.1.1 企业劳动关系策略概念

劳动关系战略管理就是为能够实现一定的战略目标所采取的一系列有计划、具有战略性意义的劳动关系部署和管理行为。由于劳动关系涉及劳、资、政三方,因此劳动关系的战略管理有国家宏观层面的管理和企业微观层面的管理。企业劳动关系战略管理集中体现在雇主的劳动关系策略(又简称为"雇主策略")的制定与实施,是企业组织的一个职能性战略,是雇主方在劳动关系系统的运行过程中针对存在的劳动关系问题而做出的系列决策及采取的相应行动,目的在于促进或保证企业竞争战略的有效实施。

国外学者对劳动关系策略的研究并不少见,但专门定义该术语的成果却很少。其中,Thurley 和 Wood 认为,劳动关系策略是指一系列由组织管理方制定的长期性政策,用以在一段时间内维持和改变劳动关系活动的程序、实践和结果,其内容包括决定是否承认工会、处置争议的机制以及集体谈判的层次与范围等事项。Marchington 和 Parker 认为,劳动关系策略包括决策者的意图、积极应对的管理实践、体现在公司方向选择方面的决策、支持性的行动计划、管理实践的传递等。Bacon 认为,管理劳动关系的战略是一系列正式的计划,这些计划会整合雇佣实践,包含一整套基础性的管理价值观,涉及重要的管理选择,整合不同层次的管理行动,支持公司的运营,传递有效的成果并得到长期坚守。除了这些明确的定义外,还有很多成果在研究中表达了他们对企业劳动关系战略管理的理解和认识,但没有给出清晰的定义,这类成果归结起来大致有三类:第一类是将企业劳动关系战略管理等同于企业管理单个员工的策略,比如 Tsui,Pearce,Porter 和 Tripoli 等人,以及 Lepak 和 Snell 的研究。持这类观点的主要是组织行为或者人力资源管理领域的学者。第二类是将企业劳动关系战略管理等同于企业应对工会的策略,比如 Cook 的研究。持这类观点的主要是关注工会问题的学者。第三类是将企业劳动关系战略管理等同于管理方式,比如 Mahoney 和 Watson 的研究等。

随着劳动关系问题的研究逐步深入,中国学者对企业劳动关系战略管理的讨论也开始增多。朱飞提出雇主策略是企业在职能层面的策略,是围绕企业核心竞争优势形成的且在雇佣关系调整中所采取的管理哲学和基本方法。熊新发认为雇主为了实现既定的战略目标,基于一定的理念指导,在不同层级的劳动关系运行过程中,用以调整劳动关系的制度、机制、技术的总和。常凯教授将雇主策略内涵进一步细化为雇主为了实现企业长期发展的战略目的,在劳资关系的构建、管理及矛盾处理等问题上采取的行动方案的集合。

粗略比较不难发现,学术界对企业劳动关系战略管理的认识和理解尚未取得共识。要界定企业劳动关系战略管理,首先有必要准确理解"战略"这个术语。战略,英文文献中统一使用的是 strategy。按照《布莱克韦尔人力资源管理学百科词典》,"strategy"就是组织在一定时间内出现的一系列决策和行动。这些决定和行动,可能是管理者精心设计规划的,也可能也事先存在事后观察到的事实。战略的基本特征是其综合性,也就是说,战略会涉及和影响一个组织很多方面的工作。明茨伯格曾经强调,战略这个术语可能存在不同的含义,它可能是一个正式的计划,可能是一套竞争策略,可能是顾客心中的一种定位,可能是雇员心中的一套看法等等。在一个组织中,战略可以根据层次进行区分,公司层级的战略主要涉及公司的事业或业务识别及其资源分配;业务层级的战略主要定位如何在同行业的竞争中获得优势;职能层次的战略,主要用于整合一个业务单元中不同工作,用以支撑竞争战略的实现。

在明晰了战略的含义基础上,可以进一步讨论企业的劳动关系战略管理问题。按照邓洛普的劳动关系系统理论,一个组织的劳动关系是一个相对独立的系统,雇主、劳动者和工会以及政府是其中的三个主体,它们在一定意识形态下相互作用和影响,产出系列规则,而这个互动过程及产出又受到外部环境因素的制约。从劳动关系系统角度看,企业实施劳动关系管理行为实际是企业在劳动关系系统运行中的行为,其目标首先是追求效率,最终目标是促进企业竞争战略的实施和获取竞争优势。其行为的选择会受到外部环境因素、公司的总体战略、企业自身的利益诉求以及劳动者、工会甚至政府等其他主体的行为选择的影响和制约。更值得关注的是,雇主方在劳动关系系统运行中的行为可能具有很强的非连续性特征,因为它必须随着其他主体的行为变化而改变自身的行为方式。

5.1.2 企业劳动关系策略类型

1. 企业劳动关系策略的划分标准

英国学者福克斯按照一元论与多元论的框架提炼形成 6 种雇主的劳动关系管理方式。美国学者库克根据雇主与工会的关系提出了规避工会、与工会合作、混合型等三种雇主策略类型。英国学者裴塞里按照个人主义和集体主义框架提炼形成了 7 种雇主管理方式。基于中国的现实情况,我们对裴塞里的划分标准做一个简单的介绍。

在裴塞里的理论中,个人主义代表了雇主支持员工个人发展的程度,具体而言,企业雇主会将资源用于满足员工个人需要、支持员工发展技能、能力等行动。集体主义主要指雇主方支持工会的程度,具体涉及雇主是否认可工会存在、是否接受工会代表意见和诉求,是否认可工会代表工人维护其权益,等等。企业劳动关系管理策略本质上是雇主方针对劳动关系的具体问题而做出的决策和采取的行动。这些决策的形成过程以及这些行动的具体方式会因影响因素及其作用程度而存在差异。企业层面的劳动关系系统实际就演变成劳资双方的一种互动过程。面对具体的劳动关系问题,从雇主方角度看,其解决的思路一是不顾工人和工会的影响,而是单方面采取应对行动。二是考虑和接纳工人及工会的行为,一起来讨论并解决问题。在劳动关系实践中,这两种思路和策略都是实际存在的。例如,有的企业没有建立工会,或者抵制工会,面对劳动关系问题,主要通过企业的人力资源管理方式来促进问题的解决。再如,也有的企业面对劳动关系问题时,主动与工会协商或谈判,从而发现问题的解决办法。因此,从雇主对劳动关系问题的解决方式角度看,个人主义维度的含义应该是指雇主方单方通过人力资源管理方式来谋求劳动关系问题的解决。集体主义维度主要是劳资双方通过协作方式来推进劳动关系问题的解决。

2. 企业劳动关系策略的主要类型

企业的劳动关系管理策略可以划分为传统主义策略、家长制策略、成熟的人力资源管理策略、集体谈判策略、现代家长制策略和成熟的协商主义策略等六种不同的策略类型。

1) 传统主义策略

这种劳动关系管理策略的基本特征是低投入—低合作或无合作,通常出现在一些处于劳动密集型且高度竞争行业的中小型企业中。在这种策略下,企业可能没有成立工会或者成立了工会但在劳动关系问题上几乎没有发言权,企业的劳动关系问题几乎全部由人力资源管理部门来负责解决。在应对这些劳动关系问题时,企业受到市场的残酷竞争和自身的低成本竞争策略的制约,往往会按照最小化的投入方式来求得问题的暂时解决。从长远看,这类企业的劳动关系实际处于不稳定状态,可能会出现较高的员工流失率、较低的工作主动性和积极性等状态,也可能爆发更剧烈的劳资冲突。

2) 家长制策略

这种劳动关系管理策略的基本特征是中等投入—低合作或无合作,通常会被一些比较仁慈的民营中小企业雇主采用。在这种策略下,雇主或者出于无知或者因为自身的偏见,不愿设立工会或者忽视工会的作用,面对劳动关系问题,会当作自身的管理责任而主要通过企业的人力资源管理部门来进行解决。在解决策略选择上,雇主方通常会表现出人性化、仁慈心,在可能的条件下通常会采取妥协的态度来求得问题的解决。另一个值得重视的特征是,在这类企业中,雇主通常会把家庭观念引入管理实践中,把员工当作家庭成员一样对待,把利益冲突问题当作家庭内部的矛盾来处理。受这种管理价值观的影响,员工往往接受这一观念,出现劳资矛盾后,他们一般不会去寻求工会的支持和帮助,而会直接找到管理者寻求问题的解决。这种策略下，还有一个特征是雇主受观念或市场或自身财政约束，一般不愿意在员工身上做更多的投入，也不会主动改进管理，给员工更多参与机会或自我实现的机会。这类企业的劳动关系通常会总体稳定但小的矛盾和冲突不断，多数员工可能忍受但主动性不强，满意度不高。

3) 成熟的人力资源管理策略

这种劳动关系管理策略的特征是高投入—低合作或无合作，一般会被一些高新技术企业的雇主所采用，在一些新创立的中小型民营高新技术企业或外商独资企业中比较普遍。在这种策略下，雇主通常受价值观影响而不愿设立工会，坚持一元论观点，认为员工与企业是一个利益共同体，不存在根本性的利益冲突。这些企业通常有很先进的人力资源管理观念和制度，人力资源管理的能力也很强，面对劳动关系问题时，雇主方通常会通过人力资源管理的创新举措来进行沟通和解决。在内部人力资源管理体系中，雇主方通常会有很高的投入，不仅给予员工较高的薪酬待遇，而且在员工发展、管理参与、自我价值实现等方面提供很多机会，所以，这类企业一般不会出现比较大的劳资矛盾与冲突，劳动关系通常比较稳定和谐。

4) 集体谈判策略

这种劳动关系管理策略的基本特征是中低程度的投入—中等程度的合作。在这种策略下，企业设立有工会，工会也能正常发挥作用，能够代表员工利益发出行使话语权或发言权，雇主与工会之间通常保持一种合作—对立关系。在雇主与员工关系上，雇主通常会把员工当作一种生产要素，强调投入与产出、诱因与贡献的平衡，受限于自身的人力资源理念、外部的市场竞争等因素，一般不会在员工发展、自我实现、参与管理等方面做过多的投入。面对劳动关系矛盾和冲突时，雇主方一般不愿承担过多的责任，而会选择与工会谈判的方式来谋求解决，在谈判过程中，雇主方也不会轻易让步，双方的对立性立场可能比较突出，谈判的结果通常是一种双方的妥协。这种策略下的劳动关系可能并不和谐，劳资矛盾和冲突也时常发生，但是因为有这种谈判机制存在，劳动关系一般显得很稳定。

5) 现代家长制策略

这种策略的特征是中等程度的投入—高程度的合作，通常会被一些竞争激烈行业的民营企业雇主采用。在这种策略下，企业设立有工会，雇主与工会之间比较友好且合作紧密，工会会为了员工利益而给雇主提出很多建设性意见。在雇主与员工关系方面，雇主出于自身价值观而把员工当作家庭成员，但受限于自身的价值观和外部的竞争，雇主方不会主动满足员工自身发展、参与管理以及自我实现等方面的要求，企业的人力资源管理能力通常不强。面对劳动关系问题时，工会会发挥很好的作用，会与雇主积极协商或谈判，雇主容易做出让步但通常不会完全满足员工的要求。这种策略下的劳动关系状态不很稳定但可能比较和谐。

6) 成熟的协商主义策略

这种策略的基本特征是高投入—高合作，通常会被一些大中型的国有企业或知名的外资企业采用。在这种策略下，雇主的人力资源管理理念和制度很先进，管理能力强。同时，这类企业不仅设立有工会并能充分发挥工会的作用，工会与雇主之间保持一种良好的合作关系。出现劳动关系问题时，雇主与工会方通常会在协商过程中来合作解决，雇主方可能让步很大，员工的满意度比较高。这类企业的劳动关系一般是既稳定又和谐。

5.2 企业劳动关系管理策略的实施

本节案例

产业链布局与道德控制

20世纪90年代以来的经济全球化，其实质是资本的全球化，带来了劳资冲突的时空转移与跨国联动。全球化有一种类似"结构化"的过程，通过在具有广度和密度的全球空间中的相互联系与互动，不同的国家、制度、组织等相互交织，形成新的经济环境。同时，由于全球化的不平衡性，这个动态的演进过程也存在着分层的现象。因此，面对如此的新经济环境，为了实现全球范围内新的资本积累，雇主依靠时间和空间的组合，对其生产组织、管理控制方式进行了相应的策略调整。

首先，传统的规模经济是建立在一个企业或国家的产能上，但全球化却创造了一种建立在企业灵活运用全球生产网络能力上的规模经济。因此，对于整个全球生产网络的控制上，通过"U"型产业链的布局策略，使得资本对身处上中下游的不同环节形成了超强的控制。戴维·哈维认为，为缓解资本主义在一定空间内的过度积累问题，搭建全球性的生产网络，不失为一种"空间性解决方案"，意在通过资本的全球流动来缓和资本主义制度的内在矛盾。全球产业价值增值链的网状结构又称"温特主义"，随着信息技术的革命，跨国公司通过国际"外包"对其控制的全球资源和产业链进行战略重组。位于产业链中游低附加值的加工环节被转移到廉价熟练劳动力丰富的发展中国家和地区，同时，加强了对上游和下游高增值部门的集中控制，通过"U"型链的模式在全球范围内进行垂直专业化、零散化生产，实现了跨国公司对国际垂直生产网络化体系的超强控制。而全球化的过程中，资本对输出国低成本劳动力的偏爱，直接导致的就是为"留住资本"而出现的"探底竞争"。

随着生产产品日趋复杂，内部分工和加工工序逐渐细化，从初加工到深加工的联系愈发庞杂，工艺流程差异愈发精密，最低端的劳动密集型代工企业也在努力向资本密集型和技术密集型攀升。但资本对产业链的控制不允许处于"U"形链低端攀升到价值增值链高端的上游和下游部门，在其发展中都会遭遇严重的生长瓶颈压制。与此同时，严峻的市场竞争环境也使得中国企业失去了在全球生产链条中与跨国公司进行讨价还价的权利。由于吸引外资的需求和宽松的劳动政策，以廉价劳动力为代价的各种"血汗工厂"的林立。某些地方政府竟公开宣称本地招工可以不为工人买保险，甚至与资方合谋瓦解工人的劳动诉讼。面对这样的国际劳工环境，国际社会开始指责跨国公司应对此承担面临"反血汗工厂"运动的压力,20世纪末,许多世界知名的品牌经营商和零售商纷纷制订"公司生产守则",从承担社会责任的角度要求其供应商按照守则的要求改善劳动条件,尊重工人的基本合法权益。随后,又建立"内部监察""外部监察"和"多方监察"的机制,以保证生产守则的顺利推行。同时,企业社会责任(CSR)运动也在逐步进入全球化劳资冲突的调节平台。雇主试图通过道德约责任,指责声音还会上升为消费者对某些驰名品牌的抵制活动。资本的这种空间转移,导致劳资冲突形式的转变,"超国家劳工赋权"和"跨国网络支持"性质的劳工运动引发了全球背景下新一轮的以"反血汗工厂"为代表的劳工反抗。

资料来源:周琳.劳资博弈中的雇主策略——一个多层面的研究述评[J].中国人力资源开发,2016(17):101-108.

5.2.1 企业实施劳动关系管理策略的思路

1. 更新劳动关系管理的观念

自人类进入资本主义社会以来,劳动关系作为生产关系的组成部分,规范着劳动生产过程中不同利益主体之间的经济社会关系,成为社会发展中最基本、最重要的社会关系。这组关系的状态与变化,关系到企业和劳动者的切身利益,制约着社会的平稳运行和经济增长与发展,进而影响到政治的稳定和政府的更替。中国党和政府高度重视劳动关系的建立、运行和发展,站在中国特色社会主义建设全局和战略的高度,将其作为社会管理和民生建设的重要内容,视其为社会主义和谐社会建设的重要基础,经济持续健康发展的重要保证,增强党的执政基础、巩固党的执政地位的必然要求。

从企业成长和健康发展角度看,劳动关系规范着资方与劳方在生产经营过程中使用劳动力的权利与义务,是员工与组织关系中最基本、最重要的组成部分。作为劳动关系系统中最活跃、最主动也最具相对优势的主体,雇主管理劳动关系的理念、决策和行动,直接关系到企业的存续和组织的氛围,影响到员工和组织的任务绩效和周边绩效等目标的实现,更是企业作为一个社会主体,切实履行其社会责任,主动推进社会进步和发展的具体体现。理念是行动的指南。雇主方管理劳动关系的行为首先取决于其对劳动关系的认识与理解。所以,要科学选择和施行恰当的雇主策略,就必须首先从改变和更新雇主对劳动关系的观念着手。

综合国内外劳动关系理论发展和成功实践,中国企业的雇主方要重点理解和培育如下几种劳动关系管理观念:首先是劳动关系系统观。这种观念要求雇主方把劳动关系当作一个开放的社会系统,雇主、雇员和政府作为系统的主体,具有既相同又冲突的利益关系,各自的行为又受到各自信守的意识形态的影响和制约,因而,在系统内部的互动博弈过程中,三方主体的关系状态会呈现出既合作又冲突的特征。为了让系统得以存续,各个主体都会理性决定其行为,遵守一些共同认可的规则,确保冲突维持在一个合理的范围。对雇主而言,深刻认识和理解劳动关系系统观的这些基本思想,会有助于他们正确对待职工的各种不同利益诉求,准确理解政府出台各种劳动关系规制,理性选择和实施相应的劳动关系管理方式及举措。其次是劳动关系平衡观。这个观念要求雇主方正确对待劳动关系系统中不同利益主体的利益诉求,在确定劳动关系管理目标时不能仅仅以雇主的目标实现为唯一依据,同时也要兼顾政府的要求和劳动者的利益诉求,努力实现效率、公平和发言权三者的均衡,这样的劳动关系才是人性化的劳动关系,才是真正和谐稳定的劳动关系。再次是劳动关系战略观。劳动关系系统是一个开放的系统,必然受到系统外各种环境因素的影响和制约。雇主在选择和实施劳动关系策略过程中,不仅要高度重视劳动关系状况对组织宗旨和战略目标实现的影响,更要运用战略思维,关注经济增长与发展趋势、政府政策与社会结构的变化、产品与要素市场的变动、技术创新及运用特征等环境因素的影响和作用方式,及时制定或调整劳动关系管理的政策、制度和方式,使劳动关系状态与企业生产经营活动保持一种动态平衡和匹配。最后是劳动关系的社会观。这个观念主要涉及企业与政府的关系问题。在社会主义市场经济体制下,虽然我们强调市场的决定性作用,但不能忽视政府的宏观调控。党和政府会从长远、根本、全局的高度出台方针、政策影响全社会劳动关系的运行,作为企业的代表,雇主方扮演着执行者、责任者的角色,这是公共管理体系的基本特征,更是社会责任管理的必然要求。雇主方在制定和实施雇主策略时,必须及时、准确、全面地反映党和政府相关决定的要求,必须将这些要求主动落实到具体的管理决策和管理行为中。

2. 优化劳动关系管理目标的设置

从战略管理角度而言,目标设定是战略制定或选择的关键所在,是制定和设计各种具体的管理方式及举措的出发点,也是检验战略施行效果的主要标准和依据。对于雇主策略的选择与实施,这一原则自然不例外。从国内外企业的劳动关系管理实践看,尽管不同雇主在不同时期设定的具体目标各不相同,但不少企业的劳动关系管理目标都是单一的业绩或效率导向,基本忽视了劳动者的目标追求。这种做法虽然不能被认定为完全错误,但结果往往不如人意。劳动者的目标追求没有纳入组织目标中,必然会导致员工在被动驱使下开展工作,其潜能释放和工作主动性必然受到限制,逃避责任、推脱工作、机会主义行为等必然成为组织文化的突出特征,严重情况下,很可能引致怠工、破坏、停工等反生产行为。20世纪90年代以来,劳动关系理论界对劳动关系目标问题的探讨已经比较深入,美国学者巴德提出的效率、公平和发言权平衡的理论得到了广泛的认同。我们认为,这一理论对中国企业雇主优化自己的劳动关系管理目标设置也是非常具有参考价值的。

目标设置的优化,关键在于对角色与责任的认识和理解。从劳动关系管理角度看,雇主可能会首先意识到自身的资本代理人角色,肩负着资本增值与保值的责任,所以,在设定目标时,会自然而然地选择效率至上目标。这一观念和行为本身并没有问题,但在目标设定过程中,仅仅以此为依据,就有失偏颇了。雇主在劳动关系运行中,除了资本代理人这个角色外,还承担着治理主体、劳动力使用者以及战略管理者等角色。作为治理主体,雇主在劳动关系管理目标体系中应该充分反映政府、社会等主体对企业劳动关系管理的要求;作为劳动力使用者,雇主应该将劳动者的利益诉求和目标追求纳入企业的劳动关系管理目标中;作为战略管理者,雇主在确定不同目标时要综合考虑环境因素、企业自身的历史与结构等因素的影响和制约,合理设定目标实现的标准。从这些角色和责任看,企业的劳动关系管理目标绝对不会是一个主体的目标,也不会是一个方面的目标,而应该是一个兼顾雇主、劳动者和政府等主体利益的目标折衷体系。

3. 选择合适的劳动关系管理策略

在中国企业的实践中,企业存在六种不同的劳动关系管理策略模式,分别是传统主义策略、家长制策略、成熟的人力资源管理策略、集体谈判策略、现代家长制策略以及成熟的协商主义策略。在集体劳动关系中,成熟的人力资源管理策略、集体谈判策略、现代家长制策略以及成熟的协商主义策略有广泛运用。虽然我们实证分析了不同策略的绩效状况和对组织的影响,但我们并不完全认为,在我们实证研究结果中绩效和组织效应相对更好的劳动关系管理策略就一定是最佳策略选择。毕竟各个企业面对的环境不同,发展阶段以及现有的管理体系也差异悬殊,且企业劳动关系管理策略追求的目标毕竟不仅仅是高绩效,劳动关系的总体稳定和谐才应该是劳动关系管理策略选择的关键依据。

在制定和选择劳动关系管理策略过程中,一个更值得重视的问题是劳动关系环境以及组织自身特征的影响。美国学者寇肯教授等人建立的策略选择框架已经为企业雇主如何在动态的环境下制定和选择劳动关系管理策略提供了非常有参考意义的理论指导。这个理论框架告知我们,劳动关系管理策略不是静态的,而是动态的,外部环境变化、公司战略、组织的价值观、企业的历史及结构等因素是影响管理策略选择的主要因素。我们在前文对雇主的角色与责任的分析中,也强调了雇主的战略管理角色及责任。所以,在劳动关系管理策略的制定与选择过程中,中国企业的经营者在了解各种策略模式的基础上,要全面观察和分析外部环境的特征及变化趋势,要准确了解特定时期企业发展战略和竞争战略的定位,要准确把握公司的核心价值观以及由此产生的一些基本准则、方针等,要兼顾考虑公司过去发展历程及现存的各种结构特征对劳动关系的影响与制约,经过全面分析和综合考量后再做出策略类型的选择。

在进行策略选择过程中,还应该注意到策略选择的组合性特征和动态性要求。所谓组合性特征,是指企业面对不同产业、不同区域、不同分支机构,甚至不同层级和不同群体时,因其在战略目标实施中的地位和作用不同,所受到的环境影响也不一致,所以,应该有不同的劳动关系管理策略,这样,在一个时点上,企业的劳动关系管理策略可能是我们上面提及的多种策略模式的组合。所谓的动态性要求,强调的是雇主在环境、公司战略等因素发生明显变化时,及时对劳动关系管理策略进行调整,以最大限度地维持劳动关系管理策略与劳动关系实践的动态匹配。

4. 构建有效的管理体制机制

一些企业重视雇主策略的制定与选择,却轻视或忽视了雇主策略实施的困难,以至于纸面上的雇主策略与实践中的雇主策略成为"两张皮"。其实,这种现象不仅出现在劳动关系管理实践中,而且在其他方面的策略施行中也存在类似现象。从企业存续发展的角度看,制定和选择策略的目的是为了增强目标实现的计划性。战略管理实践表明,选择或制定战略不容易,实施战略更不容易。现有研究对劳动关系管理策略的制定过程关注相对较多,但对策略的实施过程进行研究的成果却罕见。理论指导的匮乏使雇主策略的有效施行问题显得更加困难,也值得雇主们更高度重视和更积极探索。

企业可以重点通过劳动关系管理的制度、机制创新来促进和保障劳动关系管理策略的有效实施。具体而言,企业,首先,要重视劳动关系管理的组织体系创新。要切实消除把劳动关系管理责任全部归属于人力资源管理部门这种现象和做法,要树立和践行每个管理者都是劳动关系管理者和劳动关系管理策略实施的责任人的理念,通过组织内部的职责体系,把劳动关系管理策略的实施任务分解到不同层级不同管理者身上。在这个组织体系中,要高度重视党组织的领导作用的发挥。其次,要不断完善企业内部的劳动关系管理制度和流程建设。在推进这一工作时,要注意组织的劳动管理规章与外部的法规和政策的衔接;要注意内部劳动管理规章和流程的及时更新和前后匹配;要注意劳动管理规章和流程制定和执行的合规性、合法性;要注意劳动管理规章的执行情况。再次,要逐步建立健全企业劳动关系管理的调整机制。从中国企业实践看,这一工作的重点应该放到集体协商机制建设和企业劳动关系调解机制建设方面。最后,要探索建立企业内部的劳动关系管理评价机制。在这一工作中,要合理设计和定位评价的功能与目标,不能简单套用绩效评价做法,而要将其当作内部的检讨和审计行为;要探索评价的合理方式和工具;注意对评价结果的合理运行,着力强调劳动关系管理工作的不断改进。

5.3.2 政府与企业劳动关系策略的实施

1. 引导企业雇主主动履行和谐劳动关系构建责任

构建中国特色和谐劳动关系是新时代党和国家提出的劳动关系发展目标和建设任务,也是包括企业雇主在内全社会成员的共同期盼和努力方向。企业雇主在劳动关系管理方面扮演着治理主体的角色。作为社会构成主体,它应该自觉承担和履行社会责任;作为国家公共管理体系中的末梢主体,它肩负着在企业贯彻落实党和国家各项方针政策和法律法规的责任。从社会角色扮演及其应履行的责任角度看,企业雇主方应该无须外力驱动,就会自动以和谐劳动关系为目标定位,主动采取措施推进和谐劳动关系建设。实践的情况并非完全如此。在效率目标与公平目标之间,很多企业会优先选择效率目标;在社会目标与企业目标之间,企业也会更重视自身目标的实现。由此可见,在企业选择和施行其雇主策略并依照策略开展劳动关系管理的过程中,政府依然必须扮演好教育引导雇主的角色,结合实际,采取多种措施,教育和引导企业雇主主动践行和谐劳动关系构建目标,主动承担和谐劳动关系构建的责任,主动发挥构建和谐劳动关系的作用。

在劳动关系运行和调整过程中,政府的教育引导角色及作用发挥其实一直都存在,但在新时代、新目标下,其教育引导的角色扮演和作用发挥亟待创新。创新的重点可以集中在如下方面:第一,创新引导方式。基本做法是根据中国劳动关系治理与管理实践,通过深入的调查与研究,制定和出台《中国民营企业雇主责任指引》和《中国国有企业雇主责任指引》,用以明晰企业雇主在劳动关系运行与调整过程中的基本责任划分,进而为政府规范和引导企业的劳动关系管理行为提供一个必要的参考框架。第二,创新教育方式。在雇主教育任务承担方面,重点发挥雇主组织和其他社会组织的作用,逐步使其成为雇主教育的执行主体;在教育渠道和手段上,可以将雇主劳动关系管理理念、责任、方式等内容融入雇主的其他方面的教育与培训活动中,使其覆盖面得以快速拓宽;还可以发挥雇主组织和其他社会机构的作用,支持甚至资助其引入新的学习方法和渠道,增强教育内容对不同类别雇主的吸引力。第三,创新宣传方式。宣传也是一种有效的教育和引导行为。在此方面,要充分发挥各种宣传渠道的作用,着力强化宣传的影响力;要充分发挥新兴媒体的作用,让宣传更加及时,更具有互动性;要从增强吸引力出发,创新宣传内容,努力利用典型事例、案例解析等成年学习方式来吸引雇主的广泛注意。

2. 逐步健全企业雇主行为的相关法律规制

在市场经济体制下,劳动关系系统中的政府主体因其中立立场和平衡角色,肩负着通过立法和政策制定等方式来规范和调节劳资双方行为的责任。依照这一角色划分和责任分担,政府对雇主行为的规范完全可以沟通过其在立法和政策制定等方面的作用得以实现。

目前,迫切需要政府对企业雇主行为进行规范的领域主要集中在如下两个方面:其一是逐步健全对劳动者集体行动行为的规范。由劳动者自发组织起来的体制外集体行动持续不断,个别时段还显得非常突出,在回应和处置过程中,雇主总体感到茫然,因其缺乏坚实的政策依据和法律依据而在行为上大相径庭。政府应该解放思想,实事求是,探索建立适合中国国情的集体劳动关系规制体系。其二,探索建立非典型雇佣方式下的劳动关系管理政策或法规。伴随着信息通信技术的广泛运行以及创新发展观念的普遍认同,诸如分包、外包、劳务派遣、自我雇佣、互联网平台雇佣等多种与传统雇佣形式不同的非典型雇佣方式得以快速发展,由此带来的劳动关系管理行为变得十分复杂,现行的一些政策和法规已经难以适用和应对,其中一个典型事例就是平台型企业中的雇佣行为,对其是否构成劳动关系,已经在理论界和实务界产生了不同看法,亟待政府方在调研基础上出台相关法规或政策予以指导和规范。

除了上述两个亟待通过新的法律或政策予以规范的领域外,对于已经有法律规范但未得到很好执行的问题,应该加大监督力度和法律执行力度,让法律的权威性得到更好体现。雇主直接或间接控制工会的行为并不少见,这在理论上可以归属为不当劳动行为,在实践中也明显有违《工会法》的立法宗旨,更为重要的是,这种被雇主控制的工会难以获得工人的完全信任,也会影响到其维护职工合法权益的行为和力度,应该进一步优化这方面法规的内容,加大执法力度,确保工会的作用得到更加充分的发挥。

3. 优化对企业雇主合法权益的维护机制

尽管企业雇主方较之于劳动者表现出更强大的市场力量,但是,在国家治理体系和社会构成中,企业尤其是中小企业并不完全是一个强势的主体,其合法权益受到影响的事例并不少见。更为重要的是,雇主方在获得、使用以及补偿劳动力方面的行为往往会受到劳动关系系统之外的其他环境因素的影响,例如,税收政策可能通过影响雇主方收益而间接影响到雇主与劳动者之间的关系。从国家法律制定和政府政策制定角度看,平等对待雇主方和劳动者方,既保护劳动者的合法权益,也维护雇主方的合法利益,这些原则和方针应该得到更加切实的运用和遵循。课题组的调研和讨论发现,雇主在劳动关系管理策略的选择与实施过程中,时常也面临无奈之举或者处于尴尬境地。所以,政府方在积极维护劳动者的权益保护的同时,也应重视对雇主合法权益的保护和维护。

结合中国企业面对的实际困难以及政企关系的基本特征,政府方应该重视相关部门的政策协调,统筹考虑雇主合法权益的维护问题,当前值得重点考虑的做法有:第一,充分发挥中国工商企业联合会和中国企业联合会的作用,让其作为雇主代表组织,探索建立雇主合法权益维护监测机制,及时了解和反映雇主权益实现情况,为政府方的决策提供必要的参考依据。第二,探索建立由相关经济部门组成的部际协调机构,就拟出台的相关政策或拟推行的重大举措进行充分的沟通、分析,预测其对劳动关系及雇主利益的影响,以便采取必要的补充性或补救性的举措。第三,充分发挥国家和地方劳动关系三发协商机制的作用,让劳资双方的利益在协商中得以平衡。

【知识链接 5-1】

VUCA 时代雇佣关系"法则"的变革

VUCA 时代,企业环境正在发生颠覆性变革,对企业的敏捷性和柔性提出了更高的要求,员工和组织之间的关系正在经历剧烈的变化。但是,许多企业仍然在传统"主仆式"的雇佣关系理念和模式中修修补补,这当然解决不了如今的优秀人才吸纳、激励和保留的问题。企业真正需要考虑的不仅是如股票期权激励那样的管理举措,而且需要理解企业雇佣关系模式变革的本质,寻找新的雇佣关系"法则"!

企业和员工之间关系性质和模式从根本上是由市场力量决定的。从第一次工业革命开始,企业和员工之间的关系大体上经历了三个时期:自由雇佣、长期雇佣和灵活雇佣。

最早的自由雇佣是由于"圈地运动"造就的劳动力接近于无限供给的状况而形成的,此时,雇主拥有绝对的话语权。到后来的长期雇佣,是因为大规模生产对于技术劳动力的巨大需求,以及工人对于成长、保障和权利的强烈需求以及斗争而形成的,此时,企业和员工之间形成稳定的互惠关系:企业为员工提供雇佣和经济保障,员工贡献对企业的长期忠诚和高绩效。这种互惠、平衡的雇佣关系也是第二次工业革命时期企业经济迅猛发展的重要根基。

随着市场环境(尤其是客户需求)的快速变化和企业全球化竞争加剧,市场对于企业的敏捷性和柔性的需求提高,众多企业逐渐抛弃了长期雇佣模式,转而采用了外部市场主导的灵活雇佣模式,以追求雇佣柔性。这种雇佣模式帮助组织很快地适应环境的变革并且减少了他们对员工的长期责任,最起码它降低了企业的成本并且把许多风险和问题都推到了员工身上,但与此同时,也产生了一系列问题。最令人头疼的就是:企业和员工之间的关系被完全市场化,缺乏长期的关系和承诺,低承诺度导致员工的主动行为减少,创新倾向降低,离职率高企,业务的稳定性也因此大受影响。

William Whyte 在其经典著作 *The Organization Man* 中所说,在工业时代的传统雇佣模式中,企业通过长期雇佣将员工的个人身份变为从属,掩盖了"企业对柔性的需求和员工对雇佣保障的需求、企业对员工忠诚的需求和员工对个人职业发展的需求之间的冲突"。但是,在灵活雇佣模式中,这些基本冲突已经毫无保留地摆在企业跟前。VUCA 时代,这些基本冲突的影响表现得更为突出。显然,灵活雇佣是一种严重失衡的雇佣关系模式,我们需要重归平衡的新的雇佣关系"法则"!

健康雇佣关系的本质特征是互惠和平衡,但在 VUCA 时代,雇佣关系双方能够达成互惠的关键内容已经迥异于之前的长期雇佣关系模式。华人管理学家徐淑英教授和她的团队认为,构建相互投资的互惠关系才是重构雇佣关系平衡的根本。她们经过大量的企业观察和研究指出,现在企业与员工之间的关系模式可以划分为四种类型,分别为过度投资型、准契约型、投资不足型和相互投资型,在四种员工—组织关系类型中,过度投资型和投资不足型都是不平衡的,准契约型则类似于短期的经济交换关系,这些最终都将对企业和员工造成长期的负面影响,他们建议,企业应该努力构建相互投资型的员工—组织关系。

在灵活雇佣模式中,在强烈的市场效率逻辑的支配下,长期雇佣模式下的企业和员工之间的互惠关系由于企业无法提供长期雇佣保障承诺而被打破,此时,企业和员工之间的关系更加类似于单纯的经济交易。徐淑英和她的同事们提出的"相互投资"在管理哲学上提供了未来的出路。相互投资型雇佣关系模式看上去比较"过时",但实际上更加"明智",组织通过主动提供更高水平的雇员投入而获得雇员基于"互惠行为规则"的更高水平的回报,员工展现更多的主动行为和更强的承诺水平。

目前,研究者和实践者对于"相互投资"的管理哲学进行了两种成功的实践探索:一是建立任期制,以联盟关系替代市场关系;二是建立以可雇佣性为主线的战略人力资源管理系统。联盟关系的核心前提是,承认员工可能离职,忠诚的观念不再是从一而终,关键在于雇主和员工都为提升彼此价值而努力,双方就如何在任期内互惠进行坦诚的沟通,达成一致并信守承诺。员工投资于企业适应环境变化的能力,企业投资于员工的可雇佣性。在联盟关系中,企业不再把员工当作附属的身份,企业与员工之间是典型的相互投资的关系,通过不同形式的任期制重建信任和忠诚。

联盟关系结合了长期雇佣制和灵活雇佣制的某些优点:和终身雇佣制一样,任期制让雇主和员工建立信任、相互投资;和灵活雇佣制一样,它保留了雇主和员工适应瞬息万变的世界所需要的灵活性。这是适用于 VUCA 时代的相互投资型的有效雇佣关系模式。

资料来源:朱飞.VUCA 时代雇佣关系"法则"的变革[J].清华管理评论,2015(10):43-49。

5.3 企业劳动关系与组织绩效

 本节案例

对于劳动关系管理的研究,主要有两种思路,即产业关系(IR)与人力资源管理(HRM)两大学派。产业关系源于斯密的劳动分工理论,经19世纪劳工运动实践,以及马克思、迪尔凯姆、韦伯等的不断发展,在20世纪60年代达到理论巅峰,表现在从系统角度研究劳动关系。劳动关系研究开始拓展到企业的管理策略,同时有大量的文献从企业绩效的角度论证了高绩效工作实践(HPWP)的积极作用,人力资源管理学派的员工关系管理(ERM)思维得到了发展,劳动关系与人力资源管理在研究内容上有了融合的趋势。

高绩效工作实践也称高绩效工作系统(HPWS),与新工作实践(NWP)、战略人力资源管理(SHRM)等内涵相同。其思想源于戴维斯提出的工作生活质量项目(QWL),以及彼得斯等人的《追求卓越》中的人本理念。在此基础上,Huselid 认为通过实施"公司内部高度一致的、确保人力资源服务于企业战略目标的一系列政策和活动"的高绩效工作实践,有利于减少员工离职、提升劳动生产率和公司财务绩效,其具体内容分为"员工技能与组织结构"和"员工激励"两个维度。Jeffrey 在概念上概括了 7 项最佳人力资源实践,即雇佣安全、选拔式招聘、自主管理团队和分散化决策、基于业绩的高工资体系、强化培训、缩小管理级别之间的差距、信息共享。

随着人性化管理理论和日本企业管理实践的发展,工业民主的思想得以全面发展,人力资源管理结合这一趋势,将其逐步演化成为高绩效的员工关系管理模式。员工参与机制肯定了劳工有参与企业管理的需求和权利,同时员工参与管理的内容一般会超越集体协商所涵盖范围,这使劳工有机会表达意见,影响和决定公司政策,参与监督与受益,以促使基于效率的劳资合作的形成。从工业民主到员工参与,相关研究经历了从上层建筑领域到企业管理实践的过渡。1986 年 MIT 的蔻肯(Kochan)等人出版的《美国劳动关系的转型》一书,提出了实践劳动关系策略选择理论,是劳动关系领域对高绩效范式的首次阐释。这给战后的工人控制(Job Control Unionism)模式增添了能增强竞争力的合作与参与等战略策略因素,包括工作设计与人力资源管理创新,如弹性工作制、全面培训、团队工作、基于绩效的薪酬支持、正式的员工参与以及其他支持性的人力资源管理工作(如工作安全等)。凯西等断言,基于人力资源管理的新工作系统如果能实现企业绩效,这一系统策略将被全面采纳。因为这些做法可能由于分享了员工智慧并促使他们更加努力、成本节约并创建高效的性能优势工作流程;能实现更大的工作满意度、降低员工流失率、更高的生产率、更好地决策能增加灵活性和提高效率。

资料来源:郑文智,张幼松.国外基于高绩效的劳动关系策略理论评述[J].湖北经济学院学报,2010,8(06):84-89.

5.3.1 组织绩效

1. 组织绩效的基本概念

组织绩效是指组织在某一时期内组织任务完成的数量、质量、效率及赢利情况。组织绩效是对组织的考核,一般是以年度为单位来对组织进行考核,是对组织基于自身职责定位承接的公司或上级组织目标完成结果的衡量。

2. 组织绩效的评价标准

组织绩效评价是管理者运用一定的指标体系对组织的整体运营效果作出的概括性评价。通过有效的评价可以揭示组织的运营能力、偿债能力、赢利能力和对社会的贡献,为管理人员和利益相关者提供相关信息,为改善组织绩效指明方向。组织绩效的评价需要选用一定的指标,指标作为衡量组织绩效的标准,其本身必须体现对组织管理的综合要求。从组织的发展过程来看,一个系统、有序的评价反馈系统对组织的生存和发展起着至关重要的作用。然而,困难的是,从不同的角度评价组织绩效会产生不同的标准。

斯坦利·E·西肖尔(Stanley E. Seashore)认为,绝大多数组织的目标都不是单一的,而是多种多样的,并且有些目标是相互冲突的。如组织的最终目标本身就可能是多重的,至于组织的短期目标和子目标那就更有可能是多重的了,这些正是需要人们去研究的。他指出,如果各种目标都具有相同程度的重要性,并且以简单的方法就可以合并的话,问题就变得简单了;但是情况并非如此,这些目标具有不同层次的重要性,而且其成就又可能无法简单地加以测量。西肖尔认为,经理人员的决策要基于对企业经营业绩从各个角度进行多重变量的评估,它不可能同时使所有的目标都达到最大。

3. 影响组织绩效的主要因素

1) 战略取向。组织的战略取向决定了组织的经营范围、所服务的顾客群体及所采用的竞争战略,这些将在宏观层面上影响组织的绩效,而组织的战略取向变化又会影响微观层面上的组织结构。

2) 高层管理。高层管理者的心智及领导方式也对组织绩效具有重要的影响。领导可以分为交易型领导和变革型领导。所谓交易型领导,是指领导与下属之间的关系以一系列的交易和隐含的契约为基础。该类型的领导以奖赏的方式领导下属,当下属完成特定的任务后,便给予承诺和奖赏,整个过程就像一项交易。所谓变革型领导,是指领导者通过改变下属的动机与价值观,例如提升需要层次、超越自我兴趣等来促进绩效的提高和整个组织的变革。

3) 组织变革。组织变革与组织绩效二者之间存在相互影响的关系。一方面,只有不断地组织变革和改善组织对现实环境的适应力,组织才会保持高的绩效水平,并获得持续成长。组织绩效的变化能促使组织变革,使组织更适合于环境。当组织绩效比较低时,组织会陷入危机,使企业的价值降低,从而导致组织变革。组织绩效的变化可以作为组织变革的动力,当组织不适应出现时,组织绩效就会下降,低于满意水平,这样就会引发组织变革,使组织由不适应转变为适应。

4) 劳动关系气氛。组织内部的劳动关系气氛能直接影响着组织成员"履约"的愿望,与组织绩效密切相关。当组织内部的劳动关系气氛不佳时,会导致员工的决策和行动不能支持企业的整体目标和方向,结果会导致劳资双方相互信任的降低,增加组织内部的协调成本和工作的被动性,并降低组织的工作效率和绩效。反之,如果组织内容保持良好的劳动关系气氛,则能够增强劳资双方的信任,有效降低劳资双方的监督成本和履约成本,从而提升组织运行的效率和绩效。

5.3.2 劳动关系对组织绩效的影响

1. 劳动关系直接影响劳动者的努力程度。人具有自我调控的机能,能根据外部的可能性和自身的条件及愿望,有目的地确定活动导向,并根据这一方向具体选择和运用物质资源。条件大体相同的劳动者甚至同一劳动者,使用同样的劳动手段和劳动对象,由于他们主观努力的程度不同,就会导致生产效果的显著差别。若提高劳动努力程度不能增加收入或降低努力程度不会减少收入,劳动者就会出于个人效用最大化的考虑,尽可能地降低劳动努力程度,直到完全不付出劳动。如果劳动者感受到和谐的组织氛围,则会认为努力工作是值得的,那么他在提高生产率方面就会更加成功。

2. 劳动关系直接影响劳动行为。人均产量的增长,一方面取决于所能得到的自然资源,另一方面还取决于人的行为。一个人在订立契约时应该愿意把自己的身心都献给他所从事的工作,出色地进行工作,最好地发挥自己的能力,但可能会在订立契约后出现"违约"现象,使实际劳动行为发生偏差。由于劳动关系双方理解和期望的复杂性和模糊性,使双方对各自的角色和义务产生不同的看法和理解,一方面由于合作的需要,他们表现出对工作的高度认同感,另一方面又因为冲突的必然存在而产生不断地抱怨和忧虑。只有劳动关系双方自觉履行自己的权利和义务,才能实现效率和生产率的最大化。

3. 劳动关系直接影响劳动力的稳定性。和谐稳定的劳动关系能为绩效的提升提供所必需的劳动稳定性。在就业形式日趋多样化、劳动力流动频率加快的现实状态下,劳动关系的短期化和动态的不稳定趋势明显上升,这对劳动力的稳定形成了巨大的压力。和谐稳定的劳动关系对企业而言是经济的,一方面在劳动者的培训过程中,企业已支付了一定的成本,另一方面劳动者已在工作岗位上积累了一定的工作经验,若劳动者流失,则是一种损失;对劳动者而言也是有利的,一方面晋升机会增多,工资和其他福利待遇增加,另一方面,随着年龄的增长,劳动者更注重安全感,更舍不得离开已经熟悉的工作氛围和环境。

4. 和谐的劳动关系能创建良好的企业文化,提高士气和团队凝聚力,增强组织吸引优秀人才的能力。它能促使员工主动学习新技能,提供市场变化的信息并提出建议,可以提高组织的稳定性和组织适应环境变化的能力。

5.3.3　企业劳动关系管理提升组织绩效的具体举措

1. 完善工会组织建设

工会必须明确自己在劳资关系中的基本身份，要以职工合法权益代表者和维护者的身份来协调和稳定劳资关系。在市场经济条件下，工会是劳资关系中集体劳权的代表，这是一个普遍的原则。应该使工会组织成为劳动者自愿参加的组织。在发展会员时，通过各种途径和手段，让广大会员明确自己的权利和义务，享受到入会的实惠，尊重会员在工会中的主体地位，使工会组织真正建立在会员支持和认可基础上，大力发展会员，明确会员在工会中的主体地位，促进新的职工队伍的组织化。

在组织机构的设置上，按照组织机构设置适应任务的原则，打破工会现行的条块分工，建立区域性和行业性的工会组织，作为未来产业工会组织模式的雏形。在组织方式上，可以按照自上而下地成立工会联合会和自下而上建立基层组织并广泛发展会员相结合的办法，加快工会联合会和基层工会组织的建立。

工会应以代表和维护劳动者合法权益为基本职责，以劳动领域作为自己基本活动领域，以协调和稳定劳资关系作为基本社会任务。要积极完善维权的内容，进一步维护职工的劳动权利、经济利益、民主政治权利和精神文化权利。

2. 加大人力资源管理开发的力度

首先，管理者应发挥着主动调整劳动关系的作用。管理的力量在市场化条件下的劳动关系调整中则扮演着主要的角色，其中人力资源管理在劳动关系调整中的力量表现，越来越得到人们的理解并得到实际的运用。人力资源管理中，管理者把人视为一种资源，一种重要的生产要素，而不是工具，这可以说是管理者调整劳动关系的一种自我创新。这种创新首先就是管理者的态度，员工中间的"管理者态度"这一种企业文化意义上的激励，会导致效率和生产率的增长。

其次，人力资源管理能使雇员的职业发展道路顺畅。晋升是企业激励的重要和有效手段，目的之一在于能吸引和保持到对企业发展有用的富有才干和能力的人力资源。只有有效全面地利用在领导才干、抱负、技术和能力某一方面有特长的人力资源，企业才可能有发展的活力，才能谈得上持续的发展。人力资源管理还通过建立不同系列的员工晋升通道，拓宽员工的职业发展路径。通过人力资源管理的职业生涯设计，为雇员规划一条合适的成长轨迹，将极大地稳定核心员工并激发其工作的积极性和创造性。

再次，激励是人力资源管理的核心和基础。设计合理的薪酬制度，以个性化的薪酬激发员工的主动性、创造性和积极性，提高员工的工作满足感和成就感。一般人力资源管理是以超过其他来自相同劳动市场招募者的工资水平，提供富有竞争力的工资和福利配套措施来吸引、开发和保有人才，从而促进劳动关系的协调。

3. 培育积极向上的组织文化

组织文化的作用关键在于与员工明确和认同组织发展的方向与目标，这取决于员工在事关组织发展的重大战略问题上是否有共同的追求、共同的价值取向、共同的理想和共同奋斗的事业心。这就要求组织必须根据不同岗位上的员工,分层次、有针对性的加强组织的文化教育,尤其是组织理念的教化,使他们从内心深处真正认同组织的文化和核心价值观念,这是构建合作型劳动关系的基础。积极向上的组织文化有助于增强劳动关系双方的法律意识、诚信意识和合作意识,促进团结互助,激发工作热情,自觉维护双方的合法权益,使人的潜能和创造力得到更好地发挥,推动劳动者的全面发展,从而提高组织的生产效率。

本章小结

企业劳动关系战略管理是企业组织的一个职能战略,是雇主方在劳动关系系统的运行中针对存在的劳动关系问题而做出的系列决策及采取的相应行动,其目的在于促进或保证企业竞争战略的有效实施。企业的劳动关系管理策略可以分为传统主义策略、家长制策略、成熟的人力资源管理策略、集体谈判策略、现代家长制策略和成熟的协商主义策略等。

就企业劳动关系策略的实施而言,更新劳动关系管理观念,优化劳动关系管理目标的设置,选择合适的劳动关系管理策略,构建有效的管理体制机制,都是企业应该重点关注的内容。而引导企业雇主主动履行和谐劳动关系构建责任,逐步健全企业雇主行为的相关法律法规,优化对企业雇主合法权益的维护机制等,则为政府的着力之处。

大量研究证明,劳动关系能够影响企业绩效。因此,企业应该在以下方面进行努力:完善工会组织建设,加大人力资源管理开发的力度,培育积极向上的组织文化。

延伸阅读

曾湘泉、唐鑛,战略劳动关系管理:内部、挑战及展望,中国劳动关系学院学报,2011年4期。

练习题

一、思考题

1. 劳动关系战略管理的内涵是什么?
2. 数字经济对劳动关系管理提出了哪些新的挑战?
3. 劳动关系管理的策略主要有哪些?
4. 劳动关系管理战略如何影响组织的绩效?
5. 你觉得在数字经济时代劳动关系管理应该采取何种策略?

二、案例分析题

新就业形态和谐劳动关系的管理策略

1. 调整社保管理体系,建立"网上社保"

新就业形态从业者社保权益保障的关键,在于适当调整非典型雇佣关系从业者的社保政策制度。基于新就业形态从业者加入社保的紧迫性和可行性,亟须构建新的社保管理体系。一是加强新就业形态从业者的社保顶层设计,建立"网上社保",与现有的社保管理体系实现资源与信息共享。二是实现"网上社保"全国联网,解决新就业形态从业者因流动性大而社保难于转移接续的问题。三是鼓励新就业形态从业者直接参保,打破以用人单位为参保主体的桎梏,可以采取社会保险费补贴等措施激励新就业形态从业者参保。四是保证"网上社保"与线下社保的法律效应等效。"网上社保"要与现有的社保管理体系相衔接,使其在法律层面具有同等效应。

2. 合理规范劳动合同,完善劳动法律法规

突破传统的思维定式,适度放宽劳动关系的认定标准。一方面要探索非标准灵活就业的劳动关系认定标准,规范新就业形态从业者的劳动关系认定程序。要建立多元化劳动标准,不能仅凭被贴上"合作关系"标签而忽略其是劳动关系的现实,指导用工主体参与到劳动合同的制定中,保障从业者的就业、劳动报酬等权利。另一方面要明确劳动监管部门和平台企业的劳动合同管理职责,劳动监管部门要对不同领域、不同类型平台的劳动关系进行针对性地监管。要完善劳动法的法规体系,避免"一刀切"的保护机制,适当扩大劳动保护范围,采用激励与强制并行的方式鼓励平台企业与从业者签订劳动合同。鼓励社会力量参与监督,增强双方主体合法权益的自觉意识。

3. 扩大职业培训规模,构建灵活培训体系

鉴于现行就业能力培训的现状,厘清新就业形态从业者培训需求,从政企结合的角度实施职业培训计划。一要加强平台企业与政府之间的紧密合作,构建"互联网+培训"的平台,实时监督掌握从业者的就业诉求、就业状态、风险程度等。引进"互联网+工会"模式,工会平台定期收集培训需求,通过微课、短视频、网上技能竞赛等方式实现灵活培训。二要强化平台的责任意识,引导、督促平台企业承担起培训责任,统筹推进从业者工作技能的终身培训制度,提升从业者的就业能力和职业转换能力。其三,精准定位培训对象,按照劳动形式将平台员工划分为非标准劳动关系、中间类型从属性独立劳动关系、独立劳动关系三种类型,然后制定个性化的就业培训方案。政府职能部门要把握技能需求的阶段性变化,

深入了解就业需求矛盾点,及时组织和指导从业人员参加技能培训或创业培训。

4. 完善薪资激励体系,保障从业者的收益权

利用"互联网+"的时代特性,使互联网快速融入人力资源管理建设平台,用交叉结构解决从业者绩效管理中出现的难题。一方面,研发建立适宜衡量平台企业员工的第三方绩效管理软件,实现"互联网+绩效"管理体系。制定多维考核指标,减轻人为因素的干扰,导入消费者评价、市场化状况等量化指标与公正算法体系,同时兼顾定性的指标,如从

业者的价值感、工作平衡度、社会归属感等。另一方面,利用大数据和云计算技术,完善绩效沟通与绩效反馈机制,实现正向反馈、逆向沟通。杜绝通过微信、支付宝等第三方软件直接发放工资,引导政府职能部门实施动态监管,形成一个良性循环的三方共享的绩效与薪酬管理体系。薪酬绩效定月公开或发送到员工的个人邮箱,浮动的定价方案及时在平台网站公开,做到薪酬支付透明化、公平化,充分保障新就业形态从业者的收益权利。

5. 降低工会参与门槛,加强工会维权力度

依托新就业形态发展的优势,改革创新工会的工作机制。一是降低新就业形态从业者参与工会的门槛,立法规定工会会员资格,弱化劳动关系与参与工会的联系,将"工资收入来源"设立为加入工会的资格。二是利用视频App等方式定期开展职工代表大会或工会代表大会,增加新就业形态从业者的建议权与话语权,使他们能合理合法地参与民主管理,直接有序地表达就业诉求。三是创新工会协商机制,实现"互联网+工会"模式。通过网上入会登记、会员身份属地化、提供维权服务等方式,加大工会组织的覆盖面。可以仿照美国餐厅工人联盟的工会团体,建立行业性工会或地区性工会,若遭遇劳资矛盾,行业性工会或地区性工会出面协商谈判。四是提高工会维权力度。通过提高工会的维权力度和维权效果来提高工会的社会公信力和组织凝聚力。

资料来源:李长江,王媛.中国新就业形态和谐劳动关系的形成机制与管理策略[J].浙江师范大学学报(社会科学版),2021,46(01):62-70.

讨论问题

你对新就业形态下的和谐劳动关系构建,有何建议?

第6章 企业劳动合同管理

学习目标

➢掌握劳动合同的概念与性质；
➢了解劳动合同的内容；
➢掌握劳动合同变更的依据、类型和程序；
➢掌握劳动合同续订的原则和规定；
➢掌握劳动合同的终止、解除的条件；
➢了解企业劳动合同的管理。

6.1 劳动合同订立

本节案例

上海某跨国公司通过某网站招聘软件开发人员,要求大学本科及以上学历,能熟练运用 C 语言进行软件开发。小张是一名拥有三年软件开发经历的大专学历的劳动者,虽然看到公司对学历的要求自己并不满足,但出于对专业的自信,小张还是报名参加了招聘。果然,小张顺利通过了公司的各项考核。在办理入职手续时,小张伪造了一份本科学历学位证,而公司当时并未察觉任何不妥。入职后,小张表现非常突出,在公司一项软件开发工作中起了关键作用。公司为了留住小张,决定为他办理居住证,但在办理居住证的过程中,有关机关发现,公司提供的小张的学历学位证书是假的,并将手续退了回来。此后,公司以小张欺骗公司,使公司名誉受损为由解除了与小张的劳动合同。小张不服,提起仲裁,要求撤销公司解除劳动合同的决定,继续履行劳动合同。

看到这里,你认为法院会支持公司解除与小张的劳动合同吗?

6.1.1 劳动合同的概念和性质

劳动合同,是用人单位与劳动者之间确定劳动关系,明确相互权利、义务的协议。《劳动法》第 16 条规定:"劳动合同是劳动者与用人单位确立劳动关系、明确双方权利和义务的协议。建立劳动关系应当订立劳动合同。"《劳动法》第 17 条规定:"劳动合同依法订立即具有法律约束力,当事人必须履行劳动合同规定的义务。"《劳动合同法》第 10 条规定,"建立劳动关系,应当订立书面劳动合同。"从上面的法律规定可以看出,劳动合同是确立劳动关系的法律依据。但现实生活中,总有用人单位在用工时不愿签订劳动合同,甚至有的雇主认为,不签劳动合同,就可以否认劳动关系,也不用承担相应的法律责任。这样的观点自然是错误的,不签订劳动合同并不能否认事实劳动关系的存在,当然也不能免除为劳动者缴纳各项社会保险费的义务。鉴于劳动合同在劳动关系建立的重要性,因此本节探讨的主题就是如何订立一份合法有效的劳动合同。

1. 性质

1) 劳动合同主体的特殊性

一般而言,民事合同的双方可以是自然人和法人的任意组合。但《劳动法》规定,在劳动合同中的主体一方是用人单位,另一方是劳动者。其中,用人单位是指企业、个体经济组织、国家机关、事业组织、社会团体。具体而言,企业是指中国境内的所有企业,包括法人企业和非法人企业、国有企业和非国有企业、内资企业和外资企业;个体经济组织是指经工商登记注册,并招用雇工的个体工商户;国家机关、事业组织和社会团体是指通过劳动合同或通过劳动合同与其他工作人员建立劳动关系的单位。劳动者是指依法具有劳动权利能力和劳动行为能力的自然人,包括在我国境内与用人单位确立劳动关系的外国公民。

2) 劳动合同是私法和公法的混合体

劳动合同所体现的劳动关系首先是一种市场关系,应首先适用私法上的契约自由原则。这也就决定了在市场经济前提下,劳动关系的产生、变更和消灭都是按市场机制的要求进行的。即应按合同自由的原则进行。换言之,劳动者和用人单位应该各自作为独立主体以自由合同的手段与方法通过自主性努力来产生、变更和消灭劳动关系,这属于劳动者和用人单位的自由领域,是由劳动者和用人单位自我判断和自我行为。其次,劳动合同也呈现出公法性质。由于市场经济条件下劳动力受雇于资本,并要服从于资本管理。"资强劳弱"的现状使得劳动者明显处于弱势地位。如果单纯奉行劳雇双方的"形式的、抽象的"平等与自由,其结果将使得劳动者失去真正的契约自由权利。因此,劳动合同中并不能任意规定合同内容,要受到国家的干预。

3) 劳动合同兼具平等性和从属性

劳动合同中的用人单位和劳动者都是市场主体,双方遵循平等自愿、协商一致的原则订立劳动合同,形成劳动关系。同时,在签订劳动合同形成劳动关系之后,劳动者在劳动过程中必须接受用人单位的指挥、管理、监督和奖惩,形成劳动者对用人单位的从属性。

6.2.2 劳动合同的主体

1. 用人单位

用人单位又称用工单位,常常也被称为企业主、资方、雇主、雇佣人等。我国在法律上被统一称为用人单位,是指依法招用和管理劳动者,对劳动者承担有关义务者。依据《劳动合同法》的规定,用人单位的主体指的是我国境内的企业、个体户、其他组织等,而国家机关、事业单位等也是用人单位的主体。具体包括:

1) 在中国境内的依法核准登记的企业,包括各种所有制性质、各种组织形式,如国有企业、集体所有制企业、私营企业、外商投资企业、港澳台企业、混合型企业、股份制企业、联营企业、乡镇企业等。

2) 依法核准登记的个体经济组织。即依法取得营业执照的个体工商户。

3) 依法成立的事业单位,包括文化、教育、卫生、科研等各种单位,如学校、医院、出版社等。其在国家法律规定的权限范围内,有权使用劳动者。

4) 依法成立的国家机关,它们在法律规定的权限范围内,有权使用劳动者。

5) 依法成立的社会团体:包括工会、妇联、研究会、协会等社会团体组织。依法成立的社会团体在法律规定的权限范围内,有权使用劳动者。

2. 劳动者

我国法律对劳动者的国籍没有限制性规定,我国公民、外国公民和无国籍人,只要具备我国《劳动法》规定的条件,都可以成为我国的劳动者。条件主要包括两类:

1) 年龄条件。《劳动法》规定,公民的最低就业年龄是16周岁,不满16周岁不能就业,不能与用人单位发生劳动法律关系。我国法律禁止用人单位招用未满16周岁的公民就业,否则将承担相应的法律责任。对有可能危害未成年人健康、安全或道德的职业或工作,《劳动法》规定劳动者的年龄不应低于18周岁。如《劳动法》禁止用人单位雇佣不满18周岁的劳动者从事过重、有毒、有害的劳动或者危险作业。但在某些特殊的行业则不受此限制,该类特殊行业国家有明文规定。

2) 劳动能力条件。由于劳动者进行劳动只能由劳动者亲自进行,因此要求劳动者必须具有劳动能力。而且,对于一些特定的行业,劳动者的劳动能力还必须满足该行业的特殊要求,如患有传染病的人不能从事餐饮业。

6.2.3 劳动合同的内容

就劳动合同的内容而言,有必备条款和约定条款之分。

1. 必备条款

《劳动合同法》第17条对必备条款做了明确的规定。

一是明确合同双方的主体资格。包括用人单位一方的名称、住所和法定代表人或者主要负责人;以及劳动者的姓名、住址和居民身份证或者其他有效身份证件号码,这些内容都要在合同中写清楚。

二是劳动合同期限。这是指双方经过协商一致而确定下来的劳动起始和终止时间;劳动合同依据期限不同可分为固定期限劳动合同、无固定期限劳动合同,以及项目型劳动合同。

三是工作内容和工作地点。工作内容是劳动者具体从事什么劳动,从事哪些具体的工作等;工作地点就是劳动者提供劳动的具体工作场所,包括位置、环境、条件等。

四是工作时间和休息休假。工作时间是劳动者为用人单位提供劳动的具体时间段。劳动法规定的工时制度有三种,包括标准工时制(也就是咱们熟悉的每日工作8小时、平均每周工作40小时的工时制度)、综合工时制和不定时工时制。要注意后两者属于特殊工时制度,只有经过行政部门审批后方可实施。

五是劳动报酬。包括劳动者的工资、奖金、津贴和补贴等内容,关于工资的约定注意不能低于最低工资标准。

六是社会保险。这是指国家通过强制保险的方法,以保障劳动者基本生活需求的一种社会保障制度,包括医疗保险、养老保险、工伤保险、失业保险和生育保险。

七是劳动保护、劳动条件和职业危害防护。包括劳动安全卫生的设施、设备及防护措施,女工和未成年人的特殊保护,以及为劳动者提供的保证工作任务顺利进行的各种物质条件和工作环境。

【知识链接6-1】

最低工资的约定

江苏苏州某制造型公司为了控制用工成本,与新进公司的劳动者在劳动合同中约定,薪资按照不低于最低工资标准(注:该年度当地月最低工资标准为960元)发放。该公司此前招聘生产岗位的员工是在两年前,目前这批员工大都工资待遇升至1 500元。入职后第一次发放工资的时候,公司向新进公司的这批员工发放了960元的工资。但此时,新进公司的这批员工开始对公司劳动合同中的薪资约定提出异议,认为劳动合同中约定不明,应当按照同等岗位其他员工的工资待遇也即1 500元执行。公司不同意这种说法,认为劳动合同中明确约定薪资不低于当地最低工资标准,公司按照当地最低工资标准960元支付劳动报酬没有问题。

薪资约定是劳动合同重要的组成部分。很多企业出于各种考虑,往往将劳动合同中薪资约定予以模糊化,以控制薪资成本。但是这样的约定却存在相当的法律风险,因为法律对于劳动合同约定不明的情形规定了相应的处理原则。依据《劳动合同法》规定,劳动合同对劳动报酬和劳动条件等标准约定不明确,引发争议的,用人单位与劳动者可以重新协商;协商不成的,适用集体合同规定;没有集体合同或者集体合同未规定劳动报酬的,实行同工同酬;没有集体合同或者集体合同未规定劳动条件等标准的,适用国家有关规定。本案例中,该批新进员工主张按照同等岗位的其他老员工的薪资待遇执行,是有法律依据的。实际上,企业直接按照实际最低工资标准960元作约定,反而不会在理解上存在争议。

资料来源:王桦宇:《劳动合同法实务操作与案例精解》,中国法制出版社,2017。

2. 约定条款

除以上规定的必备条款外，劳动合同当事人还可以通过协商订立必备条款之外的约定条款。

劳动合同中的约定条款也称为协商条款，是由当事人根据具体情况自愿选择是否在合同中约定，经过协商双方取得一致意见并纳入合同条款的内容。那么同学们一定会问了，当事人一般会考虑约定哪些条款呢？通常来说有以下内容：

一是试用期条款。双方可以在劳动合同中就试用期的期限和试用期的工资等事项做出约定。

二是培训条款。如果用人单位为劳动者提供了专业技术培训且支付了培训费用，就可与劳动者签订培训条款，约定服务期和违约金。

三是保守商业秘密及竞业限制条款。为保障企业的利益不受损，防止商业秘密外泄，企业可与劳动者约定保守商业秘密或竞业限制的条款。

四是补充保险条款。用人单位可以根据自身情况为劳动者建立或购买保险，例如企业年金就是一种常见的补充养老保险。

五是福利待遇条款。比如大家都喜闻乐见的交通补贴、住房补贴、医疗补贴、通信补贴等等，这些福利待遇也成为衡量一家用人单位是不是"好"单位的重要标尺，往往也是劳动者收入的重要来源之一。

劳动合同欠缺必备条款时，是否必然导致劳动合同无效呢？根据《劳动合同法》第18条规定："劳动合同对劳动报酬和劳动条件等标准约定不明确，引发争议的，用人单位与劳动者可以重新协商；协商不成的，首先适用集体合同规定；没有集体合同或者集体合同未规定劳动报酬的，实行同工同酬；没有集体合同或者集体合同未规定劳动条件等标准的，适用国家有关规定。"也就是说，当职工与用人单位就劳动合同必备条款约定不明确而引发争议的时候，可以按照《劳动合同法》规定，协商或依据集体合同、同工同酬、国家规定等依法补充确定，这并不影响劳动合同的成立。因此，劳动合同中未约定合同期限的，可以依法补正，并不必然导致劳动合同无效。

另外，劳动合同的内容、条款要合法，当事人不得订立内容违法或对社会公共利益有害的劳动合同。例如，比如用人单位在劳动合同中用写明"双方协商一致不缴纳社保费"等内容，而劳动者也在签署劳动合同时阅读并签字同意，但参加社会保险是双方的法定义务，用人单位不能通过双方约定来免除自己的法定责任，排除劳动者的权利，即便这样规定，也会导致劳动合同部分条款无效。

最后，劳动合同是否有效，由劳动争议仲裁机构或者人民法院确认，其他任何部门或者个人都无权认定无效劳动合同。

【知识链接 6-2】

劳动合同有效还是无效?

2012年3月,王某被深圳市某建筑公司(甲公司)招聘为技术顾问,双方签订了为期3年的劳动合同。劳动合同约定,王某离开公司后,3年内不得到与甲公司有竞争业务的其他公司工作。劳动合同期满后,王某到了同城另一家公司(乙公司)工作,乙公司同甲公司有竞争业务。甲公司得知后,向当地劳动争议仲裁委员会申诉,要求裁决王某离开乙公司,并赔偿甲公司的经济损失。当地劳动争议仲裁委员会经审理查明,王某确实同甲公司签订了涉及竞业禁止条款的劳动合同。但是,劳动合同并未对王某遵守劳动合同条款的约定给予一定的经济补偿,因此,劳动合同约定的条款无效。王某可以继续在乙公司工作。甲公司对当地劳动争议仲裁委员会的裁决非常不满并询问,裁决的依据是什么?

我国《劳动法》第19条规定,用人单位和劳动者在订立劳动合同时,除了签订劳动合同必备的条款外,还可以约定其他内容。《劳动法》第22条规定,劳动合同当事人可以在劳动合同中约定保守用人单位商业秘密的有关事项。甲公司同王某就保守商业秘密的问题在劳动合同中做出的约定是合理合法的。根据《关于企业职工流动若干问题的通知》的规定,用人单位与掌握商业秘密的职工在劳动合同中约定保守商业秘密有关事项时,可以规定掌握商业秘密的职工在终止或解除劳动合同后的一定期限内(不超过3年),不得到生产同类产品或者经营同类业务且有竞争关系的其他用人单位任职,也不得自己生产与原单位有竞争关系的同类产品或者经营同类业务,但是,用人单位应当给予职工一定数额的经济补偿。

本案中,甲公司与王某在劳动合同中只约定了王某离开公司3年内不能到与甲公司有竞争关系的其他公司工作,而没有对王某履行合同约定的义务给予一定的经济补偿。如果王某按照劳动合同的约定,不到同甲公司有竞争业务的其他公司工作,其经济收入将会大大降低,但是,甲公司在劳动合同中并未对王某由此造成的经济损失给予一定的补偿,违反了国家有关法规的规定,属于劳动合同的无效条款。对此,劳动争议仲裁委员会驳回了甲公司的申请,允许王某继续在乙公司工作。

资料来源:刘钧:《劳动关系理论与实务》,人民邮电出版社,2016

6.2 劳动合同变更

 本节案例

变化的工作地点

几个月前,小张所在的汽车装配公司开始陆续整体搬迁至另一个工业园区,小张和他的工友将被安置到新厂区上班。但王经理代表公司通知员工时,小张等十余员工表示,去新厂址"送孩子上学不方便、上班路太远太折腾",不同意到新厂址上班。他们还向公司递交了一封信,表示公司迁厂属于《劳动合同法》规定的,劳动合同订立时所依据的客观情况发生重大变化,在协商不成的情况下,公司可以解除劳动合同,但应支付经济补偿金。正为搬迁忙得焦头烂额的王经理却没耐心和他们沟通,并且很强硬地要求他们去新厂址上班。在遭到员工拒绝后,厂方将小张等人认定为旷工并做了"开除"处理。小张等人一怒之下申请仲裁,要求公司支付违法解除劳动合同的赔偿金。同学们,你们如果是仲裁员,会支持小张等人的主张吗?

劳动合同订立之后,如果一切条件、环境都没有变化,那么如约履行合同并不是难事。可常言道"计划没有变化快",在这个 VUCA 时代,易变性、不确定性、复杂性和模糊性逐渐成为时代的主题,快速响应、敏捷迭代是组织在市场竞争中立于不败之地的一大法宝,而劳动者个人情况也会因为突发状况或者环境变化而变得不适应原有的合同约定了。因此,劳动合同所约定的内容发生变化也是时有发生的事情,这就涉及劳动合同的变更问题。

【知识链接6-3】

这样的劳动合同变更合理合法吗?

张女士来到某贸易公司从事财务主管工作多年,其间工作表现良好。随后在续订劳动合同时用人单位与其订立了无固定期限劳动合同。2019年11月,张女士患病,因错过最佳治疗时间,转为慢性疾病,后来时常因其身体状况和病假问题影响工作。该公司领导经讨论认为,张女士目前的身体状况不符合财务主管工作岗位的要求,已经影响了公司的正常经营活动,决定将其由目前的工作岗位调到相对轻松的其他岗位,以方便治疗和休息,相关待遇按照新岗位标准执行。

张女士认为其在公司工作多年,表现良好,用人单位于情,应为其保留工作岗位,待其痊愈后继续工作;于理,在没有征求她本人意见的前提下,擅自调整她的工作岗位及待遇,属于擅自变更劳动合同的行为,因此拒不执行公司的安排。

在双方经过数次协商仍未达成一致意见的情况下,该公司以张女士不服从工作安排,属严重违纪为由,决定与其解除劳动关系,停发工资,停缴社会保险。张女士不服,将该公司告上劳动争议仲裁委员会,要求恢复劳动关系,继续从事原岗位工作。

劳动争议仲裁庭经调查认为,该公司相关规章制度明确规定,张女士的身体状况无法履行相应的岗位职责情况,视为不能胜任工作。因劳动者不能胜任工作而变更、调整职工工作岗位,则属于用人单位的自主权。因此驳回张女士的申请,裁定该贸易公司的解除决定合法、有效,双方解除劳动关系。

在用人单位的规章制度和日常管理工作中,哪些属于行使管理权,哪些应属于变更劳动合同行为,是许多HR管理者容易出现困惑的重点。这也是本案的焦点所在。

依据劳动部办公厅《关于职工因岗位变更与企业发生争议等有关问题的复函》(下文简称《复函》)之规定:关于用人单位能否变更职工岗位问题,按照《劳动法》第十七条、第二十六条、第三十一条的规定精神,因劳动合同订立时所依据的客观情况发生重大变化,致使原劳动合同无法履行而变更劳动合同,须经双方当事人协商一致,若不能达成协议,则可按法定程序解除劳动合同;因劳动者不能胜任工作而变更、调整职工工作岗位,则属于用人单位的自主权。对于因劳动者岗位变更引起的争议应依据上述规定精神处理。

因此上述案例中用人单位的做法是没有问题的。因为该单位在规章制度中已将身体状况不符合岗位要求界定为不能胜任工作,依据《复函》的规定,用人单位因劳动者不能胜任工作而变更、调整职工工作岗位,属于用人单位的自主权。劳动者拒不服从用人单位工作安排的,用人单位在规章制度中明确将其界定为严重违纪的,可以解除劳动合同。

资料来源:https://zhuanlan.zhihu.com/p/98210679

6.2.1 劳动合同变更的概念及法律依据

劳动合同的变更,是指劳动合同依法订立之后,在合同尚未履行或尚未履行完毕之前,经用人单位和劳动者双方协商一致,对劳动合同内容作部分修改、补充或者删减的法律行为。

我国《劳动合同法》第35条第一款规定:"用人单位与劳动者协商一致,可以变更劳动合同约定的内容……"此规定说明,当事人可以变更劳动合同,但要以双方协商一致为前提。工作岗位是劳动合同的必备条款,如果调整员工的工作岗位地点,应当先由用人单位与员工双方协商,达成一致之后才可以变动,用人单位不能单方擅自变更。在上面的案例中,公司本可以按照《劳动合同法》第四十条第三款的规定,"劳动合同订立时所依据的客观情况发生重大变化,致使劳动合同无法履行,经用人单位与劳动者协商,未能就变更劳动合同内容达成协议的,用人单位可依法与劳动者解除劳动合同"。但公司不予理睬劳动者的协商请求,甚至认定劳动者旷工,这就不仅理亏,而且违法了。

6.2.2 劳动合同变更的类型

既然劳动合同可以变更,那么变更可以分成哪些类型呢?根据法律法规的相关规定,合法的劳动合同变更包括以下几种情况。

1) 自愿协商变更

根据《劳动合同法》第35条的规定,用人单位与劳动者协商一致,可以变更劳动合同约定的内容。劳动合同本来就是用人单位与劳动者在协商一致的基础上,双方平等自愿而订立的,自然具备双方合意的性质。要变更劳动合同,也需要经过双方当事人协商并达成一致。所以,协商是劳动合同变更的最佳方式,既可避免劳动争议,又可降低劳动用工管理的法律风险。

2) 依法定情形协商变更

根据《劳动法》以及《劳动合同法》相关规定,以下情况用人单位可以依法变更劳动合同。

一是劳动者患病或者非因工负伤,医疗期满后不能从事原工作的合同变更。如果劳动者在患病或者非因工负伤医疗期满后,由于身体原因不能从事原来工作的,用人单位可以为其另行安排适当的工作;如经调岗仍不能胜任工作的,单位也可以选择依法解除劳动合同。所以这种情况下对劳动者的调岗调薪,是一种依法变更合同的行为。

二是劳动者不能胜任工作的合同变更。如果劳动者不能按要求完成劳动合同中约定的任务或相应的工作量,那么用人单位对其进行岗位调整就是法律赋予的权利,属于用人单位的用工自主权,也是一种合法的单方变更合同行为,不需要与劳动者协商。当然,这种情况下的调岗,也要考虑合理性的问题,不能将员工安排到根本无法胜任的岗位上去。

三是劳动合同订立时所依据的客观情况发生重大变化的合同变更。前面的案例就是这样一种情况,此时用人单位可以先行协商变更劳动合同内容,这也是法定程序,只有协商不成时方可解除劳动合同。

3) 依据劳动合同的约定或内部规章制度而导致的变更

如果劳动合同中明确约定了调整工作内容、劳动报酬、工作地点等有关内容的,可以按照约定履行。如果虽然约定了,但约定的调整指向不明确的,用人单位应当提供充分证据证明其调整的合理性,才能变更。

企业在制定内部规章制度时,如果涉及劳动合同内容变更,一定要有针对性地进行约定,特别是对于工作岗位、劳动报酬、工作地点等涉及劳动者切身利益的条款,一定要做到合情合理合法,且有相关的证据来证明。如果只是单纯规定,可以根据公司需要随意调整劳动者工作岗位,比如将技术人员调整至保安,将财务人员调整为操作工人,这种明显不合理的调整很容易招致诉讼风险。

6.2.3 劳动合同变更的程序

根据前面的介绍可知,"协商"是劳动合同变更的前提条件,因此,要做到"协商并达成一致"这一法律要求,实际操作中可以分为三个步骤:

首先,一方及时提出变更劳动合同的要求。提出变更劳动合同的主体可以是企业,也可以是劳动者,无论哪一方,都要及时向对方清晰准确地提出变更诉求和理由。

其次,按期向对方做出答复。接到对方的变更诉求后,当事人应该在规定的期限内做出答复。

最后,双方达成协议。双方就变更内容协商并取得一致意见后,应当达成变更劳动合同的书面协议,经双方签字盖章生效,并报企业主管部门或上级劳动行政部门备案。

值得注意的是,没有书面协议而只是口头协商的变更也可能是有效的。根据《最高人民法院关于审理劳动争议案件适用法律若干问题的解释(四)》第十一条规定,如果双方是以口头协商的方式约定好了变更劳动合同的内容,并且已经实际履行了变更的内容超过一个月,而变更的内容并不违反法律法规、国家政策和公序良俗,如果当事人以未采用书面形式为由主张劳动合同变更无效的,法院不予支持。

6.3 劳动合同续订和终止

本节案例

张某等30人自2001年开始先后在某中学食堂从事炊事员工作。自2008年2月开始,学校将张某等30人应缴纳的社会保险费随工资发放给个人。2008年后双方曾多次签订一年期的固定期限劳动合同,2015年签订的一年期劳动合同,到期时间是2016年8月31日。2016年8月15日,学校通知包括张某等人在2016年8月31日前与学校续签劳动合同,逾期不签视为自动离职。2016年8月31日后,张某等30人以学校没有明确合同期限、工作时间延长、工作待遇降低等为由拒绝续签,并自行离开学校,随后申请仲裁。他们要求学校支付经济补偿,同时还以双方签订两次以上固定期限劳动合同为由,要求学校支付应签订无固定期劳动合同而没有签订的二倍工资差额,并要求补缴社会保险费。

6.3.1 劳动合同续订

劳动合同续订使得本将消灭的劳动合同得以维系,这对于劳动关系以及社会的稳定,都具有重要作用。一方面,劳动合同续订有利于用人单位的利益。通过与老员工续订劳动合同,用人单位可以避免员工队伍的人员流动过于频繁,维护劳动关系的稳定。另一方面,劳动合同的续订也有利于保护劳动者的利益。原有的劳动合同到期后,若任其自然终止,则劳动者与用人单位的劳动关系就此不复存在,其直接结果就是劳动者在当前暂时成为无职业者,生计也就成为问题,其不得不再次寻找工作。通过劳动合同的续订,劳动者就可以避免失业,继续在自己熟悉的工作岗位劳动,保持稳定。

1. 劳动合同续订的概念

劳动合同续订是指劳动合同期限届满后,劳动者和用人单位继续延长劳动合同有效期的法律行为,即原有的劳动合同在有效期届满后仍然存续一段期限。在该期限内,劳动者和用人单位继续享受和承担原劳动合同存在时完全相同或者基本相同的权利义务。劳动合同续订的要求和劳动合同订立一样,应该坚持平等自愿、协商一致的原则,应该不违反国家法律法规的规定。

2. 劳动合同续订的原则和规定

1) 劳动合同续订的自愿性

劳动合同续订属于合同的订立行为,因此原则上应以合同订立的要件来确定劳动合同续订的条件。合同订立的核心要件是双方当事人就合同的内容达成合意,从程序上讲要经过要约和承诺的过程。劳动合同的续订,最重要的条件也是当事人达成意思的一致,即用人单位和劳动者都愿意按原合同约定的内容继续履行。实质上,劳动合同之所以得以续订,反映了通过原劳动合同的履行,用人单位和劳动者对对方都比较满意,用人单位认为劳动者的工作表现优良,给单位创造了不错的效益,而劳动者对于单位提供的劳动条件、待遇也能够接受和满意,双方的关系比较融洽。只要有一方不同意续订合同,另一方就不得强迫其续订合同。劳动合同续订的合意主要是针对续延劳动合同的期限而言,劳动合同的其他内容不需要当事人再重新作出合意。

2) 劳动合同续订的强制性规定

虽然劳动合同续订的原则是双方自愿与合意的结果,但在特定条件下用人单位必须与劳动者续订劳动合同。这些特定条件包括:① 职工在规定的医疗期、孕期、产期或者哺乳期内,若劳动合同期限届满,则应顺延至医疗期、孕期、产期或者哺乳期届满。② 员工若患有职业病或其因工负伤并被确认达到规定的伤残等级,要求续签劳动合同的,企业应与其续签合同。③ 从事接触职业病危害作业的劳动者未进行离岗前职业健康检查,或者疑似职业病病人在诊断或者医学观察期间的。④ 员工若在企业连续工作满10年以上,在续签劳动合同时,其要求续签无固定期限劳动合同的,企业应与其续签无固定期限劳动合同。⑤ 劳动合同期满后,企业不想续签合同,但未能与员工办理终止劳动合同手续,形成事实劳动关系的,视为续延劳动合同,企业应当与员工续签劳动合同。

3) 无固定期限劳动合同的续订

无固定期限劳动合同,是指用人单位与劳动者约定无合同终止时间的劳动合同。《劳动法》第二十条第二款规定:"劳动者在同一用人单位连续工作满十年以上,当事人双方同意续延劳动合同的,如果劳动者提出订立无固定限期的劳动合同,应当订立无固定限期的劳动合同。"因此,无固定期限劳动合同续订的条件主要有三个:① 劳动者在同一用人单位连续工作满十年以上;② 双方当事人都同意续延劳动合同,即劳动合同即将到期时用人单位和劳动者都有延续双方关系的意向。如果用人单位不同意续订劳动合同,则原劳动合同到期终止;③ 劳动者提出订立无固定限期的劳动合同。同时,《劳动合同法》第十四条规定:"有下列情形之一,劳动者提出或者同意续订、订立劳动合同的,除劳动者提出订立固定期限劳动合同外,应当订立无固定期限劳动合同:(一)劳动者在该用人单位连续工作满十年的;(二)用人单位初次实行劳动合同制度或者国有企业改制重新订立劳动合同时,劳动者在该用人单位连续工作满十年且距法定退休年龄不足十年的;(三)连续订立两次固定期限劳动合同,且劳动者没有本法第三十九条和第四十条第一项、第二项规定的情形,续订劳动合同的。用人单位自用工之日起满一年不与劳动者订立书面劳动合同的,视为用人单位与劳动者已订立无固定期限劳动合同。"上述规定意味着,《劳动合同法》不再要求无固定期限劳动合同的续订必须有用人单位同意续订合同作为前提条件,限制了用人单位的权利,而加强了对劳动者利益的保护。

【知识链接6-4】

无固定期限合同的认定

北京某IT公司主要从事办公软件的开发,由于软件人才流动率比较高,所以公司也不愿与新员工订立长期劳动合同。2008年1月,公司招聘了一批研发人员,并与之均签订了1年的劳动合同。2009年1月的时候,由于新接一批软件类工程,公司与这批研发人员续签了1年的劳动合同。2010年1月的时候,工程陆续完工,公司通知这批研发人员劳动合同期满终止不再续签。但其中部分研发人员提出不同意见,认为两次签订固定期限劳动合同后,劳动者就享有和公司签订无固定期限劳动合同的权利。公司不同意这种说法。

在《劳动合同法》出台以前,企业与劳动者签订短期固定期限劳动合同的情形是一种常态。一个很重要的原因是企业希望能将是否建立长期劳动关系的主动权掌握在自己手上。比如一年一签,每年劳动合同到期的时候企业就可以根据自己的喜好选择与表现好的员工续签,而通知自己认为表现不好的员工期满终止合同。但依据《劳动合同法》的规定,两次续签固定期限劳动合同的员工,可以与企业订立无固定期限劳动合同。而此时,在是否同意与员工续签的问题上,企业是没有选择权的。值得注意的是,上海等地的地方性裁审意见中,企业可以在两次劳动合同期限到期时仍有相应的选择权,但此种口径仅在上海地区适用。

鼓励和引导企业与员工签订长期或无固定期限劳动合同,是《劳动合同法》及今后劳动立法的一个基本趋势。劳动合同立法的指导思路是通过对企业短期劳动合同期限的多种法律责任制约,引导企业向劳动合同和劳动关系长期化的方向发展。《劳动合同法》背景下,企业需要做的就是调整人力资源管理和劳动合同期限设置的思路,将员工管理的立足点和落脚点从劳动合同的期限管理转换到员工绩效的考核管理上来,实行有升有降、奖惩分明的考核管理制度。

1. 固定期限劳动合同期限的选择。作为考察员工的方式,试用期和一个特定的固定期限合同都可以被选择。但试用期比较短,主要是考察员工是否符合录用条件,所以其意义仅是在于甄别员工是否应该被录用。而固定期限劳动合同对于企业新进员工和工作年限较短的员工是可以适用的,通过短期和中期劳动合同的考察,可以发现员工是否适合企业的要求以及员工的潜能是否能在以后的工作中进一步发挥。所以,企业在以后的劳动人事管理过程中,固定期限劳动合同主要对阶段性或临时性工作的员工使用,通常为1~3

年。从员工职业生涯设计角度,很多员工的心理预期一般也是在1~3年,所以企业的这种期限安排也正好符合了跳槽员工的心理。而对于一些具有丰富工作经验或担任管理职位的老员工而言,5~7年或更长期的劳动合同期限则是他们所愿意接受的。

2. 无固定期限劳动合同的管理。在《劳动合同法》背景下,对于长期工作的老员工管理或者订立无固定期限劳动合同的员工管理而言,还是应当调整到绩效考核方面。无固定期劳动合同只是没有约定合同终止的期限,并不意味着又回到计划经济年代的铁饭碗,在法律法规、规章制度有规定以及劳动合同有约定的特定情形下,企业也是可以对这些员工行使自主管理权,并依法合理变更、解除和终止劳动合同的。为了防止部分员工在签订无固定期限劳动合同的情形下丧失竞争意识,无固定期限劳动管理更应侧重于对员工的绩效考核。通过设置科学、有效的绩效考核制度和不胜任管理办法,对于考核不合格的员工可以依据法律法规和规章制度的规定予以调岗调薪,对于屡次考核都不能达到公司要求的,经过法定程序后,企业甚至可以解除劳动合同。

资料来源:王桦宇:《劳动合同法实务操作与案例精解》,中国法制出版社,2017。

3. 劳动合同续订的程序

劳动合同续订需要经过以下程序。

1) 发出续订劳动合同意向书,征求劳动者的意见。如果用人单位需要续订劳动合同,应当在劳动合同期限届满前的一定期限内通知劳动者,征求劳动者的意见。

2) 双方当事人协商一致。用人单位发出续订劳动合同的意向书后,如果劳动者不愿意续订劳动合同,劳动合同就无法续订;同样,如果劳动者提出续订劳动合同的意向后,用人单位不愿意续订劳动合同,劳动合同就无法续订。只有在双方当事人协商一致后,劳动合同才能续订。

3) 签订续订劳动合同的协议书。劳动者和用人单位协商一致后,可以签订续订劳动合同协议书。

4) 鉴证或者备案。经过鉴证或者备案的劳动合同续订后,需要到劳动行政主管部门办理劳动合同鉴证或者备案的手续。

6.3.2 劳动合同终止

1. 劳动合同终止的概念

劳动合同终止是指劳动合同的法律效力自然消灭或经判决、裁决而消灭。《劳动法》第二十三条规定,劳动合同期满或者当事人约定的劳动合同终止条件出现,劳动合同即行终止。值得说明的是,劳动合同终止与劳动合同解除二者有差异,劳动合同解除是指劳动合同生效后尚未履行完以前,劳动合同双方或一方提前消灭劳动合同关系的法律行为。

2. 劳动合同终止的情形

《劳动合同法》第四十四条规定,有下列情形之一的,劳动合同终止:第一,劳动合同期满的;第二,劳动者开始依法享受基本养老保险待遇的;第三,劳动者死亡,或者被人民法院宣告死亡或宣告失踪的;第四,用人单位被依法宣告破产的;第五,用人单位被吊销营业执照、责令关闭、撤销或用人单位决定提前解散的;第六,法律、行政法规规定的其他情形。《劳动合同法实施条例》第二十一条规定,劳动者达到法定退休年龄的,劳动合同终止。具体而言:

1) 劳动合同期满,劳动合同终止。固定期限劳动合同和以完成一定工作任务为期限的劳动合同一般属于这种情形。

2) 劳动者开始依法享受基本养老保险待遇,劳动合同终止。在这一情形下,劳动者一旦开始依法享受基本养老保险待遇,便丧失了签订劳动合同的主体资格,劳动合同自然也就无法继续成立。

3) 劳动者死亡,或者被人民法院宣告死亡或宣告失踪的,劳动合同终止。公民下落不明满2年的,其利害关系人可以向人民法院申请宣告其为失踪人。公民下落不明满4年,或因意外事故下落不明满2年的,其利害关系人可以向人民法院申请宣告其死亡。劳动者死亡,或者被人民法院宣告死亡或失踪的,劳动合同无法继续履行,因此只能终止。在这一情形下,劳动关系一方当事人不存在,劳动合同的履行实际上已无可能性,因此产生终止劳动合同的法律后果。

4) 用人单位被依法宣告破产,用人单位被吊销营业执照、责令关闭、撤销或者用人单位决定提前解散的,劳动合同终止。在这一情形下,用人单位的主体资格不复存在,劳动合同的履行实际上已无可能性,因此产生终止劳动合同的法律后果。

5) 劳动者达到法定退休年龄的,劳动合同终止。

3. 劳动合同终止和劳动合同解除的区别

劳动合同的解除,是指在依法订立且生效的劳动合同尚未履行或尚未全部履行完毕之前,劳动合同当事人提前消灭劳动关系的法律行为。劳动合同终止和劳动合同解除的区别在于:(1) 阶段不同。劳动合同的终止是劳动合同关系自然消灭,而劳动合同的解除是劳动合同关系提前消灭。(2) 条件不同。劳动合同终止的法定条件与劳动合同解除的法定条件完全不同。并且,劳动合同终止的条件不能由当事人在法定条件之外约定,法定条件成就时,劳动合同必须终止;而劳动合同解除可以由当事人双方在法定条件之外协商达成合意,即使出现了解除的许可性条件,劳动合同也不必然解除,只要享有单方解除权的一方当事人同意,劳动合同可以继续履行。

【知识链接6-5】

劳动合同续订时的"套路"

现实中,有些用人单位在续签劳动合同时搞"套路",说什么续签是新合同的开始可再设试用期、劳动关系自然延续等于续签了合同、年龄偏大自然可以调岗降薪等,以此侵害劳动者合法权益。

1. 续订合同时岗位变化,也不能再次约定试用期

小黄会计本科毕业后入职某公司做内勤,所签的劳动合同中约定试用期两个月,转正后月工资5 200元。两年劳动合同到期后,小黄被调到会计岗位。在续签合同时,公司称换岗后需有个适应的过程,有必要再约定两个月试用期,试用期内月工资4 000元。由于每月少拿了1 000多元,小黄很生气,遂申请劳动仲裁。仲裁庭认定该公司重复约定试用期违法,鉴于两个月试用期已履行完毕,故裁决公司向小黄支付两个月赔偿金10 400元。

《劳动合同法》第19条规定:"同一用人单位与同一劳动者只能约定一次试用期。"据此,调岗、晋升、降职、续订合同等,都不应成为再次约定试用期的理由。本案中,公司同意与小黄续签合同,说明其对小黄的品质、工作能力等是认可的。因此尽管调了岗,也不能再约定试用期。

《劳动合同法》第83条规定:"违法约定的试用期已经履行的,由用人单位以劳动者试用期满月工资为标准,按已经履行的超过法定试用期的期间向劳动者支付赔偿金。"本案中,由于两个月试用期已履行完毕,故该公司应按月工资5 200元的标准向小黄支付两个月赔偿金。

2. 合同到期后继续工作,不算自动续签合同

王某于2016年9月入职某公司,获得一份两年期的劳动合同。合同期满后,双方没续订,但王某仍继续工作。没想到,2019年4月12日,公司提出与其解除合同。王某认为公司未续签合同,应向其支付未续签期间的2倍工资。公司认为给王某的各项待遇均无变化,应视为自动续订了书面合同,故不应支付2倍工资。后王某申请劳动仲裁,仲裁庭支持了王某2倍工资的诉求。

《最高人民法院关于审理劳动争议案件适用法律若干问题的解释》第16条规定:"劳动合同期满后,劳动者仍在原用人单位工作,原用人单位未表示异议的,视为双方同意以原条件继续履行劳动合同。一方提出终止劳动关系的,人民法院应当支持。"由此看出,合同期满后继续工作的,只是意味着双方以原劳动合同约定的条件延续劳动关系,即形成了事实劳动关系,而并不能视为双方自动续签了书面合同。因此,仲裁庭依据《劳动合同法》第82条"用人单位自用工之日起超过1个月不满1年未与劳动者订立书面劳动合同的,应当向劳动者每月支付2倍的工资"之规定,作出前述裁决是正确的。

3. 续签劳动合同无权以年龄偏大换岗降薪

程某在某公司工作多年,连续订立过两份劳动合同。在第二份合同到期时,公司答应续签无固定期劳动合同,然而程某发现,公司提供的合同却将其调整到了辅助性岗位,工

资也降低了近千元。公司这样做的理由是:程某已50多岁,工作效率不如从前。程某认为,公司此举明显是歧视老职工,并坚持主张"原岗原薪"。后劳动仲裁庭支持了程某的诉求。

续签劳动合同时,对合同内容同样应遵照合法、公平、平等自愿、诚实信用的原则协商确定。《劳动合同法》第46条第5项规定:除用人单位维持或者提高劳动合同约定条件续订劳动合同,劳动者不同意续订的情形外,依照本法第44条第1项规定终止固定期限劳动合同的,用人单位应当向劳动者支付经济补偿。

由此可以得出结论:如果双方在续签合同时就相关条款无法达成一致的,应按照原有合同标准确定,包括"原岗原薪"。本案中,某公司在续签时虽约定了无固定期限,但未经程某同意而强行调岗降薪,违反了上述规定,故仲裁庭支持了程某"原岗原薪"的主张。

4. 约定"合同到期自动顺延",此种条款无效

马某入职某路政公司时,双方签订了1年期的劳动合同。该份合同中有一个特别条款:本合同到期前1个月内,若双方未以书面形式提出异议,其有效期自动延长1年,以后依此类推。在合同到期后,马某继续工作了两个月,因要求提高工资未果而辞职。

马某认为公司未与其续签合同,应支付其两个月2倍工资的差额。路政公司则以有合同延续约定且马某未按要求提出异议为由,予以拒绝。马某申请劳动仲裁后,仲裁庭裁决支持了马某的主张。

仲裁人员认为,劳动合同在约定期满后终止,双方继续保持劳动关系的,应当续订书面劳动合同。本案中,双方签订的合同中有关"本合同有效期自动延长1年,以后依此类推"的条款,因不符合法律规定而归于无效。因为它排除了劳动者以下相关权利:其一,订立劳动合同,应当遵循合法、公平、平等自愿、协商一致、诚实信用的原则,该种约定条款剥夺了劳动者的协商权;其二,这种约定导致劳动者丧失法律规定的签订二次固定期限劳动合同后应签订无固定期限劳动合同的权利;其三,这种约定使得用人单位可随时终止劳动关系,而规避其违法解除劳动合同应支付赔偿金的责任。

由于该种条款无效,所以路政公司应承担未及时与马某续签劳动合同的责任,即应当支付给马某两个月的2倍工资差额。

资料来源:http://chinajob.mohrss.gov.cn/c/2020-06-24/216975.shtml

6.4 劳动合同解除

 本节案例

原告吴某某与被告北京某劳务服务中心(以下简称某劳务中心)、被告北京某物业管理有限责任公司(以下简称某物业公司)劳动争议纠纷一案,仲裁裁决后,因吴某某不服仲

裁裁决,向海淀区人民法院提起诉讼,海淀法院受理后,依法组成合议庭,公开开庭进行了审理。

吴某某诉称,我曾系某劳务中心员工,双方签有劳动合同,合同到期日为2007年12月31日。某劳务中心将我派遣至某物业公司工作。2008年2月5日,某劳务中心向我发放工资时,采用告知书形式以劳动合同到期为由,即日起终止了与我的劳动关系。我认为,劳动合同到期后,某劳务中心未与我办理终止劳动合同手续,我继续提供劳动,双方仍存续劳动关系,视为延续劳动合同。某劳务中心终止劳动合同于法无据。此外,延续劳动合同期间,某劳务中心未依法与我签订劳动合同。现我不服仲裁裁决,故诉至法院,请求判令某劳务中心向我支付违法解除劳动合同的双倍经济补偿金4789.5元,并承担本案诉讼费用。

某劳务中心辩称,我中心于2002年12月13日注册成立。我中心与某物业公司签有劳务派遣合同,该劳务派遣合同至2008年7月23日届满。吴某某与我公司签有劳动合同,双方劳动合同于2007年12月31日终止。我中心采用口头告知、张贴书面告知书及当场发放个人告知书形式通知吴某某劳动关系终止事宜,但吴某某不同意按期终止劳动合同。因我中心不符合《劳动合同法》关于注册资本及劳动派遣工作岗位的规定,故决定办理注销手续。鉴于我中心与某物业公司签订的劳务派遣合同至2008年7月23日届满,我中心要求与吴某某在维持原劳动合同约定条件的前提下续签劳动合同,但遭吴某某拒绝。按照《关于实行劳动合同制度若干问题的通知》第二十一条之规定,某物业公司与吴某某已于2008年2月5日签订了劳动合同,且我中心与吴某某未签订劳动合同系由吴文芳个人原因所致。鉴此,我中心无须向吴某某支付经济补偿金。综上,我中心请求人民法院驳回吴某某的诉讼请求。

某物业公司辩称,吴某某是与某劳务中心签订的劳动合同,我公司只是用工单位,如果终止劳动关系,应由某劳务中心支付经济补偿金,相关责任不应由我公司承担。

经查,2003年7月24日,某物业公司与某劳务中心签订了劳务派遣合同。2006年12月20日,某劳务中心与吴某某签订劳动合同,合同期限为1年,吴某某被某劳务中心派遣至某物业公司工作,其每月工资由某物业公司转账到某劳务中心后,由某劳务中心发放。吴某某月工资标准为1635元。

2008年2月5日,某劳务中心以张贴告知书的方式通知吴某某与其终止劳动关系。告知书载明,某劳务中心因股份制改革,产业结构将发生重大调整,因某劳务中心与某物业公司以及劳动者代表就人员安置接收、劳动合同延期等问题多次协商未果,为此劳动合同已到期的劳动者及某物业公司招录的尚未与某劳务中心签订劳动合同的劳动者与某劳务中心的劳动关系自2008年2月5日起终止,2008年3月1日前合同到期的劳动者自合同到期之日起劳动关系终止。吴某某主张系由某劳务中心违法单方解除劳动关系。

关于发出上述告知书的原因,某劳务中心主张系因吴某某不同意按期终止劳动合同,且拒绝在维持原劳动合同约定条件的前提下续签劳动合同。吴某某对某劳务中心的上述主张不予认可。

另查,吴某某在某劳务中心提出与其终止劳动关系后与某物业公司签订了劳动合同。

吴某某以要求某劳务中心向其支付工资、拖欠工资的经济补偿金、违法终止劳动合同的赔偿金为由向北京市海淀区劳动争议仲裁委员会提出申诉，该委经审理，裁决某物业公司向吴某某支付2008年1月26日至2008年2月5日的工资526.2元，驳回了吴某某的其他申诉请求。

6.4.1 劳动合同解除的概念

劳动合同的解除是指劳动合同订立后，尚未全部履行前，由于某种原因导致劳动合同一方或者双方当事人提前消灭劳动关系的法律行为。劳动合同解除是劳动用工管理中比较集中且多发的用工难题，不但调解处理难度大而且用人单位的败诉概率高。因此，如何合理合法解除劳动合同，是实务中关注的一个重点。

6.4.2 劳动合同解除的类型和相关规定

从分类上看，劳动合同解除可以分为两大类型：协商解除和单方解除。

1. 协商解除

《劳动合同法》第三十六条规定："用人单位与劳动者协商一致，可以解除劳动合同。"也就是说，用人单位与劳动者在双方自愿的情况下，通过协商的方式，在达成一致意见的基础上可以提前终止劳动合同。

在实际中，经常会出现劳动法律法规规定用人单位不能解除劳动合同的情况，比如职工工伤、患病或非因工伤员工处于医疗期、女性职工处于三期（孕期、产期、哺乳期）内等等。但如果劳动者主动愿意解除劳动合同，则协商解除都是最好的解决方法，风险小、成本低、影响也更好。

2. 单方解除

单方解除劳动合同又可以分为两类：劳动者单方解除和用人单位单方解除。

1）劳动者单方解除

关于劳动者单方解除劳动合同，法律规定得比较宽松。如果用人单位存在过错，劳动者无须提前通知即可随时单方解除劳动合同。用人单位的过错形式在《劳动合同法》第三十八条中有明确的规定，如果出现了规定的下列违法行为中的一种，劳动者就可以立即解除劳动合同。

① 未按照劳动合同约定提供劳动保护或者劳动条件的；
② 未及时足额支付劳动报酬的；
③ 未依法为劳动者缴纳社会保险费的；
④ 用人单位的规章制度违反法律、法规的规定，损害劳动者权益的；
⑤ 劳动合同无效的；
⑥ 法律、行政法规规定劳动者可以解除劳动合同的其他情形；
⑦ 用人单位以暴力、威胁或者非法限制人身自由的手段强迫劳动者劳动的，或者用

人单位违章指挥、强令冒险作业危及劳动者人身安全的,劳动者可以立即解除劳动合同,不需要事先告知用人单位。

法律赋予了劳动者单方解除劳动合同的权利,无须任何法定理由,也无须用人单位批准,但如果用人单位无过错,劳动者需要履行提前通知义务,即提前三十天通知,试用期内则须提前三天通知。这也便于用人单位通过内外部招聘安排适当人选,而不至于影响工作的连续性。劳动者主动结束劳动关系的,用人单位无须支付经济补偿金。

2）用人单位单方解除劳动合同

用人单位单方解除劳动合同因涉及劳动者的就业权,所以要十分谨慎,不可挟嫌报复,也不能为了规避解除劳动合同的法律风险而故意刁难劳动者。具备法律规定的条件时,用人单位享有单方解除权,无须双方协商达成一致意见。主要包括过错性辞退、非过错性辞退、经济性裁员三种情形。

如果劳动者出现法律规定的过错情况,用人单位就可以即刻单方解除劳动合同。《劳动合同法》第三十九条详细规定了劳动者如果出现这六种过错情形之一时,用人单位可以单方解除劳动合同,且不必支付经济补偿。① 在试用期间被证明不符合录用条件的;② 严重违反用人单位的规章制度的;③ 严重失职,营私舞弊,给用人单位造成重大损害的;④ 劳动者同时与其他用人单位建立劳动关系,对完成本单位的工作任务造成严重影响,或者经用人单位提出,拒不改正的;⑤ 劳动合同无效的;⑥ 被依法追究刑事责任的。

值得注意的是,一是用人单位以劳动者存在过错为由解除劳动合同的,需对劳动者的过错承担举证责任,如果理由不充分或者证据不成立也可能被认为是违法解除劳动合同;二是用人单位单方解除劳动合同时,要注意程序合法,也就是应当事先将理由通知工会。

法律也赋予了用人单位在无过错的情况下,可以辞退员工的权利。《劳动合同法》第四十条规定了三种情况,由于劳动者的某些原因或在客观情况变化时,用人单位可以依法单方解除劳动合同。① 劳动者患病或者非因工负伤,在规定的医疗期满后不能从事原工作,也不能从事由用人单位另行安排的工作的;② 劳动者不能胜任工作,经过培训或者调整工作岗位,仍不能胜任工作的;③ 劳动合同订立时所依据的客观情况发生重大变化,致使劳动合同无法履行,经用人单位与劳动者协商,未能就变更劳动合同内容达成协议的。

在无过错性解除中,要注意三点:第一,用人单位行使该权利应当提前30日通知解除,或者额外支付一个月工资（即代通知金）替代提前通知义务。第二,由于劳动者被动结束劳动关系,根据《劳动合同法》第四十六条第三项规定,用人单位应支付经济补偿金。第三,要注意"客观情况发生重大变化"指的是企业迁移、被兼并等,这条规定只适用于少数员工的解除,否则就需要适用《劳动合同法》第四十一条的经济性裁员解除情形了。

根据《劳动合同法》第四十一条规定,有下列情形之一,需要裁减人员二十人以上或者裁减不足二十人但占企业职工总数百分之十以上的,用人单位提前三十日向工会或者全体职工说明情况,听取工会或者职工的意见后,裁减人员方案经向劳动行政部门报告,可以裁减人员:① 依照企业破产法规定进行重整的;② 生产经营发生严重困难的;③ 企业转产、重大技术革新或者经营方式调整,经变更劳动合同后,仍需裁减人员的;④ 其他因劳动合同订立时所依据的客观经济情况发生重大变化,致使劳动合同无法履行的。

值得注意的是，在进行经济性裁员时，应当优先留用下列人员：① 与本单位订立较长期限的固定期限劳动合同的；② 与本单位订立无固定期限劳动合同的；③ 家庭无其他就业人员，有需要扶养的老人或者未成年人的。用人单位依照本条第一款规定裁减人员，在六个月内重新招用人员的，应当通知被裁减的人员，并在同等条件下优先招用被裁减的人员。

6.4.3 劳动合同解除的一般程序

用人单位解除劳动关系程序一般分为通知、协议和解除后的处理这三个环节。用人单位与劳动者解除劳动合同，除了应该遵循确定的提前告知、与劳动者协商等程序，更要有确切的理由。否则，用人单位无理由解除劳动合同，劳动者可以要求赔偿和经济补偿。

1. 解除劳动合同通知发出前的环节

依照有关法律的规定，用人单位在发出解除劳动合同通知以前，必须经过特定的环节：

1) 用人单位对于因违纪、违法应予开除、除名而解除劳动合同的职工，必须针对其违纪、违法行为进行批评教育或纪律处分，经此仍然无效的，才可进行。

2) 用人单位解除劳动合同，一般应向本单位工会征求意见。用人单位违反法律、行政法规规定或者劳动合同约定的，工会有权要求用人单位纠正。用人单位应当研究工会的意见，并将处理结果书面通知工会。用人单位解除劳动合同与职工的利益密切相关，而工会是维护职工合法权益的组织，因此，在劳动合同解除时应发挥工会的作用以防止企业滥用权利，保护职工合法权益。用人单位将单方面解除劳动合同的理由事先告知工会，就能使工会及时发现单位违法解除、侵害职工权益的情况并予以制止。如果是经济性裁员，应当提前30天向本单位工会或全体职工说明情况并提供有关生产经营状况的资料，还应当将裁员方案征求工会或全体职工意见并对方案进行修改和完善。

3) 报经主管机关审核或批准。依照法律规定，裁员应当事先向劳动行政部门报告裁员方案以及工会或全体职工意见，并听取劳动行政部门的意见。

2. 解除劳动合同通知发出和签订协议环节

1) 用人单位解除劳动合同，应当以书面形式将解除劳动合同的决定通知对方。在经济性裁员时，这种通知的形式为正式公布裁员方案。

2) 用人单位解除劳动合同，应当由合同当事人双方就合同解除的日期和法律后果，依法签订书面协议。

3) 用人单位在通知解除劳动合同时，应按直接通知——邮寄通知——公告通知——进行通知的顺序进行。只有当前一种无法通知时方可用下一种通知方式进行。

4) 支付经济补偿金。

【知识链接6-6】

劳动合同解除应合法合规

赵某在某公司从事质检工作，该公司于2019年4月30日向赵某送达《停产待岗通知书》，内容主要为：因公司海产品加工业务停产、停工，要求赵某停工待岗，期限暂定为六个月。

2020年3月28日，该公司向赵某邮寄送达《复岗通知函》，要求赵某于2020年2月10日到某村268号进行培训。赵某根据通知要求到达某村268号，发现该地点为村民房屋，只有一个保安，没有培训人员。2020年5月28日，该公司以赵某"自2019年5月5日连续旷工一年以上，严重违反公司规章制度"为由解除与赵某的劳动合同关系。

赵某不服申请仲裁，认为该公司违法解除劳动合同，要求支付经济赔偿金。劳动仲裁委支持赵某申请，裁决该公司赔偿赵某经济赔偿金，该公司不服提起诉讼，要求不赔偿赵某经济赔偿金。

法院经审理认为，赵某根据公司的培训通知于次日到达培训地点，该地点为村民房屋、无培训人员，且根据现场调查情况，该培训地点是村中居民房屋，该公司租用的仅为一间房屋，该地的环境与条件均不符合实际办公和培训需求。某公司提供的证据不能证明其安排的待岗培训地点及环境符合培训要求，也不能证明确实开展了所谓的培训，某公司以赵某未参加待岗期间的公司培训行为构成旷工为由单方解除与赵某的劳动合同关系的行为违法，应向赵某支付违法解除劳动合同经济赔偿金。遂驳回某公司的诉讼请求。

我国劳动合同法明确规定，用人单位单方解除与劳动者之间的劳动合同必须具备法定条件、遵守法定程序，违反劳动合同法规定解除或者终止与劳动者劳动合同的，应当向劳动者支付赔偿金。因此用人单位单方作出解除劳动合同关系的决定必须符合程序合法、理由正当的要件要求，否则可能造成"走了职工，赔了钱财"的局面。

资料来源：https://new.qq.com/omn/20220301/20220301A0952300.html

3. 解除劳动合同后的环节

1) 办理社会保险手续。凡是应当由用人单位为劳动者缴纳的社会保险费用，在解除劳动合同时用人单位应当负责全部缴足。劳动者应持有的各类社会保险手册或缴费凭证应交由个人持有。劳动者要求转移社会保险关系的，用人单位应当为其办理。

2) 失业登记。用人单位应当及时为失业人员出具解除劳动关系的证明，告知其按照规定享受失业保险待遇的权利，并将失业人员的名单自解除劳动关系之日起7日内报社会保险经办机构备案。用人单位对已经解除或者终止的劳动合同的文本，至少保存2年备查。同时还应将劳动者本人档案转移至地方劳动部门或劳动力交流市场。

3) 如果是经济性裁员，还应为被裁减人员提供自裁员之日起6个月内优先录用的就业保障。

4) 劳动合同解除后,用人单位应当报请当地劳动行政部门备案。另外,解除劳动合同还应依法通知工会,工会认为解除劳动合同不适当的,有权提出意见,用人单位对意见应认真研究;如果解除劳动合同违法,工会有权要求用人单位重新处理。

6.5 企业劳动合同管理

本节案例

某公司在与员工签订劳动合同时遇到一个棘手问题,员工甲 2008 年 1 月 1 日进厂,但公司一直遗忘与员工甲签订劳动合同,员工甲知道公司如果不与其签订书面劳动合同,依法需要向其支付双倍的工资,因此一直不动声色,直至 2008 年 5 月 1 日,公司对劳动合同进行了一次普查,才发现与员工甲漏签了劳动合同,公司表示要与员工甲补签劳动合同,员工甲同意补签,但是公司要先支付其 2008 年 1 月至 4 月的另一倍工资,否则员工甲只愿意将补签劳动合同日期订在 2008 年 5 月 1 日。

思考问题:公司应当如何处理上述案件较为妥当?

劳动合同管理是指根据国家法律、法规和政策的要求,运用组织、指挥、协调、实施职能对合同的订立、履行、变更和解除、终止等全过程的行为所进行的一系列管理工作的总称。劳动合同管理是人力资源管理中重要的一个环节,加强劳动合同管理,提高劳动合同的履约率,对于提高劳动者的绩效,激发劳动者的积极性,维护和谐的劳动关系,促进企业的健康发展来说具有十分重要的意义。

6.5.1 劳动合同管理的作用

1. 维护劳动关系相关法律的严肃性

虽然《劳动法》《劳动合同法》等法律已经实施多年,但部分单位和劳动者的法律观念和合同意识依然不高,不依法订立和履行劳动合同的现象依然存在,由此引发的劳动纠纷也经常发生。比如有的单位单方面提供格式合同,不尊重劳动者的合法权益;有的劳动合同中的条款和内容,只规定劳动者违约应承担的责任,未体现公平原则;有的劳动合同条款不清,标的不明,重要的内容比如合同期限、工作地点、薪酬待遇等语焉不详;有的用人单位违法解除劳动合同等等。通过加强劳动合同管理,可以及时发现和纠正劳动合同订立和履行中存在的问题,维护劳动合同的严肃性,有效地提高劳动合同的履约率,保护劳动者和用人单位双方的合法权益。

2. 保障劳动合同的订立和履行

劳动合同的订立和履行,需要劳动者和用人单位共同遵循劳动合同和相关法律的规定。在现实中,一方面部分企业不顾劳动合同的条款,违反《劳动法》《劳动合同法》等相关法律规定,损害了劳动者的合法权益;另一方面,也有部分劳动者不依照相关程序,频繁跳槽,合同期限未满即不辞而别,给企业生产经营造成困难。因此,通过加强对劳动合同执行情况的监督检查,督促劳动合同主体双方依法订立和严格履行劳动合同,对违反劳动合同的给予惩罚,保护受损方的合法权益,对劳动关系的稳定和健康发展有积极作用。

3. 预防和减少劳动争议的发生

现有劳动纠纷发生的原因,一是劳动关系的双方对劳动合同的重视程度不够,未严格执行合同条款;二是当劳动合同的相关条款未得到执行时,没有相应的制度予以检查和纠正,导致合同双方的矛盾冲突升级。三是双方主体就劳动合同中的条款发生争议纠纷时,缺乏协调协商的机制,无助于解决冲突。加强劳动合同里,包括劳动关系相关法律法规宣传、健全各项管理制度、开展监督检查等活动,使劳动合同管理制度化、规范化,就可以有效地防止劳动争议案件的发生,即使发生矛盾和纠纷,也能及时发现和采取有效的处理办法,从而使双方的矛盾和纠纷得以缓解和解决。

6.5.2 劳动合同管理的主体和方式

劳动合同的管理既涉及政府主管部门,也涉及企业内部,不同层面的管理方式有比较大的差异。

1. 政府主管部门对劳动合同的管理

对劳动合同进行监督管理的主要部门是劳动保障行政部门,其对用人单位和劳动者进行政策指导、咨询服务、监督检查以及提供劳动合同范本、开展劳动合同鉴证等,是各级劳动保障行政部门加强劳动合同管理的主要方式。具体包括:

1) 通过法律法规的宣传,保障劳动合同的签订和履行。

2) 通过常规性的执法监督工作,发现劳动合同的订立、履行、解除、终止中的问题,并及时解决和纠正。

3) 通过实行劳动合同鉴证制度,掌握劳动合同订立、变更、解除、终止等环节的动态情况。

4) 通过对用人单位劳动合同管理工作的指导,发现企业劳动合同管理中的各类问题,切实帮助强化企业的劳动合同管理工作。

5) 通过严格的处罚措施,查处不符合法律规定的劳动合同,提升劳动合同双方遵守劳动合同的自觉性。

6) 通过劳动合同管理制度的建设与完善,构建劳动合同签证制度、劳动合同履行情况检查制度、劳动合同档案制度、劳动合同统计制度以及劳动合同审查备案制度等系列制度。

2. 企业对劳动合同的管理

用人单位的劳动合同管理制度具体包括:

1）检查、完善和规范劳动合同的条款和内容。用人单位应当经常检查已签订的劳动合同，必备条款不全的应尽快补充完整，对其中内容不符合《劳动法》《劳动合同法》及有关规定的条款进行修改。对约定条款可以进一步细化和补充，明确双方的权利义务，防止在用工过程中产生不必要的纠纷。

2）建立现代化和规范化的劳动合同管理体系。用人单位应建立劳动合同台账，对劳动者的基本情况、实际工作年限、劳动合同期限、劳动合同约定条款进行动态跟踪和记录，尽可能地使用现代信息技术，推动劳动合同管理的数字化和劳动合同的电子化。

3）制定详细的劳动合同管理制度。用人单位应就劳动合同管理的各个环节，节分别制定行之有效的管理制度，保证劳动合同管理活动的正常运行，同时设立和培养劳动合同管理的专门岗位和专属人员，不断提升劳动合同的管理水平。

4）加强对劳动合同管理制度的监督。工会和职代会要积极参与本单位劳动合同制度的建立和管理工作，定期按时监督本单位劳动合同的履行情况，对劳动合同管理中的疏漏及时反馈并监督用人单位及时纠正。

5）建立相关配套制度。由于劳动合同中涉及福利计划、劳动保护、休息休假等内容，因此为了更好地履行劳动合同，用人单位要依照国家法律法规，建立健全支撑劳动合同制度运行的企业内部配套制度和设施设备。

【知识链接6-7】

劳动合同鉴证

劳动合同鉴证，是劳动合同鉴证机关依法审查、证明劳动合同真实性和合法性的一项行政监督和服务措施。鉴证机关为地方劳动行政部门，其鉴证职能一般由劳动保障行政部门中的劳动仲裁办事机构具体实施，其管辖范围以合同签订地或履行地为标志具体界定。劳动合同鉴证的范围，及于我国境内各种用人单位和各种劳动者的劳动合同，包括法定应当鉴证的劳动合同和当事人自愿申请鉴证的劳动合同，包含劳动合同订立、续订、变更等各个环节，根据有关立法规定，劳动合同鉴证系列活动如下所述：

1. 鉴证审查的内容包括：(1)双方当事人是否具备签订劳动合同的资格；(2)合同内容是否符合法规和政策；(3)双方当事人是否在平等自愿和协商一致的基础上签订劳动合同；(4)合同条款是否完备，双方的责任、权利、义务是否明确；(5)中外合同文本是否一致。

2. 鉴证过程中当事人应履行的主要义务有：(1)应当到场参加鉴证。其中，用人单位一方应当为法定代表人、主要负责人或者委托代理人；劳动者一方应为本人或委托代理人。(2)应当依法提交有关材料。其中包括劳动合同文本3份；法人单位法定代表人或非法人单位主要负责人的身份证明或授权委托书；非法人单位营业执照；劳动者身份证明；鉴证机关认为需要的其他材料。(3)应当按法定标准缴纳鉴证费。

3. 鉴证机关对不同情况分别作下述处理：(1)对审查合格的劳动合同，应予鉴证，由鉴证人员在合同文本上签名并加盖鉴证专用章,注明鉴证日期。(2)当事人提供的合同文本及证明材料不完备的,应通知当事人补全。(3)对不真实、不合法的劳动合同,不予鉴证,并向当事人说明理由,在合同文本上注明。(4)对审查不合格的劳动合同,应指导当事人修改或重新签订,然后再办鉴证手续。

已鉴证的劳动合同,因其依据的法规政策发生变化而与现行法规政策有矛盾的,可免费重新鉴证;劳动合同鉴证后发现确有错误的,应立即撤销鉴证并退还鉴证费,或重新鉴证。

资料来源:徐智华:《劳动合同法研究》,北京大学出版社,2011。

本章小结

劳动合同是用人单位与劳动者之间确定劳动关系,明确相互权利与义务的协议。因此,劳动合同的主体一方是用人单位,另一方是劳动者;而劳动合同则是私法和公法的混合体。

就劳动合同的内容而言,有必备条款和约定条款两个部分。《劳动法》对必备条款进行了明确的界定,而约定条款则劳动合同的当事人通过协商来确定。

根据相关法律的规定,劳动合同的变更包括:自愿协商变更、依法定情形协商变更、依据劳动合同的约定或内部规章制度而导致的变更,且劳动合同变更需要履行一定的程序。

劳动合同续订是指劳动合同期限届满后,劳动者与用人单位继续延长劳动合同有效期的法律行为。同样,劳动合同续订也应该坚持平等自愿、协商一致的原则,不能违反国家法律法规的规定。

劳动合同终止是指劳动合同的法律效力自然消灭或经判决、裁决而消灭,《劳动法》对劳动合同终止的情形有专门的规定。

劳动合同解除是指在劳动合同订立后,尚未全部履行前,由于某种原因导致劳动合同一方或双方当事人提前消灭劳动关系的法律行为。劳动合同解除包括协商解除、单方解除,而单方解除又包括劳动者单方解除合同和用人单位单方解除劳动合同,相关法律法规对此均有严格的规定。

劳动合同管理也是人力资源管理中重要的一个环节,企业与政府主管部门都需要承担起应有的管理之责。

 延伸阅读

杨德敏,论劳动关系与劳务关系.《河北法学》2005 年第 7 期。

练习题

一、思考题
1. 劳动合同管理的主要内容有哪些?
2. 劳动合同的必备条款有哪些?
3. 劳动合同变更的基本程序有哪些?
4. 劳动合同解除分为哪几种情形?
5. 劳动合同终止与续订分别应遵循什么原则?
6. 什么情况下劳动者可以单方面解除劳动合同?

二、案例分析题

用人单位涂改劳动合同

黄某与某科技网络公司于 2015 年 7 月签订劳动合同,担任数据中心部门算法工程师,合同期限三年。2016 年 9 月 26 日,某科技网络公司以客观情况发生重大变化为由,提出解除劳动合同,通知黄某 30 日内办理离职手续。黄某于 2016 年 9 月 27 日办理了离职手续,随后双方产生纠纷诉至法院。

黄某主张某科技网络公司系违法解除劳动合同,要求支付违法解除劳动合同赔偿金。某科技网络公司认为黄某自 2016 年 9 月 28 日至 30 日连续旷工三天,违反了公司员工手册规定,故与黄某解除劳动合同,不应支付违法解除劳动合同赔偿金。

法院认为,某科技网络公司以电子邮件形式向黄某发出解除劳动关系通知书,黄某已办理离职交接后,又以黄某旷工为由,向黄某邮寄解除劳动关系通知,属于严重的不诚信行为。且某科技网络公司未能举证证明,发送解除劳动合同电子邮件中主张的解除理由,应承担不利后果,故某科技网络公司解除与黄某的劳动合同缺乏事实和法律依据,属于违法解除。

在认定黄某工资标准时,双方产生分歧。黄某提交的劳动合同显示月工资为 35 000 元,每年发 14 薪。某科技网络公司提交的劳动合同显示"试用期满后,员工提供正常劳动的月劳动报酬为税前人民币叁万伍仟元"字样,但该条内容后未显示"14 薪"字样。经法院核实,该条内容后有明显刮除痕迹,纸张明显比同页其他纸张薄,而某科技网络公司未作出合理解释,法院结合某科技网络公司的一系列不诚信行为,对劳动合同中约定的 14 薪,予以采信。

资料来源:https://zhuanlan.zhihu.com/p/55653792

讨论问题
1. 对于黄某的主张,你是否认同? 为什么?
2. 站在管理者的立场,你认为应该如何避免类似风险发生?

第 7 章　企业劳动关系集体协商

学习目标

➢ 掌握集体劳动关系与个体劳动关系的概念；
➢ 了解集体劳动合同的种类；
➢ 了解集体协商的类型、主体和程序；
➢ 了解集体劳动合同的签订、变更、解除与终止。

7.1　集体劳动关系概述

本节案例

京东集团积极破解"四难"促进企业与职工和谐发展

作为互联网头部企业之一，京东集团自 2021 年 8 月 30 日成立工会组织以来，在全国总工会、北京市总工会和北京经济技术开发区总工会三级工会的共同推动和指导帮助下，顺势而为，同步推进集体协商与职代会制度建设，率先建立了集团跨省市、跨区域的集体协商及覆盖全国的职工代表大会制度。

在建立工会后，如何将最有群众基础的职工代表选出来，如何将民主协商贯穿职代会筹备、召开全过程，既要依法依规也要因"实"制宜，京东集团结合自身实际情况和互联网平台企业技术优势，积极探索了一些创新性做法。

一是破解"代表选举关"的难题。职代会代表的选举工作方面，在充分听取上级工会指导意见的前提下，京东集团以集团各业务单位划定选区，严格按照法定程序采用无记名投票的方式进行差额选举，并发挥京东集团的技术优势，为代表选举单独开发了网上投票系统，由第三方公证机构的公证人员对选票投放、导出投票结果和计票过程进行全程公证，实现了选举过程公开透明。

二是破解"集体协商难"的问题。京东集团组织架构多元化、企业分布全国各地、职工多，特别是一线快递员有二十多万人，如何有效开展集体协商，对于京东集团和所在开发区总工会都是一道难题。全国总工会、北京市总工会领导多次赴京东集团调研指导，研究探讨适合京东特色的协商模式。

三是破解"集中开会难"的问题。根据疫情防控要求,在北京京东集团总部设立了职代会主会场,另在全国设8个分会场,通过实时视频连线的方式,主会场、分会场同步开会,大大提高了效率,降低了疫情风险。虽然采取视频职代会的形式,但在关键环节和原则性问题上,严格遵循民主管理依法依规的要求。

四是破解"职代会务实难"的问题。京东集团第一届第一次职工代表大会严格落实大会各项法定职权,并遵循法定程序规范召开。本次大会提案和议题的内容是在集体协商征求职工意见、听取职工建议的基础上,进一步广泛、深入、系统调研职工诉求,把职工高度关注的涉及切身利益的事项通过职代会落到了实处。

资料来源:工会博览.2022,(7):28-29

京东集团力求将"企业健康发展"与"保障职工合法权益"的"双赢"目标通过职代会得到充分的宣传和贯彻落实。京东集团通过开展集体协商,建立健全企业民主管理制度,构建企业和谐劳动关系,助力企业的高质量发展。那么对于企业来说,如何确保集体协商的有效性?工会在集体协商过程中,应该注意哪些问题?

7.1.1 集体劳动关系概念

集体劳动关系是员工团体或工会与企业就劳动条件、劳动标准和待遇进行谈判和协商,调整企业与员工团体的相互关系。集体劳动关系的发展是以我国相关的立法发展为基础的。1992年颁布的《工会法》,1994年通过《劳动法》,以此为基础,我国开始了集体劳动关系的立法。1994年劳动部颁发《关于印发〈集体合同规定〉的通知》并于1995年实施《集体合同规定》,对集体劳动关系进行了规范。1995年全国总工会颁布《工会参加平等协商和签订集体合同试行办法》,对工会代表职工依法与企业进行平等协商和签订集体合同进行了规定。2000年劳动和社会保障部颁布了《工资集体协商试行办法》,对集体合同中的工资专项合同进行了明确。2001年《关于修改〈中华人民共和国工会法〉的决定》,对工会在集体协商和集体合同过程中权力进行了规定。2004年劳动和社会保障部对《集体合同规定》进行了修订。2007年颁布《劳动合同法》及2012年《关于修改〈中华人民共和国劳动合同法〉的决定》,对集体协商制度进行了再确认,明确了集体劳动关系的合同签订主体、内容等。

集体协商和订立集体合同是形成集体劳动关系过程中的两个阶段,集体协商与集体合同是一件事情的两个部分,集体协商是签订集体合同的程序和前提,不进行集体协商就无法签订集体合同;集体合同是集体协商的结果,也是集体协商的最终目的。因此,集体谈判权是通过集体协商和集体合同来实现和保障的,集体协商与集体合同是不可分离的。

集体协商是指用人单位与工会或员工代表就劳动条件、劳动标准及劳动关系问题等进行协商的行为。2003年的《集体合同规定》第三条,集体合同是指企业职工一方与用人单位就劳动报酬、工作时间、休息休假、劳动安全卫生、保险福利等事项,通过平等协商达成的书面协议。

集体合同制度是关于开展集体协商签订集体合同的相关法律法规和政策措施的总

称。集体合同和劳动合同都是调整劳动关系,集体合同涉及的是集体劳动关系,劳动合同涉及的是个体劳动关系。集体合同的签订需要履行报批程序,因此,集体合同更多是在劳动者与用人单位签订个体劳动合同后,才进一步签订集体合同。

7.1.2 集体合同的种类

根据集体协商与集体合同涉及的内容来划分,可以分为集体合同和专项集体合同;根据集体协商与集体合同签订的主体范围来划分,可以分为企业集体合同和区域、行业性集体合同;根据构建集体协商与集体合同制度的层次来划分,可以分为政府主导型制度、行会主导型制度和工会主导型制度。

1. 集体合同与专项集体合同

集体合同指按照《集体合同规定》对劳动条件和劳动标准进行全面规范,涉及劳动报酬、工作时间、休息休假、劳动安全卫生、保险福利等事项。

专项集体合同是指用人单位与劳动者根据法律、法规、规章的规定,就集体协商的某项内容签订的专项书面协议。《劳动合同法》第52条规定:企业职工一方与用人单位可以订立劳动安全卫生、女职工权益保护、工资调整机制等专项集体合同。

2. 企业集体合同与区域性、行业性集体合同

企业集体合同是指由工会代表企业职工一方与用人单位订立的集体劳动合同,尚未建立工会的用人单位,由上级工会指导劳动者推举的代表与用人单位订立。

区域性、行业性集体合同主要是指由区域或行业工会与相应区域或行业企业,就劳动报酬、工作时间、劳动安全卫生等事项进行平等协商后签订的集体合同。《劳动合同法》第53条规定:在县级以下区域内,建筑业、采矿业、餐饮服务业等行业可以由工会与企业方面代表订立行业性集体合同,或者订立区域性集体合同。因此,区域性、行业性集体合同更多适用于流动性较高、劳动者核心能力不强的行业以及基层(镇、村、街道)较小的区域内。

【知识链接7-1】

中国集体合同的模式及困境

中国的集体合同主要是通过"党政主导、工会运作"的方式自上而下推动的,通过行政力量对企业集体协商工作的介入来扩大集体协商的覆盖面,具有典型的行政色彩。

在未来的集体合同制度建设过程中,需要有以下几点认识。首先,需要明晰集体合同工作的自治性特征。不能把集体协商变成政府与企业的协商,从而把"劳资问题"转换成"劳政问题",将政府始终置于劳动关系的一线,承担各种本不属于自己的责任。其次,需要明确集体合同工作中工会一方的权力来源。我们需要对企业工会体制做相应的变革,

企业工会主席应该从工人群体中民主选举产生,而不应该由资方任意指定。最后,需要明白,在中国特色的政治制度中,工会在代表和维护工人具体权益的同时,也需要兼顾包括企业方利益在内的总体利益,但也要认识到企业工会是无法具备这种协调功能的。不同于西方的产业工会体制,企业工会能在雇主控制的工作场所中维护好工人利益已属不易。因此,这就需要地方工会更多地承担这种功能,一方面,需要加强和改善对于企业工会的领导,帮助其理性维权和科学维权;另一方面,在劳资力量总体不平衡的宏观局面下,地方工会需要对企业雇主形成一种持续的压力。

资料来源:闻效仪.集体合同工作中的行政模式以及工会困境[J].中国党政干部论坛.2013(05):11-14.

7.1.3 集体劳动关系与个体劳动关系

集体劳动关系形成的是集体合同,个体劳动关系签订是劳动合同,集体劳动合同是对劳动合同的重要补充,从内容上来看,集体合同与劳动合同的主要区别表现在以下方面。

一是内容和当事人不同。集体合同是确定劳动者团体与企业的权利和义务,是由职工协商代表与用人单位签订的;劳动合同是劳动者个人与用人单位权利和义务的约定,是职工个人与用人单位签订的。

二是效力不同。集体合同对企业和全体职工都有法律约束力,行业性、区域性集体合同对当地本行业、本区域的用人单位和劳动者具有约束力。劳动合同只对企业和合同签订当事人有约束力。集体合同的效力要高于劳动合同,集体合同的劳动条件和标准不得低于劳动合同。

三是生效时间不同。集体合同签订后要报送劳动保障行政部门,劳动保障行政部门自收到文本之日起15日内未提出异议的,集体合同或专项集体合同即行生效。劳动合同以约定的生效时间为准,没有约定生效时间的,以当事人签字或者盖章的时间为生效时间。

四是期限不同。集体合同或专项集体合同期限一般为1至3年,期满或双方约定的终止条件出现,即行终止。劳动合同期限分为固定期限、无固定期限和以完成一定工作三种。

【知识链接7-2】

美国学者桑德沃在1987年出版的《劳动关系:过程与结果》一书中提出了自己劳动关系分析的理论模型,他指出:工会运动在解决紧张冲突的过程中,集体谈判是基本手段。工会一般就工资、工时和工作条件等同雇主或企业管理者进行集体谈判;在集体谈判的基础上,签订集体合同和有关协议,集体合同和有关协议成为工作场所的行为准则,或对工作场所产生影响,使工作场所得到改善;工作场所的改善和发展变化又会对外部环境产生影响,外部环境也因此得到改善;外部环境的改善和发展变化又反过来影响劳动关系的运作。

集体谈判是工会用来解决工人们在工作场所紧张冲突的主要手段。集体谈判的基本产物是集体合同的签订。基于谈判而签订的集体合同一般会就工作时间及其补偿作出规定;集体合同还要详细说明工人们什么时间可以或不可以罢工。人们对集体合同的适应过程和对集体合同的管理过程也是集体合同的一部分。

资料来源:郭庆松.当代劳动关系理论及其最新发展[J].上海行政学院学报.2002(02):101-112.

7.2 劳动关系集体协商

本节案例

2010年10月,陈某与某企业签订了为期三年的劳动合同。合同履行期间,2011年5月,企业工会与企业经协商签订了一份集体合同,集体合同中约定,企业员工每年年终可额外获得一个月工资的年终奖金。该集体合同获得企业职工代表大会通过并经当地劳动行政部门审核后,于2011年6月开始生效实施。2011年年底,陈某在领工资时发现,自己并没有得到企业额外支付的一个月工资。于是,陈某向企业提出补发一个月工资的要求。但企业方面表示,陈某和企业签订的劳动合同中约定了劳动报酬的支付形式、次数及数额,其中并未约定额外支付工资的内容,双方应当严格按照劳动合同的约定履行。由于企业不同意陈某提出的补发一个月工资的要求,双方产生争议。陈某向当地劳动争议仲裁委员会申请仲裁。仲裁委员会审理后做出裁决,企业按照集体合同的约定,补发陈某一个月工资的年终奖金。

7.2.1 集体协商的类型

集体协商不仅是一种讨价还价的经济行为,还是制定规则以约束双方行为的过程,即集体协商本身成了一个规则制定的过程。规则包括制度规则的程序、实体性规则和程序性规则,实体性规则是集体协商重要的经济成果,程序性规则是建立和管理规则的程序。实体性规则与程序性规则的最终功能都是化解利益矛盾,解决劳资争议。然而,实体性规则注重从事实层面解决,通过"满意"的结果来协调利益。程序性规则强调从心理层面解决,通过"正确"的流程来解决争端。根据实体性规则和程序性规则的强弱程度,可以把集体协商分为政府主导型集体协商、工人主导型集体协商、雇主主导型集体协商和工会主导型集体协商。

政府主导型集体协商的发起主体是党政机构,通过自上而下的行政力量促使企业签订集体合同,工会是行政力量的载体,这种类型的集体协商覆盖面全,具有低标准、高强制的特点。但这种类型缺少劳资博弈过程,很难形成具体的实体性规则,无法形成对各主体的规范。

工人主导型集体协商主要发生在停工现场。在协商过程中,政府通过工会或人社部门鼓励工人选出代表,提出协商条件,与雇主直接协商。这种"先停工后协商"的模式,对劳资双方都会造成较大影响,很难实质性减少劳动冲突的发生频率。

雇主主导型集体协商的发起主体是雇主行业协会与行业工会,行业协会支持成立行业工会,定期进行集体协商,重点就工资工价进行协商,更多适用于中小企业,实现区域区工价的统一。这种集体协商主要作用在于稳定经济和劳动秩序。

工会主导型集体协商的发起主体是企业工会,这种类型最接近于经典的集体协商模式。企业工会与企业行政就职工的工资、福利、劳动条件等进行协商形成集体合同,更多适用于大企业。主要作用在于稳定职工队伍,提高员工满意度。

【知识链接 7-3】

中国工资集体协商的特点

我国工资集体协商制度既不同于西方的协商制度,也不同于西方的集体谈判制度,是两者结合的特殊制度,由此决定了我国的工资集体谈判制度具有以下几方面特点:

(一)谈判基础:以利益合作为导向的集体协商。西方经济学的工资集体谈判理论必然研究工会罢工和企业闭厂对促成最后工资合意的影响。中国法律尚未赋予工会和企业罢工权和闭厂权,政府提倡并积极引导一种以合作利益为基础的劳资关系。

(二)国家干预:政府主导型的集体协商。在中国,政府在劳资关系的形成和处理中起着主导作用。为了稳定劳动关系、维护工业和平,政府积极维护现有工会体制,在企业推行工资集体协商。

(三)利益代表:多元劳资利益代表的集体协商。虽然有的市场经济国家采取的是劳动者双元利益代表制度,如德国并存跨企业的集体谈判、企业内的"共决制",但是该国法律只赋予工会集体谈判权。而我国现行集体协商和集体合同制度中,除了企业工会有权进行集体协商,具有集体合同的签约主体资格外,职工推选的代表有同等权利。因此,《工资集体协商试行办法》《集体合同规定》将集体合同一方主体称为"职工代表",而非工会。即工会也是作为职工代表的身份与企业签订集体合同。

(四)分散程度:分散型为主的集体协商。国家层次的法律法规只规定了企业一级的集体协商和集体合同制度,赋予了企业级工会签订集体合同的法律主体资格。有的地方为解决未建立工会的小企业中的劳动条件形成问题,以协调小企业内的劳资关系而推行区域性、行业性集体协商,并在有的地方性集体合同条例中,对区域性、行业性集体协商和集体合同有所规定。

资料来源:黄任民.中国工资集体协商的特点及工会的作用[J].中国劳动关系学院学报.2009,23(05):53-57.

7.2.2 集体协商的主体

集体协商的主体限于劳动关系中的劳方和资方。集体协商是团体行为,即是劳方组织与资方组织之间的协商与谈判。

1. 劳方主体

集体协商的主体在劳动者一方一般是劳动者代表或劳动者组织——工会。《集体合同规定》第二十条指出,职工一方的协商代表由本单位工会选派。未建立工会的,由本单位职工民主推荐,并经本单位半数以上职工同意。《工会法》第二十条规定,工会代表职工与企业以及实行企业化管理的事业单位进行平等协商。因此,工会或职工代表是集体谈判中的劳方主体。已建立工会的由工会主席代表担当劳方的首席代表,或者工会主席书面委托一名副主席担任劳方首席代表;未建立工会的劳方首席代表由职工民主推举产生,并得到半数以上职工同意。

2. 资方主体

《集体合同规定》第二十条规定:用人单位一方的协商代表,由用人单位法定代表人指派,首席代表由单位法定代表人担任或由其书面委托的其他管理人员担任。因此,资方主体可以是法定代表人或法定代表人指派的人员,也可以是雇主组织。中国企业联合会(中国企业家协会)是中国政府承诺的中国雇主最大的代表性组织。在中国,进行集体协调的更多是企业层面,企业行政一方是集体协商的主体,因此,雇主组织在现实中很少参与集体协商。

3. 其他代表

为使集体协商过程更具有专业性,协商双方都可以委托企业以外的专业人士作为本方代表,《工资集体协商试行办法》规定,委托人数不能超过本文代表的1/3。

【知识链接 7-4】

集体合同主体辨析

学界有关集体合同主体理论的探讨,主要有"职工主体说""工会和职工共同主体说"以及"工会主体说""同一说"等代表性的观点。这些观点从某些方面揭示出集体合同主体的一些本质和特征,但是也存在种种不足。

职工主体说认为职工才是集体合同的主体,工会仅仅是职工的代表,工会在集体合同中只是代表的角色。职工主体说指出了工会机关的地位仅仅是一种代表,这就意味着工会机关并不是权利和义务的最终承担者,它只是在代表他人签订合同而已。但职工代表说最大的不足和矛盾就在于将工会机关代表的对象限定为职工一方,也就是全体职工,而不是工会这个社团法人。

共同主体说认为,集体谈判的劳方主体应该由劳动者和工会共同组成,而且认为这是一种不可分割的主体,其中劳动者是意志主体、工会是形式主体。共同主体说的合理之处在于,指出了工会机关和职工事实上都参与到了劳动合同的缔结过程。但该说在工会的独立性、工会机关和职工的关系等方面并没有交代清楚。假如工会和职工都是集体合同的主体,那么如果发生纠纷应该以谁为当事人?权利和义务又该如何承受?难道工会机关和全体职工都是承担无限责任的连带债务人吗?

工会主体说认为,当我国劳动法将集体合同确定为规范性合同,集体合同当事人就应当是工会组织,劳动者只能是集体合同关系人。因此,工会组织应当承担相应法律责任。在工会和职工的关系问题上,认为二者是"代表者和被代表者的关系"。工会主体说却将劳动者和工会在集体合同的缔结问题上作为两个主体来看待,认为工会是集体合同的主体,劳动者是集体合同的关系人,工会和劳动者之间的关系是代表人与被代表人的关系,但同时又没有清晰地界定何谓关系人,关系人和被代表人之间又是什么关系?

同一说认为,工会法人是集体合同的劳方主体,工会机关对外代表工会签订集体合同的权利,受到工会会员大会或者代表大会的最终制约。首先,职工和工会是一个不可分割的同一体,职工是工会存在的基础,工会是以职工为基础成立的社团法人。其次,工会这个社团法人由工会机关为代表对外从事行为,包括签订集体合同,而工会机关所从事的代表行为,包括签订集体合同的法律后果由作为社团法人的工会承担。工会法人是集体合同的劳方主体。其三,工会机关对外代表工会签订集体合同的权利,受到了社员大会,也即工会会员大会或者代表大会这个议事机关的最终制约。其四,由于职工是工会法人的成员,所以对工会法人有约束力的集体合同也直接约束作为会员的职工。

资料来源:孙德强,沈建峰. 集体合同主体辨析[J]. 政法论坛. 2009,27(03):181-185.

7.2.3 集体协商的程序

由于集体合同属于要式合同,因此,进行集体协商的各个环节,包括要约承诺、协商议案拟定、合同审议、合同公布等所有程序必须按规定执行。《集体合同规定》对集体协商的程序做出了规定。

1. 提出书面要约

集体协商的任何一方均可就签订集体合同或专项集体合同以及相关事宜,以书面形式向对方提出进行集体协商的要求。一方提出进行集体协商要求的,另一方应当在收到集体协商要求之日起20日内以书面形式给予回应,无正当理由不得拒绝进行集体协商。一般情况下,由劳方向资方提出要约,企业对劳方的要约进行回应。

2. 集体协商准备

劳方和资方的协商代表在协商前应熟悉与集体协商内容有关的法律、法规、规章和制度,了解与集体协商内容有关的情况和资料,收集用人单位和职工对协商意向所持的意见。除此之外,双方应该准备好协商实施方案、参与人员资格认定材料等。

3. 拟定集体协商议题

集体协商议题可由提出协商一方起草,也可由双方指派代表共同起草。协商双方要确定集体协商的时间、地点等事项。在集体协商前,协商双方要共同确定一名非协商代表担任集体协商记录员,记录员的基本要求是保持中立、公正,并为集体协商双方保密。

4. 召开集体协商会议

集体协商会议由双方首席代表轮流主持,并按下列程序进行:一是宣布议程和会议纪律;二是一方首席代表提出协商的具体内容和要求,另一方首席代表就对方的要求作出回应;三是协商双方就商谈事项发表各自意见,开展充分讨论;四是双方首席代表归纳意见。达成一致的,应当形成集体合同草案或专项集体合同草案,由双方首席代表签字。集体协商未达成一致意见或出现事先未预料的问题时,经双方协商,可以中止协商。中止期限及下次协商时间、地点、内容由双方商定。

7.3 集体合同

本节案例

2020年2月1日,甲公司与工会经过协商签订了集体合同,规定职工的月工资不低于2 000元。2020年2月8日,甲公司将集体合同文本送劳动行政部门审查,但劳动行政部门一直未予答复。2021年1月,甲公司招聘李某为销售经理,双方签订了为期2年的合同,月工资5 000元。几个月过去了,李某业绩不佳,公司渐渐地对他失去信心。2021年6月,公司降低了李某的工资,只发给李某1 600元工资。李某就此事与公司协商未果,2021年7月,李某解除了与公司的合同。请思考1. 集体合同是否生效,为什么?2. 李某业绩不佳,公司可否只发其1 600元的工资,为什么?

7.3.1 签订集体合同的原则

《集体合同规定》第五条规定,用人单位与员工进行集体协商,签订集体合同或专项集体合同,应当遵循下列原则。

一是合法合规原则。集体协商和签订集体合同的主体、内容、程序等应遵守国家和地方的法律、法规、规章及有关政策规定。

二是相互尊重、平等协商原则。协商双方具有平等的法律地位,享有平等的协商权利,通过协商解决矛盾,达到统一认识、统一意见的目的,在平等的基础上进行集体协商和签订集体合同。

三是诚实守信、公平合作原则。在诚实守信、公平的基础上进行平等协商和合作,开展集体协商和签订集体合同。

四是兼顾双方合法权益原则。集体协商和签订集体合同订立过程中,要处理好各方的关系,充分兼顾集体合同订立双方的合法权益。

五是不得采取过激行为原则。在集体协商过程中,双方应当注意创造和维护和谐、合作的气氛,任何一方不得采取威胁、收买、欺骗等不正当手段或者过激、歧视性行为干扰集体协商。

【知识链接7-5】

中国集体合同制度变迁趋势

集体合同制度在西方发达市场经济国家被称为集体谈判制度。这项制度在西方已有200多年历史,经过曲折发展现在已经基本适应现代市场经济发展的要求,成为这些国家经济体制的有机组成部分。这些国家都建立了比较健全的集体谈判制度体系,如德国、卢森堡、瑞士、芬兰等国都制定了专门的集体合同法,都有独立性和代表性很强的劳资组织,政府遵循劳资自治原则,对集体谈判过程干预很少,等等。由于在协调劳动关系方面发挥着不可替代的重要作用,因而这项制度被西方学者认为是有效化解劳资冲突的一项伟大的"社会发明"。可以说,集体谈判的理念已经成为一种企业文化、一种习惯,深深根植于这些国家劳资双方的日常活动之中。虽然改革开放后中国开始实施集体合同制度已逾40年,但是同西方发达市场经济国家经过200多年变迁才趋于成熟相比,中国真正建立并大力推广实施集体合同制度也就20多年,这也决定了无论在集体合同制度规则上还是在具体实施过程中都难免有诸多不完善之处,其实际作用发挥也很有限,这就为将来集体合同制度变迁提供了广阔空间。

1. 内生动力将日益增强。虽然改革开放后集体合同制度实施已逾40年,但集体协商大多流于形式走过场,在这个过程中大多数劳动者承担的是"被参与""被代表"的角色。他们对集体协商还不甚了解,不知道有集体协商权利,即使知道有,但由于劳动关系双方力量对比过于悬殊,劳动者在集体协商实践中也往往"不敢谈"。真正由劳动者主动发起的集体协商,在实践中很少发生。事实上,在中国劳动关系市场化转型过程中,劳动者基本上是被"抛入"劳动力市场的,其利益并没有得到应有的重视和维护,改革进程中对劳动者利益的忽视是导致劳动关系问题的真正原因。然而,随着经济社会的发展进步,广大劳动者,特别是新生代劳动者的公平意识、平等意识、权利意识不断增强。

2. 地位作用将更加凸显。劳动关系矛盾是市场经济的必然产物。只要发展市场经济,劳动关系矛盾就不可避免。中国劳动关系虽然总体保持和谐稳定,但由于经济下行压力加大等因素影响,局部地区劳动关系发展态势趋于紧张,全国劳动争议案件数量呈增加趋势。劳动争议案件数量不断增加,折射出中国劳动关系趋于严峻的社会现实。在这种情况下,基于预防和化解劳动关系矛盾的需要,政府必将更加重视集体合同制度建设。

3. 政府职能将不断优化。中国集体合同制度变迁是在政府主导下进行的,这与社会主义市场经济体制改革的大背景是相契合的。就集体合同制度规则本身的健全完善而言,毫无疑问得由政府来主导,即使在西方发达市场经济国家也是如此。但在中国集体合同制度变迁过程中,政府职能出现了许多偏差,在很大程度上制约了这项制度的健全完善及其实施效果。

4. 制度规则将趋于完善。法律是治国之重器,良法是善治之前提。虽然相关法律对集体合同制度做出了规定,但还不健全,其中最突出的问题就是这些制度规定还比较零散且缺乏刚性约束力,这就导致关涉集体合同的某些重要问题。如劳动者在缺乏集体行动权的情况下雇主方拒绝开展集体协商时该怎么办,在集体协商过程中无论双方怎么谈都谈不拢时该如何处理,劳动者和雇主的组织权利界限究竟在哪里,这些都缺乏界定和处置的依据。法律不健全是中国集体合同制度实施实效性不强的重要原因。党的十九届四中全会提出,健全劳动关系协调机制,构建和谐劳动关系,到2035年,各方面制度更加完善。

资料来源:杨成湘. 论中国集体合同制度变迁历程、逻辑及其趋势[J]. 经济体制改革. 2020,05:30-36.

7.3.2 集体合同的内容

签订集体合同的内容包括劳动条件与劳动标准、合同程序规定等。

1. 劳动标准劳动条件规定

集体协商与集体合同的劳动条件和劳动标准主要内容包括《劳动法》中进行集体协商签订集体合同的劳动报酬、工作时间、休息休假、劳动安全卫生、保险福利等五项内容,以及《劳动合同规定》中增加的女职工和未成年工特殊保护、职业技能培训、劳动合同管理、奖惩和裁员等。事实上,只是要劳动关系双方共同约定的属于劳动条件和劳动关系范畴的问题,都可以进行集体协商签订集体合同。

2. 集体合同程序性规定

集体合同的运行程序包括集体合同本身的一般性规定和集体合同发生纠纷时的过渡性规定,主要指集体合同期限,变更、解除集体合同的程序,集体合同的监督检查办法,以及合同争议时的处理办法,违反集体合同的责任等。

为规范和指导本行政区域内的企业与职工开展集体协商,签订集体合同,各地方相应出台了相关集体合同条例,并且提供了集体合同样本以供参考。

7.3.3　集体合同审议、审查与公示

1. 集体合同审议

经双方协商代表协商一致的集体合同草案或专项集体合同草案应当提交职工代表大会或者全体职工讨论。职工代表大会或者全体职工讨论集体合同草案或专项集体合同草案,应当有三分之二以上职工代表或者职工出席,且须经全体职工代表半数以上或者全体职工半数以上同意,集体合同草案或专项集体合同草案方获通过。集体合同草案或专项集体合同草案经职工代表大会或者职工大会通过后,由集体协商双方首席代表签字。

2. 集体合同审查

集体合同或专项集体合同签订或变更后,应当自双方首席代表签字之日起 10 日内,由用人单位一方将文本一式三份报送劳动保障行政部门进行有关主体资格、协商程序、合同内容等的审查。劳动保障行政部门对集体合同或专项集体合同有异议的,应当自收到文本之日起 15 日内将《审查意见书》送达双方协商代表。

3. 集体合同公示

劳动保障行政部门自收到文本之日起 15 日内未提出异议的,集体合同或专项集体合同即行生效。生效的集体合同或专项集体合同,应当自其生效之日起由协商代表及时以适当的形式向本方全体人员公布。

7.3.4　集体合同的变更、解除和终止

1. 集体合同的变更、解除

《集体合同规定》第三十九条、第四十条、第四十一条和《工会参加平等协商和签订集体合同试行办法》第二十五条、第二十七条规定,对变更或解除集体合同或专项集体合同都做出了规定。总体来说,集体合同的变更、解除可以分为约定和法定的变更和解除。

一是约定变更和解除。集体合同双方协商代表协商一致,可以变更或解除集体合同或专项集体合同。也就是说,只要双方意思表示一致就可以变更或解除集体合同。

二是法定变更和解除。有下列情形之一的,可以变更和解除集体合同或专项集体合同:(1)用人单位因被兼并、解散、破产等原因,致使集体合同或专项集体合同无法履行的;(2)因不可抗力等原因致使集体合同或专项集体合同无法履行或部分无法履行的;(3)订立集体合同所依据的法律、法规和政策被修改或废止;(4)企业破产、停产、兼并、转产,使集体合同全部不能履行或部分不能履行;(5)集体合同或专项集体合同约定的变更或解除条件出现的;(6)法律、法规、规章规定的其他情形。

集体合同的变更和解除的程序,需要遵循集体协商程序。

2. 集体合同的终止

集体合同的终止是指集体合同双方约定的合同期满或集体合同终止条件出现,即行终止。集体合同或专项集体合同期限一般为1至3年,如果需要重新签订或续订,在满前3个月内,任何一方均可提出。

7.3.5 集体合同争议处理

集体合同的争议处理指集体合同履行的争议处理。《劳动合同法》第五十六条规定,用人单位违反集体合同,侵犯职工劳动权益的,工会可以依法要求用人单位承担责任;因履行集体合同发生争议,经协商解决不成的,工会可以依法申请仲裁、提起诉讼。也就是说,工会在处理集体合同的争议时,仲裁不再是提起诉讼的必经程序,工会在协商解决不成时,可以代表劳动者向劳动争议仲裁委员会申请仲裁,由受理该集体合同争议的劳动争议仲裁委员会按规定进行处理,也可以直接向法院提起诉讼,由受理该集体合同争议的人民法院依照民事诉讼法的有关规定进行处理。

集体合同争议处理的程序:首先,劳动者、工会和用人单位协商解决。协商解决是处理集体合同争议的必经程序,由工会出面与用人单位进行协商,可以避免单个劳动者的弱势地位,工会能够与用人单位进行更平等、更有效的协商。工会依法要求用人单位履行集体合同,用人单位应该履行,用人单位之前存在违反集体合同的行为,应该承担法律责任;其次,协商解决不成的,可以依法向劳动争议仲裁委员会申请仲裁或者提起诉讼。

本章小结

集体协商和订立集体劳动合同是形成集体劳动关系的两个阶段。集体协商是签订集体劳动合同的前提,而集体劳动合同则是集体协商的结果。按照不同的分类标准,集体劳动合同可以分为集体合同和专项集体合同、企业集体合同和区域行业性集体合同等。

集体协商包括政府主导型、工人主导型、雇主主导型和工会主导型,而集体协商的程序则包括:提出书面要约、集体协商准备、召开集体协商会议等。

集体合同的订立、变更、解除和终止都必须遵循合法合规、相互尊重、平等协商、诚实守信、公平合作等原则,都必须遵守法律规定的程序。

延伸阅读

《广东省企业集体合同条例》,广东省总工会网站 www.gdftu.org.cn。

练习题

一、思考题

1. 什么是集体协商与集体合同制度？
2. 集体协商与集体合同签订的原则是什么？
3. 集体协商与集体合同种类有哪些？
4. 集体协商与集体合同的内容包括哪些？
5. 集体合同与劳动合同的区别是什么？
6. 集体协商与集体合同签订的程序是什么？

二、案例分析题

近日，在一个职场社交平台上，某互联网电商平台员工称，该公司即将实行"995"工作制。据了解，根据这一工作制，员工上班时间为9点到21点，一周工作5天。很快，该公司某机构公关总监又作出回应称，企业"不强制要求员工加班，但鼓励大家全情投入，高效产出"。

消息一出，不少人认为这是变相强迫加班。《工人日报》记者调查发现，一些制造业企业多通过做低计件工资，来诱导劳动者超时加班。

同时，随着新业态的兴起，快递行业、外卖送餐业等领域多采取这种工业化早期较常见的计件工资制。不少招聘中甚至明确"正常干""努力干""拼命干"所对应的月收入，并告知"可自由加班，上不封顶"。一名快递公司招聘人员告诉记者，快递员工作时间较长，从早上6时30分到晚上9点，"挺累的，没有休息日，没有假日，只有过年"。当问及有无加班费时，对方有些不耐烦："没有底薪，按件给钱，根本没有加班费一说。"

除了"995"工作制，记者发现，在一些采用计件工资的用人单位，劳动者的劳动时间和加班费同样没有保障。记者在某生活平台搜索快递员招聘时，发现这些单位多为计件提成："正常干每月6 000元～7 000元，努力干8 000元～9 000元，拼命干每月1万元以上，上不封顶，可自由加班。"

计件工资制工时和加班费计算的核心问题是劳动定额管理。对计件工资制来说，其工作量计算和加班费核定都很难，计件工资制的加班费计算往往需要以劳动定额为基础，折算为计时工资然后计算加班费。

资料来源：《工人日报》，2019年3月19日

讨论题目

1. 为什么说计件工资制工时和加班费计算的核心问题是劳动定额管理？
2. 对类似快递员这样的员工，其劳动定额如何确定比较合适？

第 8 章　企业劳动规章制度

学习目标

➢ 掌握企业劳动规章制度的基本概念；
➢ 了解企业劳动规章制度的基本内容；
➢ 了解企业劳动规章制度制定的法律依据、原则和程序；
➢ 了解企业劳动规章制度的实施与评估。

8.1　企业劳动规章制度概述

本节案例

王先生与其女友都是某公司的业务骨干，当他们准备登记结婚时，却发现公司有一项禁止"办公室恋情"的规定："单位同事之间不允许结婚，且已经结婚的有一人要辞职。"因为两人都在同一公司工作，如果结为夫妻，按照此项规定其中一人必须与公司解除劳动关系。结果，执着的王先生选择了结婚，而该公司也严格执行了规章制度，解除了王先生的劳动合同。王先生认为，每个人都有婚姻的自由，而且结婚并不会对企业的发展造成不良影响。于是，王先生向劳动争议仲裁委员会提起了劳动仲裁，请求裁定恢复劳动关系。经审理，劳动争议仲裁委员会认为婚姻自由是宪法赋予每个公民的基本权利，公司此项规定违反了法律的强制性规定，因此是无效的，故支持了王先生的仲裁请求。

企业劳动规章制度的制定权是法律赋予企业用人权的重要组成部分，而很多单位往往随意或笼统地按照自己的标准制定和实施本公司的劳动规章制度，并据此对其员工进行管理、违纪处罚直至解除劳动合同。但当劳动争议发生时，公司所依据的这些规章制度有效性却又往往得不到劳动争议仲裁委员会或法院的认可。因此，劳动规章制度作为企业的"内部宪法"，要有效调整用人单位与劳动者之间的劳动关系，必须同时具备两方面的要件：一是实体要件，即主体适格、内容合法；二是程序要件，即制定程序和公示程序均符合法律规定。缺失其中任何一个要件，企业规章制度在效力上存在瑕疵的话，都可能会导致企业在劳动用工管理中四处碰壁。

资料来源：康烨，"从一起案例看如何制定劳动规章制度？"，https://www.lawtime.

cn/article/lll99697649974858oo300722

8.1.1 企业劳动规章制度的内涵

为实现个体独自无法实现的目标,人们常常需要组织在一起共同行动。而要使组织能够有效,就需要有协同行动的安排。正如马克思所言:"一较大规模的直接社会劳动或共同劳动,都或多或少地需要指挥,以协调个人活动,并执行生产整体的运动。一个单独的提琴手是自己指挥自己,一个乐队就需要乐队指挥。"

"在长期的劳动实践过程中,人们逐渐形成了一套必须共同遵守的、有关劳动的规章、制度、纪律,乃至道德、习惯。这就是劳动规范。"其中,有关劳动的规章、制度、纪律等,是对劳动的正式社会控制,具有权威性、强制性和直接性。而习惯、舆论、职业道德等,则是对劳动的非正式社会控制,其权威性、强制性和直接性要弱于正式控制,但具有广泛性、现实性和持久性。显然,不论是对劳动的正式社会控制,还是非正式社会控制,其都在社会层面上有助于实现协同劳动。

同样,进入到企业的层面,在同一企业中劳动的不同劳动者也需要能够协同其劳动的企业内部劳动规范。显然,这种企业内部的劳动规范更多是为实现企业目标而服务的,带有明显的企业特征,并由此表现出一定的多样性。我们常常把这种企业内部的劳动规范称为企业劳动规章制度。

长期以来,企业劳动规章制度在我国被称为"企业内部劳动规则",其源起于《国有企业内部劳动规则纲要》。1954年,我国正处于社会主义改造未完成的共和国成立初期,由于旧的劳动管理制度已被废除,新的劳动管理制度还没有建立,企业中出现了旷工、怠工、不服从指挥等违反和破坏劳动纪律的现象。由于当时我国的第一部宪法还没有颁布,规范国家基本秩序的是具有临时宪法性质的《中国人民政治协商会议共同纲领》,而该共同纲领中的第八条规定,中华人民共和国国民均有遵守劳动纪律的义务。据此,出台了《国有企业内部劳动规则纲要》。1994年《中华人民共和国劳动法》颁布,其中第四条规定,用人单位应当依法建立和完善规章制度,保障劳动者享有劳动权利和履行劳动义务。至此,企业劳动规章制度成了规范用语。

【知识链接 8-1】

中国人民政治协商会议共同纲领

1949年秋,在中国革命胜利前夕,就革命胜利后将要建立什么样的国家,如何把革命胜利的成果用法律形式固定下来,并且规定新中国成立后的大政方针等问题,迫切需要制定一部具有根本法性质的文件。

中国共产党邀请各民主党派、人民团体、人民解放军、各地区、各民族以及国外华侨等各方面代表635人,组成中国人民政治协商会议,代表全国各族人民的意志,在普选的全国人民代表大会召开以前代行全国人民代表大会的职权。中国人民政治协商会议通过了

《中国人民政治协商会议共同纲领》。

《中国人民政治协商会议共同纲领》是建立新中国的"临时大宪章",它包含和凝结着几代中国人的建国理想和心血,是新旧民主主义革命斗争经验的总结,是全国各族人民意志和利益的集中体现。

《共同纲领》全文由序言和总纲、政权机关、军事制度、经济政策、文化教育政策、民族政策、外交政策七章六十条组成。纲领确定了中华人民共和国的性质、任务及各方面的总方针、政策和原则。规定了新中国的国徽和国歌。

尽管人们在统一使用"企业劳动规章制度"这一术语,但对"企业劳动规章制度"的认识与理解却存在差异。这种认识与理解上的差异可以归纳为三种不同的学说:劳动规章制度的法律规范说、劳动规章制度的契约规范说和劳动规章制度的集体合意说。

其一,劳动规章制度的法律规范说。该学说认为,企业制定的劳动规章制度在事实上发挥着行为规范的作用,从法理角度观察,企业劳动规章制度的强制力和约束力的基础是上述规范具有法律规范的性质。这一学说在很大程度上将劳动规章制度的制定同立法相联系,承认企业在一定范围内具有制定企业劳动规章制度的权利,员工可以在一定程度上参与,但不是制定劳动规章制度的主体。由于学术界对法律规范权力源泉的认识与理解不同,法律规范说又进一步演化为法律授权说、经营权说和习惯说等三个分支学说。

其二,劳动规章制度的契约规范说。该学说认为,劳动合同是劳动者与用人单位之间确立劳动关系和双方权利、义务的契约,劳动规章制度尽管由用人单位单方面制定,但其必须经过劳动者同意之后,才能成为劳动者与用人单位之间劳动合同内容的一部分,进而具有法律约束力。即劳动规章制度是劳动合同的具体化,其之所以具有约束力,是因为其经过劳动者的同意而成为劳动合同的内容组成。

其三,劳动规章制度的集体合意说。该学说认为,企业劳动规章制度是针对全体劳动者统一设定的集体规范,基于劳动者集体合意产生相应的法律约束力。集体合意说秉持劳动条件应由劳资双方合意之基本原则,认为鉴于劳动规章制度统一规范劳动条件之现实,个别劳动者对劳动规章制度、变更之承诺虽然有必要,但可由劳动者集体意思不予以同意,未有劳动者集体意见之同意,规章制度不发生法的效力。

显然,上述认识与理解上的差异是针对劳动规章制度的权力来源或合法性而言的。尽管权力来源或合法性对于劳动规章制度来说,都是十分重要的要素。但从劳动关系管理的角度出发,从制订主体、约束对象以及具体内容等方面来对企业劳动规章制度进行厘清与界定,可能更有意义。因此,本书所述的企业劳动规章制度,是指企业根据国家有关法律、法规及政策,结合本企业的实际情况,制定的在本企业实施的组织劳动过程和进行劳动管理的行为规则和章程。

对于企业劳动规章制度的理解,应该注意以下几点:

其一,企业劳动规章制度是企业规章制度的一部分。企业规章制度的涉及面很广,如对战略、组织、流程等做出的具体规定;而企业劳动规章制度则是与劳动者及其劳动有关的那一部分,涉及面相对要小,如对劳动者的权利、义务以及劳动关系等做出的规定。尽管如此，我们不能认为："企业劳动规章制度的目的是为了保障劳动者享有劳动权利和履行劳动义务，有效预防和妥善处理劳动争议。"而是要将这些内容视为一种手段，其目的是为了实现企业的经营目标。

其二，企业劳动规章制度是根据国家法律、法规和政策制定的，这就要求企业劳动规章制度不得与国家法律、法规和政策相违背；但同时也说明，企业劳动规章制度不应该是国家法律、法规和政策的翻版，而应该是国家法律、法规和政策的延伸和具体化，是国家法律、法规和政策与企业具体情境相结合的产物。

其三，企业劳动规章制度是用人单位和劳动者在劳动过程中的行为规则，它对用人单位和劳动者的约束只限于劳动过程。因此，在用人单位的规章制度中，凡是关于劳动过程之外事项的规定，都不属于劳动规章制度的范畴。

其四，企业劳动规章制度的调整对象是劳动过程中的用人单位和劳动者之间以及劳动者与劳动者之间的关系，它所规范的是劳动过程中的劳动行为和用人行为。因此，企业劳动规章制度既约束用人单位，也约束劳动者；它既保障用人单位和劳动者在劳动过程中的权利，也规范用人单位和劳动者在劳动过程中的义务。

其五，企业劳动规章制度是结合企业的实际情况而制定的。每个企业都有其独特的发展历史，因此，企业根据其自身实际情况和特点制定的劳动规章制度，都带有企业专属的属性，即对于某一企业来说是比较适用的劳动规章制度，搬到其他企业则可能完全不再有效。

8.1.2 企业劳动规章制度的特征与重要性

1. 企业劳动规章制度的特征

企业劳动规章制度是针对用人单位的实际情况和现实问题而专门制定的，也是企业加强用人管理和进行制度规范的常规手段，它规范着劳动过程中的用人行为和劳动行为，体现了企业生产过程中领导与被领导之间、干部与群众之间、技术人员与工人之间、工人相互之间的分工与协作关系。一般来说，企业劳动规章制度具有如下特征：

1) 目的性。制定企业劳动规章制度的目的主要是控制生产过程，规范劳动者在工作中的行为，协调企业与劳动者以及劳动者相互之间的关系，最终实现企业的经营目标。

2) 明确性。企业劳动规章制度是针对企业的具体工作内容、职责、程度等制定的行为规范。因此，劳动规章制度的各项条款必须明确、具体，逻辑清晰，易于理解，具有可操作性。

3) 强制性。企业劳动规章制度一经颁布，相关人员就必须遵守和执行。用人单位内的所有成员，不论是管理者，还是劳动者，都应该遵守企业劳动规章制度的规定。

4) 民主性。具有强制性的企业劳动规章制度，其制定必须是体现企业所有劳动者意志的，必须是代表了企业中绝大多数劳动者利益的。因此，企业劳动规章制度具有民主性。

5) 稳定性。稳定性主要是指企业劳动规章制度一经制定，将在一个相对较长的时间内适用,不能朝令夕改。否则,企业劳动规章制度将失去其权威性。

2. 企业劳动规章制度的重要性

企业劳动规章制度是企业整个组织体系正常运行的制度保障。没有有效的劳动规章制度,就没有真正运行并发挥作用的组织体系,也就没有企业的正常生产经营活动。从这一视角来看,企业劳动规章制度有其重要的作用。

1) 保障劳动者的权利和义务

在计划经济体制下,劳动者是国家的主人公,劳动者的权利是由国家直接保障的,劳动条件由国家统一制定,企业只是执行者和管理者。因此,不具有劳动条件决定权的企业考虑的不是如何保障劳动者的权利,而是通过严格的劳动纪律和进行思想教育工作等手段来促使劳动者履行自己的劳动义务。在市场经济条件下,国家已经不再是劳动关系的直接当事人,企业因拥有经营自主权可以直接决定劳动条件而成为劳动关系的独立一方。市场经济中的企业,因为拥有经营自主权,也就拥有了对劳动者进行指挥、命令的管理权。同时,为完成企业的经营目标,企业也拥有形成并维持企业这一经济组织的秩序的权利。因此,市场经济中的企业仍然可以管理劳动者,并通过制定劳动规章制度来促使劳动者履行劳动义务。

但是,市场经济中的企业毕竟是以追求利润为目标的,尤其是在市场经济初期劳动法制不够完善且未形成良好的监督施行机制的情况下,企业很容易牺牲劳动者的利益甚至侵犯劳动者的权利。所以,在企业中制定出通过明确劳动条件来保护劳动者权利的企业劳动规章制度就很有必要。原本,保护劳动者的权益、调整劳动关系是可以通过国家设立的最低标准,以及在此基础上劳动关系双方个别交涉形成的劳动合同和集体交涉形成的集体合同来实现的。但是,我国现阶段不仅存在劳动合同形式化的问题,而且大量的劳动者个人和劳动者集体也缺乏必要的交涉力。在这种情况下,完善企业劳动规章制度就尤其重要。《中华人民共和国劳动法》在总则中规定了企业完善劳动规章制度之义务,原因正在于此。

完善企业劳动规章制度以保障劳动者的权利和义务,不仅是劳动法所体现的政策目的的要求,而且也是市场经济体制下劳动制度的基本规则。

2) 明确劳动条件与行为规范

从法律的逻辑关系上来看,《劳动法》第 4 条所称之规章制度所要保障的劳动者权利与义务,其内涵应该是《劳动法》第 3 条的"劳动者享有平等就业和选择职业的权利、取得劳动报酬的权利、休息休假的权利、获得劳动安全卫生保护的权利、接受职业技能培训的权利、享受社会保险和福利的权利、提请劳动争议处理的权利以及法律规定的其他劳动权利。劳动者应当完成劳动任务,提高职业技能,执行劳动安全卫生规程,遵守劳动纪律和职业道德。"这些被抽象了的法律规范,其作用主要是进一步的劳动立法、劳动政策的制定以及司法判断的依据。在具体的劳动条件确定和劳动关系运行中,这些抽象的法律规范很容易产生歧义以至发生劳动争议。所以,为明确劳动者的权利和义务,防止劳动争议的发生,在企业具体的劳动条件确定和劳动关系运行中就有必要对这些抽象的法律规范进行细化并作出具体规定。

当然，抽象的法律规范的细化与具体，依靠集体合同和劳动合同也是可以部分实现的。但是，集体劳动合同的成立有主体适格、交涉过程、职代会通过、行政审批等严格的法律要件，其内容就不可能包罗万象。而且，集体协商等集体交涉很难达到全面具体，对一些很难产生争议的规定也无须交涉，所以，集体协商所产生的集体合同，其中的很多规定也只能是相对抽象的。因此，企业规章制度较之集体合同，因其没有严格的法律要件，就可以规定得更具体、全面。比如，工资计算的详细办法，或者关于养老金的详细规定，这些无须交涉（当然工资、养老金的分配方式、给付标准等是需要交涉的），也不可能罗列到集体合同中去。这些详细方法或详细规定是作为集体合同的附件，还是作为规章制度，各国、各企业并不尽相同。但是，集体合同一般是有期限的，而规章制度则是没有期限的。因此，那些如关于养老金发放领取的详细办法等变更不大的规定，一般是作为企业规章制度的内容的。

3）劳动关系的基本规范，劳动合同的基本依据

规定劳动条件及劳动纪律等的企业劳动规章制度，不论其法律性质如何解释，一般对用人单位的劳动者来说都有规范的作用。事实上，由于企业劳动规章制度是对个别劳动合同的共同内容作出的适用于用人单位全体劳动者的规则，因此，确立用人单位与劳动者的权利和义务关系时一般要参考企业劳动规章制度的规定。也就是说，企业劳动规章制度成为最低标准，规制劳动合同关系，是劳动者个人与用人单位之间个别劳动关系的基本规范，是劳动合同的基本依据。

4）统一企业的劳动条件，预防和减少劳动争议

企业劳动规章制度虽然属于调整个别劳动关系的规范，但企业劳动规章制度规定的是企业共同的权利与义务，适用于用人单位的所有劳动者。所以，企业劳动规章制度虽然由用人单位单方面制定，但对其只能从客观的立场进行统一解释。这样，可以大量减少因劳动条件不统一，或对企业劳动规章制度的解释不统一所带来的劳动争议。而且，企业劳动规章制度的规定如果能做到全面、具体、明确的话，本身可以预防劳动争议的发生，出现劳动争议后也可以作为劳动争议处理的依据，节约劳动争议处理成本。

5）约束企业行为，促进企业自律

企业劳动规章制度虽然由用人单位单方面制定，但因为这是适用于企业全体人员的共同规则，所以就要求在对企业劳动规章制度进行解释适用时必须客观公正。而且，将企业劳动规章制度予以公示，可以避免企业随意的暗箱操作，促进企业自律。这种对企业劳动规章制度解释的客观性和公正性，能够约束企业任意解释的行为。另外，正因为企业规章制度由企业一方制定，所以在对企业规章制度进行司法判断时，法院可以作出对企业不利的解释。这就要求企业在制定和适用企业劳动规章制度时要慎重解释，做到劳动者大体能接受和社会一般认可，促进企业自律。

8.1.3　企业劳动规章制度的内容

《中华人民共和国劳动法》关于劳动者权利与义务的规定，是企业劳动规章制度内容

制定的基本依据。一般来说,企业劳动规章制度在内容上看,主要涉及三个方面,即关于劳动条件的规定、关于劳动纪律的规定和关于程序管理的规定。

【知识链接 8-2】

什么是劳动条件?

劳动条件的概念在法学界仍然存在争议。

有的学者认为,劳动条件是指用人单位为劳动者提供符合国家劳动安全卫生标准的工作环境;有的学者认为,劳动条件是用人单位为劳动者提供生产资料或者说是物资条件;有的学者认为,劳动条件是指用人单位对劳动者从事某项劳动提供的必要条件,包括劳动保护条件和其他劳动条件;还有学者认为,劳动条件包括工资待遇、劳动环境、劳动时间、休息休假、社会保险等。从理论界争论来看,学者实际上对劳动条件概念外延如何界定产生了分歧。实际上,劳动条件有广义和狭义之分,从劳动者接受用人单位聘用,提供劳动而言,用人单位提供的工作环境、福利待遇、工资待遇、劳动时间等都可以看作是劳动条件,这是广义劳动条件的概念。狭义的劳动条件则是指劳动者根据劳动合同约定履行其义务所必须具备的工作条件。从狭义角度来看,劳动条件概念引起的争议就是,劳动条件是否包括劳动保护。从《劳动法》和《劳动合同法》有关劳动合同必备条款的规定中,都把劳动保护和劳动条件并列为劳动合同应当具备的一个条款,在《劳动合同法》第38条第1款第1项关于劳动者及时解除劳动合同权利的规定中,也把劳动条件和合格安全生产条件并列为一项。从立法上来看,劳动条件包括了劳动保护条件。

---

1. 关于劳动条件的规定

关于劳动条件的规定,是企业在劳动关系运行中贯彻执行以劳动法为中心的国家劳动和社会保障法规条款的具体体现。由于劳动条件的规定涉及劳动者的切身利益,因此,在内容上更是要规定得详细、准确和具体。一般来说,包括以下几个方面的内容。

1) 工作时间及休息休假,包括标准工作时间的规定、不定时工作时间的规定、综合计算工时工作制的规定、延长工作时间的规定、休息日的规定、节日休息的规定、年休假的规定、探亲假的规定、婚丧假的规定、女工产假的规定等。

2) 工资与劳动报酬,包括企业工资分配原则、工资组成的规定、工资确定的规定、工资调整的规定、工资集体协商的规定、工资支付的规定、工资扣除的规定、奖金的规定、津贴及补贴的规定等。

3) 劳动安全卫生,包括安全卫生责任制、安全教育的规定、安全卫生环境的规定、安全培训的规定、健康检查的规定、女工特殊安全卫生保障措施、安全卫生中的权利与义务等。

4) 员工培训,包括一般培训、脱产培训、业余培训、特别培训以及培训费用返还等规定。

5) 社会保障和福利，包括社会保险项目、退休、退职的规定，医疗期的规定，社会保险待遇、员工福利的规定等。

2. 关于劳动纪律的规定

1) 劳动纪律。劳动纪律是指企业依法制定的，劳动者在劳动过程中必须遵守的劳动规则和秩序，它是保证劳动者按照规定的时间、质量、程序和方法，完成自己所承担工作任务的行为准则。一般说来，劳动纪律常常包括以下内容：(1) 时间纪律，即劳动者在作息时间、考勤、请假方面的规定。劳动者应在规定的作息时间内按时到岗执勤，不得随意迟到、早退，更不能无故旷工，请假时需要经上级批准才有效。(2) 组织纪律，即劳动者在服从人事调配、听从指挥、保守秘密、接受监督方面的规定。劳动者在与用人单位协商的基础上，应积极服从组织的调配，听从上级领导的指挥，接受组织的监督，准时完成组织分配的任务。另外，对于涉及组织机密的一些文件和内容，要妥善保管，以防泄露。(3) 协作纪律，即劳动者在工种之间、工序之间、岗位之间、上下级之间的联系和配合方面的规定。由于企业的很多工作都是由多人一起完成的，因此，劳动者相互之间的协作就变得尤其重要，劳动者之间有条不紊地配合能大大提高企业的生产效率。(4) 安全卫生纪律，即劳动者在劳动安全卫生、环境保护等方面的规定。为了保证劳动者的工作安全和保护环境，劳动者应按照正确的操作规程进行作业，防止出现安全事故或对环境造成重大污染。(5) 品行纪律，即劳动者在爱护财产、厉行节约、关心集体等方面的规定。劳动者需要从自身做起，努力提高自身觉悟，像爱护私有财产一样爱护集体财产，养成节约的好习惯。

2) 岗位规范。岗位规范是企业根据劳动者劳动岗位的特点，对上岗人员的行为提出的客观要求，制定相应标准的综合规定。企业劳动规章制度中岗位规范的主要内容有：岗位规范的基本要求、岗位职责的规定、劳动者上岗标准的规定、生产技术规程的规定等。

3) 奖励与惩罚。奖励是企业对劳动者的奖赏和表彰，包括精神奖励和物质奖励；惩罚是企业对违纪人员的制裁与处罚。企业劳动规章制度对奖励的规定主要是奖励的条件和奖励的种类等，以明确获得奖励的具体要件和内容；惩罚的规定则包括实施惩罚的条件、处分的种类、罚款及赔偿经济损失等内容。

3. 关于程序管理的规定

企业劳动规章制度中既包含实体规则，也包含程序规则。对劳动时间、工资以及其他劳动者的待遇，即在劳动过程中关于劳动给付及其反对给付的各种条件，以及雇佣与解雇等，这些一旦通过某种手段或机制在用人单位和劳动者之间达成集体性合意，就能够成为以后企业中劳动关系运营的标准。我们一般称这些规则为实体规则。

在这些实体规则之外，企业劳动规章制度也会做出用人单位与劳动者之间相互承认对方地位的约定，也会形成关于标准形成的手续、标准的解释、实施，以及关于纠纷处理的手续等合意。我们一般称这些为手续规则，即关于程序管理的规定。一般来说，关于程序管理的规定包括以下内容：

1) 员工招聘,包括招聘权限、招聘原则、招聘方式、招聘程序等。

2) 劳动合同管理,包括劳动合同的订立、劳动合同续定、试用期、劳动合同期限、劳动合同内容、劳动合同履行、劳动合同变更、劳动合同解除、裁减人员、解除劳动合同的经济补偿、劳动合同终止等。

3) 劳动争议处理,包括劳动争议处理的原则、劳动争议处理委员会的规定、企业内部申诉机构及劳动争议的预防等。

8.2 企业劳动规章制度的制定

 本节案例

陈某系杭州工业园区某机电技术公司员工,该公司《员工手册》中规定薪酬属于公司秘密,任何员工不得泄露自己薪酬或私下询问、议论其他员工的薪酬,如果违反规定,公司可视情节轻重及影响范围对其进行警告、处罚、扣除奖金或开除处理。陈某知晓《员工手册》内容。

某天,该机电技术公司总经理听其他员工反映陈某曾向其他员工泄露自己薪酬,多次询问他人工资情况。2013年2月,机电技术公司向陈某发出开除通知,认为陈某严重违反公司规定,多次透露个人收入状况等相关保密信息,对公司及员工团队造成重大不良影响及后果。故对陈某作出开除的处罚。

陈某以该机电公司违法解除其劳动合同为由申请仲裁,请求裁决该机电公司支持违法解除劳动合同赔偿金32 782元,经仲裁裁决不予支持。陈某诉至法院。经法院多次调解,该机电公司向陈某支付经济补偿金15 000元。

案例解析:

规章制度是企业规范运作和行使用工管理权的重要方式之一。劳动法与劳动合同法赋予用人单位依法制定企业内部规章制度的权力,并明确规定劳动者"严重违反用人单位的规章制度"的,用人单位可以与其解除劳动合同。但是,用人单位利用制定、修改、决定规章制度的权力会更多考虑自身的利益,往往会出台一些有倾向性的严格规定。所以,法律对于企业内部规章制度的合法性有着严格要求。

本案机电技术公司在《员工手册》中规定泄露薪资系严重违反规章制度的行为,并规定视情节轻重可采取从轻到重直至开除的处罚,该制度本身虽经过合法程序制定,也向员工进行过告知,但是关于泄露薪资认定标准规定较为主观,泄露事实较难掌握,情节轻重难以衡量,不具操作性,容易成为用人单位任意解除劳动合同的借口;且限制劳动者谈论薪资违反了订立劳动合同的公平原则,侵害了公民言论自由,对员工过于严苛,应当认定无效。该机电技术公司在听其他员工反映陈某存在泄露薪资的情况下采取解除劳动合同的行为,已构成违法解除劳动合同。

8.2.1 劳动规章制度制定的法律依据

从新中国成立起,我国政府就针对企业制定劳动规章制度,陆续出台了相应的法律、法规、政策规章等。从这些法律、法规、政策规章等颁行的时间上来看,我们可以大致将其分为三个时间段:1978 年以前、1978—1994 年和 1995 年至今。

共和国成立初期,我国着手对旧社会进行社会主义改造。此时,旧的劳动管理制度已经崩溃,但新的劳动管理制度还未建立,企业中违反和破坏劳动纪律的现象时有发生。为此,政务院在中华全国总工会的建议下,于 1954 年颁布了《国有企业内部劳动规则纲要》(1954 年 5 月 6 日政务院第 215 次政务会议通过,1954 年 7 月 14 日公布),规定了企业劳动规章制度制定的主体和程序。

1978—1994 年间,我国走上从计划经济向市场经济过渡的发展道路,对内改革,对外开放。为规范劳动关系建立、劳动标准、劳动纪律、民主管理、劳动争议处理等,陆续颁布了多项涉及企业劳动规章制度的法律、法规、政策规章、司法解释等规范。如:1982 年 2 月,劳动人事部发布了《关于积极试行劳动合同制的通知》;1986 年 7 月,国务院发布《国有企业实行劳动合同制暂行规定》《国有企业招用工人暂行规定》等,规范了劳动关系的建立。1980 年 4 月,国务院发布《关于试行国有企业计件工资暂行办法》(草案);1981 年 1 月,国务院发布《关于正确实行奖励制度,坚决制止滥发奖金的几项规定》;1993 年,劳动部颁发《企业最低工资规定》《工资支付暂行规定》《对"工资支付暂行规定"有关问题的补充规定》;1994 年 2 月,国务院发布《国务院关于职工工作时间的规定》等,规范了劳动标准。1981 年 12 月,国家经济委员会、公安部、国家劳动总局、全国总工会发布《关于转发上海市整顿企业劳动纪律有关文件的通知》;1982 年 4 月,国务院发布《企业奖惩条例》;1986 年 7 月,国务院发布《国有企业辞退违纪员工暂行规定》等,规范了劳动纪律。1981 年 7 月,国务院转发《国有工业企业职工代表大会暂行条例》;1986 年 9 月,国务院联合发布新的《全民所有制企业职工代表大会条例》;1988 年 4 月,全国人大通过《中华人民共和国全民所有制工业企业法》;1993 年,全国人大通过《中华人民共和国公司法》;1991 年 9 月,国务院发布《城镇集体所有制企业条例》;1993 年 7 月,国务院发布《全民所有制工业企业转换经营机制条例》等,规范了民主管理。1987 年 7 月,国务院发布《国有企业劳动争议处理暂行规定》;1993 年 7 月,国务院颁布《中华人民共和国劳动争议处理条例》等,规范了劳动争议处理。

经第八届全国人民代表大会常务委员会第八次会议通过,并于 1995 年 1 月 1 日实施的《中华人民共和国劳动法》,在第一章第一条便开宗明义:为了保护劳动者的合法权益,调整劳动关系,建立和维护适应社会主义市场经济的劳动制度,促进经济发展和社会进步,根据宪法,制定本法。这一法律的出台,改变了过去劳动规范中缺少法律而多为劳动政策的状况,从而使我国企业劳动规章制度的规范走上了新台阶。随后,我国还陆续颁发或批准了一些涉及企业劳动规章制度的法律与规范,其中包括地方法规、政策规章等和我国先后批准的国际劳工公约。这些都构成了我国企业劳动规章制度制定的法律依据。

当前,我国关于企业劳动规章制度制定的法律依据主要包括:《宪法》《劳动法》《劳动合同法》《公司法》以及其他配套法律法规。尽管企业劳动规章制度是企业的内部管理制度，由企业和劳动者协商来制定。但是，遵守上述法律的规定，是企业与劳动者共同协商制定劳动规章制度的前提。例如：《公司法》第十八条第三款规定：公司研究决定改制以及经营方面的重大问题、制定重要的规章制度时，应当听取公司工会的意见，并通过职工代表大会或者其他形式听取职工的意见和建议。该法明确规定了企业有制定劳动规章制度的权利。《最高人民法院关于审理劳动争议案件适用法律若干问题的解释》第十九条规定：用人单位根据《劳动法》第四条之规定，通过民主程序制定的规章制度，不违反国家法律、行政法规及政策规定，并已向劳动者公示，可以作为人民法院审理劳动争议案件的依据。《最高人民法院关于审理劳动争议案件适用法律若干问题的解释（二）》第十六条规定：用人单位制定的内部劳动规章制度与集体合同或者劳动合同约定的内容不一致，劳动者请求优先适用合同约定的，人民法院应予以支持。

8.2.2 劳动规章制度的制定原则

企业作为雇主，是整个生产经营活动的组织者和管理者。因此，企业拥有对劳动者的劳动进行管理的权威，而制定相关的劳动规章制度，正是企业体现其管理权威的具体方式之一。但是，只有合法制定的劳动规章制度，才具有法律效力，才可以作为人民法院审理劳动争议案件的依据。因此，企业劳动规章制度就应该具有合法性、民主性、真实性、效能性。在具体操作中，企业制订劳动规章制度应当遵循合法原则、民主原则和公正原则。

1. 合法原则

企业的劳动规章制度在一定程度上可以看作是国家及地方的劳动法律法规的延伸。因此，合法原则是企业在制定劳动规章制度时必须要遵守的第一原则。具体而言，合法原则包括以下内容：

1) 制定主体必须合法。企业劳动规章制度的制定主体是指有权制定企业劳动规章制度的雇主（包括用人单位或个人）。企业劳动规章制度的制定权来源于企业自治权，企业是市场经济中自主经营、自负盈亏、具有独立法人资格的主体。为了维持企业的正常运行，赋予企业相应的自治权是必要的，也是必需的。而要保证企业劳动规章制度的合法性，制定主体就必须合法。企业劳动规章制度只能由单位行政制定，但并非单位行政中的任何一个管理机构都有权制定企业劳动规章制度。一般来说，有权代表企业制定劳动规章制度的，应该是单位行政系统中处于最高层次、对企业的各个组成部分和全体员工有权实行全面和统一管理的机构。这样才能保证企业劳动规章制度在本企业具有统一性和权威性。

2) 劳动规章制度的内容必须合法。企业劳动规章制度的内容合法是指企业劳动规章制度的内容必须严格遵守法律、法规以及国家政策规定的调整劳动关系的原则和要求，符合法律、法规和国家政策的具体规定。比如，劳动规章制度规定，女职工在本企业工作满三年后才能怀孕生子，这就侵犯了女职工的生育权，违反了法律的规定，侵犯了劳动者的合法权益。劳动者不仅可以不遵守，而且有权随时解除劳动合同，并要求企业支付经济赔偿。

企业应根据自身的研发、生产、销售、管理等实际情况,将法律、法规、政策的规定具体化、细化,使之具有可操作性。但是,具体化后的企业劳动规章制度内容不得违反国家法律、法规和政策的规定,具体包括:对劳动条件、劳动纪律、程序管理以及其他相关内容的具体化,其内容应体现权利与义务的一致,劳动纪律面前人人平等的原则。其中劳动条件、劳动报酬以及劳动者相关待遇等的规定,不得低于法定最低标准和集体合同规定的最低标准。

一般来说,从广义上讲,劳动规章制度不能与集体合同、劳动合同相矛盾,也可以视为合法原则的要求。在遵守合法原则的前提下,保证制定的劳动规章制度公平且反映实际情况,这样的劳动规章制度对于实际管理才更有意义。

2. 民主原则

民主原则是指在制定企业劳动规章制度时要发动群众积极参与,听取群众意见,保证员工在企业劳动管理中实现参与管理的权利,这也是企业劳动关系管理的措施之一。

1) 劳动规章制度要综合反映劳动者的利益。企业劳动规章制度要从企业全体劳动者的利益出发,反映全体劳动者的意愿。劳动规章制度的目的是规范劳动者行为,只有符合全体劳动者利益,才能激发和调动他们的积极性。正因为此,企业需要反复调研并广泛听取劳动者的意见,集思广益,综合分析,将全体劳动者的意愿真实地反映出来。因此,我国《劳动合同法》第4条明确规定,劳动规章制度的制定、修改或决定应当经职工代表大会或者全体职工讨论,提出方案和意见,与工会或职工代表平等协商确定。

2) 劳动规章制度要以公示的方式向全体劳动者正式公布。企业应坚持使用公开的方式,使全体劳动者都了解劳动规章制度,而这正是民主原则的重要体现,是实现民主的有效方式和途径。只有劳动者都知晓,劳动规章制度才能真正地起到监督、规范劳动者行为和保障劳动者合法权益的作用。公开是包括劳动规章制度的内容、方式和程序的全面公开。公布是公开的正式程序和方式,劳动规章制度经过会议讨论通过后,必须采取公示的方式向全体劳动者正式公布。

3) 制定和执行劳动规章制度要接受民主监督。劳动规章制度的实施是企业领导者行政权力的运用,它和其他权力一样要接受民主监督。企业如果不把制定和执行劳动规章制度置于群众的民主监督之下,劳动规章制度的形成和实施就缺少了群众基础,对后期的执行也不利。群体的监督主要体现在职工有权对劳动规章制度制定和实施过程中企业管理者的行为提出批评、建议和意见,有权进行检举。

3. 公正原则

制定劳动规章制度属于企业内部管理工作,是企业经营自主权的体现。在这个过程中,企业要遵守公正原则,结合自身的实际情况,确定劳动规章制度的内容,正确处理企业和职工之间的关系,涉及奖惩时要做到合情、合理、合法。

劳动规章制度是法律法规在企业内部的细化和延伸,但制定劳动规章制度并不是照搬照抄法律条文,也是不抄袭其他企业的劳动规章制度,而是要以法律法规为衡量标准,以企业生产经营活动及管理的实际情况为基础,如此制定出来的劳动规章制度才能真正起到规范管理的作用。

企业与劳动者之间建立劳动关系后,双方在权责上具有从属关系。企业使用劳动者,安排其从事生产劳动;劳动者不仅要完成生产任务,还要遵守企业的劳动规章制度。这种权利义务的分配并不意味着企业在制定劳动规章制度时可以为所欲为,而应当从维持企业正常管理和不侵犯劳动者合法权益的角度出发,来制定劳动规章制度的内容,否则制定出来的劳动规章制度不仅不能规范管理,还可能会使企业触犯法律法规,并受到法律的制裁。

制定劳动规章制度要注意做到公平合理、符合实际情况。比如,劳动规章制度规定职工迟到一次就解除劳动合同,这就是显失公平的表现。由此引发劳动争议时,企业将处于不利的位置。每个企业的情况千差万别,在同一企业内,各个工种和岗位也各有特点,企业在制定劳动规章制度时,必须综合考虑,根据本企业的实际情况和存在的问题来制定相应的劳动规章制度。

8.2.3 劳动规章制度的制定主体

1954年的《国有企业内部劳动规则纲要》中明确规定:"各企业主管部门"为本部门内部劳动规则制定、修改、补充的主体;"各企业单位的厂长或经理"为本企业单位内部劳动规则制定主体。同时,《国有企业内部劳动规则纲要》还指出,机关、合作社、公私合营企业及私营企业可参照执行。

1995年颁布的《中华人民共和国劳动法》第4条规定:"用人单位应当依法建立和完善规章制度,保障劳动者享有劳动权利和履行劳动义务。"可见,《劳动法》在一定程度上改善了之前众多劳动政策按企业所有制等特征分别约束部分劳动规章制度制定主体的状况,将其统一为所有"用人单位"。但这条规定还是过于原则性,而且仍有部分涉及劳动规章制度的政策规章等仅适用于部分用人单位,如"试点企业""新开办企业"等。

一些学者进一步指出,"单位行政是一个多层次、多部门管理机构所组成的劳动管理系统,有权以用人单位名义制定劳动规章制度的主体应当是用人单位行政系统中处于最高层次、对用人单位的各个组成部分和全体职工有权实行全面和统一管理的机构",其他行政管理机构或组织(如车间、班级)虽然可参与用人单位劳动规章制度的制定,但无权以用人单位名义发布,不具有用人单位劳动规章制度的制定主体资格。

8.2.4 劳动规章制度的制定程序

根据法律、法规、规章以及司法解释的规定和要求,结合企业自身的实际情况,企业劳动规章制度的制定需要履行五个程序:(1)草拟,指劳动规章制度的初步拟定;(2)民主参与,指企业劳动规章制度的制定要履行劳动者或劳动组织民主参与的程序;(3)内部讨论和审议通过,指企业劳动规章制度初步制定好后,要经过集体讨论,审议通过;(4)备案审查,指企业劳动规章制度要进行合法性的审查;(5)正式公布,指企业劳动规章制度制定后,以有效的方式正式公布。

1. 草拟

草拟是企业劳动规章制度制定的第一步,也是十分重要的一步,是有效制定企业劳动规章制度的基石。一般来说,企业劳动规章制度的草拟有两种情况:一是草拟新的劳动规章制度,二是修改旧的劳动规章制度。不管是哪一种草拟,都需要注意以下三点:首先,企业必须充分了解劳动法律法规,在我国现行的法律环境下制定劳动规章制度,避免企业的劳动规章制度与法律法规相抵触;其次,在草拟企业劳动规章制度之前,企业应该在内部进行广泛的调研,了解企业自身的实际情况;第三,企业应根据自身的经营管理需要、工作环境、生产流程和员工的切身利益,明确企业劳动规章制度予以规范的领域和内容。

在程序上,草拟一般可以按如下步骤进行:

1) 选定草拟的人员。草拟企业劳动规章制度是一项具有一定政策性、知识性和技术性的工作,需要专业的人员或团队才能完成。企业应当让懂法律政策、熟悉企业实际经营状况、拥有管理知识以及具有一定写作能力的人员组成团队,来完成企业劳动规章制度的草拟工作。草拟团队中既要有企业领导和人力资源管理的专业人员,也需要有工会干部和职工群众,以形成多层次的人员组合。草拟团队的人数没有特别的规定,但要注意精干有效的原则。如果企业难以组成专业化的草拟团队,也可以委托专业的劳动保障政策法律咨询机构或管理咨询机构来代为草拟。

2) 拟定企业规章制度大纲。为了保证草拟工作的有序进行,在确立了草拟团队后,要由主要的草拟人员拟定企业劳动规章制度大纲。这一大纲要确定企业劳动规章制度的基本框架、体系构成、内容概要,明确草拟工作的指导思想、方法步骤、人员分工、草拟的工作要求以及完成工作任务的时间等。经企业行政部门讨论审定后,草拟团队按大纲执行草拟工作。一般来说,企业劳动规章制度大纲决定着草拟工作的成败,因此,对于企业劳动规章制度大纲,一定要反复论证,多征求群众和有关专家的意见。

3) 形成草案文稿。草拟人员按照大纲确定的框架和内容,在计划时间内起草,形成企业劳动规章制度草案的文稿。形成的草案文稿虽然不是正式的劳动规章制度,但应符合劳动规章制度的外在表现形式,即符合一般的格式,内容也应全面。

2. 民主参与

民主参与是指企业劳动规章制度的制定要履行劳动者或劳动组织民主参与程序。企业劳动规章制度虽然是用人单位的行政部门制定的,但作为企业的正式规则,企业劳动规章制度涉及劳动关系的各个方面和劳动关系运行的各个环节,它与劳动者在劳动过程中的权利和义务密切相关,最终也是要适用于企业所有的劳动者的。因此,企业劳动规章制度只有在吸收和体现了劳动者意志,或者得到职工方认同的情况下,才能确保其实施。而在劳动立法中也明确要求有劳动者参与的环节,如《劳动合同法》第4条规定,"用人单位在制定、修改或决定有关劳动报酬、工作时间、休息休假、劳动安全卫生、保险福利、职工培训、劳动纪律以及劳动定额管理等直接涉及劳动者切身利益的规章制度或者重大事项时,应当经职工代表大会或者全体职工讨论,提出方案和意见,与工会或职工代表平等协商确定。"

尽管从经济学角度看,投资者追求的目标是利润最大化,而劳动者追求的目标是劳动利益最大化,但这两个目标都要通过有效的生产经营活动才能实现的。从这个意义上来看,这两个目标之间是平衡的,并在一定程度上受劳动者参与程度的约束。相对而言,劳动者参与程度越低,企业就越有可能忽视劳动者的利益,甚至扩大资本利益而牺牲劳动利益。但这样就可能被劳动者反制,从而出现"双输"的局面。正因为此,相关法律法规都明确要求企业劳动规章的制定要通过民主参与程序才能具有法律效力。虽然法律法规对何谓民主参与没有做具体的说明,但结合我国相关法律、法规和政策,一般来说,民主参与有三种方式:工会、职工代表大会、职工代表。许多国外立法中也明确规定企业劳动规章制度的制定应当有民主参与。例如,《日本劳动基准法》规定,起草或修改雇佣规则时,雇主应征求企业中过半数工人所组成的工会的意见,如无此种工会时应征求过半数工人代表的意见。《法国劳动法典》规定,雇佣规则在提交工厂委员会讨论通过之前,或在没有工厂委员会的情况下提交职工代表讨论通过之前,不能将其付诸实施。

3. 内部讨论、审议通过

企业劳动规章制度初步制定好后,需要集体讨论和修改。内部讨论、审议通过一般按以下程序进行:先由草拟的专业人员自行检查,然后发动企业职工共同修改,经过反复讨论和征求意见,对文稿做反复的修改后,再把相对成熟的讨论稿提交给企业行政部门或工会大会讨论。经过两级组织讨论后,做最后一次修改,形成审议文稿。企业劳动规章制度要经过全体职工审议批准后才能通过。凡是建立职工代表大会制度的企业,企业劳动规章制度应该经职工代表大会审议通过;没有建立职工代表大会的企业,或者在职工代表大会休会期间的,应当征得工会的同意,或者交给过半数职工群众或职工代表讨论,并吸收他们的意见。

企业内部讨论、审议时,应注意保留职工代表大会、全体职工大会或者员工参与制定劳动规章制度的证据,如在集体讨论、审议时要求职工参与并签名,保存建议信、意见书等原件等。

4. 备案审查

备案审查是指对企业劳动规章制度进行合法性的审查,是企业劳动规章制度产生法律效力的必经程序。企业劳动规章制度涉及劳动法律、法规和政策的实施,同劳动者利益密切相关。为了保证劳动规章制度的内容合法和保护全体职工的利益,企业劳动规章制度的制定就置于国家法律部门的监督之下。

劳动部、国家经贸委在 1995 年颁发的《现代企业制度试点企业劳动工资社会保险制度改革办法》第 18 条规定,"企业应遵守国家有关劳动法律、法规和规章,加强劳动法制教育、依法保障职工合法权益。企业制定的有关劳动管理规章制度,应抄报劳动行政部门备案。企业应自觉接受劳动监察,提供真实情况,认真执行劳动监察机构的处理决定。"其要求试点企业制定的规章制度必须向劳动行政部门备案,劳动部门应在法定期限内做出书面的审查意见,对不合法的内容有权在审查意见书中责令企业修改。

此外,1997年《劳动部关于对新开办用人单位实行劳动规章制度备案制度的通知》对备案审查做了比较详细的规定,这是行政部门进一步加强劳动监察工作,促进用人单位提高劳动管理水平的一项重要措施。该通知要求,新开办用人单位应依照《劳动法》的有关规定制定劳动规章制度,并在正式开业后半年内将制定的劳动规章制度报送当地劳动行政部门备案。

劳动行政部门在组织巡视监察活动时,要检查新开办用人单位制定劳动规章制度的情况,并督促其按时报送备案;对制定的劳动规章制度违反劳动法律法规、不按规定期限报送备案的,应依法给予行政处罚。各级劳动行政部门对新开办用人单位劳动规章制度审查的内容主要是:劳动规章制度的内容是否符合法律法规规定;制定劳动规章制度的程序是否符合有关规定。经审查,发现用人单位的劳动规章制度内容违反法律法规规定的,应责令其限期改正。各级劳动行政部门的劳动监察机构具体负责新开办用人单位的劳动规章制度的备案工作。劳动监察机构要认真实行备案制度的工作规划和措施,明确实施步骤,配备人员,开展备案审查工作,建立工作档案;要加强用人单位经营管理者劳动法制教育工作,指导、帮助用人单位制定和完善内部劳动规章制度,提高劳动管理水平。

5. 正式公布

企业劳动规章制度既然对企业全体职工都具有约束力,就应该使全体职工对企业劳动规章制度有清晰的了解。因此,企业劳动规章制度在依法制定并生效后,就应该以合法有效的方式公布。所谓正式公布,是指将经过行政审查的企业劳动规章制度公示,告知企业的全体劳动者。例如,《加拿大劳工(标准)法》规定,省政府主席有权要求雇主将其制定的劳动规章制度向全体职工公布。《法国劳动法典》规定,雇佣规则应于完成了公布等手续两周之后实施。

在我国,劳动规章制度必须由用人单位以经其法定代表人签署和加盖公章的正式文件公布,并且,从公布之日起才在本单位范围内有效。企业劳动规章制度可以召开全体职工大会口头公布,可以张贴在主要工作场所、职工宿舍或食堂等显眼处,或印刷成小册子发给企业所有职工,甚至可以组织全体职工进行集中学习、培训,以起到良好的公示作用。

8.3 企业劳动规章制度的实施与评估

 本节案例

2018年6月14日,丁某入职C公司,工作岗位为销售,负责人力资源派遣和软件开发外包。2020年3月29日,C公司以丁某2020年3月1日至29日旷工18.5天,严重违反公司规章制度为由,通知丁某双方的劳动关系解除。

丁某认为其工作岗位为客户经理,工作性质决定了不能以实际考勤打卡情况作为其是否上班的评判标准,C公司以此为由解除劳动关系,系违法解除,故向仲裁委提出申请,请求C公司支付违法解除劳动合同赔偿金4万元。仲裁委支持了许某的仲裁请求。C公司不服仲裁裁决,诉讼至法院,要求判决其无须向丁某支付违法解除劳动合同赔偿金4万元。

法院经审理后认为,C公司长期以来一直未严格按照《考勤办法》对丁某进行管理,尽管2019年10月22日C公司法定代表人曾在微信群中通知要求严格考勤,但只是强调考勤与工资相关,并未明确将依据《考勤办法》的规定对丁某进行其他方面的管理,亦未依据《考勤办法》就丁某的考勤情况对丁某进行过处理。在法定代表人通知严格考勤后至2020年3月期间的五个多月的时间内,C公司也一直未严格按照《考勤办法》的规定对丁某的考勤进行管理。C公司未依据《考勤办法》对丁某进行管理,后在未明确警示的情况下,又以丁某违反《考勤办法》为由与其解除劳动关系,存在明显不当。故对丁某关于C公司违法与其解除劳动合同的主张,法院予以采信,判决C公司向丁某支付违法解除劳动合同赔偿金39 763.94元。

8.3.1 企业劳动规章制度的实施

一套好的企业劳动规章制度,如果得不到有效的执行,那只能是一套纸面上的制度,是起不到实际作用的装点门面的东西。因此,制定出一套好的企业劳动规章制度,还应该尽最大的努力来让它落地,让全体职工都能够遵照执行。这样,才能够保证企业劳动规章制度发挥应有的作用。一般说来,企业劳动规章制度的实施应从以下几个方面来着力:使企业劳动规章制度深入人心;各部门权责分明,层层落实;建立起科学的监督机制。

1. 使企业劳动规章制度深入人心

企业劳动规章制度能够得到有效执行的前提是企业的全体职工对企业劳动规章制度的了解与认同。事实上,任何一项规章制度,职工不了解就不可能遵守,员工不认同就不愿意遵守。因此,只有使企业劳动规章制度深入人心,成为职工自觉的工作指导思想,才能真正使职工领悟工作中他们为企业创造的价值所在。而职工对企业劳动规章制度了解得越多,就越能把握住其内容,就越能知道应该如何去遵守企业劳动规章制度。这样,企业劳动规章制度的执行难度也就越小,执行的效果也就越好。因此,为了使企业劳动规章制度有效执行,必须使其深入人心。

为了使全体职工全方位、深层次地了解企业劳动规章制度,企业可以采用以下方法:(1) 召开全体职工大会。在全体职工大会上,企业领导应该积极地宣传企业的劳动规章制度。通过宣讲,使参会的职工增加认识,加深理解,从而增强遵守劳动规章制度的自觉性;(2) 进行集中学习、培训。通过集中学习、培训,使职工对企业劳动规章制度的各个细节有进一步的理解,全面掌握其内容。企业在进行集中学习、培训后,可以举行考试,以检验职工对企业劳动规章制度的掌握情况。不合格的职工要重新参加学习、培训。(3) 印刷成小册子。可以将企业劳动规章制度印刷成小册子,做到人手一册,以便于职工可以随时查阅。

通过以上方式,可以使企业劳动规章制度转化为职工自觉工作的理念,并积极地去鼓励职工将劳动规章制度与自己的实际工作结合起来。例如,职工把劳动安全规章制度的内容转化为自己工作的安全标准,在劳动过程中,职工就会积极按照劳动安全规章进行操作,防止不当操作造成的安全事故。这样,既可以保护职工的安全,也维护了企业的利益。

2. 各部门权责分明,层层落实

企业劳动规章制度的实施不是某个职能部门的事情,而是需要整个企业的所有部门都来推动。在这一过程中,企业的管理高层当然需要以身作则,身先士卒。但是,仅仅依靠管理高层的个人推动是不够的,企业的各个部门、各个管理层级都需要行动起来,分清权责,层层落实,才能将企业劳动规章制度实施到位。

由于领导者在企业中的特殊性,下属认为领导者具有能够影响到自己的合法权利,也必然会受领导者的影响。领导者在做任何事情的时候,都会对下属起到一定的示范作用。下属会下意识地模仿和跟随。因此,当领导者带头执行企业劳动规章制度时,自然会对下属形成一定的压力,下属也会跟随领导者一同执行。中层是企业的骨干和中坚力量,他们是企业管理高层和基层职工之间的桥梁和纽带。在领导者以身作则的同时,中层管理者也应该积极响应,将高层领导者的决策和指示传达给基层职工,同时将基层职工的意见的要求反馈给企业高层领导者,并带领基层职工共同执行企业劳动规章制度。基层职工是企业的基石,他们工作的好与坏直接影响到企业是否顺利执行劳动规章制度。因此,企业应分清各级职责,明确各级在企业劳动规章制度实施过程中所扮演的角色,积极扮演好自己的角色,层层落实。企业在实施劳动规章制度时,出现一些问题是难免的。而一旦出现了问题,就应该及时解决,以免事态扩大,造成不良影响。

为保障企业劳动规章制度能够得到有效地执行,企业各部门和各层级在落实责任的过程中,可以采取以下措施以强化执行效果。

1)思想政治工作与经济手段相结合。即一方面通过对职工进行思想政治教育,帮助职工树立正确的劳动态度和劳动纪律观念,培养和提高职工遵守企业劳动规章制度的自觉性;另一方面运用经济手段鼓励和促使职工遵守企业劳动规章制度,将职工遵守劳动规章制度的情况与其经济利益相挂钩,以提高职工遵守企业劳动规章制度的积极性和责任感。两种结合的重点就是要实行奖惩结合、以奖为主,其中,奖励应当将精神奖励与物质奖励相结合,并以精神奖励为主;惩罚应将教育与惩罚相结合,并以教育为主。

2)自主奖惩与依法奖惩相结合。自主奖惩,即企业有权决定对模范守纪者的奖励和对违纪者的惩罚,这是社会主义市场经济体制下微观劳动管理自主权的重要内容。依法奖惩,即企业必须严格按照法定的奖惩规则对职工进行奖惩,而不得滥用奖惩权。对符合获奖条件而依法享有获奖权的职工,企业负在依法授奖的义务。而在给职工颁奖时,企业最高领导应亲自给获奖者颁发奖章和证书,这样可以极大地增加职工的荣誉感。对于违纪的职工,企业也应该按照相关程序处理,不得滥用惩罚权。企业在劳动规章制度的执行过程中,通过合理地结合两种奖惩方式,可以起到事半功倍的效果。

3. 建立科学的监督机制

企业劳动规章制度是企业约束和规范全体职工做好工作的劳动行为准则。企业劳动规章制度的有效实施，还有赖于对实施过程进行及时且有效地监督。因此，建立科学的监督机制是必要的，科学的监督机制可以促进企业劳动规章制度的实施，并不断地改善企业劳动规章制度的实施。

企业在执行劳动规章制度时，应接受企业内部和外部的监督，因此，建立科学的监督机制就包括建立科学的内部监督机制和建立科学的外部监督机制。

1）建立科学的内部监督

所谓内部监督机制，就是在企业内部进行监督的机制。比如，企业可以在内部建立劳动规章制度执行监督委员会。监督委员会成员可以由企业的高层、中层和基层按照一定的比例组成，以保证其人员构成的合理性。企业劳动规章制度执行监督委员会应根据企业的实际情况，对内部各部门执行劳动规章制度的过程进行定期和不定期的检查监督，一旦发现问题就应该及时、严肃地处理。该监督委员会还可以设立举报信箱，职工如果发现有违反劳动规章制度的情况，可以及时地写信反映。

企业还应该充分发挥职工的民主监督作用。职工是企业的主人，职工工作在企业的各个岗位，对企业的生产经济情况最为了解，也最具有发言权。他们可以通过职工代表大会以主人翁的身份对企业实行民主管理、民主监督，这样的监督是全方位的和多层次的。因此，企业应坚持和完善以职工代表大会为基本形式的民主管理和民主监督制度，实现职工群众对企业领导和对企业劳动规章制度执行情况的有效监督。这样形成的企业内部权责分明、团结合作、相互制约的监督机制，可以调动各方面的积极性，保证企业劳动规章制度的有效实施。

为切实保证企业职工履行民主管理和民主监督的权利，切实保障他们的合法权益，防止企业经营者利用职权对他们进行打击报复，凡经职工代表大会选举出并参加涉及企业经营重大决策会议的职工代表，企业对他们的任用或做出涉及他们利益的决定，必须经过职工代表大会同意后方可实施。

2）建立科学的外部监督机制

所谓外部监督机制，就是利用外部力量来对企业进行监督的机制。一般来说，外部监督主要包括法律体系的监督和新闻媒体的监督。

法律监督在广义上是指所有国家机关、社会组织和公民对各种法律活动合法性进行的监察和督导。一般提到法律监督，通常会想到国家机关的法律监督。在我国的法律监督体系中，不仅包括国家监督，还包括社会监督。当然，相对于社会组织和个人来说，国家机关的法律监督具于优势地位。因此，应形成以国家机关为主导，社会组织和个人积极参与的法律监督体系。各级政府组织执法检查小组，对企业执行劳动规章制度的情况进行执法检查，对违反法律法规的企业应严厉查处，并责令其限期改进。社会组织和个人发现企业在执行劳动法律法规过程中有违法行为，也应该积极向有关部门举报。

企业在执行劳动规章制度的同时也是在履行社会责任。而为了防止企业片面地追求经济效益而忽视职工的利益和社会责任,就需要新闻媒体对企业进行监督。新闻媒体实施的以对企业公开曝光、公开批评为特征的舆论监督是十分有效的。其一,新闻媒体的生命力来自新闻报道的真实性和准确性,因此"求真求实"成为大多数媒体的追求;其二,新闻媒体与企业之间基本上不存在明显的利益关系,即使一家企业与某些媒体的关系密切,但这家企业不可能控制所有的媒体,因此,媒体的独立性是有保证的;其三,媒体以其"无孔不入"而著称,它能发现企业的那些不遵守劳动规章制度的行为,从而对企业起威慑作用;其四,媒体拥有敏感的"嗅觉"、究根寻源的职业素养、无处不在的网络优势以及法律赋予的特别权利,这些都为媒体有效地监督企业提供了得天独厚的条件。

8.3.2 企业劳动规章制度的评估

企业劳动规章制度的评估主要是指对企业劳动规章制度及其执行过程和效果进行评估,以确定企业劳动规章制度的价值。显然,企业劳动规章制度的评估是劳动规章制度实施的一个重要环节,是调整、持续、修订或终止劳动规章制度的重要依据。

1. 企业劳动规章制度的评估方式

企业劳动规章制度的评估可以从多个角度、多个层面来进行,比较常见的有:一是对劳动规章制度方案本身进行评估,主要侧重于对劳动规章制度内容的评估;二是对劳动规章制度制定过程进行评估,强调的是过程控制;三是对劳动规章制度实施的效果进行评估,这显然是结果导向的评估。

1) 对劳动规章制度方案本身的评估。针对劳动规章制度方案本身进行评估的目的在于分析、比较不同的劳动规章制度方案,指出每一种方案的可行性和优缺点。这样的评估常见于企业劳动规章制度的制定过程中。

2) 对劳动规章制度制定过程的评估。对劳动规章制定过程的评估,主要强调劳动规章制度的制定方法和流程。这样的评估主要是以过程与方法的正确与正当性,来保障结果的正确与正当性。

3) 对劳动规章制度实施效果的评估。这是确定企业劳动规章制度价值的最重要的评估,因为对劳动规章制度进行评估的主要目的,就在于鉴定人们所执行的劳动规章制度在达到其目标上的效果。显然,对劳动规章制度实施效果的评估是一种以结果为导向的评估。通过评估,我们确认劳动规章制度对问题的解决程度和影响程度,并运用研究设计的原则,通过对劳动规章制度效果的透视和分析,辨识劳动规章制度的效果,分析某种效果是劳动规章制度本身的作用,还是其他因素所致,以求通过优化劳动规章制度及其运行方式来强化和扩大劳动规章制度的效果。

2. 企业劳动规章制度的评估要素

有效的企业劳动规章制度评估体系主要由五个基本要素构成。其一,劳动规章制度的评估主体,即由什么机构、部门或人员来实施对企业劳动规章制度的评估。其二,劳动规章制度的评估对象,即评估的客体。根据实际需要,企业可以选取劳动规章制度中的一项、几项或者整个劳动规章制度来进行评估。其三,劳动规章制度的评估目标,即整个评估体系运行的指南和目的,目的在于鉴定人们所执行的劳动规章制度在达到其目标上的效果,以期通过优化劳动规章制度及其运行方式,来强化或扩大劳动规章制度的效果。其四,劳动规章制度的评估标准,它是判断评估对象优劣的基准,是劳动规章制度评估的基础。其五,劳动规章制度评估方法,它是劳动规章制度评估的具体手段。这五个基本要素,共同组成一个完整的劳动规章制度评估体系,它们之间相互联系,又相互影响。

3. 企业劳动规章制度的评估方法

在实务中,企业劳动规章制度的评估方法通常可以分为两类:一类是定性分析,主要包括图表评估法、强制排序性、对比评估法等;另一类是定量分析,主要包括层次分析法、经济计量学方法、成本效益法等。需要指出的是,任何一种分析方法都有其自身的特点和局限性。因此,评估主体需要根据企业实际情况来灵活地选用恰当的评估方法。通常使用单一方法进行劳动规章制度的评估很容易产生偏差,过分地依赖定量评估方法而忽视必要的定性评估分析也是不可取的。即,需要结合实际情况和适当的评估方法来综合做出评估。

1) 图表评估法。图表评估法是在劳动规章制度评估中普遍采用的方法,绩效考核制度评价、职业晋升制度评价等均可以采用这种方法。劳动规章制度依据设定的表格中所提取的要素进行评估,此种方法又称为评级量表法,常用的是李克特5点量表。评估人员只需要根据被评估对象填写表格的情况,把各项得分加总,便得出评估的结果。当然,评估人还可以根据各项评估要素的重要性分别赋予不同的权重。

【知识链接 8-6】

什么是李克特五点量表?

李克特量表(Likert scale)是属评分加总式量表最常用的一种,属同一构念的这些项目是用加总方式来计分,单独或个别项目是无意义的。它是由美国社会心理学家李克特于1932年在原有的总加量表基础上改进而成的。该量表由一组陈述组成,每一陈述有"非常同意""同意""不一定""不同意""非常不同意"五种回答,分别记为5、4、3、2、1,每个被调查者的态度总分就是他对各道题的回答所得分数的加总,这一总分可说明他的态度强弱或他在这一量表上的不同状态。

2) 简单排序评估法。简单排序评估法适用于对若干劳动规章制度进行比较和评估,其具体做法是将所有需要进行评估的劳动规章制度,通过简单的排序来进行比较与评估。显然,这种评估是劳动规章制度与劳动规章制度之间的比较和排序,而不需要构建出具体的评估指标与标准。因此,这样的评估可以告诉我们孰优孰劣,但一般不能明确地指出某个劳动规章制度好在哪里,某个劳动规章制度又差在哪里?

3) 层次分析法。层次分析法是从经济系统论的思想出发,将评估对象视为一个系统,层层分解为若干因素,并把这些因素的支配关系组成逐层递进的层次结构。然后,通过成对比较的方法确定各要素之间的权重分配。最后,根据评估对象的重要性进行简单排序。层次分析法体现了人的决策、思维判断、综合分析的特征,同时结合了定量分析和定性分析两种方式。通过这种方法,可以分析评估较为复杂的劳动规章制度,但该方法对单一劳动规章制度的评估并不适用。

4. 企业劳动规章制度的评估步骤

同大多数的评估活动一样,企业劳动规章制度评估一般也可以分为三个步骤,即评估的准备、评估的实施和评估的结果输出。

1) 评估的准备

准备是评估工作的基础和起点。在准备阶段,企业应当明确劳动规章制度评估的目的、中心和重点,避免评估工作的盲目性,以保证评估工作的顺利进行。在评估准备阶段,需要完成的工作主要包括:

第一,确定评估的目的。目的明确了,企业劳动规章制度的评估工作才能做到有的放矢,评估主体、对象、方案、标准和方法的选择才能有正确的标准和依据。

第二,确定评估工作的实施主体。劳动规章制度评估的主体可以由企业内部的某个部门团队担任,也可以选聘有关专家组成专家咨询组或委托社会中介机构成立评估工作组来担当。但是,无论谁作为评估的主体,在准备阶段都应对其任务和要求加以明确。此外,还可能需要对评估主体的成员进行必要的培训,以构建出较高水平的评估队伍。

第三,确定评估对象。企业劳动规章制度涉及多个方面和多项内容,但并非每个方面和每项内容在每一次的评估中都要纳入,这就有了一个确定评估对象的问题。在确定评估对象时,必须坚持有效性和可行性相结合的原则,一方面,所选取的评估对象必须是确有价值的,即通过评估能够达到一定的目的;另一方面,所选取的评估对象必须是可以进行评估的,即从时机、人力、物力和财力上来看都能满足评估的基本条件。

第四,制定评估方案。一般来说,劳动规章制度评估方案应包括以下内容:针对所要评估的劳动规章制度,明确评估的目的、意义和要求;阐述评估对象和评估主体;提出评估的基本设想,根据评估目标确定评估的内容和范围等。

第五,确定评估标准和方法。评估标准是进行劳动规章制度评估的基准和标杆。在确定评估标准后,选取合适的评估方法就成为评估的核心问题。在实务中,企业可以根据实际需要以及劳动规章制度的类型、侧重点、目的等来选择适合的评估方法。

2) 评估的实施

评估的实施主要包括以下几个方面的工作:

第一,利用各种调查手段和信息来源,广泛收集有待评估的劳动规章制度的信息。信息是评估劳动规章制度的基础。与评估有关的有效信息,既可以作为评估者最初判断的依据,也可以作为最后评估的尺度。在实际中,通常采用的方法包括观察法、查阅资料法、调研法、案例分析法、实验法等,这些方法各有其特点和应用范围,最好是交叉使用,相互配合,以确保所获信息具有广泛性、系统性和准确性。

第二,综合分析已获取的劳动规章制度信息。对原始数据、问卷和资料进行系统的整理、分类、统计和分析,为劳动规章制度评估结果的输出提供依据。

第三,综合运用相应的评估方法进行评估。在进行劳动规章制度评估时,应坚持评估资料的完整性、科学性、针对性,客观、公正地反映劳动规章制度的实际运行效果,进而做出评估结论。

3) 评估结果的输出

评估结果的输出是劳动规章制度评估的最后一环,也是劳动规章制度评估的最终目的。这一阶段的主要任务是综合判断、分析诊断、反馈信息。综合判断就是从总体上对被评估对象做出关于其执行情况的定性或定量的综合意见,或关于劳动规章制度是否达到应有标准的结论;分析诊断就是对被评估劳动规章制度的优劣得失进行系统的分析、评论,找出存在问题及症结所在;反馈信息就是将评估活动所获得的信息向有关方面报告。这一阶段的工作包括两个方面:一是撰写评估报告,二是做出总结和建议。

本章小结

企业劳动规章制度是用人单位按照法定程序制定的,在用人单位内部对用人单位和劳动者都具有约束力的工作规则的总称,是企业正常运行的保证,是企业所有劳动者行动的指南。依据《劳动法》的相关规定,企业劳动规章制度包括劳动报酬、工作时间、休息休假、劳动安全卫生、保险福利、职工培训、劳动纪律以及程序管理等内容。

制定企业劳动规章制度的法律依据主要包括《宪法》《劳动法》《劳动合同法》《公司法》以及其他配套法律法规,制定企业劳动规章制度需要遵守合法、民主、公正的原则,按法定的程序来进行。

企业劳动规章制度的有效实施需要使企业劳动规章制度深入人心;需要各部门权责分明,层层落实;还需要建立起科学的监督机制。而企业劳动规章制度的评估是劳动规章制度实施的重要环节,是调整、持续、修订或终止劳动规章制度的重要依据。

延伸阅读

周国良等.《论规章制度.集体合同与劳动基准的关系》.《中国劳动》2015 年第 1 期.

练习题

一、思考题

1. 什么是企业劳动规章制度?

2. 企业劳动规章制度有哪些显著特征?
3. 企业为什么要制定劳动规章制度?
4. 企业劳动规章制度应包括哪些内容?
5. 企业制定劳动规章制度应遵守的原则有哪些?
6. 企业制定劳动规章制度的基本程序是什么?
7. 企业劳动规章制度的实施需要注意哪些?
8. 如何对企业劳动规章制度进行评估?

二、案例分析题

何某系 A 公司员工,工作岗位为车间锅炉运行技师。因何某工作期间两次在更衣室吸烟,A 公司依据单位《职工处分规定》《公司违纪违规处分办法》决定给予何某开除处分,何某所在部门工会也就此召开职工代表团组长联席会,并就何某的违纪问题和处理结果向公司工会提交报告。

何某认为其吸烟的地点并非公司规章制度中规定的"生产区域禁烟区",且其事后主动交代了违纪问题,应该从轻或减轻处分,且 A 公司没有履行法定程序,公司工会并未就此提出意见和作出决定。故何某以 A 公司作出的开除处分过重、处罚依据和程序不合法、违法解除劳动合同为由,向劳动争议仲裁委员会(以下简称仲裁委)申请确认 A 公司作出的开除决定违法,依法撤销处分决定,继续履行劳动合同。仲裁委支持了何某的仲裁请求,A 公司不服仲裁结果,向法院提起诉讼,要求确认公司与何某解除劳动合同的行为合法有效,无须撤销处分决定、无须继续履行与何某的劳动合同。

法院判决

房山法院经审理后认为,A 公司提交的证据证明《职工处分规定》《公司违纪违规处分办法》《安全行为规范》和《封闭化管理办法》等文件系经过民主程序制定,内容不违反法律规定,并通过公司内网向员工进行了公示,可以作为 A 公司对何某进行管理及处罚的有效依据。根据何某的陈述及 A 公司提交的调查笔录亦可以认定何某两次在更衣室抽烟的违纪事实。

本案争议焦点为以下两个问题:

首先,关于何某抽烟的地点是否属于公司规章制度中规定的"生产区域禁烟区"。法院认为,根据 A 公司提交的系列规定可以看出,A 公司厂区以内均为一级防火区,属于严禁携带香烟、火种进入并严禁吸烟的区域,且何某抽烟所在的更衣室数米外有密集的化工原料的输送管道,100 多米外有易燃易爆物质储藏罐,何某本人及车间领导在调查中均认可更衣室属禁烟区,故何某在更衣室抽烟的行为属于《职工处分规定》中规定的违纪行为且情节严重。

其次,关于是否应当按照公司规章制度规定对何某"从轻或者减轻处分"的问题。法院认为,本案系公司在检查中发现何某身上有烟味、更衣室内有烟头等违纪线索后,何某在询问调查中承认自己两次在更衣室吸烟的行为,不属于"主动交代本人违规违纪问题"。且 A 公司属于火灾发生的高危行业,安全生产管理是企业日常管理中的重中之重,何某两次在更衣室吸烟,违纪情节严重,A 公司未对其从轻或者减轻处罚,而是直接与其解除劳动合同，并无不当。A公司解除与何某劳动合同过程中履行了征求工会意见的程序，故何某要求撤销开除决定、继续履行劳动合同的依据不足，仲裁裁决不当，法院依法予以纠正。

最终，法院判决确认A公司和何某的劳动合同解除。何某不服该判决提起上诉，二审法院经审理后维持原判。

讨论题目

1. 在企业劳动规章制度的制定上，A公司有哪些可取之处？
2. 作为用人单位的管理者和作为劳动者，你如何看待企业劳动规章制度的作用？

第 9 章　企业员工参与

 学习目标

➢了解员工参与的相关概念；
➢掌握产业民主和员工参与的相关理论知识；
➢理解发达国家员工参与的一般形式与途径；
➢理解中国职工参与的相关理论、政策与实践。

9.1　产业民主思想

 本节案例

湖北达雅生物科技股份有限公司的民主管理

　　湖北达雅生物科技股份有限公司(以下简称为公司)是以生产生物精细化学品为主导产品,集技术研发与生产经营为一体的"国家高新技术企业"和"省科技创新型企业",建有"省博士后产业基地"和"省工程技术研究中心"。公司位于荆州市经济技术开发区,于2002年以董事长徐振明个人的两项国家发明专利技术为依托,白手起家创办而成立。经营范围主要包括:生产、销售食品添加剂、精细化学品(不含危险化工品)等产品;自营和代理各类货物及技术进出口业务。公司现有员工近200人,其中专业技术人员占员工总数30.5%,机构设置完备,建立有党总支、工会、共青团等党群组织和行业内一流的技术研发实验平台。公司凭借多年积累的先进技术创新能力和市场资源,不断地成长为同行业中的领军企业。

　　湖北达雅生物科技股份有限公司以"民主聚人心,协商促发展,实现企业员工共建共享新格局"为目的,以"强化责任、同频共振、依法治企、抓好载体、突出民主、凝聚人心"为抓手,大力开展企业民主管理工作,实现"三个为零",即企业与员工劳动纠纷为零,企业侵犯员工合法权益事件为零,员工群体性突发事件为零。

一、强化责任,构建企业民主管理工作机制

　　坚持从机制入手,强化责任,同频共振,为构建企业民主管理工作提供强有力的政治和组织保障。

(一)明确主体责任。在公司经营发展过程中,公司领导班子越来越深刻地认识到,企业民主管理工作是促进企业发展壮大、维护员工合法权益、构建和谐劳动关系的必然要求。因此,公司明确了企业民主管理工作中各个主体的责任,即党委是第一责任人、行政是第一执行人、纪检工会是第一监督实施人、职工群众是第一评价人。

(二)健全组织领导体制。将企业民主管理工作纳入企业发展总体规划,融入企业依法管理创新体系中。公司成立了以党委书记、董事长为组长的厂务公开领导小组,形成了"党委领导协调、行政主导牵头、工会监督运作、部门积极配合、员工广泛参与"的企业民主管理工作组织领导体制和长效工作机制。

(三)加强考核评价工作。我们把企业民主管理工作纳入党建目标考核内容。从组织领导、工作内容、工作标准等方面细化考核指标,量化考核分值,并将考核结果作为个人绩效考核的重要依据,使企业民主管理工作成为公司领导干部的重要工作职责之一。

二、突出载体,扎实推进企业民主管理工作

公司始终坚持"员工是达雅的主人,是达雅最宝贵的财富"的理念,真心实意依靠员工办企业,营造企业良好和谐的民主环境,规范有序的工作环境,安康幸福的生活环境,倡导员工快乐工作、快乐生活,鼓励员工参与管理,走出一条民营企业民主管理、科学发展之路。

(一)落实职代会制度,突出提案办理,员工当家作主有实效。公司党委把开好职代会作为工作重点,健全完善职代会、职代会提案管理等制度机制,发挥职代会的主导作用。职代会除审议董事长工作报告、审议通过集体合同草案等重要事项外,把着力点放在落实提案、解决员工最直接最现实最关心的问题上,成立提案管理小组,做好提案的收集整理工作,确保将员工普遍关心的热点提案向职代会提交。近三年来,职代会共审议提案285件,办结率95%以上,员工满意率98%以上。

(二)完善厂务公开制度,突出意见表达,倾听员工心声。公司制定了《厂务公开民主管理控制程序》,把厂务公开贯穿于生产经营管理的全过程。通过职代会、党政工联席会议、行政与工会联席会议、员工听证会等形式,将企业重大决策、决议,员工关注的重点、难点、热点问题及时公开,让员工享有充分的知情权、话语权,使经营管理者处于员工的监督之下,构建了防止暗箱操作、权力滥用的"防火墙"。

(三)丰富民主形式,突出双向沟通,畅通参与渠道。一是建立职工议事制度。员工通过制度化的诉求表达,一方面依法维护自身权益,另一方面把关心的热点、难点、焦点问题直接传递给企业决策层,不仅畅通了员工表达利益诉求的渠道,也促进了企业与员工的相互沟通。二是建立行政与工会联席会议制度。通过联席会议,企业行政定期与工会互通情况,交换意见,及时掌握员工关心的热点问题,促进企业决策的科学化和民主化,即使企业发展规划和措施照顾员工的切身利益,又使企业面临的经营发展难题让广大员工及时知晓,获得职工的理解和支持,引导职工积极参与企业发展全过程。三是建立民主评议制度。每年让企业经营管理者接受职代会和员工的民主评议,把经营管理者放在群众的天平上量一量、看一看自己的工作、思想和作风究竟和员工的期待有多大差距,让他们更加明白自己的努力方向,倒逼经营管理者在思想上有民,作风上亲民,服务上便民,赢得员工信赖。

三、共建共享,企业民主管理工作成果丰硕

通过开展企业民主管理工作,达到了企业与员工"双赢""双满意"的效果,实现了企业经济效益和社会效益双丰收,形成了"在共建中协商谋发展、在共享中民主促和谐"的达雅特色。

(一)突出了员工在企业的主体地位。通过开展企业民主管理工作,推动构建规范有序、公正合理、互利共赢、和谐稳定的社会主义新型劳动关系,使员工在企业的主体地位得到了进一步巩固。凡是企业重大决策、决议和涉及员工切身利益的重大事项,都要实行厂务公开,直接听取员工的意见和要求。公司还为员工设立"参政"的平台,让员工直接参与企业管理,企业尊重员工,员工热爱企业。在今年初的"职工议事会"上,员工代表为企业经营发展提出"金点子"提案98件,其中企业采纳46件,为企业创造经济效益100多万元。

(二)维护了企业和谐稳定。通过开展企业民主管理工作,畅通了员工诉求渠道,把问题消除在萌芽状态,最大限度地避免劳动争议事件发生。通过开展企业民主管理工作,促进了经营管理者工作法治化、办事公开化、决策民主化、服务群众化,提升了经营管理者在员工心目中的公信力、凝聚力,架起了经营管理者与员工之间相互理解、相互信任、相互支持的"连心桥"。

(三)促进了企业快速发展。通过开展企业民主管理工作,员工从企业发展的"观众"变成"演员",使员工在参与企业管理的实践中实现自我价值,极大地调动了员工奉献企业的积极性、主动性、创造力,增强了企业长远发展的内生动力,促进了企业快速发展。近三年来,公司开展岗位练兵、技术比武100多次,实施技术攻关、技术革新36项,收集员工合理化建议412条,为企业产生经济效益450多万元;公司投资1.2亿元新建的3万吨/年精细生物化学品项目的一期工程在2016年已实现销售收入2亿元,利税5 000万元。

资料来源:全国常务公开民主管理网,2017年12月28日,https://www.cwgk.org/dxjy/

这是一则中国企业推进员工参与、实施民主管理的成功实例。值得我们思考和讨论的是,企业为什么要不惜投入、积极主动地推进民主管理?在经营管理实践中,有哪些有效的员工参与和民主管理实践形式?企业的民主管理对企业的存续和健康发展又有什么意义和作用?在本章的学习过程中,我们将首先介绍发达国家的产业民主思想,然后再讨论发达国家员工参与的概念和主要形式,最后我们将重点介绍中国企业的职工参与和民主管理政策与实践。

9.1.1 产业民主的含义

产业民主(industrial democracy)这一术语,在有的论文和著作中,被翻译为"工业民主";在政策制定和学术研究中,又与民主管理、民主参与等术语替换使用。尽管这些称谓或术语之间有一些细微差异,但其本质和核心内容基本一致。就其产生背景看,产业民主是相对于资本主义生产方式中曾经普遍存在的"工业专制"而出现的一种新思潮、新实践,其基本的含义是指工人与其在政治生活享有政治民主一样,在企业或微观经济中也应该拥有自治和机会平等的权利。从其发展和演变看,产业民主概念在不同时期、不同国家或群体中有不同的内涵,内容也十分庞杂,似乎只要是批评和抨击资本主义生产方式,主张修正资本主义的工业专制,认为工人在劳动场所应该拥有相应的民主权利的思想、观念、实践,都可以纳入产业民主的范畴。尽管如此,西方国家一些学者研究认为,产业民主的实质,就是工人在与其相关的事务中普遍拥有有效的发言权,或者说,工人们能感知到他们真正参与了那些控制其生活和工作的环境之中。中国学者指出,广义的产业民主指的是,在工作场所员工通过一定的组织和程序参与并对组织决策产生影响,享有管理组织的权利并对组织管理负有责任。[①] 国际劳工组织(ILO)界定的产业民主是一种增进劳动者参与企业管理决策的各项政策或措施的总称,它以破除由雇主或管理人员专断的旧式管理方式,从而使劳动者有机会发表意见或申诉为目标,使劳动者的权益得到雇主或管理人员的尊重,其中包括社会事务、人事事务、经济事务的参与[②]。

9.1.2　产业民主的社会背景与思想渊源

产业民主思想于 19 世纪末 20 世纪初在西方国家兴起,既有深刻的社会背景,也有丰富的思想渊源。

产业民主思想的出现和发展,首先是 19 世纪末 20 世纪初西方国家的社会民主改革运动的重要组成部分。资本主义社会和资本主义生产方式建立以来,劳资矛盾尖锐,劳工运动此起彼伏,一直是发达国家面临的重要社会问题。工人阶级在争取政治上的平等权利的同时,也要求改变其在经济生活中的不平等地位。不同形式、规模的劳工运动,一方面让工人在工作时间、最低工资标准、失业救济等方面获得了一些保护,另一方面也让工人拥有了更加显著的公民权利和社会责任意识,参与社会改革的愿望更加强烈。对于资方而言,持续不断的劳资冲突不仅耗费宝贵的资源,也严重影响到正常的市场和生产秩序,他们逐步改变了传统的看法,期望通过社会改革来找到稳定经济社会支柱的出路。

产业民主思想的出现与发展,还与现代企业制度和管理思想的发展有直接关系。随着企业规模的扩大和科技的发展,西方国家企业在 19 世纪末期先后经历了一场管理革命。其中一个重要变化是企业所有权与经营权分离,职业经理人代替资本家成为企业的实际控制者。企业制度和治理结构的变化,为经济民主的实践奠定了重要的制度基础。在其后的管理实践中,经理人员发现,把工人当作会说话的工具,仅仅注重科学管理,并不能持续提高劳动生产率。要实现这一目标,必须要改变观念,与劳动者真诚合作,满足工人多方面的需要,与工人建立信任,才能真正激发劳动者的劳动热情。

产业民主思想的出现与发展,在思想渊源方面,与当时的自由主义和社会主义思潮有很大关系。在当时西方社会有很大影响的马克思主义坚持革命主张,认为只有打碎资产

[①] 吴清军.《中国劳动关系学 40 年》(1978—2018).中国社会科学出版社,2018 年 12 月.
[②] [美]路易斯*凯尔萨:《民主与经济力量:通过双因素经济开展雇员持股计划革命》,赵曙明译,南京大学出版社 1996 年版。

阶级的国家机器，才能实现工人对企业的控制，才能真正实现经济上的民主。而像费边社这样的民主社会主义理论家们则主张在自由主义民主政治的基础上，逐步将政治民主引入到经济领域中。在他们看来，19世纪的经济史几乎是一部社会主义不断进步的记录，资本主义发展正表现出否定自己的轨迹。

9.1.3 韦伯夫妇的产业民主思想

韦伯夫妇(Sidney James Webb & Beatrice Webb)是英国著名的社会活动家、费边社会主义理论家、劳动关系研究的早期代表，更是产业民主思想的先驱。他们在《产业民主》(1897年)一书中，从工会的结构、功能和工会理论等方面深入分析了产业民主、工人参与对工业生产的重要意义。

他们认为，劳工运动应该具有政治和经济的双重目标导向。政治层面的目标就是要通过劳工运动，把代议制的政治民主制度延伸到产业领域；经济层面的目标，应该是改变工人对雇主的依附，努力实现雇主与劳动者之间的权利均衡。

具体而言，在微观层面，他们认为，传统的雇佣关系是不平等的。在这种环境下，工人很难参与与其切身利益直接相关的劳动条件、劳动环境的各种政策制定过程中，雇主方的管理权几乎没有约束，其直接的后果是工人在劳动过程中遭受到人格歧视，自身利益遭到很大损害。在他们看来，工会是把民主制度带入到产业发展中的重要机制。工会民主的重要目标就是通过参与制定行业规则来提升工人的劳动条件和工作生活状况。工会民主实现目标的手段主要有两种：其一是限制成员，控制劳动力的外部供给，加强对会员的劳动保护；其二是参与通过诸如集体谈判、仲裁、立法等方式，建立共同规则，以此来实现改善劳动条件和工作生活状况的目的。

在中观层面，韦伯夫妇聚焦在诸如集体谈判、互助保险以及仲裁、立法等多种形式的制度安排。其中，集体谈判因为有劳资双方主体的直接参与，有助于实现雇主和工人之间权力的动态平衡，应该是产业民主的基本实现形式。由于劳动条件存在明显的弹性标准，如果要避免"底线竞争"破坏劳动者争取稳定、体面劳动条件的努力，工会就要利用"互助保险"的制度设计，来消除劳动力商品化的负面影响，增强劳动力市场的稳定性，提高劳动者基本生活的保障水平。劳动仲裁和劳动法律有很明显的"经济优越性"，韦伯夫妇因而倡导国家制定和颁布劳动时间、安全、卫生等方面的标准，保护劳动力与资本的有效结合。

在宏观层面，韦伯夫妇主张以整个共同体的集体统治来取代有产阶级的单方统治，通过人民选举出来的代表所组建起来的管理机构，来代表共同体对工业领域实现集体管理。对于工会民主在对抗产权和管理权过程中面临的合法性危机，韦伯夫妇主张推进基础工业的国有化，消灭私有制，实现工业社会主义。尽管如此，他们还是坚持了改良主义立场，反对通过革命来实现社会主义，与马克思主义思想和主张存在本质性的差异。

作为劳动关系研究的先驱和代表，韦伯夫妇的产业民主思想有重要的理论价值和实践意义。他们把政治上的民主、平等、赋权等主张引入到经济和产业领域，通过工会把工人团结起来，用以平衡强大的私有产权和管理权，对协调劳动关系有重要指导作用。他们关于集体谈判、工人参与等方面的系列主张，迄今仍是西方国家改善劳动关系的重要机制和手段。尽管如此,他们产业民主思想存在着显著的理论困境。在资产阶级统治和资本主义市场经济道德大背景下,工会及其行动是难以有效挑战和对抗私有产权和管理方权力的。诚如一位学者所强调的,"由于民主和管理两种价值内生的差异性,工业参与理论必然面临着诸多的困境,这在劳资力量对比悬殊的实践背景下显得尤为突出"。①

9.1.4　当代的产业民主思想

韦伯夫妇的产业民主思想提出后,在西方国家理论界得到广泛认可,在实践中也有多种形式的探索。进入20世纪后半期后,以托马斯·马歇尔(T. Marshall)和托马斯·雅诺斯基(Thomas Janoski)为代表的思想家根据当时的社会发展和产业关系实践提出不少新的看法和主张,丰富和发展了西方国家的产业民主思想。

托马斯·马歇尔是英国著名的政治学家和社会学家,公民身份理论的代表人物,他在《公民身份与社会阶级》的演讲和著作中提出了公民身份的概念,建立了公民身份理论的研究框架。他将公民身份的权力结构内部分为市民权利、政治权利和社会权利,其中,市民权利包括公民的人身自由权、财产权等,这些权利既是建立市场经济的关键,也是让民众获得避免国家随意干预自由的基石;政治权利主要指的是选举权,这种权利属于公民"在国家中的自由";社会权利主要包括了获得福利保障、接受教育等方面的权利。这三种权利在时间上依次演进,在逻辑上层层递进,构成了公民的身份权利体系,为人们提供了一种社会地位和资格体系。

马歇尔除了重点论及上述的"三权"外,还从韦伯夫妇的产业关系思想出发,提出了"工业权利"这一概念。在他看来,人们在获得政治权利(如选举权)之后,就难以容忍经济社会上的不平等,客观上急需一种权利去满足其利益诉求,提高其社会地位。诸如像集体谈判、共同协商等这样的工业权利是工人在劳动过程中的集体权利,是一种"次级的身份体系",尽管不能与上面提到的"三权"相并列,但体现了保障工人集体行动的法定权利。承认工人的集体谈判权,不能被简单地视为市民权利的自然延伸,更是市民权利从政治领域向法律领域转移的一种体现,工团主义实际创造了一种与政治身份体系并行且成为其重要补充的身份体系。之所以不把工业权利与上面提到的三种权利并列,一方面是因为这种权利本质上是"市民权利"和"政治权利"在特定群体中的一种延伸,并不具有普遍性和全民性,在某些情况下,这种权利还可能给其他人的公民权利带来一定的损害。另一方面的原因是工业权利只是社会权利尚未形成之前的一种过度,将来或许可以并入到社会权利体系之中。

较之韦伯夫妇的产业民主思想,马歇尔的工业权利观明显坚持了权利视角,认为工人对劳动过程应该享有一定的控制权并有权利采取集体行动,把工人对劳动权益的诉求纳入到了公民身份和资格体系之中,是对战后劳动关系实践发展的一种理论总结,也体现了社会的进步。

20世纪50年代以后,西方国家的劳动关系实践发生了巨大变化。科技革命的深入,

---

① 陈微波. 工业民主理论的发展、困境及其变革.《社会科学》2012年第6期.

使得劳动过程更加复杂,多种形式的管理参与、收益分享等越来越普遍,劳动权与财产权之间原有的关系受到了巨大挑战。马歇尔提出的公民身份理论和工业权利观已经难以解释实践的发展。产业民主思想的发展在这种背景下进入到一个新的时期。

托马斯·雅诺斯基是美国肯塔基大学教授,他在20世纪90年代出版的《公民与文明社会》一书中,发展了马歇尔的公民身份理论和哈贝马斯的社会领域分析框架,将公民的权利划分为市民权利、政治权利、社会权利和参与权利,被马歇尔视为"次级身份体系"的工业权利在此被升格为与其三种权利并列的一种公民权利,即参与权。在他看来,参与权,不同于政治权利,实质是要求资本家承担的"责任",而且不能被豁免。参与权的理论基础源自霍菲尔德的观点,即财产自由在逻辑上并不意味着这种自由的享有者有不受他人干预的权利,财产所有权既有自由权,也有要求权,既有法律利益,也应有法律负担。参与权利属于劳动者的经济控制权,也可以称为"经济权利"或者"经济参与权利",是国家为公民参与市场与企业等私人领域而创设的权利,也是得到国家保障的私人行动权,这种权利应该包括劳动力市场干预权、企业和行政机构权利以及资本监控权利等三大类别。参与权与普通人的经济生活、资源分配息息相关,是经济平等与公正的核心内容。雅诺斯基还通过实证研究发现,经济参与权的格局与工人阶级力量大小、劳工体制强制有关,主要取决于四个方面的因素,即:工人是否受到立法保护、事由有正式的劳资联席会、是否广泛参加董事会、是否有积极的劳动力市场政策。他还依据这些理论成果发现,在现实中,诸如德国、法国等这样的传统国家,其参与权利最高,社会民主国家次之,英美这样的自由主义国家则相对较低。雅诺斯基在注重权利的同时,也没有忽略义务问题。他提出了短期性的有限交换和长期性的总体交换的概念,形成了一个权利—义务对等的行动视角、参与视角,认为给予劳动者高水平的参与权利,并不仅仅要求一对一的有限交换,而是希望在更大的共同体内实现总体交换,这样才能实现劳动过程的长治久安。劳动关系和谐与否,是由社会成员是否积极有效参与决定的,也就是说,工人应该在工作、经营、产权、收益等方面参与,并积极争取经济平等。

雅诺斯基的参与权理论的提出,超越了韦伯夫妇的工联主义的局限,也弥补了马歇尔工业权利理论的不足,强化了实现劳动者经济要求权的必然性和合法性,具有重要的社会意义。同时对于改变经济领域的权威结构、增加工人的劳动权益也大有裨益。

9.2 发达国家雇员参与与介入

 本节案例

美国的新型劳动场所:劳动的观点

在美国20世纪占据着统治地位的工作组织形式,并不尊重普通工人的权利,没有认识到工人的潜能,其结果就是无法满足工人们的基本需要。工人已经组成工会,通过集体

的力量来改变这一制度……

然而,在过去的10来年,越来越多的雇主认为这种工作组织的制度并不能满足他们的需要,他们开始让工会代表工人参与到决策中,创建劳资合作伙伴关系,实现工作制度的转型。这种合作伙伴关系成功地创造了新的工作制度,改变了工作组织、商业管理和处理劳资关系的最基本的方式……

因此工会有责任采取行动,在完全平等的劳资合作伙伴关系的基础上,创建和维持一套新的工作组织方式,并使之制度化。当然,这样一种制度存在的前提条件是,劳资双方要在一种相互认可、相互尊重的氛围下,平等地对待对方。对于工会而言,以这种方式认可和尊重资方从来都不是一件困难的是;雇主做起来却有点难。但现在劳资双方应该结束过去的敌对状态,创建一种生产率更高、更民主、更人性化的工作制度。

资料来源:"The New American Workplace: A Labor Perspective", A Report by the AFL-CIO Committee on the Evolution of Work, February,1994. AFL-CIO,Washington,DC.

这一则材料反映了美国工人和工会方在20世纪90年代中叶对工作场所劳资关系变化的看法。值得我们深思和关注的是,这种以工人参与为特征的新工作制度到底是什么?在劳动关系实践中,有哪些工人参与的形式和途径?对劳动关系的发展又产生了哪些新的影响?

9.2.1 雇员参与与雇员介入概念

雇员参与和雇员介入本质上是西方国家产业民主思想的实践形式。受发展历史、制度背景以及学科背景的影响,相关文献在该问题上使用的术语不尽一致,所表达的意思也有一定差异,但比较有代表性且相对准确的术语应该是雇员参与(employee participation)和雇员介入(employee involvement)。

关于雇员参与的含义,不同国家和学者的表述也有一定差异。例如,英国工会和雇主联合会皇家委员会报告中认为,雇员参与,主要指的是工人或者其代表参与集体谈判中的相关事项和参与管理事务决策的行为。英国学者布兰伦(Brannen,P)在其著作中认为,雇员参与是企业所有者、管理者与他们所雇佣的员工之间的权力分配和运用,具体涉及雇员在其工作组织中的直接参与和通过其代表在社会、技术和政治结构中的决策制定的间接参与。海曼(Hyman,J)等人把雇员参与看作是政府采取行动促进雇员在组织决策中的集体权利的一种行为,也是雇员自身不断斗争的结果。雇员持续不断的斗争,使得他们在企业决策中获得了集体陈述权。综合这些看法,我们认为,所谓雇员参与主要指的是在资本主义制度下,基于权利观念,经过工会斗争和立法确认,雇员及其代表通过参与董事会、共同协商以及共同制定雇佣规则等形式,让其对管理活动的意见得到充分考虑的行为和过程。

雇员介入的具体含义,也与雇员参与一样,存在不同的表达。例如,英国工业联合会就认为,雇员介入主要指的是企业和雇主设计一系列程序,以此来鼓励雇员对组织的支持、理解,做出最大贡献,体现他们对实现目标的责任感。这个机构在20世纪90年代与英国就业促进机构共同组织的一次活动中,将雇员介入的目标更明确表述为:将制度与实践结合起来,保障所有雇员对其组织目标具有最大限度的理解和责任感,以此促进企业的成功。一般而言,雇员介入本质上是一个基于一元主义和以企业经营目标为中心的概念,主要指由雇主和管理层所推动的、旨在培育和增强雇员责任感和贡献的行为和活动。在具体实践中,雇员介入受管理层的目的和领导风格影响,会呈现出不同形式的沟通介入、工作介入和财务介入。

雇员参与与雇员介入的具体差异如表 9-1 所示:

表 9-1 雇员参与与雇员介入的比较

雇员参与	雇员介入
一般由工会推动,通过政府干预和立法确认	有雇主或管理方的利益推动,基于自愿,通常受到政府的支持
多元主义,以权利为中心	一元主义,以管理方的目标实现为中心
本质上属于集体主义	本质上属于个人主义
试图通过雇员代表(可能是工会会员)获得代表权	试图让雇员对组织产生责任感和做出最大贡献
大多数雇员主要通过间接参与方式参与管理	直接关注雇员个人
权力集中,目的是达到对业务和战略的影响	以任务为中心,除参与决策外,也同时强调沟通介入和财务介入

资料来源:引自菲利普·李维斯等.《雇员关系:解析雇佣关系》,大连:东北财经大学出版社,2005年11月.第201页,作者有所改动。

9.2.2 雇员参与与介入的主要形式

1. 集体谈判

集体谈判,是发达国家协调劳动关系的主要机制,也是雇员通过工会组织参与企业管理的主要形式。多数国家的劳动立法都赋予了工会代表工人与资方进行集体谈判的权利,并规定了集体谈判的内容、程序以及机制。在集体谈判实践中,参与其间的主体主要有两个:其一是工人的代表工会;其二是雇主或雇主组织。在法律规制中,政府通常也是集体谈判的主体之一,但它通常只是作为一种补偿力量发挥作用。雇主方站在资方立场,竭力维护股东利益;工会则代表工人,努力为劳动者争取最大利益。政府方,无论其是否直接参与谈判,其基本立场都是维持双方的平衡。从雇员参与角度看,集体谈判的作用主要体现在两个方面:其一,集体谈判迫使工人和工会主动了解企业经营管理情况,在综合考虑自身利益和企业存续基础上选择和实施自己的谈判策略。与此同时,雇主方也会公开部分经营管理信息,并在与工会方的谈判过程中选择和调整自身的经营管理政策和策略。其二,集体谈判结果及其落实会带来雇主方政策和策略的改变,也会为工人和工会参与管理提供新的机会。即便是谈判不成功,在工会的压力面前,雇主方也会进行策略调整,用以应对工会的挑战。第二次世界大战结束以来,集体谈判更加规范和深入,一方面,集体谈判的范围更加分散化。较之于先前通行的国家级、产业级的集体谈判，当今的集体谈判逐步下沉，公司级、工厂级的谈判越来越多，这些层级的谈判作为全国级、产业级谈判的补充延伸，其涉及的内容更加具体，谈判也更有针对性。另一方面，集体谈判的内容也从先前的专注于工资待遇进一步延伸到其他方面的工作条件、工作标准，甚至涉及工会权利、工人代表权利、参与管理的形式等方面。集体谈判的这些发展变化，意味着工人通过集体谈判参与企业管理的深度和范围都在不断扩大。

20世纪80年代以来，在多数发达国家，集体谈判的覆盖率都有明显下降。例如，在英国，1984年在规模超过25人的工作场所，有86％的雇员依赖集体谈判确定其具体的工资水平和工作条件，有70％的雇员参与过集体谈判。到1998年，集体谈判的这两个方面的数字分别下降到了67％和40％。导致这些变化的一个重要因素就是工会密度快速下降，不少国家都降至20％以内，私人企业的表现尤其显著。工会地位下降和集体谈判覆盖面缩小，预示着工人通过这种途径参与管理的机会减少，其他雇员参与的形式也随之变得更加重要。

2. 共同协商委员会

共同协商委员会（joint consultation committee）是一种主要存在于英国的雇员参与形式，其基本含义是：雇员或代表雇员的工会组织与雇主或管理层聚集在一起，商讨与雇佣相关的问题。这种雇员参与形式始于第一次世界大战时期。为了减少劳资冲突，适应战争的需要，当时一些英国企业建立了劳资协商委员会。第二次世界大战期间，受劳工部下属的全国联合咨询委员会（national joint advisor council）的邀请，工会参与了全国范围内的经济决策，与此同时，一些企业尤其是军工企业也自行组建了有工人和工会代表参与的联合生产委员会，就生产中的相关问题进行协商。1944年，英国工会在一份战后重建的计划中建议保留这种劳资协商形式。这一建议得到了战后执政的工党政府的支持并以立法形式肯定了这一计划。在战后的企业实践中，不少国有化企业都建立了这种共同协商机制。根据20世纪40年代末期的一次统计，70％以上的制造企业都建立了这种共同协商组织，到1968年，这个比例就下降到32％，到90年代，该比例进一步下降到29％，但近年来，受欧洲工作委员会指令的影响，这种协商式的参与又有明显增加。

3. 工人委员会

工人委员会（works council），又翻译为"工作委员会"，是欧洲国家广泛采用的一种员工参与形式。从其人员构成和组织看，主要有两种形式：一种是按照工人代表和管理方代表对等原则确定委员会的人员分配，在这种情况下，工人委员会类似于劳资联系会议；另一种是从所在企业的雇员中选出一定数量的代表，当选代表可以是工会成员，也可以不是。工人委员会在企业运行中，类同于企业决策"双轨体系"的一个部分，在工作场所拥有一定的决策参与权力，根据需要，可以参加企业重大问题的讨论，也可以被赋予一定的决断权力。

4. 共决制

共决制（co-determination），又称为"劳资共决制"，是德国员工参与的主要形式，也是德国协调劳动关系的一大特色。其基本含义是：雇员或其代表对工作场所和企业决策过程有法定参与的权利。在广义上，共决制指的是工人直接参与企业、经济以及其他社会领域的决策与管理的思想及制度；狭义上的共决制，主要指工人在企业决策中拥有平等的、数量上均等的份额，也就是所谓的"对等共决"。

德国共决制的产生和发展，有其特殊的思想渊源和历史背景。德国具有悠久的合作主义传统，早在第一次世界大战前，劳资合作就成为除工人革命、罢工和社会主义改革之外解决尖锐劳资矛盾的重要途径。一战时期劳资之间的"城堡和平"和战后的《斯廷内斯-列金协议》都体现了劳资合作的思想和实践。在工会、社会民主党等社会力量的支持下，劳资合作写进了1919年的《魏玛宪法》。1920年出台的《员工代表法》(staff representation act)确立了以工人委员会为核心的劳资合作机制。依此法案，由员工选举产生的工人委员会可以有限地参与本企业各项政策的制定，工会也可以通过参加工人委员会的选举来参与共决。第二次世界大战结束后，联邦德国工会积极倡导和力推以劳资共决制为核心的经济民主化政策，这一主张得到盟国占领机构、联邦德国政府以及其他社会力量的普遍认同和支持。在这种背景下，联邦议院先后通过了《工作宪法》(works constitution acts)等系列法律法规，确立了劳资共决的制度框架。

德国的共决制涉及两个层面，其一指工作场所层次上的工人委员会，其二是企业层次上的监事会劳资共决制和劳工经理制。

在工作场所层次，按照《工作宪法》的规定，雇员超过20人的企业都要设立由全体雇员选举产生的工人委员会。在含有多个下属企业的大企业或康采恩，还要设立总企业工人委员会和康采恩工人委员会。工人委员会的成员，由年满18岁的非高级职员的雇员中选举产生，在本企业工作6个月以上者都可当选。企业主必须对工人委员会的工作给予全面支持。工人委员会在本企业中享有广泛的共决权。在企业的社会事务方面，诸如劳动及休息休假、工伤事故防范、福利政策、职业培训等，不经工人委员会同意，不得做出决定，如果劳资双方无法协商一致，须由州劳动局出面调解。在企业人力政策方面，工人委员会要参加企业总体人力政策制定、雇佣计划制定、员工工资等级决定以及员工解聘、企业裁员等事项的确定。在企业经济事务方面，作为企业主顾问的企业经济委员会由工人委员会选举产生，有权参与企业诸多经济事务的决定，企业要将财务状况、生产投资计划、组织变革、产量压缩或关闭企业等重要事项提前告知经济委员会的成员。

在企业层面，德国企业的领导机构是监事会和经理委员会。早在英国占领的鲁尔煤钢产业中就开始实行监事会劳资对决制和劳工经理制。按照1952年的《工作宪法》规定，企业监事会应包括1/3的雇员代表，这就是所谓的"三分之一共决制"。德国统一后，2004年联邦议院将这一要求从《工作宪法》中剥离出来，单独出台了《三分之一共决法》，其中规定：在雇员500~2 000人的企业监事会中，三分之一的成员要根据工人委员会的建议，由全体雇员秘密、平等地选举产生。1976年通过的《雇员共决法》还规定，雇员超过2 000人的大企业监事会全部实行劳资对等共决制,即企业监事会成员半数由股东大会选举产生,半数由雇员选举产生。监事会主席可以是股东会的代表,也可以是雇员方的代表,拥有2票投票权,以避免监事会投票时出现对等局面。在经理委员会中设立劳工经理的做法也首先源自"二战"后英国占领区的鲁尔钢铁企业,并在1951年联邦议院通过的《煤钢企业经理委员会及监事会雇员共决法》中固化下来。按照这一法律规定,经理委员会中,要设立1名与其他2名经理有着同等地位的劳工经理,劳工经理不仅有权参与企业福利政策的制定,还在企业人力政策,如雇佣、解聘等方面拥有较大的发言权。在60年代末期,劳工经理的权限还进一步扩大,并在各个基层的工作场所设立了人力社会经理。

总体而言,德国劳资共决制度的确立和实施,扩大了员工在企业用工和人力政策方面的参与权,增强了雇员在社会福利政策方面的影响力,较好地保障了雇员的劳动条件,减少了工作中的伤亡事故,同时也塑造形成了一种特殊的企业文化和氛围,对于战后德国经济民主化和劳动关系的总体稳定发挥了巨大作用。

【知识链接9-1】

德国工人委员会的参与权利

权利事项	实践范例
得到信息的权利	工人委员会有权每月会见管理者。管理者必须向工人委员会提供经济形势和企业财务信息、战略决策信息,比如,关乎经营场所、工作程序和操作流程的改变。管理者还必须提供关于当前和未来人力资源需求、职业培训评估和员工流动的信息。
检查文件的权利	与工人委员会形式职责相关的文件必须全面公开。工人委员会有权检查工资单和个人信息。
监督的权利	工人委员会有权保障雇主执行并符合法律、安全规定、计提协议和工作协议。
推荐和建议的权利	工人委员会可以建议雇主对社会事务采取行动,比如吸烟行为、停车政策、人力资源培训计划。
咨询权利和拒绝权利	在解雇时必须咨询工人委员会并告知其预备人选、原因和时间。没有咨询工人委员会的解雇在法律上是无效的。如果工人委员会认为解雇不公平,或破坏选择标准,或当工作转移、再培训、工作改变可行时,其可以拒绝解雇。
否定的权利	雇主必须告知工人委员会关于招聘、分类、再分类和转移的信息,解释这些人事管理措施的结果,并取得工人委员会的认可。工人委员会可以拒绝同意这些决策(比如,这些措施违法,或破坏了选择标准,或认为这些措施可能会对员工产生不公平,或存在可避免的不利情况)。雇主可以向劳动法庭申请裁决以替代工人委员会的认可。

(续表)

权利事项	实践范例
利用雇主与工人委员会之间真正的共决制来启动和协商事宜的权利	工人委员会具有在工作场所对社会事宜共决的权利,比如,工作时间和休息分布,休假安排,检测员工行为和绩效的机器的安装和使用,员工报酬支付的实践、地点、方式,计件工资率和其他绩效相关支付方式的决定等。雇主和工人委员会在协商后,可以就上述事宜签订工作协议,工作协议对所有员工具有直接约束力。如果无法达成协议,调解委员会将决定相关事宜。如果雇主计划对生产做出重大改变,如合并、剥离、离岸外包、停止部分业务、改变生产方式等,其必须咨询工人委员会。雇主和工人委员会协商制定"社会补偿计划",以补偿那些受到上述改变影响的员工。如果无法达成协议,调解委员会将决定相关事宜。

资料来源:常凯等.《国际比较雇佣关系》(第六版).北京:中国劳动社会保障出版社,2016年11月.第188-189页。

5. 工人董监事制度

工人代表进入企业董事会或监事会的做法是员工进入企业领导层直接参与企业最高决策和监督的一种制度设计。许多国家都立法要求企业实行工人代表进入企业董事会或监事会,不同国家在此方面的制度规定不尽一致,有的要求企业董事会至少有1名工人代表,有的则要求工人代表人数不得少于董事会成员的三分之一。对于工人董监事代表的产生,一般要求从现有雇员中选举产生,工会可以派代表参加选举。当选的工人董事或监事有权了解公司的相关信息,有权参与董事会或监事会的各种会议,有权站在雇员的立场,参与和行使企业在管理、销售、劳动、分配、财务等方面的决策权。工人董监事制度使员工代表能够在公司决策过程中及时反映员工的意愿和要求;平衡与投资者、管理者的关系;能够把员工利益和公司利益结合在一起,共同承担风险、承担责任、共享利益;在促进公司发展,协调劳资关系方面起到重要的作用。

6. 员工自治小组

员工自治小组或自治团队,是工人在工作场所直接参与企业经营管理活动的一种制度和常见做法。与其他员工参与或介入的做法不同,员工自治小组通常是员工自发发起,志愿参与并得到企业领导认可或企业规章保障的团队活动。在实践中,一旦启动,员工自治小组一般自行商讨安排工作计划,自己决定完成任务的方式,在工作中自行承担相关责任,也拥有较大的自主决定的权力。20世纪中叶日本实行的"质量圈"计划就是这种员工参与形式的成功范例。在这种参与形式下,员工结合自身工作,直接参与相关领域的决策和工作改进实践,表现出较强的忠诚感、责任感和创新精神,而企业和管理方也据此维持了良好稳定的劳资关系,增强了内部的凝聚力和团队精神。

【知识链接9-2】

质量圈计划

质量圈，也叫质量改善小组，是指从事相关工作的志愿人员组成的小组，在训练有素的领导下定时聚会讨论和提出改善工作方法或安排。实施质量圈计划，其目的是给予工人更多运用他们经验和知识的空间，给雇员提供发挥他们智慧的机会，提高生产力和质量，改善雇员关系，赢得雇员对企业的责任心。通过参与质量圈计划，雇员能够在提供建议和解决问题的过程中获得心理满足，这有助于增进劳资双方的沟通，因而它是员工参与管理，提高企业生产率的一个重要手段。

质量圈的内容：质量圈由5~10人的志愿者组成，定期举行时常大约一小时的会议，选择要解决的问题（问题包括工作设计、任务分配、工作进度、产品质量、生产成本、生产率、安全卫生、员工士气等各种生产问题），讨论问题成因，运用系统的分析技术或集体讨论方法来解决问题，提出解决建议，实施纠正措施，共同承担解决问题的责任。该管理团队的直线管理人员或该团队自我选举的一位成员作为协调人主持会议。

7. 员工持股计划

员工持股计划（Employee Stock Ownership Plan）作为一种企业内部激励方式，自20世纪中期在美国诞生以来，逐渐被企业广泛接受并在实践中获得不断完善。主要内容是：企业成立一个专门的员工持股信托基金会，基金会由企业全面担保，贷款认购企业的股票。企业每年按照一定比例提取出工资总额的一部分，投入到员工持股信托基金会，偿还贷款。还款后，该基金会根据员工相应的工资水平或劳动贡献大小，把股票分配到每个员工的"持股基金账户上"。员工离开企业或退休，可将股票出卖还给员工持股信托基金会。根据美国NCEO（National Center for Employee Ownership）统计，截至2016年，美国共有6 624家员工持股企业，14 206 950位持股员工，持有的股份价值13 754.7亿美元，持股员工的数量与股份价值逐年增长。实行员工持股计划后，员工既是雇员，又是股东，因其自身利益与公司存亡发展直接相关，故而会更加关注和参与企业的经营管理，管理方也因此更加重视与员工的沟通，更加重视企业的持续发展，劳资关系一般会更加稳定和谐。

9.3 中国企业的民主管理与职工参与

本节案例

2010年9月12日,一个普通的周日,但对上海烟草印刷包装有限公司的600余名派遣劳务工来说,却是一个不平凡的日子——这一天,在用工方党政工的领导、支持和扶持下,33名派遣劳务工代表的举手表决通过,意味着上海出现了首家派遣劳务工民主议事会,也意味着派遣劳务工同样可以享受民主管理的权利,参与用工方的民主管理建设。

这是一则企业针对劳务派遣员工实施民主管理的典型案例。在这则案例中,值得我们深思的是:企业为什么要着力推进员工参与管理?员工在参与管理中,有哪些方式和途径?

9.3.1 企业民主管理概述

企业民主管理是中国社会主义民主政治的重要组成部分,是人民当家作主、建设和完善社会主义民主制度的重要保障,是推进国家治理体系和治理能力现代化的重要环节。《中华人民共和国宪法》规定,国有企业依照法律规定,通过职工代表大会和其他形式,实行民主管理。集体经济组织实行民主管理,依照法律规定选举和罢免管理人员,决定经营管理的重大问题。

企业民主管理,可以有广义和狭义之分。在广义上,泛指各种形式的职工参与制度,设计民主选举、民主决策、民主管理、民主监督等内容。根据民主参与的程度、内容和范围不同,民主管理包括如下五个层次:一是知情权;二是监督权,例如职工参加公司监事会、通过职工代表机构监督企业相关行为等;三是经营管理参与,例如职工代表进入惬意董事会;通过工会与用人单位进行集体协商等;四是收益分享参与,例如工资集体协商、利润分享计划等;五是所有权参与,如职工持股制度。在狭义上,企业民主管理一般指职工依照相关法律法规和政策规定,参与企业决策、管理和监督的行为和过程。

中国企业民主管理独特的背景和悠久的历史渊源。早在中国共产党建党之初,党就在《劳动立法原则》和《劳动法案大纲》中明确提出支持工人参加劳动管理。在党的百年奋斗历程中,民主管理的发展演变经历了五个阶段。

第一个阶段是"三人团"和工人大会阶段:1934年,中华苏维埃政府颁发了《苏维埃国有工厂管理条例》,确立了职工民主参与制度。其中规定,各个企业在厂长之下设立工厂管理委员会,委员会内组成"三人团",由厂长、党支部代表和工会代表构成,协同厂长处理厂内日常问题。与此同时,在工会的组织下,工人大会陆续召开,工人通过工人大会参与生产计划讨论,巩固提高了工人的劳动热情,为生产任务的完成提供了有力保障。

第二阶段是工厂管理委员会和职工代表会议阶段。进入抗日战争时期后,陕甘宁边区工厂开始实行厂长负责制,工厂管理委员会和职工代表会议制度开始形成。到1948年9月,在哈尔滨召开的第六次全国劳动大会上,中国共产党正式提出了"工厂企业化、管理民主化"原则,1949年5月召开的华北解放区第一届职工代表会议,通过了《关于在国营工厂企业中建立工厂管理委员会和职工代表会议的决定》和《关于在国营、公营工厂企业中建立工厂委员会和工厂职工会议的实施条例》两个文件,此后,工厂管理委员会和职工代表会议逐步成为国营、公营企业民主管理的基本制度。

第三阶段是职工代表大会确立阶段。随着1956年农业、手工业、资本主义工商业三大社会主义改造基本完成,如何完善企业民主管理制度再一次受到中央的高度关注。1956年,党的"八大"第一次明确提出"建立党委领导下的职工代表大会制度"。在1965年制定的《国营工业企业条例(草案)》的修正稿中,明确提出了职工代表大会的性质和权力。遗憾的是,随后"文化大革命"使得民主管理建设工作全部中断。

第四阶段是企业民主管理制度全面恢复阶段。1978年中共中央决定在工业企业中恢复党委领导下的职工代表大会或职工大会制度,并以1960年前后形成的"鞍钢宪法"为基础,在企业中推行"工人参与管理、干预参加劳动、领导干部、工人、技术人员三结合"的民主管理制度。1978年10月,中国工会第九次全国代表大会明确要求所有企业必须实行民主管理,各级工会要教育职工积极参加企业的管理。1981年7月,国务院发布的《国营工业企业职工代表大会暂行条例》,成为职工代表大会制度建设的第一次全国性法规。1982年的《中华人民共和国宪法》,明确要求国有企业和集体经济组织依照法律规定实行民主管理,正式确立民主管理的法律地位。1988年全国人大通过的《全民所有制工业企业法》对以职工代表大会为基本形式的企业民主制度的性质、职权、内容进行了明确规定,为民主管理的推进提供了清晰的法律制度保障。

第五阶段是企业民主管理的创新发展阶段。随着社会主义市场经济体制的提出和建立,1993年颁布的《中华人民共和国公司法》明确规定了企业民主管理的两个原则:一是坚持职工代表大会制度;二是实行董事会、监事会中的职工代表制度。2002年中共中央办公厅和国务院办公厅发布的《关于在国有企业、集体企业及其控股企业深入实行厂务公开制度的通知》为厂务公开制度的实施提供了基本的政策依据。2009年修改的《工会法》规定,"本法第三十五条、第三十六条规定以外的其他企业、事业单位的工会委员会,依照法律规定组织职工采取与企业、事业单位相适应的形式,参与企业、事业单位民主管理",这一规定突破了民主管理的传统范围,为非公企业民主管理奠定了法律基础。2012年发布的《企业民主管理规定》对民主管理的指导思想、基本原则、组织制度等进行了明确规定,为民主管理的深入推进提供了清晰的制度依据。①

9.3.2 职工代表大会制度

1988年实施的《中华人民共和国全民所有制工业企业法》第五章第五十一条规定:

---

① 关于中国民主管理的发展历程,参见王华生、金世育.历史制度主义视角下我国企业民主管理制度变迁研究.《山东工会论坛》(济南)2021年第3期第65-76页。

"职工代表大会是企业实行民主管理的基本形式,是职工行使民主管理权力的机构。"职工代表大会制度是各类职工民主管理制度中制度建设最规范、最为健全的,也是职工民主管理形式中最为基本和最重要的形式之一。

1. 职工代表大会的组织制度

职工代表大会的组织制度是指对职工代表大会的组织原则、选举制度、议事规程等一系列程序办事的组织规程,是保证职工履行民主管理的组织设置和工作制度。

1) 组织原则

民主集中制是职工代表大会的组织原则,也是职工代表大会的基本制度。

2) 议事规程

职工代表大会可根据需要,设立若干精干的临时的或经常性的专门小组(或专门委员会),完成职工代表大会交办的有关事项;职工代表大会闭会期间,需要临时解决的重要问题,由企业工会委员会召集职工代表团(组)长和专门小组负责人联席会议,协商处理,并向下一次职工代表大会报告予以确认。联席会议可以根据会议内容邀请企业党政负责人或其他有关人员参加。

3) 议事范围

职工代表大会应当围绕增强企业活力、促进技术进步、提高经济效益,针对企业经营管理、分配制度和职工生活等方面的重要问题确定议题。

4) 组织选举制度

职工代表大会选举主席团主持会议,主席团成员主要包括工人、技术人员、管理人员和企业的领导干部,其中工人、技术人员、管理人员应超过半数;参加企业管理委员会的职工代表,由职工代表大会推选产生;参加企业管理委员会的职工代表要向职工代表大会汇报工作,接受职工代表大会监督。职工代表大会有权撤换参加管理委员会的职工代表;职工代表大会至少每半年召开一次。每次会议必须有三分之二以上的职工代表出席。遇有重大事项,经厂长、企业工会或三分之一以上职工代表的提议,可召开临时会议。职工代表大会进行选举和作出决议,必须经全体职工代表过半数通过.

2. 职工代表大会的工作机构、职权主职责

1) 工作机构

《工会法》第 35 条规定:国有企业的职工代表大会的工会委员会是职工代表大会的工作机构。

2) 职权

在职工代表大会制度框架下,职工具有知情权、表达权、参与权和监督权。具体来说,主要包括审议公司重大决策、监督企业各级行政领导和维护职工合法权益。

一是审议重大决策。主要包括审议企业的经营方针、长远和年度计划、重大技术改造和技术引进计划、职工培训计划、财务预决算、自有资金分配和使用方案;审议决定职工福利基金使用方案、职工住宅分配方案和其他有关职工生活福利的重大事项;审议通过厂长

提出的企业的经济责任制方案、工资调整计划、奖金分配方案、劳动保护措施方案、奖惩办法及其他重要的规章制度。

二是监督行政领导。对工作卓有成绩的干部,可以建议给予奖励,包括晋级、提职。对不称职的干部,可以建议免职或降职;对工作不负责任或者以权谋私,造成严重后果的干部,可以建议给予处分,直至撤职。职工代表大会根据主管机关的部署,可以民主推荐厂长人选,也可以民主选举厂长,报主管机关审批

三是维护职工合法权益。通过职工代表大会开展一系列活动,从源头上维护职工合法权益。

3) 职责

职工代表大会主要承担下列工作:

一是组织职工选举职工代表;

二是提出职工代表大会议题的建议,主持职工代表大会的筹备工作和会议的组织工作;

三是主持职工代表团(组)、专门小组负责人联席会议;

四是组织专门小组进行调查研究,向职工代表大会提出建议,检查督促大会决议的执行情况,发动职工落实职工代表大会决议;

五是向职工进行民主管理的宣传教育,组织职工代表学习政策、业务和管理知识,提高职工代表素质;

六是接受和处理职工代表的申诉和建议,维护职工代表的合法权益;

七是组织企业民主管理的其他工作。

在企业层面,职工代表大会制度充分保障了职工的知情权、参与权、表达权和监督权等民主权利。《中华人民共和国全民所有制工业企业法》在车间和班组层面同样进行了规范。车间(分厂)可以根据具体情况,采取职工大会或职工代表大会、职工代表组等形式,对本单位权限范围内的事务行使民主管理的权力。车间(分厂)民主管理的日常工作,由车间(分厂)工会委员会主持;班组的民主管理,由职工直接参加,在本班组的工会组长和职工代表的主持下开展活动,也可以根据需要推选若干民主管理员,负责班组的日常民主管理。

9.3.3 厂务公开制度

厂务公开指企业管理方向本企业职工公开企业的重大决策、生产经营管理中的重大事项、涉及职工民主权利和切身权益以及企业廉政建设的事项,接受职工监督的民主管理制度。厂务公开是职工代表大会的延伸。为巩固、深化和规范厂务公开工作,2002年,中共中央办公厅和国务院办公厅联合下发了《关于在国有企业、集体企业及其控股企业深入实行厂务公开制度的通知》,成为国有企业实施厂务公开制度的主要依据,厂务公开制度规定了厂务的指导原则、总体要求、主要内容、实现形式、领导机制和级别结构。

1. 厂务公开的内容

厂务公开的主要内容包括四个方面:

1) 企业重大决策问题

主要包括企业中长期发展规划,投资和生产经营重大决策方案,企业改革、改制方案,兼并、破产方案,重大技术改造方案,职工裁员、分流、安置方案等重大事项。

2) 企业生产经营管理方面的重要问题

主要包括年度生产经营目标及完成情况,财务预决算,企业担保,大额资金使用,工程建设项目的招投标,大宗物资采购供应,产品销售和盈亏情况,承包租赁合同执行情况,企业内部经济责任制落实情况,重要规章制度的制定等。

3) 涉及职工切身利益方面的问题

主要包括劳动法律法规的执行情况,集体合同、劳动合同的签订和履行,职工提薪晋级、工资奖金分配、奖罚与福利,职工养老、医疗、工伤、失业、生育等社会保障基金缴纳情况,职工招聘,专业技术职称的评聘,评优选先的条件、数量和结果,职工购房、售房的政策和住房公积金管理以及企业公积金和公益金的使用方案,安全生产和劳动保护措施,职工培训计划等。

4) 与企业领导班子建设和党风廉政建设密切相关的问题

主要包括民主评议企业领导人员情况,企业中层领导人员、重要岗位人员的选聘和任用情况,干部廉洁自律规定执行情况,企业业务招待费使用情况,企业领导人员工资(年薪)、奖金、兼职、补贴、住房、用车、通信工具使用情况,以及出国出境费用支出情况等。

2. 厂务公开的形式

1) 厂务公开协调小组

厂务公开协调小组全面指导全国厂务工作,协调小组由中央纪委、全国总工会、中组部、监察部、国务院国资委和全国工商联等六个部委组成。各地区形成由省级领导牵头、各有关部门和工会参加的协调领导机构。

2) 职工代表大会

厂务公开的主要载体是职工代表大会。车间、班组的内部事务也要实行公开。应依照厂务公开的规定,制定车间、班组内部事务公开的实施办法。厂务公开的日常形式还应包括厂务公开栏、厂情发布会、党政工联席会和企业内部信息网络、广播、电视、厂报、墙报等,并可根据实际情况不断创新。同时,在公开后应注意通过意见箱、接待日、职工座谈会、举报电话等形式,了解职工的反映,不断改进工作。

3. 厂务公开的组织结构

厂务公开的组织结构由厂务公开的领导小组、工作机构、监督小组等组成。

1) 领导小组

领导小组由企业党委领导下包括党委、行政、纪委、工会负责人等组成,负责制定厂务公开的实施意见,审定重大公开事项,指导协调有关部门研究解决实施中的问题,做好督导考核工作,建立责任制和责任追究制度。

2) 工作机构

厂务公开的工作机构是企业工会,主要负责日常工作。

3) 监督小组

厂务公开的监督小组由纪检、工会有关人员和职工代表组成,负责监督检查厂务公开内容是否真实、全面,公开是否及时,程序是否符合规定,职工反映的意见是否得到落实,并组织职工对厂务公开工作进行评议和监督,制定厂务公开的监督检查办法,形成制约和激励机制。

厂务公开即要向上和横向的公开,接受领导和同行的行政性和专业性监督,又要向下公开,接受广大职工的民主性和广泛性监督,保证了过程和结果全方位的监督。实践证明,厂务公开制度推动了现代企业制度的建立、法人治理结构的完善,维护了职工的合法权益,加强了国有企业党风廉政建设,有利于企业构建互利共赢的和谐劳动关系。厂务公开还能调动员工的工作积极性、主动性和创造性,促进企业的持续健康发展。

9.3.4 职工董事、监事制度

2016年全国总工会颁布的《中华全国总工会关于加强公司制企业职工董事制度、职工监事制度建设的意见》指出,职工董事、监事制度是指依照公司通过职工代表大会民主选举一定数量的职工代表,分别进入公司董事会和监事会,担任职工董事和职工监事,代表职工源头参与公司决策和监督的基层民主管理形式。我国《公司法》第四十五条规定:两个以上的国有企业或者两个以上的其他国有投资主体投资设立的有限责任公司,其董事会成员中应当有公司职工代表;其他有限责任公司董事会成员中可以有公司职工代表。同时规定,董事会中的职工代表由公司职工通过职工代表大会、职工大会或者其他形式民主选举产生。并由企业统一报政府国有资产管理部门、政府企业主管部门和上级工会组织备案。

1. 人数和比例

《公司法》没有明确职工董事和监事的比例,但要求在公司章程中明确规定职工董事、职工监事的人数和具体比例。《中华全国总工会关于加强公司制企业职工董事制度、职工监事制度建设的意见》(2016)中提出:引导和支持国有及国有控股公司以外的其他公司董事会成员中配备适当比例的职工董事,力促董事会成员中至少有一名职工董事。所有公司监事会中职工监事的比例不低于三分之一。督促公司在设立(或改制)的初始阶段,依照相关法律规定在董事会、监事会中预留职工董事、职工监事的席位,并在公司章程中予以明确规定。

2. 任选资格要求

公司职工董事和监事要与公司存在劳动关系;能够代表和反映职工合理诉求,维护职工和公司合法权益,为职工群众信赖和拥护;熟悉公司经营管理或具有相关的工作经验,熟知劳动法律法规,有较强的协调沟通能力;遵纪守法,品行端正,秉公办事,廉洁自律;符合法律法规和公司章程规定的其他条件。遵循职工董事、职工监事任职回避原则,坚持公司高级管理人员和监事不得兼任职工董事,公司高级管理人员和董事不得兼任职工监事。

公司高管的近亲属,不宜担(兼)任职工董事、职工监事。

3. 产生的程序

职工董事、职工监事的候选人,可以由公司工会根据自荐、推荐情况,在充分听取职工意见的基础上提名,也可以由三分之一以上的职工代表或者十分之一以上的职工联名推举,还可以由职代会联席会议提名。公司工会主席、副主席一般应作为职工董事、职工监事候选人人选;职工董事、职工监事应由公司职代会以无记名投票方式差额选举,并经职代会全体代表的过半数同意方可当选。尚未建立职代会的,应在企业党组织的领导和上级工会的指导下,先行建立职代会;职工董事、职工监事由职代会选举产生后,应进行任前公示,与其他董事、监事一样履行相关手续,并报上级工会和有关部门(机构)备案。公司工会应做好向上级工会报备的相关工作。

4. 任期及罢免

职工董事、职工监事的任期与其他董事、监事的任期相同,每届任期不超过三年,任期届满后可以连选连任;职工董事、职工监事有下列行为之一的,由公司职代会依法罢免:公司职代会对其述职进行无记名民主评议,结果为不称职的;不能如实反映公司职代会的决议、决定,在参与公司决策、履行监督职责时不代表职工利益行使权利,损害职工合法权益的;拒绝向公司职代会报告工作的;有其他不依法履行职工董事、职工监事职责行为的。罢免职工董事、职工监事,须由三分之一以上职工代表或者十分之一以上职工联名提出罢免议案,并经职代会讨论通过。

本章小结

产业民主,一般认为是增进劳动者参与企业管理决策的各项政策或措施的总称,其产生有深刻的社会背景和丰富的思想渊源。产业民主思想的代表人物是韦伯夫妇,他从工会的结构、功能和工会理论等方面分析了产业民主、工人参与对资本主义工业生产的重要意义。以托马斯·马歇尔和托马斯·雅诺斯基为代表的思想家其后根据当时的社会发展和产业关系实践提出不少新的看法和主张,丰富和发展了西方国家的产业民主思想。

雇员参与和雇员介入本质上是西方国家产业民主思想的实践形式,主要体现为集体谈判、共同协商、工人委员会、共决制、工人董监事制度、员工自治小组、员工持股计划等具体形式。中国企业的民主管理在狭义上主要指职工依法参与企业决策、管理与监督的行为和过程,基本形式是职工代表大会制度,此外,厂务公开和职工董监事制度也是企业民主管理的基本形式。

延伸阅读

《让更多员工参与企业管理决策》.《中国社会科学报》,2018 年 1 月 17 日,第 003 版

练习题

一、思考题

1. 员工民主参与的含义是什么？
2. 员工参与常见形式有哪些？请分别简要描述。
3. 职工代表大会制度下的职工有哪些职权？
4. 职工代表大会承担哪些职责？
5. 厂务公开的内容主要有哪些？
6. 职工董事、职工监事的候选人是怎么产生的？

二、模拟训练题

A公司年初要召开职工代表大会，会议除了常规性的议题外，还要听取并审议集体合同、工资集体协商专项合同（草案），如果你是工会主席，请你拟定本次会议议程。

三、案例分析题

凯思特公司工会民主管理制度创新

江苏省南通市凯思特公司工会建立企业改革委员会，简称企改会。企改会由民主选举产生，创新了联系职工与企业之间的桥梁作用。

生产实践中企改会认真制定评比标准，确定评比办法，努力推进各种典型评比，每月开展技术标兵、月度之星、最佳正能量等评比活动，弘扬劳动光荣、创造光荣、和谐光荣的美德，激发广大职工热爱公司的主动性、解决问题的创造性、团结和谐的自觉性。各种奖励机制的制定执行，又进一步提高了职工工作的积极性。绩效最佳者每个月能额外增加一千余元的奖励收入，形成你追我赶的良好工作氛围，大大提高了生产效率。

日常生活中企改会成员经常深入职工当中，通过平时与会员和职工、职工家属等在生产中接触，在学习过程中交流，在生活过程中交往，及时了解和发现公司生产生活中的问题、职工个人存在的困难，及时帮助解决职工关心的事宜，使公司的后勤管理、制度落实、职工工作生活等各方面都有了较大改进。

在企改会的推动下，公司创造了前所未有的业绩，各项生产指标都达到了前所未有的高度，产品合格率比去年提高了5个百分点，达到了93.5%，日产量比去年提高了25%，职工人均收入比去年同期上浮了6%。

资料来源：中工网 http://www.workercn.cn，2018-01-02

讨论题目

1. 结合案例，你认为凯思特公司工会在企业民主管理制度上做出了哪些创新？
2. 企业推行民主管理是如何提高企业绩效的？

第 10 章　企业劳动争议及处理

 学习目标

➢ 了解企业劳动争议的概念、分类；
➢ 掌握企业劳动争议的处理方法；
➢ 掌握劳动争议的调解制度；
➢ 了解劳动争议仲裁及诉讼两种制度及其差别。

10.1　企业劳动争议概述

 本节案例

杜某与用人单位的劳动争议

杜某是某国有企业职工，2000 年年底与企业签订了下岗协议后，一直待岗在家。2001 年 11 月该企业突然接到一批大订单，可以安排 20 名下岗工人上岗。消息在下岗工人中传开后，大家欣喜若狂，不到两天，就有 30 多名下岗职工报名，愿意上岗从事这项工作。杜某当然也在其中。

面对这么多下岗职工的申请，企业领导决定，对报名上岗者组织考核，从考核合格者中筛选出 20 名安排上岗，不合格者继续待岗。考核结果宣布后，杜某发现自己得到了一个"不合格"的结果，十分不满，向企业询问不合格的原因。企业答复是，在遵守劳动纪律的考评中，杜某得到的结果是不合格。理由是，杜某在下岗期间，曾因报销医疗费问题，来厂里大吵大闹，带着家属在工厂办公室吃住一个星期，要工厂报销属于自费范围内的医药费，引得众人围观，干扰了工厂的正常工作秩序。因而，在年度考评中企业做出了上述考核结论。

杜某听了企业的解释显得很激动，他说："我与企业签有待岗协议，之后一直在家待岗，没上班怎么会违反劳动纪律？我的医疗费不属于自费范围，工厂不给报销，我来工厂说理能算违反劳动纪律吗？你们对我的考核不实事求是，我要向劳动争议仲裁委员会请求给予纠正。"

"你想为这事儿申请劳动争议仲裁,就怕人家仲裁委员会不受理。"厂长最后给了他这么一句。

对于杜某与工厂的这起纠纷,该采取什么样的方式处理?

10.1.1 企业劳动争议的概念

关于劳动争议的概念,不同学者的表述并不一致。史尚宽先生在其著作中认为,广义的劳动争议是指以劳动关系为中心发生的一切争议,包括因劳动契约关系雇佣人与受雇人之间所发生之争议;或关于劳动者保护及保险,雇佣人与国家间所起之纷争;雇佣人团体及受雇人团体本身之内部关系发生之纠纷,以及雇佣人或雇佣人团体与受雇人团体间因团体的交涉所产生的纠纷,皆为劳动争议。狭义的劳动争议仅指单个的雇佣人和受雇人之间所发生之争议及雇佣人团体与受雇人团体发生之争议为限。[①] 中国人民大学程延园教授根据中国相关法律和劳动关系实践的情况提出,在中国,劳动争议具体指劳动者与用人单位之间,在《中华人民共和国劳动法》的调整范围内容,因适用国家法律、法规和订立、履行、变更、解除和终止劳动合同以及其他与劳动关系直接相联系的问题而引起的纠纷。[②]

正确认识和理解劳动争议概念,关键要把握哪些争议是劳动争议,哪些不属于劳动争议。区别关键在于争议主体和焦点是否集中在劳动者和用人单位之间在劳动权利与义务问题上发生了矛盾和冲突。《中华人民共和国劳动争议调解仲裁法》对适用范围的劳动争议进行了明确规定:

(1) 因确立劳动关系发生的争议;

(2) 因订立、履行、变更、解除和终止劳动合同发生的争议;

(3) 因除名、辞退和辞职、离职发生的争议;

(4) 因工作时间、休息休假、社会保险、福利、培训以及劳动保护发生的争议;

(5) 因劳动报酬、工伤医疗费、经济补偿或者赔偿金等发生的争议;

(6) 法律、法规规定的其他劳动争议。

除了调解和仲裁规定的范围外,最高人民法院还根据司法实践,以司法解释的形式,对一些比较复杂的争议事项是否按劳动争议受理做出了具体规定。这些事项主要涉及如下方面:(一)事业单位人事争议;(二)社会保险争议;(三)企业改制引发的争议;(四)加付赔偿金争议;(五)退休人员再就业争议;(六)停薪留职、内退、待岗及放长假人员再就业引发的争议;(七)扣押保证金、抵押金、转移人事档案、社会保险关系引起的争议;(八)就业歧视争议。这些争议中,是否作为劳动争议,须根据具体情况而定。按照最高法院的司法解释,明确不作为劳动争议的,主要包括如下情况:(一)劳动者请求社会保险经办机构发放社会保险金的争议;(二)劳动者与用人单位因为住房制度改革而产生的公有住房产权转让的纠纷;(三)劳动者对劳动能力鉴定委员会的伤残登记鉴定结论或者

---

① 史尚宽.《劳动法原论》.(台北)台湾正大印书馆,1978年.第241页.
② 程延园、王甫希.《劳动关系》(第五版).(北京)中国人民大学出版社,2021年7月.第273页.

对职业病诊断鉴定委员会出具的职业病诊断结论存在异议的纠纷;(四)家庭或者个人与家政服务人员发生的争议;(五)个体工匠与帮工、学徒之间发生的纠纷;(六)农村承包经营户与其雇佣人员之间的争议。

10.1.2 企业劳动争议的分类

劳动争议按照不同的标准可以分为不同的类别,这种分类有助于认清劳动争议的属性和本质,对于选择正确的纠纷解决途径也有一定意义。一般来说,劳动争议可以分为以下几类:

按照劳动争议标的类型来分,可以分为权利争议和利益争议。权利争议是指劳动关系当事人之间因约定或法定权利而产生的纠纷,它是对既定的、现实的权利发生争议,因为权利已由约定产生或者已由法律规定确立;利益争议是指劳动关系当事人就如何确定双方的未来权利义务关系发生的争议,它不是现实的权利争议,而是对如何确定期待的权利而发生的争议。有时称前者为既定权利争议,后者为待定权利争议。

按照劳动争议是否可以纳入劳动争议仲裁机构处理,可将劳动争议分为:纳入仲裁处理的争议和不纳入仲裁处理的争议。目前,除劳动者个人与用人单位之间的纠纷外,其他劳动争议均不属仲裁或者审判的范围。

按照参加争议的劳动者主体及人数不同,可将劳动争议分为个别劳动争议、集体劳动争议和团体劳动争议。个别劳动争议是指单个劳动者与用人单位发生的争议;集体劳动争议是指多个劳动者因共同的理由与用人单位发生的争议;团体劳动争议是指用人单位全体职工的代表——工会与用人单位或其团体就集体合同中规定的劳动权利义务发生的争议。在不少论著中,集体劳动争议与团体劳动争议都被视为集体劳动争议,没有作具体区分。

10.1.3 企业劳动争议的处理原则

劳动关系原则上是一种不受国家权力直接干预的私人自治关系。但如果不能及时预防和有效解决劳资间发生的各种纠纷,可能对国家经济发展带来不利的后果。因此,事先预防和事后公正处理劳资纠纷具有重要的意义。这就需要建立解决纠纷的相应机构。通过合适的方法解决。

1. 着重调解、及时处理的原则

调解是处理劳动争议的基本手段。贯穿于劳动争议处理全过程。企业劳动争议调解委员会处理劳动争议的工作程序全部是进行调解。仲裁委员会和人民法院处理劳动争议,也应当先行调解,在裁决和判决前还要为当事人提供一次调解解决争议的机会。调解应在当事人自愿的基础上进行,不得有丝毫的勉强或强制。调解应当依法进行,包括依照实体法和程序法,调解不是无原则的"和稀泥"。

对劳动争议的处理要及时。企业劳动争议调解委员会对案件调解不成,应在规定的期限内及时结案,避免当事人丧失申请仲裁的权利;劳动争议仲裁委员会对案件先行调解不成,应及时裁决;人民法院在调解不成时,应及时判决。

2. 在查清事实的基础上依法处理的原则

正确处理调查取证与举证责任的关系。调查取证是劳动争议处理机构的权力和责任,举证是当事人应尽的义务和责任,两者有机结合,才能达到查清事实的目的。处理劳动争议既要依实体法,又要依程序法,而且要掌握好依法的顺序。按照"大法优于小法,后法优于先法"的顺序处理、处理劳动争议既要有原则性,又要有灵活性,坚持原则性与灵活性相结合。

3. 当事人在适用法律上一律平等的原则

劳动争议当事人法律地位平等,双方具有平等的权利和义务,任何一方当事人不得有超越法律规定的特权。当事人双方在适用法律上:一律平等,一视同仁,对任何一方都不偏袒,不歧视。对被侵权或受害的任何一方都同样予以保护。

10.1.4 企业劳动争议的处理方法

劳动争议处理方法分为一般调整方法和紧急调整方法。一般调整方法,又可以具体分为协商、斡旋、调解、仲裁和诉讼。

1. 一般调整方法

1) 协商。

劳动争议协商,一般指由劳动争议当事人自行谈判,达成解决劳动争议协议的行为和过程。劳动争议协商有广义和协议之分。广义的劳动争议协商,通常指劳动争议发生后,争议双方当事人进行商谈并达成解决争议的活动。这种活动存在于劳动争议处理的各个阶段,既包括争议之中的接触、商讨,也包括争议结束之前的各种沟通行为。狭义的劳动争议协商,主要指劳动争议发生后当事双方按照法律规定进行对话、商谈并达成协议的过程。我国《劳动法》规定,"用人单位与劳动者发生劳动争议,当事人可以依法申请调解、仲裁,提起诉讼,也可以协商解决"。这里所指的协商,主要是基于狭义意义上的劳动争议协商。

基于劳动争议主体不同,劳动争议协商,也可以区分个别劳动争议商议和集体劳动争议协商。所谓个别劳动争议协商,主要指的是,劳动争议发生后,单个劳动者与用人单位之间为解决纠纷而进行的对话与商讨。集体劳动争议协商相对复杂,涉及集体合同劳动争议协商和群体性劳动争议协商。按照相关法规规定,集体合同劳动争议协商可以分为两种情形:其一是按照我国的《劳动法》和《集体合同规定》,因签订集体合同发生的争议,首先由当事人协商解决,协商不成的,由当地政府劳动行政部门组织有关各方协调处理。另一种情形是因履行集体合同发生的争议,按照相关法律规定,首先由当事人协商解决,协商不成的,依次采取劳动争议仲裁和诉讼解决。两种情形的一个共同要求就是发生争议后,都要经过协商程序。至于群体性劳动争议,主要指的是劳动者在10人以上,并且有共同请求的劳动争议。我国相关立法并没有对协商解决做出具体规定,也就是说,协商不是法定的前置程序,尽管如此,协商仍然可以作为解决这类劳动争议的一种方式。通常的做法是,劳动者一方选出 2～5 名代表,代表全体发生争议的职工,与用人单位按照个别劳动争议协商程序进行协商。

2) 斡旋和调解。在发达国家劳动关系实践中,斡旋与调解是常用的劳动争议处理方式;我国的劳动关系实践在解决劳动争议时更多强调调解方式。斡旋是在争议双方自我协商失败的情况下,由第三者或中间人介入,互递信息,传达意思,促成其和解。斡旋分为自愿斡旋和强制斡旋。自愿斡旋是一方或双方自愿接受斡旋和解建议;强制斡旋出现在仲裁或审判程序中,是政府使用强制手段介入劳动纠纷,预防罢工和关闭工厂的重要方式。调解是第三者或者中间人介入争议处理过程,并提出建议,促使双方达成协议。与斡旋相比,调解人的角色更加独立,可以提出解决争议的具体方案或建议,供双方参考。调解分为自愿调解和强制调解。自愿调解是当事人一方或双方自愿申请的调解;强制调解是依法律规定由调解者出面进行,不以当事人自愿与否为条件。在中国,劳动争议调解,一般是指调解委员会对企业与劳动者之间发生的劳动争议,在查明事实、分清是非、明确责任的基础上,依照国家劳动法律、法规,以及依法制定的企业规章和劳动合同,通过民主协商的方式,推动双方互谅互让,达成协议,消除纷争的一种活动。

3) 仲裁。仲裁是仲裁机构对争议事项做出的裁决决定。仲裁裁决具有约束力,并具有强制执行的效力。在发达国家劳动关系实践中,仲裁分为自动仲裁、自愿仲裁和强制仲裁。自动仲裁是双方在争议发生前已在集体合同之中规定,一旦发生争议,双方以仲裁方式解决。自愿仲裁是双方在争议发生后或争议未达成和解协议时,自愿将争议提交仲裁机构处理,并服从仲裁裁决。强制仲裁是根据法律规定,双方必须将争议提交仲裁机构处理,或由仲裁机构依法主动介入争议处理。

4) 诉讼。审判是法院依照司法程序对劳动争议进行审理并做出判决的诉讼活动,是处理劳动争议的最终程序。

2. 紧急调整方法

各国劳动争议立法普遍对公益事业或紧急情况下的劳动争议采取紧急调整的方法。所谓紧急情况下的劳动争议,即对公众的日常生活不可缺少或对国民经济产生重大影响的劳动纠纷事件,如铁路、邮电、医疗银行、广播等行业的集体纠纷,许多国家都规定了特殊的处理程序,具体方法是:(1)坚持优先和迅速处理的原则;(2)政府在必要时可采取强制仲裁,即停止或者限制影响公共利益和国民生活的争议行为,采取紧急的方法提出解决问题的方案;(3)争议行为的实施期限短。

10.2 企业劳动争议协商与调解

本节案例

把劳动争议纠纷尽量化解在企业

石家庄市高新区企业劳动争议调解委员会设立近5年来,探索了一条预防劳动争议的新模式,走出了基层调解的新路子,取得了劳动争议调解领域的好成绩,走在了全省前列。

矛盾化解在基层企业内部

2017年,高新区首批7家企业率先建立了企业劳动争议调解委员会,石家庄市高新区供水排水公司就是其中之一。企业调解委员会的成立,基本上实现了把劳动争议化解在基层、化解在企业内部、化解在萌芽状态,维护了职工的合法权益,促进了企业劳动关系和谐稳定。2017年,石家庄市高新区供水排水公司一名职工在体检时,查出患有乳腺癌,需要住院治疗。由于病情较重、治疗周期较长、费用较高,按国家规定的病假工资,难以支付治疗费,该职工向企业调解委员反映了其病假期间的工资待遇问题。调解委员会向公司汇报情况后,公司领导主动要求召开工资集体协商会议,讨论职工患国家规定25种大病期间的工资待遇。当年,该公司工资集体协商会议已经调整过工资,但鉴于该职工病情较重,情况比较特殊,经领导提议又召开了一次协商会,并经职工代表大会讨论通过了《病假工资补充规定》。通过协商,该职工的月工资由1500多元提高到了4200多元。

目前,石家庄市高新区已经成立调解委员会的企业,多数是该区规模以上企业,如高新区供排水公司、以岭药业、诺亚人力、天山集团、汇金机电、博深工具等。在坚持"预防为主、基层为主、调解为主"的原则下,依托企业劳动争议调解委员会,培养企业从源头预防劳动争议的能力,指导企业与职工建立多种方式的对话沟通机制,完善劳动争议预警机制,指导企业完善协商规则,建立内部申诉和协商回应制度,使这些企业的劳资纠纷降到了最低。

企业职工双方受益

2019年,位于高新区的科迪药业公司为积极配合市政府退城搬迁要求,于当年11月全面停工、停产,转而选择委托生产,原厂址不再进行任何生产行为。这样一来,大批和生产系统相关员工就需要与公司解除劳动关系。公司先后于2019年11月和2020年5月两次进行了大规模的员工解聘,在此期间调解委员会发挥了重要作用。

调解委员会企业代表在对员工情况进行摸排,征求员工意见,为员工释明法律法规及政策依据后,由员工代表提出调解意见。经过多轮磋商,在调解委员会耐心细致的工作和高新区仲裁院一直给予政策指导下,自2019年11月1日到2020年5月止,科迪公司共解聘96名员工,拨付补偿金587万余元,未发生一起因解聘引起的劳动争议或法律纠纷案件。

为了让企业调解委员真正发挥作用,让调解员真正担负起稳压器作用,自设立企业调解委员起,高新区仲裁院每年都要组织调解员培训,培训内容涵盖用人单位招聘、录用、劳动合同订立、规章制度完善、劳动合同解除等多个环节,更好地解决了用人单位实际用工中出现的疑难问题,减少了企业因不懂法产生的用工成本。

那么企业内部的调解是否具有法律效应?为了消除当事双方人后顾之忧,高新区仲裁院规定,经企业劳动争议调解委员会调解达成一致协议的案件,当事人可到区劳动仲裁委提出仲裁审查申请。经审查确认调解协议形式、调解内容合法有效的,制作调解书,双方签收后发生法律效力,真正实现"案结事了",彻底化解劳资纠纷。

2017年的一个早上,高新区某制药厂调解委员会调解员和该企业部分女职工一起来到高新区仲裁院,就该企业28名女职工的生育保险待遇问题进行咨询。仲裁院工作人员首先从劳动法律法规及政策层面进行耐心讲解,然后指导企业通过调解委员会化解内部纠纷。在仲裁院的指导下,28名女职工通过该企业的调解委员会与企业初步达成一致协议。

仲裁院考虑到劳动者人数多的实际情况,在不影响企业正常生产的情况下,为做到"案结事了",派专人前往企业,对28名女职工与企业达成的调解协议进行仲裁审查。审查通过后,仲裁院分别制作调解书并送达当事人,企业一次性支付28名女职工生育保险待遇差额部分共计265 492.1元。这一做法解除了企业和职工双方的顾虑。

及时掌握不稳定因素

高新区仲裁院承担企业劳动争议调解委员会的具体指导工作,为此,他们编制了《工作指导手册》《法律法规政策汇编》,对企业劳动争议调解委员会的成立及工作进行指导,做到全区标识标牌统一、工作制度统一、上墙内容统一,实现调解委员会工作职责、组织制度、调解制度的规范化。

"设立企业调解委员会还有一个重要功能,就是报备、通报、反向预警制度,这样能够及时掌握各种劳动争议领域不稳定因素。"一名委员说,这样就有效地防止了不良舆情的发生和扩大。

2018年,有员工近600人的高新区某上市公司,因劳动时间、工资待遇、用工管理等方面出现员工不满情绪,员工多批次到仲裁院立案接待处咨询反映相关问题,并扬言如果处理得不好,就要组织罢工。仲裁院及时启动反向预警机制,通报给企业调解组织后,经仲裁院牵头,协调企业、工会、调解委员会、职工代表多次进行谈判磋商,最后以调整薪酬体系、完善规章制度、修改劳动合同等方式达成一致。

2019年7月,某人力资源公司离职近100名派遣工。他们指派代表就在职期间绩效工资、奖金、离职经济补偿等事宜到仲裁院咨询,并称如果处理得不好,就要堵机关大门。由于该案涉及员工人数较多,如果走仲裁程序,办案难度相当大,为此,仲裁院在及时上报上级主管部门的同时,通报各相关单位做好处理协调工作。后经部门间联席会,使该争议得到妥善的解决。

"这些案件,都是在工作中遵循报备、反向预警、部门联动等机制下开展工作,其间,企业调解委员会发挥着至关重要的作用。"这名委员说,这些案件由于及时介入,通过有效处置后,员工情绪稳定,集体争议得到妥善解决,避免了群体事件发生,实现了集体争议处理结果零信访、零仲裁。

"下一步我们计划以行业、工业园区为单位,成立行业性、区域性企业劳动争议调解组织,在数量上、规模上、质量上推进企业内部劳动争议协商调解机制。"高新区人社局副局长刘炜说,他们今后还将根据疫情的需要,在"互联网+调解"上下功夫、做文章,增强企业自身预防、处理劳动争议能力,提升调解效能,促进劳动关系更加和谐、稳定、长足地发展。

资料来源:中工网,2021年6月6日报道,作者根据原材料进行了细微改编

10.2.1 劳动争议协商

协商是争议双方采取自治的方法解决纠纷,根据双方的合意或团体协议,相互磋商,和平解决纷争。从经济学角度看,通过双方协商解决劳动争议,是一种低成本的解决方法,也是劳动争议协商制度设计的初衷。

在中国劳动争议处理的相关制度设计中,中华全国总工会早在1949年发布的《关于劳动争议程序的暂行规定》中,就对劳动争议采取协商方式进行处理做过具体规定。1995年施行的《中华人民共和国劳动法》规定,用人单位与劳动者发生劳动争议,当事人可以依法申请调解、仲裁、提起诉讼,也可以协商解决。2007年通过的《中华人民共和国劳动争议调解仲裁法》进一步强调,发生劳动争议,劳动者可以与用人单位协商,也可以请工会或者第三方共同与用人单位协商,达成和解协议。2011年人力资源和社会保障部颁发的《企业劳动争议协商调解规定》要求,协商、调解劳动争议,应当根据事实和有关法律法规的规定,遵循平等、自愿、合法、公正、及时的原则。

按照相关规定,发生劳动争议后,一方面当事人可以通过与另一方当事人约见、面谈等方式协商解决,也可以要求所在企业工会参与或者协助其与企业进行协商。工会应该主动参与劳动争议的协商处理,维护劳动者合法权益。除了劳动者自身参与外,劳动者也可以委托其他组织或者个人作为其代表进行协商。在协商过程中,一方当事人提出协商后,另一方当事人应当积极做出口头或者书面回应。如果5个工作日不做出回应的,视为不愿协商。协商的具体期限由当事人书面约定。在约定期限内没有达成一致的,可以视为协商不成。当事人也可以书面约定延长协商期限。争议双方当事人协商达成一致,应当签订书面和解协议。和解协议对双方当事人都具有约束力,当事人应该认真履行和解协议。和解协议经过仲裁庭审查,其在程序和内容方面都是合法有效的,仲裁庭可以将其作为证据使用。但是,当事人如果为达成和解目的,在做出的妥协中涉及对争议事实的认可,不得在其后的仲裁中作为对其不利的证据。在劳动争议中,如果当事人不愿意协商、协商不成或者达成和解协议后一方当事人在约定的期限内不履行和解协议的,可以依法向调解委员会或者乡镇、街道劳动就业社会保障服务所(中心)等其他依法设立的调解组织申请调解,也可以依法向劳动人事争议仲裁委员会申请仲裁。通过协商解决纠纷,要注意选择适当的时间场所和方式,为协商顺利进行创造较好的外部条件。双方要充分表明自己的主张、要求及理由,认真听取对方的主张、观点及其依据,在"知己"的同时,做到"知

彼"。同时,要清楚两方主张之间的异同点,把握争议的焦点,熟悉大环境,包括国家的政策和法规、国家和地区的经济状况、单位生产经营状况,乃至自己在单位中所处地位。要反省自己的主张和要求,进行换位思考,必要时可以暂时中止协商过程,冷静思考一段时间。协商过程中要审时度势,作出必要的让步和妥协,达成协议,如不能及时达成协议,应终结协商程序,选择其他方式。

协商解决劳动争议,不是基于法律的强制,而是基于当事人自主选择。以协商方式解决争议的优越性主要体现在如下几个方面:(一)容易解决纠纷。由于双方当事人最熟悉纠纷的起因和争议的焦点,便于"对症下药"。(二)解决问题的成本低。双方可以选择彼此都方便的时间、地点和方式进行协商,既不会过多影响工作,更不必支付过多的费用。(三)后遗症较小。劳动争议与其他的纠纷不同,双方很可能今后仍要维持劳动关系,仍得"共事"与合作,以协商方式处理纠纷,便于双方在未来工作中维持必要的互信和合作。

10.2.2 劳动争议调解

按照《中华人民共和国劳动争议调解仲裁法》,用人单位与劳动者发生劳动争议,当事人可以依法申请进行调解。同时,调解原则适用于仲裁和诉讼程序。劳动争议发生后,当事人可以向本单位劳动争议调解委员会申请调解;调解不成,当事人一方要求仲裁的,可以向劳动争议仲裁委员会申请仲裁。当事人一方也可以直接向劳动争议仲裁委员会申请仲裁。对仲裁裁决不服的,可以向人民法院提起诉讼。调解不是劳动争议处理的必经程序,但对解决劳动争议起着很大的作用,尤其是对于希望仍在原单位工作的员工,通过调解解决劳动争议当属首选步骤。它具有及时、易于查明情况、方便争议当事人参与调解活动等优点,是我国劳动争议处理制度的重要组成部分。

1. 劳动争议的调解机构与人员

按照《中华人民共和国劳动争议调解仲裁法》,发生劳动争议后,当事人可以申请调解的组织有:(一)企业劳动争议调解委员会;(二)依法设立的基层人民调解组织;(三)在乡镇、街道设立的具有劳动争议调解职能的组织。按照人社部颁发的《企业劳动争议协商调解规定》,大中型企业应当依法设立调解委员会,并配备专职或兼职的工作人员。有分公司、分店、分厂的企业,可以根据需要在分支机构设立调解委员会。调解委员会可以根据需要在车间、工段、班组设立调解小组。小微企业可以设立调解委员会,也可以由劳动者和企业共同推举人员,开展调解工作。调解委员会由劳动者和企业代表组成,人员由双方协商确定,但人数应该对等。劳动者代表由工会委员会成员担任,或者经由全体劳动者推举产生;企业代表由企业负责人制定。调解委员会主任由工会委员会或者双方推举的人员担任。调解委员会的主要职责包括:(一)宣传劳动保障法律、法规和政策;(二)对本企业发生的劳动争议进行调解;(三)监督和谐协议、调解协议的履行;(四)聘任、解聘和管理调解员;(五)参与协调履行劳动合同、集体合同、执行企业劳动规章制度等方面出现的问题;(六)参与研究涉及劳动者切身利益的重大方案;(七)协助企业建立劳动争议预防预警机制。

劳动争议调解员应当公道正派、联系群众、热心调解工作,具有一定劳动保障法律政策知识和沟通协调能力。调解委员会的成员都应是调解员,同时还可以根据需要在本企业工作人员中聘任合适人员担任。聘期至少为1年,可以续聘。调解员的职责主要包括:(一)关注本企业劳动关系状况,及时向调解委员会报告;(二)接受调解委员会指派,调解劳动争议案件;(三)监督和解协议、调解协议的履行;(四)完成调解委员会交办的其他工作。企业应该支持调解员的工作,如果依法调解,占用了生产或者工作时间的,企业应该按照正常出勤对待。

【知识链接】

2014年,人力资源和社会保障部办公厅为了进一步落实《中华人民共和国劳动争议调解仲裁法》,加强基层工作规范发布了《基层劳动人事争议调解工作规范》,主要规范如下:

一、劳动争议调解组织名称规范

(一)企业劳动争议调解组织名称规范

1. 企业劳动争议调解组织名称由"企业名称"和"劳动争议调解委员会"依次组成。

2. 企业分支机构劳动争议调解组织名称由"企业名称""分支机构名称"和"劳动争议调解委员会"依次组成。

(二)事业单位及其主管部门、社会团体劳动人事争议调解组织名称规范

事业单位及其主管部门、社会团体劳动人事争议调解组织名称由"事业单位及其主管部门、社会团体名称"和"劳动人事争议调解委员会"依次组成。

(三)基层劳动就业社会保障公共服务平台劳动人事争议调解组织名称规范

街道、乡镇劳动就业社会保障服务中心(所)及社区、行政村劳动就业社会保障服务站劳动人事争议调解组织名称由"街道、乡镇名称"或者"社区、行政村名称"和"劳动人事争议调解中心"依次组成。

(四)其他类型劳动人事争议调解组织名称规范

参照上述原则,其他类型劳动人事争议调解组织名称一般由"设立单位名称"和"劳动人事争议调解委员会"或者"地区名称"和"劳动人事争议调解中心"依次组成。

二、劳动人事争议调解员行为规范(试行)

(一)依法调解。坚持自愿、合法、公正、及时的原则,以事实为依据,以法律为准绳,履行居中调解职责。

(二)爱岗敬业。热爱调解工作,注重业务学习,以维护劳动人事争议双方当事人权益为己任,恪尽职守,甘于奉献。

(三)热情服务。工作主动、耐心、细致、周到,仪表整洁、语言文明、举止得体、态度诚恳。

(四)保守秘密。不得泄露调解工作中获取的商业秘密、个人隐私等。

(五)廉洁自律。不得收受、索取财物或者牟取不正当利益,不得为当事人介绍劳动

人事争议仲裁、诉讼代理人。

资料来源:摘自《基层劳动人事争议调整工作规范》

2. 调解案件的受理范围

劳动争议调解委员会调解劳动争议,必须符合以下条件:(1)必须是劳动争议;(2)必须是本企业范围内的劳动争议;(3)必须是我国法律规定受案范围内的劳动争议;(4)必须是争议双方自愿调解的劳动争议。

3. 调解的程序和期限

调解委员会调解劳动争议,无严格程序要求,一般包括调解准备、调解开始、实施调解、调解终止等几个阶段。调解的步骤包括调查核实、召开调解会议、听取陈述、公正调解。调解达成协议的,制作调解协议书;调解不成的,应做好记录。

劳动争议的调解期限,是指当事人和调解委员会申请和完成劳动争议调解所必须遵循的时间。劳动争议调解期限分为当事人申请调解的期限和调解委员会受理和调解的期限。规定调解期限是为了保证劳动争议得到及时处理,避免久拖不决。根据国务院《企业劳动争议处理条例》、劳动部《企业劳动争议调解委员会组织及工作规则》的规定:当事人申请调解,应当从知道或应当知道其权利被侵害之日起30日内,以口头或书面形式向调解委员会提出申请,并填写《劳动争议调解申请书》。调解委员会接到调解申请后,应征询对方当事人意见,对方当事人不愿调解的,应做好记录,在3日内以书面形式通知申请人。调解委员会应在4日内做出受理或不受理申请的决定。对不受理的,应向申请人说明理由。调解委员会调解劳动争议,应当自当事人申请调解之日起30日内结束;到期未结束的,视为调解不成。企业调解委员会调解劳动争议未达成协议的,当事人可以自劳动争议发生之日起60日内,向劳动争议仲裁委员会申请仲裁。

【知识链接】

劳动人事争议调解工作程序

一、申请调解。发生劳动人事争议,当事人可以口头或者书面形式向调解组织提出调解申请。

二、受理调解申请。调解组织接到调解申请后,应当及时对调解申请进行审查,在3个工作日内作出是否受理的决定。

三、开展调解。调解组织根据案情指定调解员或者调解小组进行调解,调解应当自收到调解申请之日起15日内结束。但是,双方当事人同意延期的可以延长。

四、调解协议的仲裁审查确认。达成调解协议的,双方当事人可以自调解协议生效之日起15日内共同向劳动人事争议仲裁委员会提出仲裁审查确认申请。

五、告知申请仲裁的权利。当事人不愿调解、调解不成或者达成调解协议后未经仲裁审查确认且不履行的,可以向劳动人事争议仲裁委员会申请仲裁。

资料来源:《基层劳动人事争议调整工作规范》

4. 劳动争议调解注意事项

按照《企业劳动争议协商调解规定》,调解委员会及调解员在开展劳动争议调解过程中要注意如下事项:

(一)发生劳动争议后,当事人提出调解申请的形式,可以书面的,也可以是口头的,但应该说明申请人的基本情况、调解请求、争议事实以及相关理由。如果是口头申请的,调解委员会的工作人员应该有当场记录。

(二)对于当事人的调解申请,调解委员会要确定是否属于受理范围并询问争议另一方是否同意进行调解。如果不属于调解受理范围,或者另一方当事人不同意调解的,调解委员会要做好记录并书面通知申请人。

(三)发生劳动争议后,即便当事人没有主动提出调解申请,调解委员会也可以主动进行调解,但必须事先征得争议双方当事人的同意。

(四)进行劳动争议调解,除非双方当事人有公开调解的要求,一般应该在不公开的状态下进行。在调解过程中,正征得双方当事人同意的前提下,调解委员会或调解小组可以邀请有关单位和个人协助进行调解。

(五)调解员在进行调解过程中,应该全面听取双方当事人的陈述,采取灵活多样的方式方法,开展耐心细致的说服工作,努力帮助当事人自愿达成调解协议。

(六)调解协议书应该写明双方当事人的基本情况、调解请求事项、调解结果和协议履行期限、履行方式等内容。调解协议书应该由双方当事人签名或者盖章,经调解员签名并加盖调解委员会印章后生效。调解协议书一式三份,双方当事人和调解委员会各执一份。

(七)劳动争议双方当事人可以自调解协议生效之日起15日内共同向仲裁委员会提出仲裁审查申请。仲裁委员会受理后,应当对调解协议进行审查,并根据《劳动人事争议仲裁办案规则》第五十四条规定,对程序和内容合法有效的调解协议,出具调解书。如果双方当事人没有提出仲裁审查申请,而一方当事人在约定期限又没有履行调解协议的,另一方当事人可以依法申请仲裁。仲裁委在受理后,应该首先对调解协议进行审查。如果调解协议合法有效且不损害公共利益或者第三人合法利益的,在没有新证据出现的情况下,仲裁委员会可以依据调解协议作出仲裁裁决。

(八)调解委员会应当建立健全调解登记、调解记录、督促履行、档案管理、业务培训、统计报告、工作考评等制度。企业应该提供必要的工作场所和工作经费。企业未按照本规定成立调解委员会,劳动争议或者群体性事件频发,影响劳动关系和谐,造成重大社会影响的,由县级以上人力资源和社会保障行政部门予以通报;违反法律法规规定的,依法予以处理。调解员在调解过程中存在严重失职或者违法违纪行为,侵害当事人合法权益的,调解委员会应当予以解聘。

10.3 企业劳动争议仲裁与诉讼

本节案例

劳动争议起纠纷　倾心调解化矛盾

　　近日,山丹县法院成功调解了一起劳动争议案件,历时四年的劳动争议纠纷获得圆满解决,双方当事人为主审法官公平公正快速化解纠纷点赞。

　　原告于2019年9月起在被告处从事煤矿井下操作面支护工作。2019年11月,原告作业时因煤渣掉落致其左手手掌骨折并住院治疗。痊愈后,其要求与被告解除劳动关系并请求偿付未签订劳动合同双倍工资及经济补偿。被告以双方未签订书面劳动合同、未缴纳社会保险费用、双方不存在劳动关系为由拒绝赔偿。原告向县劳动人事争议仲裁委员会提起仲裁,该委驳回原告的仲裁申请。原告不服,向山丹县法院提起诉讼,要求确认双方之间存在劳动关系。案经一、二审判决认定,双方存在劳动关系。2022年4月,因原告无法继续为被告提供劳动,再次向山丹县法院提起诉讼,要求与被告解除劳动关系并偿付未签订劳动合同双倍工资及经济补偿。

　　立案后,承办法官仔细分析案情,通过开庭了解到待本案处理完毕后,原告会另案起诉被告赔偿其伤残。为切实保护劳动者的合法权益,降低诉讼成本,避免引发多个诉讼案件,承办法官在庭后组织双方进行多次调解。最终,原被告双方充分尊重事实及法律,在相互理解、互谅互让的基础上,达成被告5个工作日内给付原告赔偿金及损失168 000元的协议。该协议不仅对原告诉请的劳务工资及经济补偿等三项诉讼请求做了处理外,还对未起诉的伤残赔偿等劳动者应享有的法定权利协商确定了金额及履行期限,原告提交了撤诉申请。

　　承办法官在处理本案纠纷时,紧扣双方之间是否存在劳动关系,对原被告权利义务进行释明。同时,考虑到原告的伤情及后续仍要对伤残赔偿进行诉讼等问题,本着让群众"最多跑一次"的原则,法官将调解工作延伸到了对原告伤残赔偿的问题上,最终促使案结事了。从当事人角度出发,矛盾的化解需要当事人尊重事实及法律,对自己的权利义务有客观的预测。只有这样,双方当事人才能在人民法院提供的平台下,迅速达成解决纠纷的一致意见,进而降低诉讼成本,减轻诉累,促进矛盾有效化解。

　　2022年5月底,在承办法官的见证下,被告将案款交至法院账户,原告满意地领取了赔偿金。至此,该案得到圆满化解,达到了"案结、事了、人和"的良好效果。

　　资料来源:澎湃网2022-06-0618:12https://m.thepaper.cn/baijiahao_18445823

10.3.1 劳动争议仲裁

1. 劳动争议仲裁概述

仲裁,也被称为"公断",其基本含义是由公正的第三方对当事人之间的争议作出评判。我国目前主要有两类仲裁:商事仲裁和劳动争议仲裁。商事仲裁是平等主体的公民、法人和其他组织之间因合同纠纷和其他财产权益纠纷而发生的仲裁;劳动争议仲裁是指经劳动争议当事人申请,由劳动争议仲裁委员会对劳动争议当事人因劳动权利、义务等问题产生的争议进行评价、调解和裁决的一种处理劳动争议的方式,生效的劳动争议裁决具有国家强制力。

劳动争议仲裁区别于企业劳动争议调解的主要之点是,劳动争议仲裁的处理结果具有法律效力。劳动争议仲裁既有企业劳动争议调解的灵活、快捷的特点,又具有法律强制执行的特色,弥补了劳动争议调解委员会调解不具有强制力的弱点,比法院判决强制色彩弱,便于当事人接受和自觉执行。因此,劳动争议仲裁是一项带有准司法性质的处理劳动争议的形式,在劳动争议处理工作中具有重要的作用。

2. 劳动争议仲裁机构与人员

劳动争议仲裁委员会(在我国劳动与人事争议处理的整合模式下,该机构一般定名为劳动人事争议仲裁委员会。本书主要讨论的是企业劳动争议,故仍采用劳动争议仲裁委员会。)是国家授权的、依法独立处理劳动争议的专门机构。其设立的基本原则是统筹规划、合理布局以及适应实际工作需要。劳动争议仲裁委员会不按照行政区划层层设立,具体由各个省、自治区和直辖市人民政府确定。省、自治区人民政府可以决定在市、县设立劳动争议仲裁委员会;直辖市人民政府可以决定在区、县设立劳动争议仲裁委员会;直辖市和设区的市可以设立一个或者若干个劳动争议仲裁委员会。各个劳动争议仲裁委员会负责处理本行政区域内发生的劳动争议,相互之间不存在行政隶属关系,各自向同级人民政府负责,但省、自治区、直辖市人民政府劳动行政部门对辖区内道德劳动争议仲裁工作提供工作指导。劳动争议仲裁委员会的这一设立原则和实践充分体现了精简、高效和灵活的特征。

劳动争议仲裁委员会的组成,依照"三方原则",由劳动行政部门代表、工会代表和企业方面代表组成,其好处在于可以给争议当事人以公平感和可靠性,从而赢得其信任,有利于仲裁活动的开展。另外,由于三方分别代表不同的利益方.可以从不同的角度看待问题.能够代表和反映不同方面的认识和利益要求,从而在广泛、客观的基础上做出公正的裁决,也使裁决结果易于为当事人接受并执行。仲裁委员会的组成人数必须是单数,这样才不会出现持不同意见的仲裁员相持不下,不能取得一致的局面,仲裁委员会也才能实行少数服从多数的原则。劳动争议仲裁委员会一般设主任一人,副主任一至两人,委员若干人。主任同级劳动行政主管部门的担任,副主任由仲裁委员会委员协商产生。委员的确认或更换,须报同级人民政府批准。仲裁委员会确有特殊情况需委托本组织其他人员出席会议的,应有委托书,仲裁委员会召开会议决定有关事项.应有2/3以上的委员参加。劳动行政主管部门的劳动争议处理机构为仲裁委员会的办事机构,负责办理仲裁委员会的日常事务。实践中,办事机构的设立,主要有两种形式:一种是设在劳动行政主管部门内部的办事机构;另一种是独立设置的、实体化的办事机构。目前,多数省市都设立了实体化的办事机构,一般定名为劳动人事争议仲裁院,具体承担争议调解仲裁的日常工作。

劳动争议仲裁委员会处理劳动争议一般按照"一案一庭"原则组成仲裁庭,由其具体负责案件审理。仲裁庭的组织有独任制和合议制两种形式。所谓独任制的仲裁庭,是指仲裁委员会指定1名仲裁员独自审理劳动争议案件;所谓合议制,指的是由仲裁委员会指定3名或者3名以上且是单数的仲裁员,让其共同审理特定的劳动争议案件。一般而言,事实清楚、案情简单、法律适用明确的劳动争议案件,通常会采用独任制形式进行审理;而对于案情复杂、影响重大的个别劳动争议案件以及集体劳动争议案件,仲裁委一般会采用合议制形式进行案件审理。

仲裁员是由劳动争议仲裁委员会依法聘任的、可以承担仲裁庭劳动争议处理的工作人员。按照相关法律规定,劳动争议仲裁员首先应该公道正派,而且还必须满足下述条件之一:(一)曾经担任审判员;(二)从事法律研究、教学工作并具有中级以上职称;(三)具有法律知识、从事人力资源管理或者工会等专业工作满五年;(四)律师职业满三年。仲裁院可以是专职的,也可以是兼职的,其在履职过程中具有同等权利。各个劳动争议仲裁委员会应该设立仲裁员名册。

3. 劳动争议仲裁管辖

管辖是指确定各个仲裁机构审理劳动争议案件的权限。明确当事人应向哪个仲裁机关申请仲裁,由哪个仲裁机关受理的法律制度。其实质是仲裁机关审理案件的内部分工。明确管辖范围,有利于仲裁机构行使仲裁权和当事人正确行使申诉权。劳动争议仲裁案件管辖涉及各级劳动争议仲裁机关之间和同级但不同地区的劳动争议仲裁机关之间受理劳动争议案件权限的分工。我国劳动争议案件的管辖可以分为地域管辖、级别管辖、移送管辖和指定管辖。

1) 地域管辖

地域管辖指同级仲裁委员会之间,对于审理劳动争议案件的职权划分。我国劳动争议仲裁委员会在处理劳动争议时实行属地管辖原则。同级仲裁委员会的管辖权,原则上依行政区域划分。《企业劳动争议处理条例》第17条规定:县、市、市辖区仲裁委员会负责本行政区域内发生的劳动争议。设区的市和市辖区的仲裁委员会受理劳动争议案件的范围由省、自治区人民政府规定。第18条特别规定:发生劳动争议的企业与职工不在同一个仲裁委员会管辖地区的,由职工当事人工资关系所在地的仲裁委员会处理。"工资关系所在地"是指向劳动者当事人发放工资的单位所在地。我国公民与国(境)外企业签订的劳动(工作)合同,因履行而发生争议,若履行地在我国领域内,由劳动(工作)合同履行地仲裁委员会管辖,也可以在合同中约定仲裁管辖。

2）级别营辖

级别管辖指上下级仲裁委员会之间，受理劳动争议案件的分工和权限。其实质是由哪一家仲裁委员会审理什么样的劳动争议案件。划分级别管辖的主要依据是案件的性质、重大与复杂程度，在劳动争议仲裁实践中还依据企业的类型等。目前，主要有两种级别管辖的方法：一是直辖市与其所辖区审理案件的权限划分。市辖区仲裁委员会处理本辖区的劳动争议案件；直辖市的仲裁委员会则受理本市范围内有重大影响案情复杂以及涉外的劳动争议，如集体争议、外资企业劳动争议和大型企业的劳动争议等。二是省、自治区仲裁委员会与其所属的地、市级的仲裁委员会的权限划分。一般省一级仲裁委员会不直接受理劳动争议案件，只负责指导全省（区）的劳动仲裁工作；计划单列市、省辖市、地区一级的仲裁委员会受理本行政区域内有重大影响、案情复杂以及外资企业和大型企业的劳动争议。

3）移送管辖

移送管辖指劳动争议仲裁机关受理了劳动争议案件后，发现该案件不属于本劳动争议仲裁委员会管辖，从而将案件移送给有管辖权的仲裁机关。接到移送的劳动争议仲裁委员会认为不应由自己受理的，不应再向其他仲裁委员会移送，而应同有关仲裁委员会协商，协商不成的报送共同的上级机关决定。

4）指定管辖

指定管辖指由于辖区不明或其他原因而导致两个劳动争议仲裁机关发生争议时，由他们共同的上级机关指定下级某劳动争议仲裁机关行使管辖权。

掌握劳动争议仲裁委员会的管辖规定对劳动争议当事人意义重大。它决定劳动争议发生后当事人应当向哪一级和哪一个仲裁委员会申请仲裁。正确确定仲裁案件的管辖权，便于正确行使申诉权，保证劳动争议得到公正、及时处理。

4. 劳动争议仲裁时效

劳动争议仲裁时效，是指劳动争议发生后，当事人如果不在法定的期限内向仲裁机构申请仲裁，则丧失通过仲裁程序保护自己的合法权益机会的制度。通常我们也把仲裁时效称作申诉时效。时效期限届满，当事人即丧失请求保护其权利的申诉权，仲裁委员会对其仲裁申请不予受理。

法律为行使申诉权规定了时间界限。《中华人民共和国劳动争议调解仲裁法》规定，劳动争议申请仲裁的时效期间为一年，从当事人知道或者应当知道其权利被侵害之日起算。这一规定意味着，争议发生之日，并不是以双方当事人产生正面冲突为标志，而是以当事人知道自己的权利被侵害之时为计算依据。在实践中，对于当事人知道或者应当知道，不能凭空设定，而要以证据为准，要有充足的证据显示当事人知道自己权利被侵害，或者根据常理推断当事人应当知道自己的权利被侵害。特别注意的是，"权利被侵害之日"是指侵权行为开始的时间，而不应理解为侵权行为终止的时间。

仲裁时效的规定，是针对正常情况下做出的，如果当事人因不可抗力或者有其他正当理由超过时效的，仲裁委员会应当受理当事人的仲裁申请。

5. 劳动争议仲裁程序

劳动争议仲裁程序，是指劳动争议仲裁委员会处理劳动纠纷案件的法定步骤和方式。根据《劳动法》(1994)、《企业劳动争议处理条件》(1993)、《劳动争议仲裁委员会办案规则》(2009)的有关规定，劳动争议仲裁应按以下程序进行。

1）当事人申请

当事人申请是劳动争议仲裁委员会处理劳动争议案件的先决条件和必经程序。仲裁委员会处理劳动争议案件必须有当事人的申请，否则，仲裁委员会无权仲裁该案件。根据《劳动法》(1994)的规定，提出仲裁要求的一方当事人，应当自劳动争议发生之日起 60 日内向劳动争议仲裁委员会提出书面申请。当事人因不可抗力或者其他正当理由超过规定申请仲裁时效的，仲裁委员会应当受理。当事人向仲裁委员会申请仲裁必须提交书面申请，申请书应当写明：申诉人姓名、职业、住址、工作单位，企业的名称、地址，法定代表人的姓名、职务；被申诉人的情况；申诉请求和事实根据；委托代理人的资格及代理权限；申斥日期等。

2）审查受理

仲裁委员会办事机构接到仲裁申请书后，应对以下事项进行审查：申诉人是否与本案有直接利害关系，申请仲裁的争议是否属于劳动争议，申请仲裁的劳动争议是否属于仲裁委员会的受理范围，该劳动争议是否属于本仲裁委员会管辖，申诉书及有关材料是否齐备符合要求，申诉时间是否符合申请仲裁的时效规定等。对申诉材料不齐备或有关情况不明确的仲裁申请书，应告知申诉人予以补充。对符合受理条件的，仲裁委员会办事机构应填写《立案审批表》，并在 5 日内做出决定。如果不符合受理条件，仲裁委办事机构也应该书面通知申请人，并说明不受理的理由。

3）仲裁前的准备

劳动争议仲裁委员会决定立案后，应当在 5 日内将申诉书副本送达被申诉人。被申请人在收到仲裁申请书副本后 10 日内向仲裁委提交答辩书。仲裁委办事机构在 5 日内要将答辩书副本送交申请人。

仲裁前的准备工作还包括仲裁庭的组建。仲裁委员会对决定受理的劳动争议案件，应按《劳动争议仲裁委员会组织规则》的规定组成仲裁庭。对事实清楚，案情简单，适用法律、法规明确的案件，可由仲裁委员会指定 1 名仲裁员采取独任仲裁方式承担仲裁工作。仲裁委应在受理申请后 5 日内要将仲裁庭的组成情况书面通知当事人。在开庭 5 日前，仲裁庭负责把开庭日期、地点书面通知双方当事人。当事人有正当理由的，可以在开庭 3 日前要求延期，但是否同意延期，则由仲裁委决定。

此外，仲裁前，另一准备工作是进行调查取证。仲裁庭人员应认真阅读当事人的申诉和答辩材料，调查、收集证据，查明争议事实。对于需要勘验或鉴定的问题，应提交法定部门进行，没有法定部门的，由仲裁员会委托有关部门进行。各地仲裁委员会之间可以互相委托调查，受委托方应当在委托方要求的期限内完成调查。因故不能完成的，应当在要求期限内函告委托方仲裁委员会。

4）审理

仲裁庭在正式审理之前,首先要进行调解。调解成功,则可以制作调解书结案。调解不成,仲裁庭就继续按照相关程序进行正式审理。

劳动争议仲裁的基本程序是：仲裁员听取申请人的陈述和被申请人的答辩；主持庭审调查、质证和辩论；征询当事人最后意见,并进行调解。

当事人在仲裁过程中有权进行质证和辩论。所谓质证,指的是双方当事人对彼此提出的证据的真实性、合法性、关联性以及证明力进行说明和质辩。质证的程序一般是：申请人出示证据——被申请人进行质证——被申请人出示证据——申请人进行质证——第三人出示证据——申请人、被申请人进行质证——第三方对申请人或被申请人出示的证据进行质证。所谓辩论,主要指的是在庭审调查事实的基础上,双方当事人对案件事实的认定、各自的责任和适用法律等提出自己的主张。辩论的重点应集中在责任分析和法律运用上。为保证双方当事人发表意见的权利,质证和辩论终结时,首席仲裁员或者独任仲裁员应该征询当事人的最后意见。

仲裁中的举证,坚持"谁主张、谁举证"原则。考虑举证能力差异,在特定情形下仲裁庭可以按照有利于劳动者的特别原则确定举证责任。

在审理中,申请人收到书面通知,无正当理由拒不到庭或者未经仲裁庭同意中途退庭的,视为申请人撤回仲裁申请。如果申请人在这种情况下重新申请仲裁,仲裁委将不予受理。如果被申请人收到书面通知,无正当理由拒不到庭或者未经仲裁庭同意中途退庭,仲裁庭可以缺席裁决。因出现案件处理依据不明确、案件处理需要等待相关认定或鉴定结果等特殊情况,经仲裁委批准,可以中止案件审理,并书面通知当事人。中止审理的条件消失后,仲裁庭应恢复审理。

5）裁决及生效

仲裁庭在进行审理后、做出裁决之前,要首先进行调解。调解成功,则可以制作调解书。调解书经双方当事人签收后,发生法律效力,任何一方不得反悔。任何一方如果反悔提起诉讼,人民法院会不予受理。

如果调解不成,或者调解书送达前一方反悔的,仲裁庭应该及时做出裁决。裁决应该根据多数仲裁员的意见做出,不同意见可以记入笔录。仲裁庭不能形成多数意见时,裁决依照首席仲裁员的意见做出。一些特殊的、重大的疑难案件,仲裁庭可以提交仲裁委决定。

根据《中华人民共和国调解仲裁法》,下列劳动争议,除本法另有规定外,仲裁裁决为终局裁决,裁决书自做出之日起发生法律效力：(一)追索劳动报酬、工伤医疗费、经济补偿或赔偿金,不超过当地月最低工资标准十二个月金额的争议；(二)因执行国家的劳动标准在工作时间、休息休假、社会保险等方面发生的争议。

仲裁庭在裁决案件时,如果裁决的内容同时设计终局裁决和非终局裁决的,应该分别做出裁决并告知当事人相应的救济权利。在做出裁决过程中,其中部分事实已经清楚,可以就该部分争议进行先行裁决。对于追索劳动报酬、工伤医疗费、经济补偿或赔偿金的案件,根据当事人的申请,可以做出先予执行的裁决,并移送人民法院,但这种裁决应该符合如下两个条件:其一是当事人之间的权利义务关系明确;其二,不先予执行将严重影响申请人的生活。先行裁决和先予执行的制度,是为保护劳动者切身利益而进行的制度创新,可以有效缓解燃眉之急。

劳动争议仲裁的裁决生效时间存在两种情形:第一种情形涉及终局裁决,这种裁决的生效时间是一经做出就立即生效,但劳动者对这种一裁终局的裁决不服,可以自收到仲裁裁决书之日起的15日内向人民法院提起诉讼。另一种情形就是其他裁决,如果当事人自收到裁决书起15日内不起诉,裁决就开始生效。生效的调解书、裁决书对当事人有法律约束力,当事人应该依照规定期限履行。一方当事人如果逾期不履行,另一方当事人可以向人民法院申请执行,维护自身合法权益。

【知识链接】

关于集体劳动争议的仲裁办案规制

第六十二条 处理劳动者一方在十人以上并有共同请求的争议案件,或者因履行集体合同发生的劳动争议案件,适用本节规定。

符合本规则第五十六条第一款规定情形之一的集体劳动人事争议案件,可以简易处理,不受本节规定的限制。

第六十三条 发生劳动者一方在十人以上并有共同请求的争议的,劳动者可以推举三至五名代表参加仲裁活动。代表人参加仲裁的行为对其所代表的当事人发生效力,但代表人变更、放弃仲裁请求或者承认对方当事人的仲裁请求,进行和解,必须经被代表的当事人同意。

因履行集体合同发生的劳动争议,经协商解决不成的,工会可以依法申请仲裁;尚未建立工会的,由上级工会指导劳动者推举产生的代表依法申请仲裁。

第六十四条 仲裁委员会应当自收到当事人集体劳动人事争议仲裁申请之日起五日内作出受理或者不予受理的决定。决定受理的,应当自受理之日起五日内将仲裁庭组成人员、答辩期限、举证期限、开庭日期和地点等事项一次性通知当事人。

第六十五条 仲裁委员会处理集体劳动人事争议案件,应当由三名仲裁员组成仲裁庭,设首席仲裁员。

仲裁委员会处理因履行集体合同发生的劳动争议,应当按照三方原则组成仲裁庭处理。

第六十六条 仲裁庭处理集体劳动人事争议,开庭前应当引导当事人自行协商,或者先行调解。

仲裁庭处理集体劳动人事争议案件,可以邀请法律工作者、律师、专家学者等第三方共同参与调解。

协商或者调解未能达成协议的,仲裁庭应当及时裁决。

第六十七条 仲裁庭开庭场所可以设在发生争议的用人单位或者其他便于及时处理

争议的地点。

资料来源:摘自《劳动人事争议仲裁办案规则》,标题为作者修改而成

10.3.2 劳动争议诉讼

1. 劳动争议诉讼概论

劳动争议诉讼,是指人民法院对当事人不服劳动争议仲裁机构的裁决或决定而起诉的劳动争议案件,依照法定程序进行审理和判决,并对当事人具有强制执行力的一种劳动争议处理方式。劳动争议的诉讼,还包括当事人一方不履行仲裁委员会已发生法律效力的裁决书或调解书,另一方当事人申请人民法院强制执行的活动。劳动争议诉讼是处理劳动争议的最终程序,它通过司法程序保证了劳动争议的最终彻底解决。由人民法院参与处理劳动争议,从根本上将劳动争议处理工作纳入了法制轨道,有利于保障当事人的诉讼权,有助于监督仲裁委员会的裁决,有利于生效的调解协议、仲裁裁决和法院判决的执行。

劳动争议仲裁是劳动争议诉讼的法定前置程序,即"先裁后审"。劳动争议当事人须首先将争议提交劳动仲裁机构进行仲裁。仲裁裁决后,如对仲裁裁决不服的,应在收到裁决书后15日内向人民法院起诉,未经仲裁而直接向人民法院起诉的,人民法院不予受理。

劳动争议仲裁和劳动争议诉讼的差异如下:

1) 性质不同。劳动争议仲裁具有行政和司法双重特征。行政特征是指仲裁机构具有三方特征(由劳动行政部门的代表、同级工会代表和用人单位方面的代表组成),同时在方针、政策、规章等方面接受劳动行政部门的领导。司法特征是指劳动争议仲裁具有一定的裁制权,仲裁机构所做出的裁决书在当事人未于法定期间内起诉的情况下即产生法律强制执行力。劳动争议诉讼仅有司法性质。

2) 依据不同。劳动争议仲裁的法律依据主要是《劳动法》(1994)和《劳动争议调解仲裁法》(2007)。劳动争议诉讼的法律依据主要是《民事诉讼法》(2006)。

3) 原则不同。劳动争议仲裁的原则一般有先行调解原则、少数服从多数原则和民主原则等。而劳动争议诉讼的原则是以事实为依据,以法律为准绳。

4) 程序不同。劳动争议仲裁实行一审,仲裁裁决做出并送达后,仲裁程序即终结,如当事人对裁决不服,不能向上一级仲裁机构再行申请,而只能向人民法院起诉进入诉讼程序。劳动争议诉讼有二审,诉讼一审结束后,如对一审的判决不服,当事人可向上一级法院上诉,二审法院应对一审法院判决所认定的事实和适用的法律进行全面审查。

5) 审限不同。劳动争议仲裁的审限为自立案之日起60日,案情复杂须延期的,报批后可最长延期30日。劳动争议诉讼一审的审限为,普通程序自立案之日起6个月,报院长批准可延长6个月;简易程序3个月。诉讼二审的审限为自立案之日起3个月,可报批延长。

6) 效力不同。劳动争议仲裁的裁决做出后,如果当事人未在收到裁决之日起15日

内起诉,则裁决发生法律效力。如果当事人在此期间内向法院提起了诉讼,则仲裁裁决不发生法律效力,法院从头另行全面独立审理。

7) 收费不同。劳动争议仲裁不收费,经费由财政予以保障。而劳动争议诉讼受理费则有全国统一标准。

8) 当事人称谓不同。劳动争议仲裁中的当事人分别称为:申请人、被申请人、第三人。劳动争议诉讼中的当事人,在一审时被称为原告、被告和第三人,在二审时被称为上诉人、被上诉人、第三人。

2. 劳动争议诉讼案件受理

关于劳动争议诉讼案件的受理范围,《最高人民法院〈关于审理劳动争议案件适用法律若干问题的解释〉》(以下简称为《解释》)适当地扩大了人民法院受理劳动争议案件的范围。其中规定劳动者与用人单位之间发生的下列纠纷,属于《劳动法》第2条规定的劳动争议,当事人不服劳动争议仲裁委员会做出的裁决,依法向人民法院起诉的,人民法院应当受理:

1) 劳动者与用人单位在履行劳动合同过程中发生的纠纷;

2) 劳动者与用人单位之间没有订立书面劳动合同,但已形成劳动关系后发生的纠纷;

3) 劳动者退休后,与尚未参加社会保险统筹的原用人单位因追索养老金、医疗费、工伤保险待遇和其他社会保险费而发生的纠纷。

在严格执行《劳动法》规定的劳动仲裁是诉讼的前置程序的基础上,《解释》规定,对劳动争议仲裁委员会以当事人申请仲裁的事项不属于劳动争议为由,或以当事人的仲裁申请超过期限等为由,作出不予受理的书面裁决决定或者通知,当事人不服,依法向人民法院起诉的,人民法院应当受理。属于劳动争议案件的,应当受理;虽不属于劳动争议案件,但属于人民法院主管的其他案件,应当依法受理;对确已超过仲裁申请期限,又无不可抗力或者其他正当理由的,依法驳回其诉讼请求。

劳动争议仲裁委员会以申请仲裁的主体不适格为由。做出不予受理的书面裁决、决定或者通知,当事人不服,依法向人民法院起诉的,经审查,确属主体不适格的,裁定不予受理或者驳回起诉。

劳动争议仲裁委员会为纠正原仲裁裁决错误重新作出裁决,当事人不服,依法向人民法院起诉的,人民法院应当受理。

《解释》还规定,劳动争议仲裁委员会仲裁的事项不属于人民法院受理的案件范围,当事人不服.依法向人民法院起诉的.裁定不予受理或者驳回起诉。

3. 劳动争议诉讼案件的当事人与代理人

1) 诉讼当事人

劳动争议诉讼当事人,是指劳动者或者用人单位因劳动实体权利义务关系纠纷,对劳动争议裁决机构处理结果不服,以自己名义进行诉讼,并受人民法院裁判约束的利害关系人。诉讼当事人有狭义和广义之分。狭义的当事人仅指原告和被告;广义的当事人还包括共同诉讼人、诉讼代表人和第三人。

(1) 原告和被告。凡为保护自己劳动权益,以自己名义向法院起诉,并引起劳动争议诉讼程序发生的人,称为原告;与原告相对称的人即为被告。在劳动争议诉讼中,原告和被告是利害关系相反的双方当事人。如果一方不服劳动争议裁决,向人民法院起诉,起诉方为原告。如果当事人双方均不服仲裁裁决,依法向人民法院起诉的,则先起诉方为原告。如果劳动争议一方有两个以上的当事人,只有部分当事人对仲裁裁决不服,向人民法院提起民事诉讼,起诉的当事人为原告,对方当事人为被告,没有起诉者不再是劳动争议诉讼的当事人。

(2) 诉讼代表人。当具有利害关系的一方或双方人数众多时,由其中1人或数人代表众多当事人起诉或应诉,其他当事人则不参加诉讼程序,但法院所作的裁判仍然及于全体,这种诉讼称为代表人诉讼或群体诉讼。代表全体进行诉讼的当事人称为诉讼代表人。诉讼代表人不同于诉讼代理人。

(3) 第三人。第三人是指为了维护自身的民事权利或利益,而参加到已经开始的民事诉讼中来的第三方当事人。《最高人民法院关于审理劳动争议案件适用法律若干问题的解释》第11条规定,用人单位招用尚未解除劳动合同的劳动者,原用人单位与劳动者发生的劳动争议,可以将新的用人单位列为第三人。原用人单位以新的用人单位侵权为由向人民法院起诉的,可以列劳动者为第三人。

2) 诉讼代理人

诉讼代理人,是指依据法律的规定或者当事人的授权,在劳动争议诉讼中为当事人的利益进行诉讼活动的人。诉讼代理人分为两类:法定诉讼代理人和委托诉讼代理人。

(1) 法定诉讼代理人。是指根据法律的规定代理无诉讼行为能力的当事人实施诉讼行为的人。这种代理权一般是基于一定的亲属监护关系而产生的,这种关系一旦依法解除,法定代理权即告消灭。

(2) 委托诉讼代理人。指受诉讼当事人或法定代理人的委托,以当事人名义代为诉讼行为的人。当事人的近亲属、律师、社会团体和当事人所在单位指派的人,以及经人民法院许可的其他公民,均可作为委托代理人。但无民事行为能力人、限制民事行为能力人或者可能损害被代理人利益的人以及人民法院认为不宜作诉讼代理人的人,不能作为诉讼代理人。

4. 劳动争议诉讼案件的审理

劳动争议案件由用人单位所在地或者劳动合同履行地的基层人民法院管辖。劳动合同履行地不明确的由用人单位所在地的基层人民法院管辖。

当事人双方就同一仲裁裁决分别向有管辖权的人民法院起诉的,后受理的人民法院应当将案件移送给先受理的人民法院。

人民法院受理劳动争议案件后,当事人增加诉讼请求的,如该诉讼请求与讼争的劳动争议具有不可分性,应当合并审理;如属独立的劳动争议,应当告知当事人向劳动争议仲裁委员会申请仲裁。

用人单位对劳动者做出的开除、除名、辞退等处理，或者因其他原因解除劳动合同确有错误的，人民法院可以依法判决予以撤销。对于追索劳动报酬、养老金、医疗费以及工伤保险待遇、经济补偿金、培训费及其他相关费用等案件，给付数额不当的，人民法院可以予以变更。

【知识链接】

苏州劳动法庭

2021年7月16日，苏州劳动法庭正式成立。这是人民法院深入贯彻习近平法治思想，全面贯彻习近平总书记关于保障劳动者权益系列重要指示精神的实际行动，是认真落实党中央、国务院关于落实就业优先政策、构建和谐劳动关系、推动高质量发展等部署要求的具体措施，也是人民法院践行司法为民宗旨、不断满足人民群众多元司法需求的重要举措。自去年7月揭牌运行以来，这个经最高法院批准在地方设立的全国首家劳动法庭，充分发挥审判职能作用，妥善化解劳动争议案件，全力完善创新机制，持续深化"双保护"理念，积极构建和谐劳动关系，让先行变先成，让探索结硕果，真正起到"探路子出经验"的作用。苏州劳动法庭成立获选"2021年度中国社会法十大影响力事例"。

不日新者必日退。为解好新业态新经济新模式对传统劳动法律体系与社会保障政策法律提出的新课题，法庭瞄准"平台经济新就业形态"和"企业高端人才"创设2个专门合议庭，围绕主题开展类案处理专业化调研与精细化裁判，积极打造具有示范意义的典型案例，努力实现规则探索、司法先行，积累可复制、可借鉴、可推广的审判经验。去年年底，法庭在全市范围精选8个涉网络主播、网约车司机、快递员等新业态用工典型案例向社会发布，利用判例的社会指引作用，进一步贯彻和传递了保护劳动者合法权益和合理诉求、维护企业正常生产经营秩序和发展利益的"双保护"审判理念，助力劳动者不再"困在系统里"的同时，推动新业态在和谐劳动关系中行稳致远、进而有为。

新形势新任务呼唤新思路新作为。法庭坚持问题导向，办实事求实效，揭牌三个月后即制定出台《苏州劳动法庭建设三年规划（2021—2023年）》。作为全国法院首个系统建设专业化劳动法庭的纲要文件，规划从完善现代化专业审判体系、健全劳动纠纷多元化解机制、优化高效能劳动审判工作、回应经济高质量发展新需求四个方面擘画发展蓝图。

入山问樵、入水问渔。法庭成立至今，深入基层座谈、走访企业调研、联动多方共建的脚步一刻未停。在法院内部，着力整合优化审判资源，探索实行劳动人事争议案件"三审合一"。"在明确各基层法院劳动人事案件归口审理的审判业务庭基础上，我们进一步遴选出30名术有专攻的优秀审判力量集中办理劳动争议一审案件，达到审判机构专门化、审判人员专职化、审判工作专业化。"苏州劳动法庭庭长王岑表示，在法院外部，法庭着力优化裁审衔接机制，推动两级法院与劳动人事争议仲裁院共同打造裁审衔接办案系统。近日，张家港法院与当地人社局共同打造"调裁审执"劳动保障维权一体化中心正式成立，成为全市首家整合劳动监察投诉举报、联合调解、仲裁立案、诉讼立案、执行立案等功能于一体的综合服务平台。

致广大而尽精微,走好新的赶考之路。眼下,苏州劳动法庭项目化建设暨全市法院劳动人事审判示范项目创建工作已全面启动。"与时俱进,让劳动者后顾无忧;和合而兴,让新动能澎湃涌。立足苏州市数字经济产业创新集群目标,全市法院将以更高站位、更深层次、更宽领域、更大力度推进劳动人事审判工作,为全国劳动人事审判工作提供苏州智慧与示范样本,以优异的司法业绩迎接党的二十大胜利召开。"苏州中院党组书记蔡绍刚表示。

资料来源:摘自《苏州劳动法庭:起势"致广大"落子"尽精微"》,最高人民法院官网,2022年2月8日。

本章小结

一般认为,企业劳动争议,是指劳动者与用人单位之间,在《中华人民共和国劳动法》的调整范围内容,因适用国家法律、法规和订立、履行、变更、解除和终止劳动合同以及其他与劳动关系直接相联系的问题而引起的纠纷。依据不同标准,劳动争议有不同的类型划分。处理劳动关系,要注重调解、及时处理,要依法处理,更要坚持平等对待。劳动争议处理有一般调整和紧急调整,一般调整主要有协商、斡旋、调解、仲裁和诉讼等方式。

协商解决劳动争议主要由双方磋商实现和解,是一种低成本的解决办法。第二种解决劳动争议的方式是进行调解,尽管调解不是必经程序,但对劳动争议的解决有很大作用。我国相关法规和政策对劳动争议调解机构、人员、受理、程序等方面都有细致的规范。劳动争议仲裁是指经劳动争议当事人申请,由劳动争议仲裁委员会对劳动争议当事人因劳动权利、义务等问题产生的争议进行评价、调解和裁决的一种处理劳动争议的方式,生效的劳动争议裁决具有国家强制力。当事人不服从仲裁,可以向人民法院申请诉讼。无论是仲裁还是诉讼,都要严格依照相关法律法规公正地进行裁决和审判。

延伸阅读

人力资源社会保障部最高人民法院《关于加强劳动人事争议仲裁与诉讼衔接机制建设的意见》(人社部发〔2017〕70号),人力资源部和社会保障部网站

练习题

一、思考题

1.《劳动法》规定了我国劳动争议解决的四种途径,即协商、调解、仲裁和诉讼,它们

的适用范围和原则有何不同?

2. 在我国劳动争议处理实践中,协商解决方式的效果并不显著,请结合实际分析其原因?

3. 请阐述我国劳动争议调解制度?

4. 试述我国劳动争议仲裁制度的主要内容?

5. 假如你是企业的人力资源管理负责人,请结合实际分析企业应该如何防范劳动争议风险的发生?

二、模拟训练题

背景材料

张某于2020年6月入职某快递公司,双方订立的劳动合同约定试用期为3个月,试用期月工资为8 000元,工作时间执行某快递公司规章制度相关规定。某快递公司规章制度规定,工作时间为早9时至晚9时,每周工作6天。2个月后,张某以工作时间严重超过法律规定上限为由拒绝超时加班安排,某快递公司即以张某在试用期间被证明不符合录用条件为由与其解除劳动合同。张某向劳动人事争议仲裁委员会(简称仲裁委员会)申请仲裁。

申请人请求:请求裁决某快递公司支付违法解除劳动合同赔偿金8 000元。

训练任务:

请D同学扮演张某,F同学为快递公司代表,A、B、C三名同学扮演仲裁员,其中A同学为首席仲裁员。请根据材料,模拟对案件进行仲裁。

三、案例分析题

厦门湖里:劳动关系治理"数字+"来唱大戏

大屏上,辖区劳动关系变化趋势实时提示;仲裁庭内,人脸自动识别当事人身份、笔录文字智能生成;线上调解,"一趟不用跑"就化解纠纷……

这是厦门市湖里区人社局劳动人事争议仲裁院(下称"湖里区仲裁院")"劳动关系调节数字云"带来的新体验。

2017年,在厦门市、湖里区两级人社部门推动下,湖里区仲裁院在全省率先自主研发"仲裁云"系统,探路"智慧仲裁"。"仲裁云"被省人社厅作为模板进行改造升级,在全省部署运行。2020年,湖里区仲裁院又将信息化建设向和谐劳动关系源头治理延伸,在"仲裁云"的基础上深度升级研发出"劳动关系调节数字云"系统(下称"数字云"),探索以"数字+"赋能劳动关系治理现代化。

采用"数字云"后,湖里区群众线上办理用时较传统人工方式压缩三分之二,2021年全区劳动仲裁案件平均审理时间从法定45天缩至30天;通过立案仲裁方式处理的纠纷数下降,在线调解成功率达62%,72%的纠纷通过柔性方式化解,72.6%的争议在基层一线化解。湖里"数字云"先后获评全国政法智能化建设智慧司法创新案例和厦门市改革创新最佳案例。

在线调解多方减负提效

近日,陈先生通过"数字云"远程调解,就提成报销等未支付款项金额和付款方式与原单位在线达成和解协议。

自去年12月宣布解散后,老东家就一直拖欠陈先生部分提成工资和报销款。湖里区仲裁院组织双方调解,陈先生因疫情无法到场,便通过"数字云"远程调解。"'一趟不用跑'就解决了,便捷又高效!"陈先生说。

"在湖里,调解仲裁程序已实现全流程在线、全智能辅助,为当事人节省维权成本。"湖里区仲裁院副院长傅戎说,"数字云"不仅根据劳动者、企业、律师等不同需求,提供在线申请、在线调解等15项在线服务事项,全程线上办理"一趟不用跑",而且首创"问答式"仲裁申请模式,可"一键生成"规范化仲裁申请,解决群众维权中反复改、到处问、说不清的难题。

改变的,还有传统的劳动争议办案模式。如今,在湖里区仲裁院,来访群众可接受智能精准指引刷脸通行;业务文书"一键生成"、文书送达"一键邮寄",每1 000个案件减少重复操作4.3万次;开庭时语音自动分角色转换成笔录,庭审时间缩短三分之一。系统还能归纳经验、预测结论,如离职补偿,不用再人工测算,系统秒出答案。

目前,"数字云"已有2 831名个人用户、382家企业用户、1 793名调解员用户注册,调解组织注册率100%,在线调解成功率达62%,实现当事双方和工作人员多向减负。

源头预警避免矛盾升级

走近"数字云"决策辅助系统展示平台,湖里辖区年度、月度劳动争议变化趋势和争议发生风险预警图一目了然。"这片'很红'的街道,说明案件多、风险大,需要关注;近段时间老师的纠纷很多,可见'双减'政策和疫情对教培行业的影响需要重视。"傅戎指着屏幕上"红点"解释说。

前不久,"数字云"监测预警,厦门一家科技公司连续两个月社保减员数量超过总人数的5%,原有24名参保人员变为0人。仲裁院人员研判认为该公司有裁员隐患,湖里区劳动监察大队随即介入。果然,该公司电商事业部解散,尚有12名员工工资、离职补偿未发放,个别员工扬言采取过激行为。监察大队督促公司次日立即把剩余工资支付给12名员工,还与仲裁院协同召集公司负责人、员工当面调处并达成调解,避免矛盾升级。

在推动减负增效的同时,湖里区仲裁院始终将预防性作为"数字云"突出功能,按照"摸清底数、找准源头""深度研判、把握重点""提前介入、精准治理"原则,推动劳动争议源头治理。

据介绍,"数字云"可多条件筛选年龄、区域等29个劳动关系核心要素,聚焦争议高发行业、企业、员工户籍地等关键数据,锚定纠纷隐患源头,并预测劳动争议月度、年度变化趋势,实时关注争议风险。根据研判结果,系统会自动调配力量、优选有针对性措施,立即通知基层化解力量在萌芽状态下介入处理,防止"小问题"演变成"大争议"。

得益于预警机制作用,近年来,湖里辖区发生劳动争议的企业成立调解组织后再发生争议的比例不足1%。"'数字云'精准发现、规范就业用工中的问题,为源头治理减少争议、提前防化促进和谐找到着力点,更好助力优化营商环境。"湖里区仲裁院院长龚晓龙说。

数据共享共治劳动关系

劳动关系治理,摸清家底很重要,但部门多、数据杂、费人工、有偏差,统计是个大难题。而且,湖里区有18万个注册单位、59万名登记员工,只有多方共治劳动关系,才能实现良性发展。

为此,"数字云"打破数据壁垒,与就业、社保、公安、市场监督、邮政速递等部门共享数据,联动数据实时推送、全链条作业时自动调用,化解"信息不对称、流转不及时"的难题。通过"数字云"对影响劳动关系的全要素进行实时监测、统计分析、深度研判,实现"观、管、防"有机统一。

同时,全区307家劳动争议调解组织、1 793名调解员100%纳入系统监管,街道社区、行业商圈、企业各类调解组织也开始运用系统开展和谐劳动关系创建、劳动争议处理等日常工作,改变劳动争议发生后被动处理的模式,形成各方力量协同共治劳动关系的良好格局。

值得一提的是,"数字云"防范与化解两端、调解与仲裁两程序一体开发的独有特点,将从预防纠纷发生(源头治理)到发生纠纷解决(末端处理)的劳动关系调处"全链条"统一到一个系统内管理。同时,通过研判预警、力量调度、绩效监测三个平台无缝衔接,实现发现问题—控制进度—监督落实等劳动争议预防化解的闭环管理,为劳动关系科学调节决策提供数据支撑。

龚晓龙表示,下一步,"数字云"将进一步发挥推进和谐劳动关系创建的支撑作用,以全面覆盖就业用工、经营存续等与劳动关系调节有关的事项为目标,不断拓展数据交互融合范围,持续升级服务群众能力,为推进劳动争议治理体系和治理能力现代化贡献"智"的力量。

资料来源:东南网2022年5月26日

讨论题目

1. 请结合案例材料分析,数字技术的运用会给劳动关系治理带来哪些改变?
2. 如果你是湖里人社部门领导,你会从哪些方面来进一步推动劳动关系治理数字化发展?

第11章 企业和谐劳动关系创建

 学习目标

➢ 正确认识中国构建和谐劳动关系的重要性和紧迫性；
➢ 把握中国特色和谐劳动关系的目标任务、工作原则以及主要举措；
➢ 掌握中国构建和谐劳动关系的主要特征；
➢ 理解中国企业和谐劳动关系评价的标准和指标。

11.1 构建和谐劳动关系的重要性与紧迫性

 本节案例

传统制造业成功转型，离不开和谐劳动关系

随着经济结构的转型升级，企业也在转型，如何在转型中构建和谐劳动关系是企业面临的首要问题。北京牡丹电子集团是一家从传统制造业成功转型到智慧服务业的首都国企，在转型发展时期，始终坚持以人为本，推动构建和谐劳动关系，获得"全国模范劳动关系和谐企业"。

牡丹集团坚持以党建为引领，通过"三创新"构建和谐劳动关系，全面向现代生产性服务业转型，解决企业发展为了谁的问题。一是创新党建带工建机制，企业战略的制定实施和重大事项，都通过党组织渠道和厂务公开渠道，广泛征求职工意见，使企业发展同职工利益在战略层面紧密联系在一起；二是创新权益维护方式，在集团下属劣势企业破产退出过程中，基层代表会严格按照相关法律法规履行相关程序，合理、稳妥安置破产退出公司内部职工，切实保障职工权益。三是创新职代会职能。牡丹集团扩大了职工代表组长联席会、职工座谈会等议事范围，赋予职代会更多的权利和职能，同时通过职代会决议设立"稳定资金"用于和谐劳动关系的管理，做到专款专用。

牡丹集团以和谐文化筑牢和谐劳动关系，解决了企业发展依靠谁的问题。集团提倡"风清气正、简单和谐、感恩尊重、充满活力"的企业文化，将"变革、开放、包容、创新"作为企业精神，使全体职工拥有共同信念与追求。牡丹集团充分发掘与利用人才，高度重视职

工的教育培训,鼓励员工创新,经常开展改变生产方式、改革工艺流程、改善管理流程、提供解决方案等一系列劳动竞赛活动,充分发掘与利用职工的智慧。

牡丹集团以权益保障体现和谐劳动关系成果,解决了企业发展成果归宿问题。集团坚持"创新创业共享共赢"的理念,切实维护职工的各种权益。在改革的不同阶段,科学处理效率与公平的问题;坚持"无论高层管理者还是普通员工够必须被一视同仁"的理念,从新一代职工的实际诉求出发,引导职工参与企业管理;集团成立困难职工补助委员会,每年劳动节、国庆节和春节集中使用阳光资金和送温暖资金,对不满30岁的未婚职工每月给予一定的租房补助。另外集团每年设立20万元资金预算用于支付职工突发性疾病或其他困难。

资料来源:中国企业报2019年7月23日

在上面的案例中,值得我们深思的问题是:牡丹集团在推进构建和谐劳动关系的过程中有哪些管理方面的创新?牡丹集团的实践对其他企业和谐劳动关系的创建有哪些启迪?在本章中,我们将首先分析讨论构建和谐劳动关系的重要性和紧迫性,然后我们再根据《中共中央国务院关于构建和谐劳动关系的意见》分析构建中国特色和谐劳动关系的顶层设计,在此基础上我们将讨论中国企业创建和谐劳动关系的实践做法,最后讨论和谐劳动关系的评价问题。

11.1.1 构建和谐劳动关系的重要性

1. 构建和谐劳动关系,是增强党的执政基础和巩固党的执政地位的必然要求

工人阶级是我国的领导阶级,是我们党的阶级基础。我国现有企业已达到3700多万家,职工总数超过3.9亿人。广大企业职工是我国工人阶级队伍的主要组成部分,也是建设中国特色社会主义的主力军,广大企业经营者是推动我国经济发展的重要力量。努力构建和谐劳动关系,保障广大职工实现体面劳动,保障广大企业经营者充分施展才华、努力创业,实现职工群众和企业经营者共同发展,对于增强党的阶级基础、扩大党的群众基础,把各方面力量紧紧团结在党的周围,不断开创中国特色社会主义事业新局面具有重大意义。

2. 构建和谐劳动关系,是经济持续健康发展的重要保证

劳动关系作为重要的生产关系,对企业的发展具有直接影响。只有努力构建和谐劳动关系,引导广大企业和职工正确认识与处理局部利益和整体利益、当前利益和长远利益、职工利益和企业利益、企业利益和社会利益的关系,才能充分调动企业和职工的积极性,保持企业和职工群众的创造活力,不断促进企业发展壮大。当前,我国经济发展进入新常态,稳增长、调结构、转方式的任务十分繁重,企业面临国际国内的市场竞争日趋激烈。在这种形势下,积极构建和谐劳动关系,协调好企业和劳动者的利益关系,处理好稳增长、调结构、转方式中的劳动关系问题,有利于提升人力资本质量、为企业创新发展提供不竭动力,有利于推动经济结构调整顺利进行、保持经济持续健康发展。

3. 构建和谐劳动关系,是建设社会主义和谐社会的重要基础

社会和谐是中国特色社会主义的本质属性。构建和谐劳动关系,是加强和创新社会管理、保障和改善民生的重要内容,关系社会和谐稳定与发展进步。当前,我国劳动关系进入矛盾凸显期和多发期,一些地区劳动争议案件居高不下,拖欠农民工工资等损害职工利益的现象仍较突出,集体停工和群体性事件时有发生,成为突出的社会矛盾之一。只有努力构建中国特色和谐劳动关系,妥善解决影响劳动关系和谐稳定的突出问题,维护好职工群众的切身利益,才能为全社会的发展、稳定、和谐奠定坚实基础。

【知识链接】

和谐社会与和谐劳动关系

社会和谐是中国特色社会主义的本质属性,是国家富强、民族振兴、人民幸福的重要保证。构建社会主义和谐社会,是我们党以马克思列宁主义、毛泽东思想、邓小平理论和"三个代表"重要思想为指导,全面贯彻落实科学发展观,从中国特色社会主义事业总体布局和全面建设小康社会全局出发提出的重大战略任务,反映了建设富强民主文明和谐的社会主义现代化国家的内在要求,体现了全党全国各族人民的共同愿望……

(三)实施积极的就业政策,发展和谐劳动关系。……完善劳动关系协调机制,全面实行劳动合同制度和集体协商制度,确保工资按时足额发放。严格执行国家劳动标准,加强劳动保护,健全劳动保障监察体制和劳动争议调处仲裁机制,维护劳动者特别是农民工合法权益。

摘自《中共中央关于构建社会主义和谐社会若干重大问题的决定》2006年10月9日

11.1.2 构建和谐劳动关系的紧迫性

1. 劳动关系矛盾日趋复杂给构建和谐劳动关系带来新挑战

改革开放以来,伴随着基本经济制度的确立和市场经济体制的建立,我国劳动关系发生深刻变化,调整劳动关系的制度机制和政策不断完善,总体上保持了和谐稳定。也应看到,当前劳动关系中还存在一些矛盾,计划经济体制改革过程中的历史遗留问题与市场经济条件下新出现的矛盾相互交织,个别权利争议大量存在与集体利益争议逐渐增多同时并存,劳动关系问题与其他经济社会问题相互关联、互相影响,劳动关系矛盾日趋复杂,构建和谐劳动关系面临着诸多压力与挑战。

2. 经济发展进入新常态给构建和谐劳动关系增加了新压力

随着经济从高速增长转为中高速增长、结构调整和转型升级加快推进等,企业关闭、搬迁、兼并重组等情况有可能增多,劳动关系的稳定性会受到更多冲击;部分行业企业可能会出现经营困难,改善劳动条件、提升职工工资的能力不足,这些都将影响职工权益的维护,增加产生劳动关系矛盾的风险。

3. 劳动力市场的新变化给构建和谐劳动关系提出了新要求

"十三五"时期,随着人口结构的变化,我国新进入劳动年龄人口数量延续下降势头,农村转移就业劳动力增量逐步减少,适应转型升级的高素质劳动力相对短缺。劳动力市场供求的变化,在一定程度上将改变劳动关系双方力量的平衡。同时,随着90后劳动者大量进入劳动力市场,劳动者的权利意识和平等意识增强,不仅更加关注法定权益的实现,而且对工资增加、劳动条件改善、共享发展成果的诉求和愿望更加强烈。

4. 组织形式和经营方式的新变化给构建和谐劳动关系提出了新课题

随着技术进步、专业化分工的深化以及信息技术的发展,电商、网店、快递等新兴行业和新兴业态快速发展,企业组织形式、用工方式和分配方式等发生着新变化,对劳动标准的适用、劳动关系协调模式、劳动保障监察方式提出了新课题。

5. 社会矛盾变化给构建和谐劳动关系带来了新问题

当前社会中分配不公、贫富差距等问题仍比较突出,导致部分劳动者的社会不公平感增强,在一定程度上加剧了劳动关系中的对立,增加了个别劳动争议演变为群体性事件的可能性,也极易因其他社会矛盾引发劳动关系矛盾。信息技术与现代传媒的发展,使得社会越来越高度关注劳动关系突出矛盾并快速广泛传播,客观上放大了劳动关系矛盾的传导效应。

6. 全球化趋势给构建和谐劳动关系带来了新环境

我国对外开放的进一步扩大和深化,对适应经济全球化条件下相关国际规则、健全劳动标准等提出了新的要求,构建和谐劳动关系面临的环境更加复杂多变。

【知识链接】

(四) 共享经济新就业群体的权益保障备受关注

伴随着共享经济平台快速发展而出现的新就业形态,在稳定和增加就业、增加居民收入方面发挥积极作用并被寄予厚望。党的十八届五中全会公报指出:"实施更加积极的就业政策,完善创业扶持政策,加大对灵活就业、新就业形态的支持力度。"新就业形态的出现直接创造新的岗位需求,提供更多的收入机会,并形成了诸多新职业。新就业还带来就业市场结构的变化,越来越多的人可以依照自己的兴趣、技能、时间及拥有的各种资源,以自雇型劳动者身份灵活就业。新就业形态正在深刻地改变着传统的单一劳动雇佣形式,改变着人们的就业方式、就业理念乃至整个就业结构。

新就业形态劳动者的就业质量引发了广泛的关注。一方面,平台依托大数据、人工智能和算法等新技术,形成了对劳动者更为精细化、严密的管控机制。另一方面,基于工业经济时代建立起来的劳动保障制度和社会保障体系面临一系列新的问题和挑战。在已有制度的不适应性日益凸显,新的制度体系尚未形成时,平台企业的一些用工行为游走在"灰色地带",导致许多情况下劳动者的权益保障不足。如何让那些基于平台就业的劳动者权益得到充分保障,实现高质量就业,越来越成为各界关注的焦点。

从国家层面看,加强平台从业人员的权益保障是近几年我国引导和规范平台经济健康发展的重要内容。从国务院公开发布的政策文件看,明确将维护平台从业人员合法权益纳入平台经济规范发展要求中的,是2019年8月国务院办公厅发布的《关于促进平台经济规范健康发展的指导意见》。该文件中指出要"切实保护平台经济参与者合法权益,强化平台经济发展法治保障""保护平台、平台内经营者和平台从业人员等权益"。2021年加强平台灵活就业群体权益保障的工作得到各级政府部门和平台企业的高度关注,相关制度加快完善。

在加强社会保障制度创新的同时,相关部门还加强了对算法在调度类平台和新就业形态方面的应用监管,明确要求这类平台的算法设计需要考虑劳动者和消费者的双重约束。2021年7月,人社部等八部门和市场监管总局等七部门发布的《关于维护新就业形态劳动者劳动保障权益的指导意见》和《关于落实网络餐饮平台责任切实维护外卖送餐员权益的指导意见》,要求企业要合理制定订单分配、计件单价、抽成比例、报酬构成及支付、工作时间、奖惩等制度规则和平台算法,提出通过"算法取中"等方式,替代"最严算法"的考核要求。2022年1月中央网信办出台的《互联网信息服务算法推荐管理规定》第二十条提出,"算法推荐服务提供者向劳动者提供工作调度服务的,应当保护劳动者取得劳动报酬、休息休假等合法权益,建立完善平台订单分配、报酬构成及支付、工作时间、奖惩等相关算法"。

摘自《中国共享经济发展报告》(2022)

11.2 构建和谐劳动关系的总体设计

 本节案例

化解纠纷　陕西构建和谐劳动关系

近日,陕西省民商事调解委员会驻碑林法院工作站内暖意浓浓、喜气盈盈,"诉前调解农民工资集中支付现场会"正在热烈进行。在陕西省总商会民商事调解委员会、碑林区法院诉讼服务中心的共同努力下,化解了一批民营企业与农民工之间的劳资纠纷案件,涉案的全部19名农民工现场收到了民营企业,即发包方支付的14万元工资。

熊红兵等参会的农民工代表现场向陕西省总商会民商事调解委员会、碑林区法院、碑林区司法局法律援助中心赠送了锦旗。

1月20日,陕西省总商会民商事调解委员会碑林工作站收到碑林区法院委托调解的一批劳务合同纠纷案。调解委员会负责人在开展调解工作时了解到,该批案件系被告为同一民营企业的一批农民工讨薪案,调委会立即向碑林区法院进行了汇报,对该批案件进行了合并和集中调解。在碑林区法院的协调指导下,陕西省总商会调解员发挥懂得企业经营、熟悉行业现状的优势,与法律援助律师及被告工程承包商、发包方民营企业负责人等数次开会商讨调解方案。经过两周的努力,终于达成调解协议,剑拔弩张的几方当事人也终于握手言和。在为民营企业化解了劳务纠纷的同时,帮助19名农民工"零成本"快速拿回血汗钱。

陕西省工商联宣教部副部长、法律服务中心主任张赟介绍,民营企业发展不易,陕西省总商会通过扎实开展调解工作,帮助企业快速化解矛盾纠纷,既减少了企业的诉累,又节省了企业的诉费,帮助企业实现健康发展,同时也为构建和谐劳动关系,扎实做好"六稳"工作,落实"六保"任务作出了贡献,起到了良好的法律效果和社会效果。

资料来源:《中华工商时报》2021年3月1日

中国党和政府历来重视劳动关系的稳定与和谐。2006年,党的十六届六中全会首次提出"发展和谐劳动关系"。党的十八大明确提出构建和谐劳动关系。2015年,《中共中央国务院关于构建和谐劳动关系的意见》(以下简称为"《意见》")发布,系统阐述了构建中国特色和谐劳动关系的重大意义、指导纲领、基本原则、目标任务、政策举措和组织保障,是新时代构建和谐劳动关系工作的纲领性文件。

11.2.1 构建和谐劳动关系的指导思想和目标任务

《意见》明确指出,构建和谐劳动关系的指导思想是:全面贯彻党的十八大和十八届二中、三中、四中全会精神,以邓小平理论、"三个代表"重要思想、科学发展观为指导,深入贯彻习近平总书记系列重要讲话精神,贯彻落实党中央和国务院的决策部署,坚持促进企业发展、维护职工权益,坚持正确处理改革发展稳定关系,推动中国特色和谐劳动关系的建设和发展,最大限度增加劳动关系和谐因素,最大限度减少不和谐因素,促进经济持续健康发展和社会和谐稳定,凝聚广大职工为实现"两个一百年"奋斗目标、实现中华民族伟大复兴的中国梦贡献力量。

这一指导思想首先明确强调,构建和谐劳动关系,必须高举中国特色社会主义伟大旗帜。中国特色社会主义的最本质特征是中国共产党的领导,所以,在构建和谐劳动关系的实践中,就必须坚持党的领导,自觉把党的方针政策落实贯彻到构建和谐劳动工作的各个方面、各个环节。这是中国社会主义制度的本质要求,也是我党在建设和发展劳动关系的经验总结。

这一指导思想还强调了构建和谐劳动关系的基本方针和策略。具体而言,在构建和谐劳动关系实践中,各方主体要特别注意处理好两组基本关系:其一是企业发展和职工权益的关系;其二是改革、发展、稳定的关系;在基本策略上,要最大限度增加劳动关系和谐因素,最大限度减少不和谐因素。这些方针和策略是建设和发展和谐劳动关系的基本要求,必须在实践中贯彻始终。

这一指导思想还指明了构建和谐劳动关系的基本方向根本目的。具体而言,构建和谐劳动关系工作,最主要的目的和方向是要促进经济健康发展,是要促进社会和谐稳定,是要团结职工为了"两个一百年"奋斗目标和中国梦的实现而不断努力。

《意见》对构建和谐劳动关系的目标任务进行了清晰的阐述:即加强调整劳动关系的法律、体制、制度、机制和能力建设,加快健全党委领导、政府负责、社会协同、企业和职工参与、法治保障的工作体制,加快形成源头治理、动态管理、应急处理相结合的工作机制,实现劳动用工更加规范,职工工资合理增长,劳动条件不断改善,职工安全健康得到切实保障,社会保障全面覆盖,人文关怀日益加强,有效预防和化解劳动关系矛盾,建立规范有序、公正合理、互利共赢、和谐稳定的劳动关系。

正确理解构建和谐劳动关系的目标任务,首先要清晰把握构建和谐劳动关系最终目标和具体目标。最终目标就是要实现劳动关系的规范有序、公正合理、互利共赢、和谐稳定。具体目标涉及劳动用工、工资分配、劳动条件、职工安全健康、社会保障、人文关怀、劳动关系矛盾处理等七个方面。总目标是具体目标的指针和原则,具体目标实现是总目标达成的基础和前提。

正确理解构建和谐劳动关系的目标任务还必须切实把握劳动关系工作的建设重点、工作体制和工作机制。劳动关系。《意见》中强调的五个方面的建设,有丰富的内涵,更是工作的重心,其对构建和谐劳动关系工作体制和工作机制的规定更是为构建劳动关系工作勾画出了一个清晰的管理和治理体系。

11.2.2 构建和谐劳动关系的工作原则

1. 坚持以人为本

坚持以人为本,是我们党全心全意为人民服务的根本宗旨,也是代表我国最广大人民的根本利益的要求,因此需要把解决广大职工最关心、最直接、最现实的利益问题,切实维护其根本权益,作为构建和谐劳动关系的根本出发点和落脚点。目前我国一些企业还存在违法用工、不签订劳动合同、不缴纳社会保险、拖欠工资等现象,劳动者合法权益没有得到有效保障。构建和谐劳动关系,需要平衡劳资双方之间的利益关系,其根本在于保障职工合法权益,让职工公平公正地分享成果,因此保障职工的基本利益是构建和谐劳动关系的主线。只有遵循"坚持以人为本"原则,重视与保障职工的合法权益,才能构建和谐稳定、互利共赢的劳动关系。

2. 坚持依法构建

这一原则要求健全劳动保障法律法规,增强企业依法用工意识,提高职工依法维权能力。加强劳动保障执法监督和劳动纠纷调处，依法处理劳动关系矛盾，把劳动关系的建立、运行、监督、调处的全过程纳入法治化轨道。社会主义市场经济本质上是法治经济，维护市场经济的公平竞争，发挥市场在资源配置中的作用，必须完善社会主义市场经济法律制度。我国劳动法律体系基本形成，在劳动关系运行的各个环节，基本上做到了有法可依，这是建立和谐劳动关系的基本依据和保障。

3. 坚持共建共享

这一原则要求统筹处理好促进企业发展和维护职工权益的关系，调动劳动关系主体双方的积极性、主动性，推动企业和职工协商共事、机制共建、效益共创、利益共享。和谐劳动关系实质上是追求劳动关系主体之间的利益和谐。当企业与员工建立长期的合作关系，有助于员工提升关系型心理契约，能够调动劳动主体的积极主动性。当企业为员工提供长期支持，这种劳资双赢的劳动氛围也会提高员工的组织承诺与工作满意度，降低离职与反生产行为，从而形成和谐的劳动关系，在实现劳动者价值增值的前提下，实现劳资主体合作共赢。

4. 坚持改革创新

构建中国特色和谐劳动关系，需要在契合我国基本经济制度的前提下，统筹考虑公有制经济、非公有制经济以及混合所有制经济的特点，根据我国的基本国情，不断探究与把握我国社会主义市场经济条件下劳动关系的发展规律，积极推进调整劳动关系的相关法律法规与方法创新，从而形成具有中国特色的和谐劳动关系体制制度。构建具有中国特色的和谐劳动关系需要立足于我国基本国情，借鉴国际经验，坚持改革创新，勇于打破固定思维方式，探索新方法新举措，探索出符合我国社会主义特色的和谐劳动关系治理机制。

11.2.3　构建和谐劳动关系的政策举措

《意见》从保障职工基本权益、健全劳动关系协调机制、加强民主管理、健全劳动关系矛盾调处以及营造劳动关系环境等五个方面提出了中国构建和谐劳动关系的主要政策措施。

1. 依法保障职工取得劳动报酬的权利

劳动报酬不仅是职工及其家属生活的保障，也是社会对其劳动的承认和评价的体现，是职工最现实最直接最关心的劳动经济权益。我国劳动法律法规对劳动报酬权的实现已经做出了明确规定，可以为职工维护自己的劳动报酬权提供基本的法律依据，相关政策措施逐步完善，也可以为职工取得合理报酬提供政策支撑。在构建和谐劳动关系的进程中，要进一步强化和完善的工作主要体现如下方面：一是加强工资收入分配的宏观调控和指导；二是加大对企业违法行为的处罚力度；三是创新维护职工劳动报酬权利的方式方法；四是切实维护农民工的劳动报酬权；五是落实政府在保障职工劳动报酬权方面的责任。

2. 依法保障职工休息休假的权利

休息休假权利是《宪法》赋予公民的基本权利，也是《劳动法》规定的劳动者应该享有的劳动权利。维护劳动者的休息休假权利，是维持职工生存的基本需要，是实现职工个人发展的需要，是提高劳动生产率的需要，也是建立和谐稳定劳动关系的需要。在构建和谐劳动关系的进程中，要进一步完善保障休息休假权利的相关法律规定；要进一步强化相关部门对休息休假权利实现的行政执法行为；要建立和完善休息休假权利的救济制度；要提高劳动者素质，使其能更好地享有休息休假权利。

3. 依法保障职工的劳动安全卫生保障权利

在劳动过程中获得安全卫生保障，是劳动者的基本权利，是社会主义制度的本质要求，也是生产经营和经济建设的一项根本性的大事。在构建和谐劳动关系进程中，要健全安全生产制度，进一步完善职业安全权利保护的相关立法；政府要强化监管职责，做好监督服务工作；企业要严格落实安全生产责任，为职工提供安全生产环境；工会要充分发挥作用，组织职工筑起安全生产基础放线；社会各方更要进一步关注和发动，丰富拓展安全生产的监督途径。

4. 切实保障职工享受社会保险和接受职业技能培训的权利

社会保险权利，又称为社会福利权利，是工业文明的产物，是职工的基本劳动权利。保障职工享受社会保险的权利，是促进社会公平正义的必要要求，也是构建和谐劳动关系的重要内容。在实践中，首先要加快健全和完善职工养老、医疗、工伤、失业、生育保险制度体系；其次是要进一步扩大职工社会保险覆盖面，尽快实现各类职工群体基本社会保险全覆盖；再次是要加快城乡社会保险统筹，稳步推进社会保险制度和管理服务一体化建设；最后是要逐步提高保障标准，加强监督，增强相关机构和部门的管理服务水平。职业培训提高劳动者技能，增强劳动者就业创业能力的主要方式，是影响劳动关系和谐稳定的重要因素。在落实《意见》相关要求过程中，要健全相关法律法规和政策制度，为技能人才队伍建设保驾护航；要继续加强高技能人才和专业技术人才队伍建设；要进一步改革完善校企合作制度，搭建职工职业技能培训的新平台；要深入推进农民工职业技能提升计划；要继续广泛开展职业技能竞赛活动。

5. 全面实行劳动合同制度

实行劳动合同制度是建设社会主义市场经济的内在要求，是健全劳动关系协调机制的必然选择；是解决劳动关系突出问题的有效途径。在构建和谐劳动关系的进程中，要强化宣传引导，进一步增强劳动合同法治观念；相关部门要加强指导服务和监督力度，督促用人单位依法订立和履行劳动合同；要加强劳动合同制度执行情况的监督检查，切实提高劳动合同履行质量；要特别加强对劳务派遣的监管，依法保障劳务派遣员工的各项权益；要加强对企业劳动用工的动态管理，切实提升劳动用工管理水平；要加强劳动关系能力建设,加强劳动监察执法力度和执法水平。

6. 积极推行集体协商制度

集体协商制度是我国协商民主制度在劳动关系领域的具体体现;是社会主义市场经济体制的重要组成部分;是深化收入分配改革的关键环节;是协调劳动关系的重要机制;对劳动关系稳定和谐有基础性作用。在推进集体协商制度进一步落实和发展过程中,要健全和完善集体协商的制度规则体系;要努力构建党政主导、三方协作、工会力推、各方配合、企业和职工积极参与的工作格局;要在抓好企业集体协商的同时,大力推进行业、区域集体协商;要充分发挥工会组织推进集体协商的优势和作用;要进一步强化集体协商人才队伍建设和能力建设;要努力营造社会各方关注、共同推进的浓厚社会氛围。

7. 健全协调劳动关系三方机制

协调劳动关系三方机制是发达国家处理劳动关系事务的重要机制和通行做法,在中国的劳动关系实践中,引入三方机制,是社会主义市场经济深化发展的必然要求,也是妥善解决劳动关系领域重大问题和突出矛盾的有效途径。在构建和谐劳动关系进程中,我国要进一步完善三方机制的组织体系;进一步完善三方机制的职能作用;进一步健全三方机制的工作制度;进一步加强劳动关系重大问题的共同研讨,努力增强劳、资、政三方在讨论和解决劳动关系领域重大问题和突出矛盾方面的合力。

【知识链接】

劳动关系三方协商机制

"三方机制"是近百年来在西方发达国家逐步形成并推广的一种社会劳动关系和企业劳资关系的协调机制。这种机制一般由三方组成,即代表政府的劳动行政部门、代表雇员方的工会和代表雇主方的雇主组织。政府、雇主组织和工会组织三方的职能不能替代,各有侧重和相互独立,相互没有隶属关系,切实代表基层组织和会员的利益。各国三方机制的具体活动基本上都是由三方性组织机构来实施的。许多国家以国际劳工组织的三方协商组织原则为基础,都设立了不同类型的三方协商组织机构。但各国三方机制的组织形式十分灵活,在不同国家有不同的做法。具有代表性的有:由三方代表组成常设机构;采取劳动大会形式;成立三方专业委员会;设立三方劳动争议处理机构;设立综合性的三方联系制度等。各国的三方协商机构在工作中为了保证协商三方的合作,还制定了一些具体的规则,如协商正常进行规则、解决协商僵局规则、协商不成的处理规则等。三方机制的组织机构一般可分为国家级和地方级(行业)不同的层次。"三方机制"在调解社会矛盾,解决劳资冲突方面发挥着重要作用。随着经济日益全球化,"三方机制"已推广到许多国家和地区,三方原则成为各国协调劳资关系、处理劳资纠纷的共同准则。

中国的劳动关系三方协调机制,是中国劳动关系调整机制的重要组成部分,是社会主义市场经济条件下协调劳动关系的有效途径,对于维护劳动关系双方的利益,最大限度地保护、调动和发挥广大职工的积极性,促进我国劳动关系的和谐稳定,为改革开放创造一个稳定的社会环境,推动国民经济持续快速健康发展,都具有重要的意义。

省级三方协调机制一般在以下几个方面开展工作:

(一)研究分析经济体制改革政策和社会经济发展计划对劳动关系的影响,提出政策性意见和建议。

(二)通报交流各自协调劳动关系工作中的情况和问题,研究分析劳动关系状况及发展趋势,对劳动关系方面带有全局性、倾向性的重大问题进行协商。

(三)对制定涉及调整劳动关系的法律、法规、规章和政策提出意见和建议,并监督实施。

(四)对地方建立三方协调机制和企业开展平等协商、签订集体合同等劳动关系调整工作进行咨询、指导。研究现行劳动争议处理体制,指导地方的劳动争议处理工作。总结推广典型经验。

(五)对具有重大影响的集体劳动争议和群体性事件进行调查研究,提出解决和预防的意见建议。

(六)开展劳动法律、法规和规章的宣传工作。

三方协调机制逐步走向制度化、规范化,定期召开会议。会议纪要和有关材料上报国家协调劳动关系三方会议办公室。重大问题应及时向国家协调劳动关系三方会议反映。三方本着相互理解、相互信任、相互支持和兼顾国家、企业、职工利益的原则,充分发挥三方协调机制的优势,在最广泛的范围内达成一致意见。

资料来源:根据《关于建立劳动关系三方协商机制的指导意见》(2002年8月13日)及其他相关资料编制。

---

8. 健全完善劳动争议调解仲裁机制

当前,我国劳动关系总体上是和谐稳定的,但是,由于劳动关系的多样性和复杂性,在一定时期、一些区域,劳动争议还是处于易发、多发状态。妥善化解劳动争议,事关劳动者权益维护,事关企业持续健康发展,甚至影响改革发展开放的大局,所以要加大劳动争议调处工作,有效化解劳动争议。在实践中,要特别重视劳动争议调解工作,加强基层调解组织建设,完善调解工作机制,强化调解员队伍建设。要进一步完善劳动争议仲裁办案制度,为争议当事人提供优质高效的仲裁服务。要畅通法律援助渠道,逐步扩大法律援助维权服务的覆盖面。要充分发挥协调劳动关系三方机制作用,有效调处因劳动关系矛盾引起的群体性事件。要充分发挥工会在化解劳动争议中的作用。

9. 完善劳动关系群体性事件预防和应急处置机制

近年来,由于劳动关系多样化、复杂化、企业组织、用工、分配改革不断深化,加之劳动关系的一些法律法规、政策制度还不完善,劳动关系群体性事件仍然不少。在构建和谐劳动关系实践中,首先要正确认识劳动关系群体性事件的性质和特点,其次在预防和处置过程中,关键是要在针对群体性劳动关系事件形成工作合力,再次是要抓住健全完善劳动关系群体性事件预防和应急处置机制这个主要任务。具体而言,要树立预防为主的劳动关系矛盾处理观念,要把更多的精力和资源投入到劳动关系群体性事件的预防上,相关各方要加强对劳动关系形式的分析研判,要完善应急预案,明确分级响应、处置的程序和措施。在此过程中,要特别重视发挥工会协助党政有关部门妥善处置劳动关系群体性事件的优势。

10. 加强企业民主管理制度建设

企业民主管理是全心全意依靠职工办企业、加强基层民主政治建设的重要制度安排和有效途径。在新的形势下,加强民主管理,对构建和谐劳动关系具有特别重要的意义。在实践中,要明确企业民主管理制度建设的总体目标,要拓展企业民主管理制度建设的内容,要深入抓好民主管理的建制扩面工作,要着力推进民主管理制度化、规范化、法治化建设,要进一步完善企业民主管理的工作机制。

11. 加大劳动保障监察执法力度

所谓劳动保障监察,通常是指法定的专门机关代表国家对劳动法律法规的贯彻落实情况进行检查和处理的一系列执法活动。劳动保障监察制度,是指规范劳动保障监察活动的办事规程和行为准则。在劳动关系矛盾进入突显期和多发期的总体形势下,通过健全劳动保障监察制度,切实加强劳动保障监察执法,是从源头化解劳动关系矛盾的有效手段。在构建和谐劳动关系实践中,要进一步推动劳动保障监察执法网格化、网络化建设和管理;要进一步完善和创新劳动保障监察执法的制度机制和方式方法;要进一步加强劳动保障监察执法机构及能力建设;要进一步建立健全劳动违法行为预警、防控联动机制。

【知识链接】

劳动保障监察

劳动保障监察是劳动保障行政机关依法对有劳动关系的用人单位、劳动者或其他社会组织遵守劳动保障法律法规的情况进行监督检查,发现和纠正违法行为,并对违法行为依法进行行政处理或行政处罚的行政执法活动。劳动保障监察,国外亦称劳动监察,作为一种国家干预责任,是维护劳动者权益的重要的强制性手段,广为世界上许多国家所采用。劳动保障监察通常具有法定性、行政性、专门性和强制性等方面的特征。

依照国务院颁布的《劳动保障监察条例》,国务院劳动保障行政部门主管全国的劳动保障监察工作。县级以上地方各级人民政府劳动保障行政部门主管本行政区域内的劳动保障监察工作。

劳动保障行政部门实施劳动保障监察,履行下列职责:

（一）宣传劳动保障法律、法规和规章，督促用人单位贯彻执行；

（二）检查用人单位遵守劳动保障法律、法规和规章的情况；

（三）受理对违反劳动保障法律、法规或者规章的行为的举报、投诉；

（四）依法纠正和查处违反劳动保障法律、法规或者规章的行为。

劳动保障行政部门对下列事项实施劳动保障监察：

（一）用人单位制定内部劳动保障规章制度的情况；

（二）用人单位与劳动者订立劳动合同的情况；

（三）用人单位遵守禁止使用童工规定的情况；

（四）用人单位遵守女职工和未成年工特殊劳动保护规定的情况；

（五）用人单位遵守工作时间和休息休假规定的情况；

（六）用人单位支付劳动者工资和执行最低工资标准的情况；

（七）用人单位参加各项社会保险和缴纳社会保险费的情况；

（八）职业介绍机构、职业技能培训机构和职业技能考核鉴定机构遵守国家有关职业介绍、职业技能培训和职业技能考核鉴定的规定的情况；

（九）法律、法规规定的其他劳动保障监察事项。

资料来源：根据《劳动保障监察条例》（2004年）及相关资料改编而成。

12. 加强构建和谐劳动关系的法治保障

在全面推进依法治国的大背景下，法治协调劳动关系的地位作用更加突出。《意见》第七部分在营造构建和谐劳动关系的良好环境中，对劳动关系法治保障进行了专门的强调和部署。在实践中，首先要逐步健全劳动保障法律法规体系；其次是要加强行政执法和法律监督，促进各项劳动法律法规得到全面贯彻落实；再次是要深入开展法律法规宣传教育，提高用人单位和职工依法履职依法维权的意识和能力。

13. 形成构建和谐劳动关系的工作格局

构建和谐劳动关系，涉及各个方面，离不开各方的协调和相互支持，是一项复杂的社会系统工程。在劳动关系运行与发展实践中，要充分发挥党委的领导核心作用、政府的主导作用、社会组织的协同作用，积极引导企业和职工参与，强化法治的保障，让工作格局中的各方主体形成合力，才能实现劳动关系和谐稳定的目标。

14. 发挥工会组织在构建和谐劳动关系中的积极作用

中国工会是中国共产党领导的、职工志愿结合的、工人阶级群众组织，是党联系职工群众的桥梁纽带，是国家政权的重要社会支柱，是职工利益的代表者、维护者。在构建和谐劳动关系实践中，工会首先要把握和坚持正确方向，要坚持以职工为本，坚持促进企业发展、维护职工权益的企业工会工作原则，坚持运用法治思维和法治方式协调劳动关系，坚持不断夯实工作基层基础，坚持改革创新的精神。其次，工会要把构建和谐劳动关系摆在工作的重要位置,把维护职工合法权益作为构建和谐劳动关系的根本出发点和落脚点,积极推动劳动关系协调机制的建立健全,积极推进企业民主管理制度建设,积极参与劳动关系矛盾调处和源头治理,深入推进和谐劳动关系创建活动,努力营造构建和谐劳动关系的社会氛围和组织环境。

15. 发挥企业和工会在构建和谐劳动关系中的主体作用

构建和谐劳动关系是党和政府在新时代的一项紧迫任务,已经摆在了各级领导工作的突出位置。尽管如此,在劳动关系构成和运行中,用人单位和职工是劳动关系的重要主体,构建和谐劳动关系目标的实现离不开企业和职工作用的充分发挥。《意见》第七部分特别强调,要加强对职工的教育引导,引导他们正确对待社会利益关系的调整,合理确定包括提高工资等在内的各种利益诉求及预期,以理性合法形式表达利益诉求、解决矛盾,维护自身权益。与此同时,《意见》还特别强调,要培育企业精神和企业文化,注重职工精神需求和心理健康,丰富职工的文化体育活动,拓展职工的发展渠道和发展空间,强化对职工的人文关怀。对于用人单位及经营者,《意见》首先强调要教育引导企业经营者积极履行社会责任,依法用工,自觉保障职工合法权益,其次还要求优化企业发展环境,促进企业持续健康发展,为构建和谐劳动关系创造良好的物质条件。

16. 深入开展和谐劳动关系创建活动

《意见》要求,深入推进和谐劳动关系创建活动,把和谐劳动关系创建活动作为构建和谐劳动关系的重要载体。和谐劳动关系创建活动,在全国范围内展开,始于2006年。这一年的3月,中国全国总工会发布了《关于开展创建劳动关系和谐企业互动的意见》,同年7月,国家协调劳动关系三方下发了《关于开展创建劳动关系和谐企业与工业园区活动的通知》。经过10多年积累和推动,和谐劳动关系创建活动已经发展成为工会推动构建和谐劳动关系的有力抓手和有效载体,是工会推动和谐社会建设的重要途径。在新时期构建和谐劳动关系的实践中,要进一步形成创建活动的工作格局,进一步扩大创建活动的覆盖范围,进一步丰富创建活动的内容,进一步规范创建活动的标准,进一步完善创建活动的激励措施,进一步创新创建活动的方法,进一步加大创建活动的宣传力度,把创建活动引向深入,让创建活动在构建和谐劳动关系中的重要作用得到更加充分的发挥。

11.2.4 构建和谐劳动关系的组织保障

《意见》第八部分,对构建和谐劳动关系的组织领导和统筹进行了部署和安排,为构建和谐劳动关系工作构筑起了有力的领导和协调体系。

1. 加强领导,形成合力。《意见》要求各级党和政府要建立健全构建和谐劳动关系的领导协调机制,形成全社会协同参与的工作合力。在这个领导协调机制中,各级党委的角色是统揽全局,把握方向,研究和解决重大问题,同时协调党政、群团、企业、立法、政协等各方的责任和角色。各级政府作为构建和谐劳动关系的主导,要承担定政策、作部署、抓落实,并将构建和谐劳动关系纳入经济社会发展规划和政府目标责任考核体系。各级人力资源社会保障部门作为劳动行政主管部门，其职责主要是调查研究、决策咨询、统筹协调、指导服务、检查督促和监督执法。各级工会的责任是积极反映职工群众呼声，维护职工权益，团结凝聚职工建功立业。各级工商联、企业联合会等企业方代表组织的任务是要反映企业诉求，依法维护企业权益，教育和引导经营者主动承担社会责任。

2. 加强劳动关系工作能力建设。《意见》主要强调了三个方面机构和人员的能力建设：其一是要求为政府劳动关系协调家机构、劳动保障监察机构、劳动人事争议仲裁委及仲裁院配备必要的力量并加强这些机构的建设。其二是加强乡镇、村社等基层劳动就业社会保障公共服务平台建设，完善其职能，充实相关人员。其三是强调对劳动关系工作人员进行业务培训，提高其素质。

3. 加强企业党组织和基层工会、团组织、企业代表组织建设。企业党组织建设重点要放在非公企业，在党组织建设中，要坚持企业党建带群团建设，推动工会和团组织的建设，充分发挥企业党组织在推动企业发展、凝聚职工群众、促进和谐稳定方面的作用。在工会建设方面，《意见》强调要深入推进区域性、行业性工会联合会和县、乡镇、村社、园区的工会建设，健全产业工会组织体系，同时，还明确提出完善基层工会民主产生机制，探索工会干部社会化途径，健全工会干部合法权益保护制度。对于企业代表组织的建设，《意见》重点强调了发挥企业代表组织对企业经营者的团结、服务、引导和教育作用。

4. 加大构建和谐劳动关系的宣传力度。除了前面提到的深入推进和谐劳动关系创建活动外，《意见》还要求充分发挥新闻媒体和网站的作用，形成正确的舆论导向和强大的舆论声势，营造构建和谐劳动关系的良好氛围。

11.2.5　中国特色和谐劳动关系的主要特征

1. 坚持中国共产党的领导

我国劳动关系是在中国共产党的领导下逐步建立发展起来的，《意见》明确要求"各级党委要统揽全局，把握方向，及时研究和解决劳动关系中的重大问题"，强调把党的领导贯彻到构建和谐劳动关系的全过程，这是中国特色和谐劳动关系区别于西方发达国家劳动关系最本质的特征，也是构建中国特色和谐劳动关系的根本保证。

2. 利益关系的一致性与合作性

我国是社会主义国家，党和国家是人民群众特别是职工根本利益的代表者，虽然各阶层、各群体的具体利益不同，但其根本利益是一致的。我国劳动关系具有社会主义性质，企业所有者与经营者都是社会主义事业的贡献者，劳动关系双方是矛盾统一体，既有根本利益的一致性，也有具体利益的差异性，这种矛盾的性质是非对抗性的，是人民内部矛盾。虽然西方国家也在追求劳资关系平衡，强调合作共赢，但其本质是建立在根本利益对立基础上，而我国劳动关系双方主体在承认与尊重利益差别的基础上，强调根本利益一致性，追求合作达到互利共赢，这是中国特色和谐劳动关系另一个基本特征。

3. 运行机制的法制化与规范化

我国社会主义市场经济需要在充分发挥市场调节的基础上,加强宏观调控。社会主义市场经济本质上是法治经济,维护市场经济的公平竞争,发挥市场在资源配置中的作用,必须完善社会主义市场经济法律制度。在市场经济中,劳资双方资源禀赋不同,资源禀赋的差异可能会导致弱势劳动者的利益受到侵犯,因此在我国市场经济条件下,劳动关系在构成、运行、处理等方面注重法制化,通过国家的积极干预,在各种法律制度与政策的框架内规范劳动双方的权利与义务,保障各方利益关系。劳资关系调整的法制化是建设中国特色和谐劳动关系的重要手段。

4. 协调方式的自主性与市场化

我国和谐劳动关系的建立是在国家调控和法律、制度的框架内,通过充分发挥市场的资源配置作用和劳动关系主体的能动作用实现的。劳动双方在国家法律和制度的规范下,双方通过自主选择、平等协商,消除与化解劳动冲突,是我国调节劳资冲突、实现和谐稳定的重要方式,利益协调方式的自主性和市场化也是我国区别于其他国家和谐劳动关系的主要特征。

11.3 和谐劳动关系企业的评价

 本节案例

盐田区首次开展和谐劳动关系先进企业评定活动

8月3日上午,盐田区在现代产业服务中心召开2018年和谐劳动关系先进企业评定动员大会,部署相关工作。即日起至8月15日,注册登记和主要用工地在盐田区的各类企业可按相关要求开展自评申报。

此次评定活动由区劳动关系协调委员会统一组织实施。参评企业包括注册登记和主要用工地在盐田区的各类企业,从即日起至8月15日为自评申报阶段,各企业可按照评定办法要求填报,之后由各街道劳动关系协调委员会、中英街管理局对申报材料进行初审,再由盐田区和谐劳动关系促进协会采取书面审核和现场调查相结合的方式进行复核;10月底前经专家评审后,由区劳动关系协调委员会进行终审后,评选出三星、四星和五星级别的"和谐劳动关系先进企业",同时选取四星、五星级和谐劳动关系先进企业作为下一阶段盐田区上报上级单位开展和谐劳动关系先进企业评选的推荐名单,通过媒体对评审结果进行公示后,于12月底前召开大会予以表彰,并总结推广有关经验和做法。海格物流公司公共关系经理叶丽表示,海格物流将自上而下传达好此次会议精神,做好企业文化建设,积极参与构建和谐劳动关系评定,努力将海格物流打造成为辖区和谐劳动关系标杆企业。

"构建和谐劳动关系尽管需要党委政府的引导和推动，但归根到底还是企业自己的事，只有企业真正重视，能够主动共建和谐，才是真正的和谐、可持续的和谐。"盐田区人力局相关负责人表示，评定活动旨在从根本上鼓励和推动企业更加重视和谐劳动关系建设，使其充分发挥主体作用，形成长效的构建和谐劳动关系工作机制。

2018年是盐田区开展先进企业评定活动的第一年，今后还将每年开展一次。同时，在此次动员大会上，历时两年起草论证和修改完善的《盐田区和谐劳动关系企业评价指标体系》和《盐田区和谐劳动关系先进企业评定办法》也一并正式发布。区人力局负责人介绍称，该《体系》和《办法》从实体内容和评定程序两方面，为进一步激发企业发挥自身主体作用，构建企业和谐劳动关系指明了清晰的目标、方法和路径，在建立盐田区和谐劳动关系创建工作长效机制方面具有里程碑式的意义。

动员大会结束后，盐田区和谐劳动关系促进协会负责人还就评定活动的材料申报、评定标准和流程对各企业参会人员进行专项业务培训。

资料来源：《盐田区首次开展和谐劳动关系先进企业评定活动，今后将每年开展一次》，南方网，2018年8月5日

构建和谐劳动关系是一项长期性的系统工程。科学、全面评价企业构建和谐劳动关系的进展情况，不仅有助于帮助企业及时发现问题与不足，激励企业持续不断开展创建工作，而且也便于政府及相关机构准确把握情况，出台有针对性的政策和办法，促进劳动关系的和谐稳定。

11.3.1 劳动关系评价的理论探索

劳动关系评价问题在国内外都是学术研究的热点问题。早在80年代中期Norsworthy等人（1985）就研究指出，可以从争议的发生数量和企业的解决程度来评价企业劳动关系状况，提出了包括争议投诉数量、未解决投诉数量、未授权罢工数、员工流失率等指标构成的评价体系。Hary. C. Katz等学者（1993）在研究美国集体谈判的变化过程中，以集体谈判中涉及争议问题最多的合同数量、缺勤率、员工受处分比例、员工投诉率、谈判时间和劳资态度等作为评价指标，建立起一个劳动关系评价体系，并用以分析企业绩效与生产成本之间的相互影响，以及企业劳动关系状况。Jody Hoffer Gittell等学者（2004）在研究中从劳资冲突、工会代表性、工作场所氛围、参与管理等方面对劳动关系进行了评价。类似的研究成果还有许多，值得注意的是，由于发达国家劳动关系历史、制度、政策、实践等方面都与中国差异甚大，而且这些成果大多与作者的研究相关，对中国企业劳动关系评价有一定参考意义，但无法直接引入或广泛借鉴。

进入21世纪后，特别是中央提出发展和谐劳动关系的要求以来，中国学者对劳动关系评价问题的研究也逐步丰富和发展起来。一些学者从定性研究角度，对如何评价劳动关系提出了一些框架性或思路性的看法，例如，李培志（2005）提出，和谐劳动关系的基本要素主要涉及劳动者的权益保护，这些权益包括生命权、生存权、健康权、休息与休假权、人格尊严权、结社权、财产权、社会保障权及特殊保障权等。更多的研究采用实证方法，提

出了具体的评价指标体系。如在汪泓等人(2001)在研究中,就提出了两个企业劳动关系定量评估模型:一是企业劳动关系现状定量评价模型,包括六个二级指标和二十六个三级指标;二是企业劳动关系景气定量评价模型,包括对企业未来劳动关系的发展趋势、对未来生活保障的乐观程度,对目前生活保障水平的满意度、对本企业发展前景的信心,以及对本企业经营者其经营管理能力的信心等五个二级指标。袁凌等人(2011)构建了5个一级指标及28个二级指标的劳动关系评估体系,其中包括"劳动合同、工资报酬、社会保障、就业培训及工作环境、工会与劳动争议"等评估指标。总体而言,中国学者的这些理论成果贴近实际,适合中国国情,对劳动关系评价实践有较大的参考价值和指导意义。

11.3.2 和谐劳动关系企业评价的一般原则

1. 科学性原则。和谐劳动关系评价的指标选取要含义明确,计算方法规范,权重确定合理,评估方法科学。

2. 系统性原则。和谐劳动关系的评价内容与指标能够反映劳资关系的运行和发展的基本态势,每个指标都要各有侧重,相互补充。

3. 动态性原则。和谐劳动关系具有鲜明的时代特征,随着时代的不断发展与社会的进步,和谐劳动关系呈现动态的发展过程,我国劳动关系不断从法制化向市场化方向转变,和谐劳动关系的内涵日益丰富,因此和谐劳动关系评价内容的选取需要结合中国当前实际与未来的发展规划,不断调整评价内容,为国家建设和谐劳动关系提供具有前瞻性的信息。

4. 合理性原则。在劳动关系评价的过程中,评价的内容应当合法、合理。由于劳资关系发展的动态性,在评价内容上要结合我国和谐劳动关系时代性的特点与新时期员工诉求的变化,设计合理的劳资关系评价标准与内容。

11.3.3 和谐劳动关系企业评价的指标体系

和谐劳动关系是促进社会和谐的基础,构建科学的和谐劳动关系评价指标有助于准确评估企业劳动关系的质量与劳资关系的满意程度。企业和谐劳动关系不仅受到劳动合同、劳动保护和劳动工资等经济性指标的影响,同时还会受企业文化、劳动者对企业的认同程度等非经济性指标的影响。因此企业和谐劳动关系的评价内容不仅包括经济性指标,而且包括非经济性指标。

随着构建和谐劳动关系工作的深入推进,许多地方政府都结合实际,组织专家,开发了和谐劳动关系企业的评价指标体系。这里重点介绍南京市出台的劳动关系和谐企业评价指标体系和深圳盐田区发布的和谐劳动关系企业的评价指标体系。

1. 南京市劳动关系和谐企业评价指标体系

依照南京市发表的《劳动关系和谐企业评价规范》,其对企业劳动关系状况的评价包含了劳动用工(15分)、工资分配(10分)、工作时间与休息休假(5分)、社会保险(8分)、职工福利(2分)、安全生产(10分)、集体协商与集体合同(10分)、工会建设与民主管理(13

分)、争议调处(8分)、企业文化(5分)、社会责任(4分)、职工满意度(10分)等12个一级指标(项目)。各自一级指标包含的二级指标(或评价内容)分布如下:

1) 劳动用工:① 企业无就业歧视行为;② 企业无就业欺诈行为。③ 依法与职工签订劳动合同,劳动合同签订率达100%;④ 企业和职工各执一份劳动合同文本。⑤ 建立职工名册制度;⑥ 主动履行劳动用工备案义务。(各1分);劳动合同的⑦ 履行、⑧ 变更、⑨ 解除、⑩ 终止,遵循合法、公平、平等自愿、协商一致、诚实信用的原则(各0.5分);使用劳务派遣工符合劳动法律法规规定(2分);职工月均离职率5%以内(2分);依法建立和完善劳动报酬、工作时间、休息休假、保险福利、职工培训、劳动纪律等制度;(6小项各0.5分)

2) 工资分配:① 依法确定、调整劳动定额或者计件报酬标准;② 劳动定额标准能够确保同岗位90%以上劳动者在法定工作时间内完成。③ 本企业最低工资标准高于当地最低工资标准。(各1分)④ 参照工资指导线,职工工资增长与企业劳动生产率提高相协调;⑤ 企业年度增长工资的,提供正常劳动的职工工资应当得到增长;⑥ 一线职工年收入增长水平高于企业职工平均工资增长水平。(各2分)以货币形式⑦按时⑧足额支付职工工资。(各0.5分)

3) 工作时间与休息休假:① 依法执行国家规定的工作时间;② 执行特殊工时制的,应履行报批手续。③ 加班加点应事先与工会各职工协商。(各1分)④ 延长工作时间符合法律法规规定;⑤ 依法足额发放加班工资报酬。⑦ 依法执行休息和休假制度;⑧ 保障职工带薪年休假权利。(各0.5分)

4) 社会保险:① 履行社会保险登记、申报义务;② 依法足额申报参保人数和应缴纳的社会保险数额;③ 依法按时足额缴纳各项社会保险费;④ 按月向职工告知缴纳社会保险费明细情况;⑤ 具备条件的企业建立以企业年金、补充医疗主要形式的补充保险制度;⑥ 执行职工住房公积金规定;⑦ 及时为职工缴纳住房公积金;⑧ 依法足额提取和使用职工福利费。(各1分)

5) 职工福利:① 建立职工互动互济保障制度;② 开展困难职工帮扶工作并建立困难职工帮扶档案。(各1分)

6) 安全生产:建立健全① 安全生产规章制度;② 职业卫生管理制度;③ 事故应急预案;④ 加大安全投入;⑤ 生产经营场所和设备、设施符合国家有关标准和规定;⑥ 消防设施符合要求;⑦ 安全警示标志明显;⑧ 按规定开展安全生产标准化建设;⑨ 组织有毒有害岗位职工定期进行健康体检;⑩ 尘毒浓度指标不超过国家卫生标准;⑪ 落实女职工和未成年工特殊保护措施;⑫ 每两年至少组织一次女职工妇女病普查;⑬ 开展职工安全教育;⑭ 企业主要负责人、⑮ 安全管理人员、⑯ 特种作业人员经过安全培训,持证上岗;⑰ 开展"安康杯"竞赛,加强企业安全文化建设。(各0.5分)⑱ 建立和完善"1+3"安全监控工作关系,对企业安全生产重点部位、重点设备和关键环节开展经常性安全检查,及时整改隐患。(1.5分)

7) 集体协商与集体合同:① 每年至少开展一次集体协商;② 企业确定劳动报酬、劳动合同管理、奖惩与裁员事项均事先与职工进行集体协商;③ 协商结果和理由依法向职工公布；④ 依法签订集体合同（工资、劳动安全卫生、女职工特殊保护专项集体合同）；⑤ 全面履行集体合同；⑥ 集体合同报送劳动行政部门审查；⑦ 生效的集体合同向职工公示。（各 1 分）⑧ 建立以工资集体协商为主要形式的工资分配决定机制和工资水平调整机制。（2 分）⑨ 每年至少一次将履行集体合同情况向职工（代表）大会报告；⑩ 工资专项集体合同、集体合同中的工资条款或者附件的履行情况每半年至少公布一次。（各 0.5 分）

8) 工会建设与民主管理：① 工会经费审查委员会、② 工会女职工委员会、③ 工会劳动法律监督委员会；④ 工会具备社会团体法人资格。（各 0.5 分）⑤ 依法保障工会工作的人员、时间、场所；⑥ 按时足额拨缴工会经费；建立⑦ 工会委员会；⑧ 建立职工（代表）大会制度；⑨ 职工（代表）大会每年至少召开 1 次，其决定决议得到落实；⑩ 建立厂务公开制度，有固定公开栏及其他公开形式；⑪ 公开内容全面、真实、及时；⑫ 劳动规章制度、重大事项应当公示，或者告知职工。⑬ 劳动规章制度的内容不得与法律、法规相抵触。⑭ 制定劳动规章制度和决定涉及职工切身利益的重大事项，应当经职工（代表）大会或者全体职工讨论，提出方案和意见；⑮ 与工会或者职工代表平等协商确定；⑯ 公司制企业依法建立职工董事、职工监事制度。（各 1 分）

9) 争议调处：① 宣传普及劳动法律知识；② 定期组织开展劳动法律知识培训；③ 企业主要负责人参加上级组织的劳动法律知识培训；④ 定期组织开展劳动法律实施情况的监督自查活动；⑤ 建立劳动争议调解组织和制度；⑥ 调解组织人员组成结构合理；⑦ 建立劳动争议预警制度；⑧ 依法报告裁员、欠薪和重大劳动争议事项。（各 0.5 分）⑨ 职工诉求表达制度健全、渠道畅通；⑩ 无企业原因引发的职工越级上访。（各 1 分）⑪ 劳动争议调解及时有效。（2 分）

10) 企业文化：① 体现合作共赢、和谐发展的核心价值理念；② 开展劳动竞赛、技能比武，合理化建议活动；③ 依法提取、使用职工教育培训经费。（各 1 分）④ 创建"模范职工之家"；⑤ 有职工文体活动场所并正常开放；⑥ 定期集中组织开展职工文体活动；⑦ 关心职工心理健康。（各 0.5 分）

11) 社会责任：符合国家、行业和地方① 环境保护；② 节能减排规定；③ 无损害企业形象的事件发生；④ 参加慈善捐助和社会公益事业。（各 1 分）

12) 职工综合满意度：95% 以上职工对企业劳动关系状况满意。（10 分）；90%～94% 的职工对企业劳动关系状况满意。（8 分）；80~89% 的职工对企业劳动关系状况满意。（6 分）；76~79% 的职工对企业劳动关系状况满意。（5 分）；75% 及以下职工对企业劳动关系状况满意。（0 分）

南京市的《劳动关系和谐企业评价规范》明确规定了否决指标，有如下情形之一者，不进行劳动关系和谐状况评价：1) 不坚持劳动合同、集体合同制度和职工代表大会、厂务公开制度；2) 拖欠职工工资，未按规定缴纳社会保险费；3) 企业未依法建立工会组织，拖欠工会经费；4) 发生重大亡人事故、重大环保责任事故和重大质量事故；5) 发生使用童工等因企业违法引起的劳动保障监察案件，或者发生因企业原因引发的集体性劳动争议纠纷。

2. 深圳盐田区和谐劳动关系企业评价指标体系

根据盐田区政府发布的信息,《盐田区和谐劳动关系企业评价指标体系》包括基础指标和特色指标两大类。

基础指标包含劳动合同、集体协商、企业工会、社会保险、职工收入分配、用工环境等11大项内容,每项内容细分为多项得分点。例如,集体协商项细分为集体协商建制情况、集体合同签订情况、集体合同内容3点。劳动合同项同样细分为3点,劳动合同签订率保持在99%以上的得3分,98%以上的得2分,97%以上的得1分,97%(不含97%)以下的不得分;劳动合同内容全面、合法,程序规范,劳动合同签订、续订、变更、解除和终止等管理完善,得4分;3年以上中长期和无固定期限劳动合同所占比例在70%以上的得3分,60%以上的得2分,50%以上的得1分。

特色指标则包含创新、协调、绿色、开放、共享5大项。例如,创新项考察内容包括建立创新和合理化建议激励机制,建立独特劳动关系协调制度,形成创新环境气氛。共享项考察内容包括建立职工技能培训制度,职工具有稳定职业发展通道,建立有职工工资增长制度,职工报酬增长与企业生产同步提高,职工福利远高于同行业水平等。

11.3.4 和谐劳动关系企业的评定办法

各个地方评价和谐劳动关系企业的方法和程序不尽一致。

根据南京市的《劳动关系和谐企业评价规范》规定,该市的劳动关系和谐企业评价包括两个环节:其一是自我评价,包括企业内部开展的自我评价;工会通过职代会对职工满意度的测评,其中职工代表对测评内容满意和基本满意的达到7项及以上,其中满意不少于3项,视为职工评价满意。其二是第三方评价,包括协调劳动关系三方组织开展的专项评价;协调劳动关系三方按职工名册随机抽取与本企业职工(代表)大会代表人数相当的职工测评职工满意度。职工对测评内容满意和基本满意的达到7项及以上,其中满意不少于3项,视为职工评价满意。评价结果的确定:自我评价得分80分及以上的企业,可申请第三方评价。第三方评价得分80分及以上的企业,可授予劳动关系和谐企业荣誉称号。

深圳盐田区的和谐劳动关系先进企业评定每年一次,程序相对复杂些。根据盐田区政府的介绍,和谐劳动关系先进企业的评价,首先是注册登记和自评申报;然后是各个街道的劳动关系协调委员会以及中英街管理局对申报材料进行初审;第三步是"转角爱"评审;第四步是区劳动关系协调委员会进行终审,评选出三星、四星、五星级别的和谐劳动关系先进企业。三星级以上和谐劳动关系先进企业基础指标评审得分必须为90分以上。获得四星、五星级别的和谐劳动关系企业才有资格进入上级单位评选的推荐名单。第五部是公示、表彰。值得注意的是,按照《盐田区和谐劳动关系先进企业评定办法》规定,盐田区劳动关系协调委员会将每年对已获得和谐劳动关系先进企业称号的企业进行抽查,对抽查不符合要求的企业,撤销或降级荣誉称号。这一规定会产生较大的激励作用,可以促进企业持续不断地深入推进和谐劳动关系的建设。

本章小结

构建和谐劳动关系是增强党的执行基础和巩固党的执政地位的必然要求,是我国经济持续健康发展的重要保证,是建设和谐社会的重要基础,当前中国劳动关系面临的系统新情况使得构建和谐劳动关系工作变得十分紧迫和必要。

《中共中央国务院关于构建和谐劳动关系的意见》对和谐劳动关系的创建进行了总体设计,明确了指导思想和目标任务,提出了16个方面的重要举措,也提出了4个方面的组织保障举措。较之于其他国家的做法,中国构建和谐劳动关系的主要特征体现在坚持党的领导,强调利益关系的一致性和合作性;注重运行机制的法制化和规范化和协调方式的自主性和市场化。

围绕和谐劳动关系的科学评价,各地进行了大量的探索,形成了比较合理的指标体系和评定方式。江苏南京市的评价体系和深圳盐田区的评价体系都有一定的代表性,也得到了实践的检验,值得深入研究和进一步完善。

延伸阅读

《人社部等八部门关于维护新就业形态劳动者劳动保障权益的指导意见(2021年7月16日)》,人力资源和社会保障部官网

练习题

一、思考题
1. 请简要分析说明中国构建和谐劳动关系的重要性与必要性
2. 请简要分析说明中国构建和谐劳动关系的目标任务和指导原则
3. 请简要描述中国构建和谐劳动关系的主要举措
4. 请比较分析南京和深圳盐田和谐劳动关系评价体系的异同
5. 请分析说明中国构建和谐劳动关系的主要特征

二、小组讨论题
将学生划分成若干个小组,各个小组课后广泛收集企业推进和谐劳动关系创建的资料,然后进行分析、提炼,并派出代表在课堂进行15分钟的发言。

三、案例分析题

艾美特公司的和谐劳动关系创建

艾美特电器(深圳)有限责任公司是一家以制造电风扇起步的全球知名小家电企业。公司目前设有近60多条组装生产线,产品自制率高达95%以上,其生产能力可达每年小

家电2 000万台,产品营销至中国国内31个省市的12 000余家商场,也出口至日本、韩国、欧洲及美洲等世界60余国家和地区,是全球小家电主要结合设计、开发、生产为一体的生产及品牌商之一,并与国际多家知名品牌保持长久合作关系。

在和谐劳动关系建设方面,艾美特实施以人为本的管理理念,率先组建企业工会组织关心、爱护企业员工,维护职工的合法权益。另外,艾美特通过工会组织开展丰富多彩的职工业余兴趣等休闲娱乐活动、职工技能培训以及其他技术竞赛等素质提升活动,把企业打造成"企业爱员工,员工爱企业"的充满和谐与活力的公司,2011年艾美特凭借在和谐劳动关系建设方面取得的成绩,获得"广东省和谐劳动关系先进企业"荣誉称号。艾美特在构建和谐劳动关系的具体举措主要归为以下几类:

(1) 关爱员工,增加员工归属感

尊重、关爱员工始终是艾美特管人、用人的基本理念。为了丰富员工下班后的文化娱乐活动,艾美特投入500多万元建立职工之家,建立图书馆、卡拉OK中心、下棋间、健身中心。为了使未能回家过年的员工感受到春节的喜悦与家庭的温暖,公司每年在大年除夕之夜都会举办"千人饺子宴"。每年大年除夕下午五点左右,艾美特的餐厅开始热闹起来,员工们七八人围坐一桌,开始剁馅、擀皮、包饺子,有说有笑,聚在一起过年,让他们感受到公司大家庭的关爱与温暖。

为了让员工能够"安居乐业",公司设立了购房基金,只要进厂两年以上、家庭月收入1 600元以上的员工可以向基金会申请5到10万元的无息借款,在2至3年内还清。除此之外,公司还设立了急难救助基金,帮助生活困难和患重病的员工,缓解他们在生活中的经济困难。

公司非常重视员工的心理健康,针对当前员工超负荷工作,职业发展和工作要求压力,工会至多次组织开展压力缓解及情绪疏导、职场倦怠处理等培训讲座,帮助员工缓解工作压力。所以关注劳动工作者的心理健康也是优化劳资关系的重要途径。

(2) 劳资说明会,促进劳资双方的理解

艾美特实行劳资说明会制度,通过劳资说明会向劳动者全员传达、解释劳动者应当知晓的与劳动者利益切身相关的法律法规、规章制度等事项。2007年《劳动合同法》的颁布给国内企业带来了一定的冲击,不少企业通过各种劳动管理措施规避法律,降低劳工成本。而艾美特从保障员工合法权益的角度出发,提出"全员签订劳动合同"的方案,针对不同类型的员工签订不同类型的劳动合同,开展签订劳动合同的说明会,对《劳动合同法》的相关条文进行讲解,加深员工对法律法规的正确理解,就劳动合同签订的具体步骤、注意事项等进行具体说明,消除员工对签订合同举措的疑虑。对部分员工仍旧不愿意签订劳动合同的情况,开展二次说明会,引导员工正确理解。经过劳资说明会的开展与工作推进,除少数执意不肯签订的职工外,其他员工均与企业签订了劳动合同。另外,艾美特还就社会保险缴纳问题、住房公积金缴纳问题、绩效考核方案问题等关切员工利益的事项开展说明会,有效推动了劳动关系的和谐。

(3) 员工上访投诉,消除劳动争议

关于劳资冲突,艾美特实行劳动纠纷上访投诉制度,员工可以对上级领导安排的不合理工作、企业违规行为、不合理的惩罚决定等事项进行上访投诉,由调解室工作人员进行接访,详细记录、调查员工诉求。经简易调解,劳资双方达成调解协议,经上级领导审阅后案件办结。调解不能达成协议的,接访人会引导上访人到当地劳动部门申请劳动争议仲裁。

(4) 建立劳动争议调解委员会。艾美特成立工会劳动争议调解委员会,处理企业内发生的劳动争议,如因企业开除、除名和职工辞职、自动离职发生的争议,因执行国家有关工资、保险、福利、培训、国家保护的规定发生的争议等。艾美特公司劳动争议调解委员会由职工代表大会或职工大会推举产生的职工代表、艾美特法定代表人指定的用人单位代表和工会指定的工会代表三方组成,劳动争议在调解委员会的主持下,通过说服教育、劝导协商的方法,促使劳动争议当事人在互谅互让的基础上达成协议。

通过以上和谐劳动关系管理措施,艾美特公司的离职率逐年降低,员工对企业的认同感与归属感不断增强,企业内部员工稳定,忠诚度高,企业绩效逐年增加。

资料来源:《劳资关系协商制:中国劳动关系改善的路径选择》,中国法制出版社2012年版。

讨论问题

1. 艾美特是如何推进和谐劳动关系建设的?
2. 艾美特积极推进和谐劳动关系建设对企业发展产生了哪些影响?